(l'Atlas est f.J 568.)
+ 4 A.

I 568
+ 4

J

CONSTANTINOPLE

ET

LE BOSPHORE DE THRACE.

Constantinopolis..... est in Europâ ; habet in conspectu Asiam, Ægyptum Africamque à dextrâ..... à sinistrâ verò Pontus est Euxinus et Palus Mæotis..... ab unâ parte mari alluitur Propontide : ex alterâ portum efficit flumen quem Cornu aureum *vocat Strabo ; tertia reliquo continenti jungitur.....*

Busbequius, Epist. I.

Constantinople est en Europe..... elle a devant elle l'Asie ; à droite l'Egypte et l'Afrique..... ; à gauche le Pont-Euxin et les Palus-Méotides (la mer d'Azow)..... La Propontide la baigne d'un côté ; de l'autre un fleuve forme son port appelé une *Corne d'or* par Strabon ; le troisième côté est joint au continent.....

Busbecq, Lettre I.

CONSTANTINOPLE

ET

LE BOSPHORE

DE THRACE,

PENDANT LES ANNÉES 1812, 1813 ET 1814,
ET PENDANT L'ANNÉE 1826,

AVEC UN ATLAS

COMPOSÉ DE SIX PLANCHES GRAVÉES, ET DE QUATRE PAYSAGES LITHOGRAPHIÉS,

Par M. le Comte ANDREOSSY,

Lieutenant-Général d'Artillerie, ancien Ambassadeur de France à Londres, à Vienne et à Constantinople, de l'Institut d'Egypte et de celui de France (Académie des Sciences), Membre de la Chambre des Députés, etc., etc.

PARIS.

Théophile BARROIS et Benj. DUPRAT, rue Hautefeuille, n° 28.
J. S. MERLIN, quai des Augustins, n° 7, près le pont St.-Michel.

MDCCCXXVIII.

PARIS, IMPRIMERIE DE A. BELIN,
RUE DES MATHURINS S.-J., N° 14.

DISCOURS PRÉLIMINAIRE.

BYZANCE, CONSTANTINOPLE, EMPIRE OTTOMAN.

La situation du promontoire sur lequel s'élève Constantinople, ville destinée par sa position à devenir la reine des mers et l'entrepôt de l'Orient, avait déterminé Byzas (1) à fonder dans cet endroit, 657 ans avant J. C., la ville qui de son nom fut appelée Byzance. Rome à cette époque existait depuis un siècle sans avoir pris un accroissement considérable; mais dans ses guerres de voisinage elle essayait ses forces, et préludait à l'empire du monde. L'Occident ne présentait point d'événemens très-remarquables. A l'exception de l'Italie, les autres contrées étaient couvertes de lacs, de forêts, et habitées par une population encore barbare. La sphère d'activité et de lumières était vers le berceau des peuples, dans cette partie classique de l'Europe et de l'Asie, à jamais riche de souvenirs, peuplée de tant de monumens, et maintenant couverte de désolation et de tombeaux! Les Perses établis vers l'Euphrate, forts d'une

(1) Suivant Denys d'Halicarnasse, le navigateur Byzas, chef de colonie, était originaire de Mégare.

population immense, voulaient étendre de tous côtés leur domination, à laquelle ils ne connaissaient d'obstacles que dans la Grèce où leurs innombrables armées allaient se précipiter comme des torrens. Athènes, placée dans un pays stérile, avare d'hommes, et par conséquent de soldats, sut opposer à cette multitude embarrassante par elle-même l'ordre, le courage, la discipline, la science dans les combats, l'amour de la patrie et de l'indépendance ; et la Grèce fut délivrée de Darius et de Xerxès.

Athènes, triomphante dans la plus sainte des causes, s'éleva soudainement au plus haut période de gloire; de toutes parts les fils des Grecs accouraient à ses fêtes, à ses jeux, à ses spectacles. Athènes était devenue le centre de la civilisation du monde. Un pareil état de grandeur excita la jalousie de ses voisins. Sparte, envieuse et demi sauvage, alluma cette guerre du Péloponnèse (1) si fatale aux Grecs, et qui fut le signal de leur décadence.

Au milieu de ces violentes commotions, Byzance abandonnée à elle-même passa du temps de Darius au pouvoir des Perses; elle fut reprise par les Ioniens, envahie de nouveau par les Perses sous le règne de Xerxès, et dévastée tour à tour dans la suite par les Spartiates et par les Athé-

(1) *Voyez* l'*Histoire de la Guerre du Péloponnèse*, ou *de la Décadence des Grecs*, par Thucydide.

niens. Les malheurs de Byzance n'étaient pas finis; cette ville infortunée était réservée à de nouvelles vicissitudes qu'un peuple de l'Occident devait lui faire éprouver.

Après la destruction de Carthage, l'ambition des Romains ne connut plus de bornes. Il ne resta bientôt devant Rome aucune nation qui ne fût subjuguée : tout l'Occident était soumis à ses lois. Dès qu'elle eut passé la mer pour aller combattre sa rivale, l'Orient lui-même fut envahi. Les premiers Empereurs romains y firent de grands progrès; ils arrivèrent jusqu'à la Propontide, et Byzance tomba sous leurs coups (1). Mithridate disputa long-temps, avec persévérance, la possession de contrées que ce peuple était venu chercher de si loin; ce grand homme finit par succomber, moins sous les efforts de Sylla, de Lucullus, de Pompée, que par la trahison de son fils Pharnace; et les Romains, n'ayant plus en tête un pareil adversaire, continuèrent à étendre leur domination.

Délivrée de tous ses ennemis, Rome n'eût offert que des jouissances paisibles; mais ce désir inquiet de gloire et de puissance qui fit du Peuple-roi un si grand peuple subsistait toujours.

(1) Du temps de Septime-Sévère, l'an 195, après un siège de trois ans, elle fut détruite de fond en comble et réunie au territoire de *Périnthe* (Héraclée). Rétablie sept ans après, et terminée par Caracalla, elle reçut le nom colonial de *Antoniana-Augusta* des Byzantins.

L'Empire romain était trop vaste, ses limites étaient trop éloignées du centre du gouvernement pour que l'ambition des individus ne vînt point remplacer celle de Rome elle-même; alors apparut une foule de compétiteurs qui se disputèrent l'Empire. On les vit s'empresser avec ardeur à qui *dévorerait ces règnes d'un moment* (1); et cette lutte sanglante dura jusqu'à ce que Constantin se fût rendu maître du trône d'Auguste.

Au nom de Constantin s'attache l'époque à jamais mémorable d'un ordre de choses nouveau. Vainqueur de Licinius, ses vues embrassent de vastes combinaisons, le changement de religion de son peuple et la fondation d'un nouvel Empire. Les Romains voyant la religion du Christ préférée au culte de leurs dieux, ne peuvent plus supporter un prince qui changeait ainsi leurs habitudes et leur croyance : ce peuple altier passe de l'inquiétude au mécontentement, du mécontentement au mépris. C'en fut assez pour Constantin : les dégoûts qu'on lui donne deviennent un prétexte, il s'éloigne ; et laissant désormais aux souverains Pontifes Rome et l'Italie pour le patrimoine de l'Église, il va établir une nouvelle capitale au lieu même où Byzance existait déjà. Couvert du voile mystérieux des révélations, il pose de l'ordre exprès du Ciel les fondemens inébranlables de la

---

(1) Belle expression de Corneille dans *Othon*.

nouvelle Rome (1). La ville de Constantin devint dès ce moment la capitale de l'Empire romain en Orient, et le siége principal de la Chrétienté. Mais un nouvel Empire, de nouvelles lois, un nouveau culte surtout, ne s'établissent pas sans contradiction : Constantin termina trop tôt sa carrière, et les successeurs de ce prince n'eurent ni les mêmes vues ni le même génie ! On vit s'élever alors une multitude de sectes qui troublèrent la religion en même temps que l'État. A l'ombre des vertus d'Athanase et des artifices d'Arius, elles appelèrent les séditions pour se combattre. La dévastation, les incendies furent les armes qu'une populace animée par le fanatisme sut employer. Les tremblemens de terre, plus fréquens qu'ils ne le sont aujourd'hui, vinrent ajouter à la destruction générale. L'État fut par la suite livré à des secousses non moins fâcheuses; car dans un aussi grand projet que celui qu'avait formé Constantin il était difficile de tout prévoir. Trop pressé peut-être d'atteindre son but, ce prince avait établi la capitale de son Empire aux frontières d'un pays barbare qu'il avait négligé d'assujétir, oubliant en cela la marche suivie par les Romains, et qui n'a pas été négligée depuis par les Turcs. Ces

(1) Dans une de ses lois, Constantin a soin de prévenir que c'est par l'ordre de Dieu qu'il a fondé Constantinople : *Pro commoditate urbis quam æterno nomine, jubente Deo, donavimus.* (Code Théodosien, lib. XIII, titre 5, loi 7e.)

peuples féroces vinrent insulter Constantin jusque dans sa capitale. Sous les timides successeurs de ce prince, l'audace de ces hordes sauvages repoussées sans être vaincues s'augmentant sans relâche, l'Empire Grec fut obligé de se resserrer dans la Péninsule, et de se garantir par un mur établi d'une mer à l'autre (1); barrière impuissante, qui décelait la faiblesse d'un gouvernement expirant, et signalait son humiliation (2).

Cependant au milieu des dissensions qui préparaient sa ruine, l'Empire Grec jeta de temps en temps encore quelques faibles lueurs. On le vit même se ranimer sous le règne de Justinien, époque qui offre des circonstances trop mémorables et généralement trop peu appréciées, pour que nous n'essayions pas aussi d'en présenter le tableau.

Justinien se montra supérieur au temps où il parut : trois hommes de guerre célèbres, Bélisaire, Narsès et son neveu Germain illustrèrent son règne; il sut employer leurs talens et leur valeur à reprendre l'Italie sur les Goths, l'Afrique sur les Vandales, et à comprimer Chosroës, puissant roi de Perse. Tandis que ces entreprises rendaient le calme à l'Empire, il voulut en

(1) Ce fut l'empereur Anastase qui fit construire, en 507, cette muraille, appelée vulgairement *Mur-long* (Chron. d'Alexandrie).

(2) L'extrémité de la péninsule prit, à raison de sa forme, le nom de *Delta de Thrace*.

raffermir les fondemens par un système de lois sages et concordantes entre elles. Un grand nombre de lois anciennes se ressentaient de la rouille des siècles qui les avaient vu naître : Justinien leur substitua des constitutions ou ordonnances plus appropriées aux mœurs de l'âge où il vivait. De ces lois nouvelles et de celles qu'il maintint résulta ce Code qui porte son nom, et dont les principales dispositions régirent pendant long-temps la moitié de l'Europe. Le Digeste ou les Pandectes vinrent ensuite : ce livre immortel, qu'on a qualifié à si juste titre de *trésor du droit*, renferme les principes d'une sévère équité fondés sur les règles de la plus saine raison. Enfin, la substance et le germe des lois se trouvent dans le livre des Institutes, ouvrage écrit dans un style correct, et avec méthode et précision, qualités que n'ont peut-être pas au même degré les ouvrages précédens.

Les lois, le premier besoin des peuples, sont aussi la gloire la plus solide des monarques : Justinien, non content de s'être rendu à jamais recommandable, en fixant la législation, rechercha un autre genre de gloire dans ces monumens de magnificence et d'utilité publique, si dignes des souverains, qu'il fit élever sur tous les points et jusqu'aux extrémités de son vaste empire. A cet égard, son règne fut encore marqué par cette influence que l'on vit s'exercer sur l'architecture des temples consacrés aux divers cultes; et Sainte-Sophie, construite par ses ordres, a servi de modèle dans l'Orient aux mosquées, et en Occident aux églises à coupoles.

Après avoir soutenu jusque vers la fin de ses jours le fardeau de l'État, Justinien se ressentit de celui des années : jeune, il avait brillé de tous les avantages qu'il devait à la fortune et à sa sagesse; subjugué par l'âge, il fut avare, défiant, controversiste, dévot, et mourut sans laisser beaucoup de regrets : sort funeste ! trop souvent réservé aux hommes les plus recommandables qui, quelque temps avant de finir leur carrière, ont cessé d'être utiles! On s'étonne que Justinien n'ait pas gouverné, sur le déclin de sa vie, avec la même fermeté que dans l'âge viril, comme si les souverains étaient exempts des faiblesses de l'âge avancé!

Ne vit-on pas Théodoric, roi d'Italie, prince digne du rang qu'il occupait, élever aux premiers emplois Boëce et Symmaque, qui étaient avec Cassiodore les personnages les plus distingués de cette époque; plus tard, devenu soupçonneux, les faire périr, et succomber lui-même accablé de frayeurs? Et sans aller chercher des exemples si loin, quelle gloire fut comparable à celle de Louis XIV, pendant la plus grande partie de sa carrière! Vers la fin, il gouvernait encore; mais ce monarque illustre ne réfléchissait plus que l'éclat d'un règne déchu pour lors de sa splendeur; règne immortel auquel son nom reste à jamais attaché!

Par suite d'une autre erreur, on a reproché à Justinien d'avoir montré une excessive vanité, et l'on ne songe pas qu'il était Grec de nation! On l'a représenté comme un homme faible..... Il passe pour avoir été dominé par sa femme, cette Théodora qu'il avait prise sur le théâtre; indigne, si l'on en croit surtout les *Anecdotes de Procope* (1), du rang où il l'avait élevée. Mais qu'on voye cette même femme dans la terrible sédition du mois de janvier 532 (2), elle empêche par son courage et son éloquente fermeté l'Em-

(1) Le libelle le plus effréné contre Justinien et contre Théodora, femme de cet Empereur. Voici comment l'avocat de Césarée s'exprime ailleurs, dans le *Livre des Édifices*, au sujet de Théodora : « Il y a au même endroit (aux thermes d'Arcadius) une
« statue de Théodora sur une colonne. Quoique cette statue, qui
« lui a été érigée par la reconnaissance des habitans, soit fort
« belle, elle n'approche pas de la beauté de l'original, que l'art
« des plus excellens sculpteurs ne peut égaler, non plus que l'élo-
« quence des plus fameux orateurs. La colonne est de couleur de
« pourpre, et l'on se doute qu'elle porte la statue de l'Impératrice
« avant même que de la voir. » (*Histoire de Constantinople*, tome II, page 247, traduction du président Cousin.)

Un homme qui louait avec tant de complaisance, était bien capable de dénigrer avec emportement.

(2) Sédition produite par les factions des Verts et des Bleus; il périt trente mille hommes dans le Cirque, ou la place de l'Hippodrome, aujourd'hui l'At-Meïdani : Théodora et Bélisaire sauvèrent l'Empire.

pereur d'abandonner sa capitale, et de perdre ainsi l'Empire, qui lui aurait sûrement échappé s'il se fût éloigné : « Dans les grands périls, dit-« elle au prince et aux sénateurs qui l'entou-« raient, les lâches fuient, les âmes courageuses « résistent; et soit qu'elles les surmontent ou « qu'elles succombent, leur gloire est égale. Je « ne vois rien de plus contraire à nos intérêts « que la fuite. Il n'est pas nécessaire de vivre, la « mort est inévitable; mais il est nécessaire de ne « pas survivre à son honneur. Si vous êtes résolu « de fuir, prince, partez, voilà des vaisseaux; la « Propontide vous est ouverte; je ne vous suivrai « pas, je n'abandonnerai point ce palais : le trône « est le tombeau le plus glorieux (1). »

Dans un rang élevé, l'attrait de la beauté ne suffit pas, il faut encore l'ascendant de l'esprit et du caractère; et, si pour ménager l'amour propre de Justinien, Théodora eût moins laissé ignorer la part qu'elle pouvait avoir aux affaires d'État, la postérité ne se serait pas montrée aussi sévère à son égard : l'histoire pouvant citer quelques unes de ses vertus, n'aurait pas autant parlé de ses vices.

L'éclat donné à l'Empire par Justinien ne se maintint pas sous les successeurs de ce prince : l'épuisement des finances, la misère du peuple, le

---

(1) Le Beau, *Histoire du Bas-Empire*, tome IX, page 144.

manque de ressort dans toutes les parties du gouvernement et de l'administration, le luxe, la mollesse, le relâchement de cette ancienne discipline militaire des Romains que Bélisaire était parvenu à rétablir, l'audace toujours croissante des Barbares, les dissensions intestines, les meurtres, les usurpations et le misérable esprit de controverse qui, par ses subtilités, parvint à élever des doutes sur le dogme (1), et mettait continuellement la religion en péril : toutes ces causes contribuèrent à ébranler de nouveau l'édifice que Justinien avait soutenu durant son règne par son génie, mais auquel sa vieillesse avait déjà porté quelque atteinte.

Pendant que l'Empire Grec penchait vers sa ruine, les Turcs, peuple nomade venu des bords de la mer Caspienne, s'étaient établis au centre

(1) On appréciera tout l'effet de cet esprit de controverse dans le passage suivant de Ducas, historien grec contemporain : « Depuis « que l'Union s'était faite dans la grande Eglise, les habitans, dit « cet historien, se fuyaient comme une synagogue de Juifs, et « il ne se faisait plus d'oblation, de sacrifice, ni d'encensement. « S'il arrivait, en un jour de fête, qu'un prêtre y célébrât les « saints-mystères, ceux qui s'y trouvaient, tant hommes que « femmes, tant religieux que religieuses, y demeuraient debout « jusqu'à l'oblation ; mais alors ils s'en allaient tous. Gennadius « écrivait continuellement contre l'Union, et faisait des raison-« nemens en forme contre le savant et bienheureux Thomas-d'Ac-« quin qu'il accusait d'erreur. » (*Histoire des empereurs Jean, Manuel, etc.*, tome VIII.) Les scènes dont il s'agit avaient lieu alors même que Mahomet II était aux portes de Constantinople.

de l'Asie-Mineure. Othman ou Osman (1), leur premier chef, après avoir aidé Ala-èddin à reprendre ses États, avait fini par lui succéder, et par se rendre maître, en 1289, de tout le royaume des Seljoucides. Animés de l'esprit de conquête, les souverains des Osmanli ne perdent point de temps pour aggrandir leur domaine. Guerriers nouveaux, le prestige du nom les sert autant que la valeur. Ils s'avancent vers Brousse, capitale de la Bithynie; ils s'en emparent, et en font leur seconde capitale. De là, ils peuvent se porter à leur gré sur le Bosphore pour aller attaquer Constantinople, ou aux Dardanelles, pour passer en Europe et s'y établir : ils laissent pour le moment Constantinople. N'ayant point de marine, ils franchissent le détroit des Dardanelles sur des radeaux; ils pénètrent dans la Thrace, et fixent à Andrinople la troisième résidence du siége impérial. C'est là que Mahomet II mûrit le projet d'amener la chute de l'Empire Grec par la prise de sa capitale. Cette idée l'agite, le tourmente sans cesse (2); il marche enfin sur Constanti-

(1) *Othman* et *Osman*, sont le même nom, le *th* se prononçant comme *s*. Les Turcs, renonçant à leur nom primitif, ont adopté celui d'Osmanli, qui est dérivé d'Osman.

(2) Rien ne peint mieux la vive sollicitude que donne à un caractère ardent le désir du succès d'une grande entreprise, que ce que dit à ce sujet le même historien grec que nous avons déjà cité : « Le Tyran ne songeait à autre chose, jour et nuit, dans « son lit, dans son cabinet, en se reposant, en marchant, en

nople, et l'attaque de toutes parts. Faibles en nombre, les assiégés opposent une résistance magnanime aux puissans efforts de Mahomet; mais enfin, le 29 de mai 1453, la ville de Constantin tombe au pouvoir des Turcs, 1123 ans après sa fondation : catastrophe mémorable! qui eut la plus grande influence sur la civilisation de l'Orient et de l'Occident.

Alors même que la science de la législation devait à Justinien d'être établie sur des bases solides, l'étude des sciences physiques et mathématiques se ranimait dans la Grèce au sixième siècle, par les soins de Proclus, qui avait ouvert une école à Athènes. L'Orient possédait déjà quelques résultats de connaissances positives, qui sont devenues, depuis le dix-septième siècle, des découvertes en Occident.

A une époque plus rapprochée de nous, l'Eu-

« particulier et en public, qu'aux moyens de se rendre maître de
« Constantinople..... *Voyez-vous cet oreiller*, disait-il à Ali-
« Pacha, son Grand-Vizir, qu'il avait envoyé chercher sur la
« *seconde veille, je n'ai fait autre chose, durant toute la nuit,*
« *que de le tirer tantôt d'un côté, tantôt d'un autre; que de me*
« *lever et de me recoucher sans pouvoir jamais dormir.* Il pas-
« sait ainsi toutes les nuits à songer au siége, à tracer le plan de
« la ville, à le montrer à ceux qui s'y connaissaient; à méditer
« comment il dresserait ses machines; par où il ferait la mine;
« par où il attaquerait les murailles; à quel endroit il appliquerait
« les échelles; et il réduisait le jour en pratique ce qu'il avait pensé
« la nuit. » (*Histoire des empereurs Jean, Manuel, etc.*, par
Ducas, traduction du président Cousin, tome VIII.)

rope, en échange de tant de maux que le fanatisme religieux versa dans l'Orient, avait reçu le bienfait du principe de la civilisation. Ce n'est qu'à la suite de ces courses lointaines qu'on vit l'Occident commencer à cultiver les sciences et les lettres. Ses progrès même ne furent pas très-rapides : long-temps après, nous ne comptions aucun des écrivains qui ont illustré l'Europe; cependant l'Orient se glorifiait alors surtout de ses Saadi et de ses Djèlalèddin, également célèbres comme poëtes et comme moralistes; et, sous chacun de ces rapports, tous deux pourraient figurer, peut-être même avec avantage, auprès de nos auteurs les plus accrédités (1).

A la prise de Constantinople par les Turcs, les sciences, déjà accueillies en Italie (2), après avoir fui de cette terre désolée, finirent par s'en exiler. Tout prend dès ce moment une face nouvelle; l'Occident semble changer de rôle avec l'Orient.

---

(1) A la suite de ce Discours on trouvera deux fables de Saâdi; et, dans le chapitre des Derviches, deux odes de Djèlalèddin que les Derviches-Mèvlèvi chantent pendant leurs exercices de danse en tourbillon. M. du Caurroy, ancien chef de l'institut des jeunes de langue à Constantinople, qui a fait une étude approfondie des auteurs orientaux, et qui est en outre plein d'instruction et de goût, a bien voulu les traduire et me les communiquer.

(2) Après la victoire et la prise de Nicopolis, par Bajazet, en 1396. C'est la première époque de l'émigration des savans grecs en Italie; émigration qui contribua, sans nul doute, au renouvellement des lettres dans ce pays.

Celui-ci est plongé dans les ténèbres, et l'Occident jette un éclat et s'élève à une hauteur que l'esprit humain n'avait pas encore pu atteindre. Peut-être que, par de nouvelles révolutions, après des jours bien courts, il recommencera une nouvelle nuit, pendant que l'Asie, cette première patrie du genre humain, brillera de son antique splendeur.

Quoique les sciences mathématiques eussent été cultivées avec soin dans l'Orient, elles n'avaient pas fait de progrès réels; les travaux des géomètres se réduisaient à des propositions isolées annonçant de la sagacité dans leurs auteurs, mais ne renfermant le germe d'aucune découverte importante. L'instrument du calcul surtout n'avait point été appliqué à l'examen des phénomènes de la nature, et c'est en ceci que les modernes ont si fort dépassé les anciens. Au dix-septième siècle, trois hommes également célèbres apparurent presque en même temps : Bacon en Angleterre, Descartes en France, Galilée en Italie. Descartes fut en quelque sorte le premier qui remua la borne qui semblait avoir été placée invariablement entre les anciens et les modernes. On n'avait suivi jusque là qu'Aristote; l'homme devint pour Descartes l'objet constant de ses études. Il n'eut point la prétention, quoi qu'on en ait dit, de recréer l'entendement humain, ni, en renonçant aux idées reçues, de tomber comme les philosophes allemands dans une espèce d'obscurantisme; mais son but bien plus solide, fut de perfectionner la pensée comme instrument de la raison, de bannir l'esprit servile d'imitation, et d'exciter l'esprit de recherches. Descartes rendit un autre service non moins signalé aux sciences; par l'application de l'algèbre à la théorie des courbes, il généralisa la langue du calcul. Ce nouveau langage, perfectionné par les plus grands géomètres de nos jours, a déterminé les immenses progrès de l'astronomie physique, le plus beau monument que l'esprit humain ait élevé à sa propre gloire. Les travaux des Égyptiens, des Grecs, des Arabes, d'ailleurs si recommandables puisqu'ils ont ouvert la carrière, n'approchent point des découvertes des Viète, des Képler, des Newton, des Euler, des Lagrange, des Laplace, des Fourier (1).

Rome, rivale de Carthage, s'était affermie par la pratique des vertus militaires; elle fut tout mouvement et vie. Rome, rivale d'elle-même, divisa ses forces et ses moyens. Rome ancienne, privée de soutien, subit le sort de la plupart des villes d'Italie dans le moyen âge; elle fut prise, reprise, pillée, saccagée, et ne conserva de son état de grandeur que son nom et quelques monumens. La nouvelle Rome, exposée aux incursions des

(1) La théorie de la chaleur dont M. Fourier a agrandi le domaine des mathématiques, fera époque dans l'histoire de la science.

Barbares, humiliée par cette colonie de marchands qui occupait un de ses moindres faubourgs (1), et livrée enfin aux discussions théologiques, devenues dans l'Empire grec presque les seules affaires d'État, la nouvelle Rome expira misérablement sur les rives du Bosphore; mais j'ai vu la place où sut tomber avec courage le dernier des Paléologues pour ne pas survivre aux malheurs de son pays.

Un nouvel ordre de choses va se montrer aux regards étonnés : l'étendard de l'Islamisme est arboré sur cette terre de révolutions, toujours exposée aux plus étranges métamorphoses. Mahomet entre en vainqueur dans Constantinople; il se rend à Sainte-Sophie, monte sur l'autel, y fait sa prière, et consacre à la religion de son prophète cette église des Chrétiens. La plupart des autres édifices du culte sont convertis en mosquées; aucun n'est détruit comme l'avaient été les temples des faux dieux par Constantin. Le vainqueur laisse aux vaincus l'exercice de leur croyance, et ses successeurs maintiennent le pacte qu'il avait consenti. Les monumens des arts sont également épargnés; mais exposés depuis aux ravages des incendies et à l'abandon du gouvernement, parce qu'ils ne sont plus en rapport avec la religion, les mœurs et les usages du peuple

(1) Les Génois de Galata.

vainqueur, ces monumens, quoique livrés au temps qui détruit tout, et à la main des hommes qui aide aux outrages du temps, conservent encore des restes assez remarquables de la munificence des Empereurs grecs. Dans l'Occident, les monumens de magnificence publique des anciens n'ont pas été mieux traités; la plupart sont relégués sans honneur sur un sol où ils avaient excité l'admiration, et l'existence de quelques autres ne se retrouve plus que dans les étymologies. Ces beaux édifices sans destination semblent sommeiller : la vie des monumens, c'est leur emploi, c'est leur utilité.

Mahomet II, maître de Constantinople, poursuit ses conquêtes : les successeurs de ce prince imitent son exemple, et dans cette longue période de succès qui les rend si redoutables, les Turcs étendent leur domination sur les trois parties du monde ancien ; ils s'avancent deux fois jusqu'aux portes de Vienne (1), et menacent la Chrétienté du joug du Croissant. Les Turcs, nos maîtres dans l'attaque et la défense des places, dans les mines et contre-mines, et surtout dans la science des grands mouvemens des armées qu'on appelle stratégie (2), devaient enfin voir le terme de leurs

(1) En 1529 et 1689.
(2) *Voyez* les *Mémoires de Montecuculli*, et l'ouvrage de Marsigli, sur l'*Etat militaire de l'Empire Ottoman*, quoique moins impartial que le premier pour les Turcs.

prospérités. Montecuculli, en observant leur manière de faire la guerre, apprit à les vaincre; et la bataille de Saint-Godar, où les Français se rendirent si utiles comme auxiliaires (1), fut le prélude des nombreux avantages que le prince Eugène obtint sur eux dans la suite; l'Empire se vit par là délivré de ses oppresseurs, et la Chrétienté des plus vives appréhensions.

Jusqu'alors les Empereurs ottomans avaient mené leurs troupes aux combats. Depuis Ahmed III, c'est-à-dire depuis le commencement du dix-huitième siècle, les Sultans cessèrent de paraître à la tête de leurs armées. Au gouvernement militaire des premiers souverains des Osmanli avait succédé une espèce de théocratie. Ces princes firent une grande faute en créant un Mufti (2) et un corps d'Oulema (3), séparant ainsi le pontificat de la souveraine puissance. Ils en commirent une plus grande lorsqu'ils se donnèrent un Vizir (4). Enfin ils ont compromis l'État en laissant prédominer cette milice permanente et privilégiée, les Janissaires, auxquels ils durent d'abord l'affermissement de leur Empire, et que depuis on a vu

(1) En 1664, les Français taillèrent en pièces l'avant-garde du Grand-Vizir Ahmed-Kuprili, dans la petite plaine de Saint-Godar.
(2) Mufti, chef de la Loi et chef de l'Islamisme.
(3) Oulema, le corps qui est chargé de l'interprétation des lois, de l'administration de la justice et de l'instruction.
(4) Titre des Pachas à trois queues. Le Grand-Vizir est le Lieutenant ou Représentant absolu de Sa Hautesse.

plusieurs fois ensanglanter de leurs mains un trône sujet à tant de vicissitudes, et sur lequel il est si difficile de se maintenir.

De ces concessions funestes à l'autorité d'un chef investi de la toute-puissance, dérivent les ménagemens envers un peuple inquiet et remuant, parce qu'il est jaloux de ses libertés..... Je vois sourire à ce mot de libertés. Non, sans doute, le monarque des Ottomans ne fait point peser, comme on le croit en Europe, un despotisme arbitraire sur la totalité de ses sujets; il diffère en cela de l'Empereur de Russie, dont l'autocratie constituerait un pouvoir sans bornes, si elle ne s'était modifiée dans ces derniers temps par l'institution d'un Sénat où siégent les nobles du pays.

Le Khalifat donne au Grand-Seigneur, comme vicaire du Prophète, le pouvoir spirituel et sacerdotal; le Czar est, dans son Empire, chef de la religion comme de l'État, et le pouvoir qu'il exerce par lui-même, il ne le tient que de lui-même.

Les usages, la loi écrite, ou le Koran, enchaînent à beaucoup d'égards le Sultan de Constantinople; mais avec du courage il peut repousser ces bornes étroites: les idées de l'Europe pénétreront en Russie; et par d'heureux changemens (1), on

(1) Les Etats entrés tard dans la civilisation imitent insensiblement la forme de gouvernement de leurs voisins, et tendent à se

verra s'y former un pouvoir modérateur de l'autorité du souverain.

En attendant, celui-ci gouverne par sa volonté seule, tandis que le despotisme arbitraire ne s'exerce en Turquie qu'à l'égard de tout ce qui est salarié par le fisc; dans ce cas seulement, le Grand-Seigneur use à toute rigueur, sans jugement et sans appel, de sa pleine autorité. Il fait plus, il ordonne le séquestre des biens des condamnés; car il n'y a point dans ce pays de confiscation proprement dite; mais il ne dispose que d'une partie de ces biens, suivant le rapport qui lui est fait de la fortune des victimes et de la position de leurs familles. A Constantinople, les agens du gouvernement étant regardés comme les vampires de l'État, le peuple voit avec une sorte de satisfaction, exposées à la porte du Sérail, les têtes de ceux de ces agens que la justice du Grand-Seigneur a su atteindre. D'un autre côté, ce même peuple s'agite et se soulève, si le plus petit individu non salarié, vivant conséquemment de son patrimoine, de son travail, de son commerce, de son industrie, vient à être inquiété dans sa personne ou troublé dans ses biens, prévôtalement et sans qu'on ait pris le vœu de la loi; dans

---

mettre au niveau de leurs institutions, comme on voit s'élever à la même hauteur les fluides placés dans des vases différens qui communiquent entre eux.

ces circonstances, le Souverain lui-même court risque de la vie (1).

C'est sur l'employé du gouvernement, l'esclave du trône, que pèse le despotisme tout entier, et l'on s'en aperçoit à sa contenance inquiète. Voyez un homme de cette classe, sa tête reste immobile, et son œil exercé remarque tout. Aucune impression ne se manifeste sur son visage; il vous parle, mais à demi-voix. La crainte l'assiége sans cesse; la circonspection ne l'abandonne jamais : il semble que l'œil et l'oreille du Souverain soient partout. Ces mêmes hommes sont méprisés par la classe indépendante, et les femmes surtout les traitent sans ménagement. Il y a peu de pays où les femmes s'expriment, même à l'égard du Souverain, avec plus de liberté qu'à Constantinople. Cette espèce de licence qu'on leur accorde semblerait être une compensation de l'isolement et de l'état d'abandon où on les laisse. Mais quoique reléguées dans le fond du Harèm, et ne jouissant en apparence d'aucune considération, là comme ailleurs les femmes savent se prévaloir de l'ascendant que leur sexe leur donne; là comme ailleurs, quand l'ambition a pu se faire entendre,

---

(1) En 1649, Sultan-Ibrahim fut détrôné et mis à mort dans sa prison, par *fetva*, ou sentence juridique du Mufti, parce que ses gens avaient pris de vive force, en son nom, des effets et marchandises dans les boutiques des marchés publics; ce fut du moins cet acte qui occasiona l'explosion de la révolte.

l'influence des femmes dans les affaires, souvent utile au prince et au pays, peut quelquefois devenir funeste à l'État.

Les femmes turques sont pour la plupart des esclaves achetées. Si la polygamie nuit à la population, ce qui n'est pourtant pas bien prouvé, elle contribue du moins à conserver cette pureté de sang et cette beauté de formes que dénaturent souvent, ailleurs, les mariages d'intérêt ou de convenance ; mais la polygamie occasione dans quelques circonstances des troubles considérables, et c'est dans l'intérieur du Sérail qu'on les voit s'élever. Les femmes du Grand-Seigneur, qu'on appelle *kadines* (1), destinées à propager la race impériale, ne sont point mariées, et n'ont pas le titre de Sultanes ; elles ne prennent ce titre que lorsqu'un de leurs fils monte sur le trône ;

(1) *Kadine*, ce mot veut dire *dame*, et ici *Dame du Palais* : il sert dans le Sérail à distinguer les femmes du Grand-Seigneur de ses concubines. Les Kadines, au nombre de sept seulement que la loi lui accorde, sont véritablement ses femmes, puisque leurs enfans sont aptes à succéder au trône ; mais il n'y a préalablement, pour déterminer leur état, ni acte, ni célébration de mariage. Au surplus, elles sont, comme la plupart des autres femmes turques dont les maris tiennent à un rang élevé, de belles esclaves achetées par eux, ou qui leur ont été offertes en présent. Pendant la peste de 1812 à 1813, le Reïs-Effendi (ministre des affaires étrangères) perdit une de ses femmes, à qui on le disait fort attaché ; je lui en fis faire mon compliment de condoléance : *Oui*, répondit-il à mon Drogman, *je la regrette beaucoup, elle m'avait coûté cinq mille piastres* (alors environ cinq mille francs).

elles sont alors Validè-Sultan ou Sultanes-mères; elles passent du Vieux-Sérail au palais du Grand-Seigneur. Placées près de leur fils, elles exercent sur lui et dans le gouvernement une influence quelquefois dangereuse. Un Sultan qui meurt ayant des enfans en bas âge de plusieurs Kadines, laisse le champ libre aux intrigues et aux séditions, d'où résultent les plus grands désordres; aussi n'y a-t-il point de pays où l'on redoute plus les minorités et les régences qu'à Constantinople.

Si ces mœurs étrangères pour nous ont de l'influence dans la marche des affaires, d'autres mobiles influent aussi sur son action générale. A des époques récentes, et sous le règne faible de Sultan-Selim III, l'esprit de sédition a tellement agité l'empire des Osmanli, que cet empire s'est vu dans la même position où se trouvaient les Etats de l'Europe au temps de la féodalité ; il était en effet livré à des pachas dont chacun, se regardant comme un souverain, était avec ses voisins en guerre ouverte, et se maintenait constamment en état de révolte envers le gouvernement reconnu. Circonstance remarquable! l'Empire turc se voyait ébranlé par les mêmes causes qui, dans notre Europe, empêchèrent si long-temps le gouvernement d'un seul de se former et d'acquérir de la stabilité. Mais, jaloux de recouvrer ses droits, le Grand-Seigneur actuel, Mahmoud II (1),

(1) Mahmoud II, né en 1785, élu en 1808.

prince du plus grand caractère, a, dans l'espace de deux années, par des actes de vigueur, entièrement comprimé les Janissaires, et a détaché de cette milice le corps des Oulema, qui, dans les révolutions de Sérail, faisait cause commune avec elle. En dissipant les Wehhabi, il a rétabli le pélerinage de la Mèkke, et s'est réintégré dans l'exercice du Khalifat. Il a repris Widdin (1), devant laquelle avait échoué le fameux Capitan-Pacha Huçeïn (2); reconquis la Servie (3), que cinq ans de troubles avait soustraite à son obéissance; soumis ou fait périr tous les Pachas rebelles, les Agha, les Aïan, qui méprisaient insolemment son autorité. Il a supprimé l'hérédité des pachalik; les Pacha, les Agha ont été rendus amovibles, et il a pris ses nouveaux choix parmi les personnes de l'Intérieur (le Sérail). La corruption des ministres de Selim III ayant amené la déposition de ce prince, et par suite sa fin déplorable, Sultan-Mahmoud s'est donné un Vizir sans talens et d'un esprit médiocre. Il surveille son Divan (4) avec un soin extrême, et ne lui laisse que le simulacre

(1) Widdin, place importante par sa position, sur la rive droite du Danube.

(2) Le restaurateur de la marine ottomane, favori de Selim III, dont il avait épousé la cousine-germaine, Esma-Sultane, fille de Sultan-Abdul-Hamid.

(3) Province grecque entre la Bosnie et le Danube.

(4) Le Divan, ou le ministère; ce mot signifie aussi Conseil-d'Etat.

du pouvoir; il dirige, il règle tout par lui-même; en un mot il est lui seul le gouvernement. Mieux et plutôt informé que ses ministres au moyen d'une agence secrète très-active, ses mesures sont prises avant que les rapports de son Grand-Vizir lui soient parvenus. Actif, laborieux (1), d'un secret impénétrable, observateur zélé de sa religion, fidèle à sa parole (2), sobre et respectant les mœurs (3), Sultan-Mahmoud peut être regardé à juste titre comme un phénomène pour la Turquie..........

Telle était l'opinion que nous avions émise, dès

(1) Il existe en Turquie une place de secrétaire du cabinet : l'individu qui l'occupait à l'avénement de Sultan-Mahmoud étant mort quelque temps après, le Grand-Seigneur ne nomma point à cette place, qui était le sujet de beaucoup d'intrigues.

(2) Sultan-Mahmoud ayant amené Molla-Pacha de Widdin à quitter cette place, dont il était maître depuis la mort de Passwan-Oglou, lui laissa la vie sauve, et lui permit d'emmener ses trésors et ses femmes. Retiré à Scutari, en face du Sérail, Molla-Pacha y resta sans la moindre inquiétude jusqu'au moment de sa mort, arrivée pendant la peste de 1812, et des suites de cette épidémie : on pourrait citer nombre de faits de ce genre.

(3) Un jeune Arménien, d'une belle figure, ayant été arrêté au coucher du soleil, comme il rentrait à Galata, par deux Galioundji (soldats de marine), maîtres d'un café près de la porte de ce faubourg, et qui le gardèrent jusqu'au lendemain ; le Grand-Seigneur, informé par le rapport qu'on lui adressa, d'après les plaintes du père du jeune homme, de l'outrage fait à son fils, ordonna non-seulement que les deux Galioundji fussent étranglés, mais encore que le café serait rasé, et qu'on ne pourrait plus rebâtir sur son emplacement.

l'année 1818, sur ce Souverain (1). Mais depuis, en supprimant les Janissaires, Sultan-Mahmoud a non-seulement anéanti cette source intarissable de troubles et de désordres, détruit l'obstacle qui s'opposait aux moindres améliorations, et brisé cet instrument souvent utile à l'étranger; il a encore changé une des constitutions fondamentales de l'empire des Osmanli, ce qui n'a pas été assez compris par les Européens. Quel que soit le résultat d'une pareille entreprise, aussi hardie à concevoir qu'elle était difficile et périlleuse à exécuter, elle ne pourra qu'honorer un règne où Sultan-Mahmoud s'est montré avec toutes les qualités d'un gouvernant jaloux de sa puissance, et ayant les talens et le caractère propres à la faire respecter. Ce souverain n'a fait qu'une faute (2)..... elle n'était point dans sa volonté (3). Mais, sans dérouler entièrement le livre de l'avenir, essayons de lire dans celui du présent :

(1) *Voyage à l'embouchure de la Mer-Noire.*

(2) Le traité de Bucharest, signé le 28 mai 1812, à l'époque de la campagne de Russie.

(3) Par suite des murmures du camp, et des intrigues que ces murmures appuyèrent, le Grand-Vizir se vit forcé à faire une paix désavantageuse, que la position de la Turquie était loin d'exiger. Le Drogman de la Porte, qui avait assisté les plénipotentiaires turcs aux conférences, paya de sa tête le résultat de ce traité. Ayant voulu se défendre contre ses bourreaux, il fut écharpé sous les yeux même du Kiahya-Beï du camp, Ghalib-Effendi, auquel un pareil spectacle occasiona un tremblement universel, dont il a eu beaucoup de peine à se guérir.

L'Inde gémit livrée à l'esclavage et à la barbarie. L'Arabe, le plus ancien peuple de la terre, quoique devenu accessible au sein de ses déserts, n'y conserve pas moins son indépendance. La Perse, sous une apparente tranquillité, renferme en elle le germe de funestes dissensions : les contendans au trône que laissera le souverain actuel livreront à de nouvelles discordes un pays si souvent agité, qui semblait vouloir se régénérer, et dont la population industrieuse est tolérante et avide de connaître. La Turquie se soutient par la force de ses institutions; mais ses limites au nord et à l'ouest, qui sont en même temps celles de l'Europe, séparent des nations dont la religion, les mœurs, les usages, et la manière de combattre n'ont pas de ressemblance. Les États de l'association européenne sont parvenus presque au même point dans l'art et dans l'administration de la guerre; ils ont à peu près les mêmes élémens de félicité publique et de prospérité nationale; on y cultive les sciences et les lettres : tout dans l'Occident peut donc être regardé comme terminé. Les sources réelles de prospérité sont en quelque sorte taries dans l'Orient; le particulier y est riche et l'État pauvre. Les armées, composées de contingens rassemblés à la hâte, n'ont pas plus de connaissance de l'art de la guerre que d'idées de gloire nationale, les troupes dont elles sont formées regardant les succès comme des faveurs de la Providence, et la fuite devant l'ennemi comme l'effet d'une irrésistible destinée.

Puissance à la fois orientale et occidentale quant à sa position géographique, la Russie recueille les fruits des travaux de Pierre-le-Grand, dont le principal mérite fut de saisir d'un coup d'œil, en homme de génie, les divers rapports de situation de son pays, et d'y assujétir les destinées futures de son Empire : rien en effet ne remplace l'avantage de situation. Toute puissance dont on peut réduire le chef à capituler n'est pas une puissance du premier ordre; mais en politique comme en guerre, quand on a les hauteurs et qu'on ne peut être tourné, on est dans la position la plus favorable. On trouve en Autriche la féodalité, comme elle était en France au temps du cardinal de Richelieu; mais là point de turbulence, tout y est calme et sans élan. On remarque ensuite chez les peuples du nord de l'Allemagne cette froide exaltation, beaucoup plus concentrée et plus difficile à tempérer que si les organes de ces peuples étaient plus mobiles : on arrive enfin à l'Angleterre, dont le gouvernement a été dans l'Occident le modèle de la balance des pouvoirs. Puissance coloniale placée près de l'Europe, l'Angleterre étend ses bras jusqu'aux Indes orientales et dans le Nouveau-Monde; à la faveur de sa dette nationale, elle exerça long-temps un patronage politique sur l'Occident : industrielle et commerçante, l'Angleterre est un grand atelier et un immense entrepôt de produits indigènes et exotiques.

Dans un état où l'esclavage et la féodalité n'existaient point, la propriété devait être représentée; les propriétaires étant, suivant l'expression de Burke, *le lest du vaisseau de la chose publique* (1), doivent être appelés à consentir l'impôt; et ils sont autorisés à s'en faire rendre compte : un gouvernement sage et paternel ne se regarde que comme l'administrateur de l'impôt. A Constantinople le Souverain ne peut pas disposer de l'argent du fisc : il a son trésor particulier.

On voit peu de pays où le principe de la propriété soit mieux consacré qu'en Turquie. L'effet de la tyrannie de mauvais Souverains ou des vexations de Pachas, ne prouvent point que ce principe ne soit pas maintenu ; ces excès, qui coûtent souvent le trône aux uns et aux autres la vie, sont passagers. Mais ce qui reste, ce sont les lois constitutives d'un État qui lient les souverains à leurs sujets, et font la sécurité des personnes comme celle des propriétés. On s'est étrangement abusé en voyant dans le gouvernement turc le modèle du despotisme arbitraire; comme si une grande nation, dont la gloire et la prospérité furent portées à leur comble, eût pu se maintenir, pendant

---

(1) *Réflexions sur la Révolution de France.*

plus de cinq siècles, avec une forme de gouvernement qui n'admettrait ni règles, ni lois positives. Outre les Constitutions de l'Empire, la Turquie jouit d'institutions particulières très-remarquables; ainsi, elle a sur l'Esclavage et sur l'Affranchissement une législation complète sagement combinée, de beaucoup supérieure à celle des Romains, nos maîtres en fait de lois (1).

On s'étonne que la Turquie n'ait pas su ajouter à tous ces avantages ceux qu'elle aurait pu tirer du progrès des sciences naturelles en Occident. L'intolérance extrême de la religion de Mahomet a rendu la Turquie stationnaire; elle a vécu de son fonds sans emprunter de ses voisins. Le mépris le plus prononcé pour tout ce qui n'est pas sectateur du Prophète a éloigné des Turcs les institutions et les établissemens utiles que l'Occident aurait pu leur fournir. Du mépris des hommes ils ont passé à celui des choses; et véritablement, la Turquie, sous beaucoup de rapports, est aujourd'hui très-arriérée.

Mais on aurait tort de croire que les Turcs sont ce qu'on appelle des barbares; on les juge mal parce qu'on ne les voit que de loin, ou qu'on veut les juger d'après soi. Un canal de sept lieues seulement sépare l'Angleterre de la France : a-t-on une connaissance même approximative de ce pays

(1) *Voyez* le chapitre X du livre I.

si voisin qu'une foule de personnes ont vu, sur lequel on a beaucoup écrit, et dont on a tant parlé? Les Turcs sont bons maîtres, sobres, patiens, religieux, hospitaliers. Doués en général de beaucoup de jugement et d'esprit naturel, ils n'ont que des idées simples, et en arrivent plus directement à leur but. S'ils n'acquièrent point d'instruction théorique, ils n'ont pas non plus des connaissances mal digérées; et rien n'est plus dangereux que les demi-connaissances. On les accuse de mollesse et d'oisiveté : en Europe on ne sait jouir qu'en s'agitant; là pour jouir il est de principe de ne pas se mouvoir. Du reste, l'Empire ottoman est peuplé d'hommes actifs, robustes et propres à braver les fatigues comme les dangers. Le fanatisme religieux décuplait autrefois à la guerre les forces des Musulmans; aujourd'hui ce fanatisme est bien diminué : il pourrait être excité de nouveau, mais je doute qu'on pût lui rendre cette énergie qui, dans les beaux temps de l'Islamisme, distingua si éminemment *les Guerriers de la Foi* (1).

En détruisant l'Empire grec, les Turcs ménagèrent sa population; elle fut conservée, et prit place comme au second rang. Ayant encore un reste de ce feu sacré qui en fit une nation si recommandable dans les arts, les sciences et la littérature, les Grecs ont porté dans les grandes con-

(1) C'est ainsi qu'on désignait et qu'on nomme encore les Turcs lorsqu'ils sont en campagne.

structions dont ils ont été chargés par les Turcs, sinon un bon goût, du moins une noblesse et une certaine hardiesse d'exécution appropriées aux monumens qu'ils ont dû élever : et à cet égard les mosquées sont des objets qui excitent une sorte d'admiration dont on ne peut se défendre, surtout en les voyant pour la première fois.

Entre les Turcs et les Grecs s'est en quelque sorte glissée une nation sans culture d'esprit, mais habile dans les spéculations d'argent, et douée d'un certain tact sous une apparence de rusticité. Rapprochés des Musulmans par leurs habitudes qui leur ont fait adopter pour les femmes la sévérité du Harèm et la gêne du *Yachmak* (1), les Arméniens n'inspiraient aux Turcs aucune défiance; c'étaient les sujets les plus dociles, les plus fidèles, les plus soumis. Laissant aux Boyards du Fanal (2) leurs intrigues pour obtenir les Principautés (3), auxquelles ceux-ci sacrifiaient les liens les plus chers, et abandonnant au reste des Grecs les affaires mercantiles, car ils ne trafiquaient guère chez l'étranger, les Arméniens s'étaient attachés

(1) Yachmak, voile de mousseline blanche qui enveloppe la tête et le cou des femmes, et ne laisse apercevoir que les yeux.

(2) Quartier de Constantinople habité par les familles princières de la nation grecque.

(3) Les principautés de Moldavie et de Valachie, naguère encore uniquement réservées aux Grecs du Fanal.

au signe représentatif de la richesse réelle. Sarraf, ou banquiers des hommes en place, et chargés de la refonte des pièces d'or et d'argent à la monnaie, les Arméniens de Constantinople avaient acquis d'immenses fortunes. Hors de la capitale, la nation arménienne n'est pas riche, mais elle a de l'aisance. Simple dans ses mœurs, elle obtient une considération méritée; elle en sait jouir et ne s'en prévaut pas.

C'est un beau cadre sans doute que celui qui, renfermant l'histoire de Constantinople depuis l'établissement de l'antique Byzance jusqu'à nos jours, marquerait les phases par lesquelles ces deux villes célèbres ont passé, offrirait l'histoire des temps, ferait connaître la religion, les mœurs et les usages d'un peuple si différent de nous, ses institutions particulières, la forme du gouvernement qui le régit, l'administration qui l'a soutenu pendant cinq cents ans, enfin sa situation politique. Quelques regards jetés sur le passé pourraient faire entrevoir le prochain avenir d'un Etat qui, cédant aux lois de la vicissitude, et n'ayant adopté que trop tard les institutions modernes, ne se trouvera peut-être pas en mesure de résister à un peuple presque récent en Europe, mais que l'on voit joindre à une civilisation précoce l'avantage immense de position.

Si l'on considère néanmoins les événemens qui se pressent vers le Danube, on ne doit pas douter que les Turcs, qui ont à soutenir une guerre d'ambition, suscitée sous de vains prétextes, ne défendent avec courage leurs temples, leur existence et leurs tombeaux. Et quand on examine la lutte secrète de deux puissances rivales, les premières dans l'ordre politique, on peut prévoir, pour l'une d'elles un bien plus grand rôle que celui qu'elle a joué jusqu'à présent sur ce vaste théâtre, où tout change par le laps de temps, les arts, les sciences, les mœurs et les Empires.

NOTE SUR SAADI (1).

Saadi, poète persan, né à Chiraz, florissait dans le treizième siècle. Il est connu par beaucoup d'ouvrages, surtout par son Gulistan, qui renferme, outre un grand nombre de maximes, des contes et des fables remarquables par un dialogue simple, naturel, et dont la morale est exprimée en traits fortement prononcés; nous en citerons pour exemple les pièces suivantes :

LE LYNX.

« On demandait au Lynx : Quel motif a pu te
« faire choisir la société du Lion? — C'est afin de
« manger les restes de sa chasse, et, tranquille à
« l'ombre de sa puissance, de n'avoir point à re-
« douter la méchanceté de mes ennemis. — A
« présent que tu jouis de ces avantages, et que
« tu avoues n'avoir que des actions de grâces à
« rendre, pourquoi ne pas te rapprocher encore
« plus, afin que le Lion te compte parmi ses ser-
« viteurs les plus fidèles, et t'admette dans son
« intimité? — A la distance même où je me tiens,
« je ne suis pas à l'abri des effets de son courroux.

(1) Cette note se rapporte à la page xiv.

« Le Mage nourrit pendant cent ans le feu sur
« les autels; il y tombe, et dans l'instant il est
« dévoré.

« Les rois versent l'or sur les courtisans, dont
« le moment d'après ils demandent la tête. Le
« sage a dit : Sois en garde contre la versatilité
« des princes : tu les insultes, ils te revêtent de la
« pelisse d'honneur; tu les salues, et ton salut
« leur déplaît. La souplesse est l'art du courtisan
« et la honte du sage.

« Quant à toi, sache garder ton caractère et te
« respecter; laisse au courtisan la frivolité et la
« souplesse. »

Malgré cette sévérité de principes, on voit quelquefois Saadi suivre la même conduite qu'il blâme chez les autres; mais alors il emprunte les traits de l'allégorie la plus délicate; voici comment il s'exprime :

« L'éloge de Saadi est dans toutes les bou-
« ches..... Est-ce à ses talens, à son mérite qu'on
« doit l'attribuer? Non; c'est bien plutôt au
« Maître du monde..... Il a jeté sur moi un œil
« de bienfaisance; il a daigné m'encourager; nul
« doute que par amour pour lui tous n'aient été
« disposés pour moi : le peuple est de la religion
« de ses rois.

« J'étais inconnu ; tu as dirigé sur moi tes re-

« gards, et j'ai réfléchi des rayons plus brillans
« que le soleil : tout en moi aurait été défaut,
« qu'il serait devenu qualité : il suffit de l'appro-
« bation du prince.

« J'étais un jour au bain ; une terre parfumée
« passa des mains d'un amant dans les miennes.
« — Es-tu musc, es-tu ambre, lui dis-je? mon
« ame en respirant ton odeur est restée suspen-
« due, je suis enivré ! — Moi, je n'étais qu'une
« argile grossière, je n'étais rien ; mais je me suis
« trouvé un instant avec la rose, il est resté en
« moi quelques traces des qualités de ma com-
« pagne : si elles disparaissent, je redeviens simple
« argile que j'étais (1). »

(1) Un auteur de nos jours a imité ce passage de Saadi, dans une réponse à ce qu'il appelle un *Compliment* de Voltaire, et que nous allons rapporter :

« Es-tu d'ambre? dit un Bramin
« Au morceau de terre odorante
« Qu'il rencontra près de son bain.
« Ton parfum m'étonne et m'enchante ;
« Je suis, répondit le Limon,
« De moi-même fort peu de chose ;
« Mais quelque temps, dans ce canton,
« J'ai séjourné près de la rose. »

OEuvres du marquis de Villette.

TABLE DES CHAPITRES.

LIVRE PREMIER.

CONSTANTINOPLE CONSIDÉRÉE SOUS DIVERS RAPPORTS.

                                                                    Pag.

Ch. Iᵉʳ. Des Empereurs ottomans. — Du Grand-Seigneur actuel, Sultan-Mahmoud II, et de la révolution qui l'a mis sur le trône.   1

Ch. II. Du Sérail.......................... 14

Ch. III. Principales charges de la Maison et de la Cour du Grand-Seigneur............. 21

Ch. IV. Tableau de la Porte Ottomane............ 35

Ch. V. Division politique de l'Empire Ottoman, et changemens faits dans les Gouvernemens des provinces pour y rétablir l'autorité du Sultan, et pour préparer l'abolition des Janissaires........................ 45

Ch. VI. Abolition de la milice des Janissaires, et vues générales de Sultan-Mahmoud.... 63

Ch. VII. Du Khalifat. — Des Wehhabi. — Reprise des Lieux-Saints sur ces Sectaires. — Fêtes à Constantinople en 1812 à ce sujet. 72

Ch. VIII. Des Derviches...................... 93

Ch. IX. Des Mosquées (*Mèsdjid*)................ 114

Ch. X. De l'Esclavage et de l'Affranchissement chez les Turcs, comparés à l'Esclavage et à l'Affranchissement chez les Romains.... 131

Ch. XI. De la Police intérieure de Constantinople.. 160

Ch. XII. Des Incendies........................ 172

xl   TABLE

Pag.

Ch. XIII. De la Peste qui a régné à Constantinople en 1812.................... 178

NOTES DU LIVRE PREMIER.

Note Ire. Sur Agathias, historien grec du moyen âge........................ 185
Note II. Traduction du Khatti-Chérif envoyé à Korchid-Ahmed-Pacha, nommé Grand-Vizir par Sultan-Mahmoud, après la paix de Bucharest................ 187
Note III. Yafta, ou Ecriteau placé au-dessus de la tête d'Halet-Effendi, le 4 décembre 1822.... 189
Note IV. Série des Ambassadeurs, Ministres, Agens ou Résidens français à Constantinople, depuis l'origine de nos relations avec le Gouvernement ottoman jusqu'à nos jours. 190.
Note V. Yafta, ou Ecriteau placé au-dessus de la tête d'Ali-Pacha de Yanina, le 23 février 1812..................... 212
Note VI. Manifeste de la Porte au Peuple musulman, au sujet de l'abolition des Janissaires... 214
Note VII. Sur le principe de l'Esclavage en Hongrie, et son état actuel, par un propriétaire hongrois....................... 221
Note VIII. Sur l'impôt appelé *Kharadj*........... 231

LIVRE SECOND.

DU BOSPHORE DE THRACE.

Ch. Ier. Opinion des Anciens sur la formation du Bosphore....................... 237
Ch. II. Opinion des Auteurs modernes sur la formation du Bosphore................ 252

DES CHAPITRES.   xlj

Pag.

Ch. III. Formation du Bosphore, déduite de la topographie du terrain.................... 261
Ch. IV. Configuration du port de Constantinople, déduite topographiquement........... 274
Ch. V. Des Eaux-Douces au fond du port de Constantinople...................... 278
Ch. VI. Mesure à l'aide du baromètre des hauteurs qui forment les deux côtés du Bosphore........................ 286
Ch. VII. De la Lithologie du Bosphore............ 291
Ch. VIII. Des Courans du Bosphore.............. 302
Ch. IX. De Constantinople et de son port ; dimensions et formes générales du Bosphore... 314
Ch. X. De la Montagne du Géant............... 325
Ch. XI. Des Cyanées........................ 328
Ch. XII. De la Colonne de Pompée.............. 335
Ch. XIII. Flore Byzantine. — Animaux. — Poissons du Bosphore...................... 339
Ch. XIV. Vue générale de la Propontide et du Bosphore........................ 351

NOTES DU LIVRE SECOND.

Note Ire. De l'apparition des îles Kamène dans le golfe de Santorin, et particulièrement de la nouvelle qui s'est formée en 1707....... 371
Note II. Sur le nivellement de la Mer-Noire à la mer Caspienne (communiqué par M. de Humboldt)........................... 378
Note III. Sur l'ancienne communication de la Mer-Noire avec la mer Caspienne......... 378
Note IV. Kyz-Koullèçi, ou la Tour de la Fille..... 381
Note V. Sur l'Olympe de Bithynie, d'après l'abbé Sestini............................ 382
Note VI. Sur les Tombeaux des anciens Grecs...... 383

LIVRE TROISIÈME.

DU SYSTÈME DES EAUX COMPRIS DANS LE DELTA DE THRACE, ET QUI SERT A ABREUVER CONSTANTINOPLE ET SES FAUBOURGS.

                                                                                      Pag.

Ch. Ier. Des règles de tradition employées dans la conduite des eaux à Constantinople..... 385

Ch. II. Conduite des eaux amenées à Constantinople pour les besoins de cette capitale........ 395

Ch. III. Conduite des eaux qui abreuvent Péra et les faubourgs adjacens................... 415

Ch. IV. De la quantité d'eau nécessaire pour la consommation de Constantinople. — Détermination de sa population............. 420

Ch. V. Aqueduc de Valens..................... 431

Ch. VI. Du Terazi ou Niveau................... 434

Ch. VII. Du corps des Sou-Yoldji ou Fonteniers.... 438

Ch. VIII. Des Citernes anciennes de Constantinople.. 442

NOTES DU LIVRE TROISIÈME.

Note Ire. Sur les conduites d'eau d'Alep en Syrie.... 459

Note II. Sur la conduite à soutèrazi de St-Jean-d'Acre. *ibid.*

Note III. § Ier. Sur les conduites d'eau à soutèrazi et à siphons renversés, en Espagne... 460

§ II. Sur l'Aqueduc de Puerto-Real...... 461

§ III. Sur la conduite d'eau de la Caroline, près la porte de Madrid:......... 462

§ IV. Aqueduc à siphon renversé de Castellon de la Plana.................... 464

Note IV. Lois et constitutions impériales relatives aux aqueducs de Rome ancienne et de Rome moderne (Constantinople), tirées du livre de Frontin sur les eaux de Rome....... 465

DES CHAPITRES.

Pag.

NOTE V. Préparation et emploi du mortier de chaux et de sable, de celui de chaux et de khoraçan, du ciment et du lukiun.......... 474

NOTE VI. Traduction d'un firman légalisé rendu en l'an 1191 de l'hégire, en faveur de cinq fonteniers du village de Gliçoura, arrondissement d'Argiro-Castron, et adressé aux Kadi et autres autorités d'Argiro-Castron, etc........................... 476

TABLE RAISONNÉE DES MATIÈRES.................... 479
    Observations préliminaires relatives à la transcription des mots turcs en français........ *ibid.*
    Table... 490

CONSTANTINOPLE

ET

LE BOSPHORE DE THRACE.

LIVRE PREMIER.

CONSTANTINOPLE CONSIDÉRÉE SOUS DIVERS RAPPORTS.

CHAPITRE PREMIER.

Des Empereurs ottomans. — Du Grand-Seigneur actuel, Sultan Mahmoud II, et de la révolution qui l'a mis sur le trône.

Le Grand-Seigneur est le chef suprême de l'Empire; Grand-Pontife de l'Islamisme, en qualité de Khalife, ou successeur de Mahomet (1), il réunit le glaive spirituel à la toute-puissance temporelle. Le titre de *Sultan* désigne plus particulièrement le chef temporel; celui d'*Imam*, le chef spirituel. En sa qualité de Khalife, il donne l'investiture à tous les princes musulmans qui ne sont pas sous sa dépendance, comme l'empereur de Maroc et tous les princes de cette religion répandus dans l'Inde ou dans les autres parties de l'Orient.

(1) Cette haute dignité passa dans la maison ottomane lors de la conquête de l'Egypte par Selim I, en 1517.

Le Grand-Seigneur prend le titre de *Padichah*, qui répond à celui d'Empereur, et que la Sublime-Porte n'avoit accordé jusqu'à ces derniers temps qu'aux seuls rois de France. Les autres souverains en Europe, même les empereurs d'Allemagne, étaient appelés *Kral*, mot slave qui signifie *roi, souverain*.

En parlant de son maître, dans les grandes solennités de réception des ambassadeurs ou des ministres de puissances étrangères, le Grand-Vizir lui donne les qualifications de *très-puissant, très-majestueux,* et *très-grand empereur, refuge du monde*, etc.

Le cinquième ou le sixième jour de son avénement au trône, le Sultan, suivi de tous les grands de l'Empire et du corps des *Oulema*, se rend dans la mosquée d'Eïoub (1), vénérée à cause du tombeau d'Eïoub, disciple chéri du Prophète ; c'est là que le *Cheïkh* (2) des *Mèvlèvi* (derviches-tourneurs), ou son délégué, lui ceint le sabre d'Osman, avec les cérémonies d'usage. Cette solennité, qui tient lieu d'intronisation, remonte à Mahomet II, après la prise de Constantinople, en 1453.

Douze ou quinze jours après, la mère du Sultan régnant, jusque là ignorée sous le titre modeste de *Kadine* (dame du palais), sort d'*Eski-Séraï* (le vieux sérail situé au centre de Constantinople), et, accompagnée des grands de l'Empire, se rend au sérail, dans une voiture ouverte, et sans *yachmak* (3) : considérée comme mère du peuple, elle est la seule qui

---

(1) *Eïoub* (Job), nom d'un faubourg de Constantinople, près des Eaux-Douces, au fond du port.
(2) Supérieur.
(3) Voile.

ait le privilége de se montrer à visage découvert. Prévenu de son arrivée, le Sultan, avec toute sa cour, va la recevoir à la porte extérieure, et, après lui avoir donné toutes les marques de respect, il l'accompagne dans les appartemens qui sont destinés à la *Validè-Sultan* (1) (sultane mère).

Depuis que les souverains ottomans sont relégués dans le sérail, et qu'ils ne s'occupent point directement des affaires de leur empire, il faut que le peuple sache qui lui commande, et si celui auquel il obéissait la veille n'a pas été précipité du trône. De là cet usage auquel les Sultans ne peuvent se soustraire, de se rendre avec un nombreux cortége, tous les vendredis, à une des mosquées de la capitale, de ses faubourgs ou des villages qui bordent le Bosphore, pour y faire la prière (2). Le peuple jouit de la vue de son souverain, et il paraît satisfait. Cette circonstance est en outre favorable pour présenter des suppliques au Grand-Seigneur (3); car le droit de pétition existe dans toute sa plénitude à Constantinople. Sa Hautesse fait recevoir les placets par des officiers désignés pour cela, qui l'accompagnent toujours dans ses sorties solennelles. De retour au sérail, elle les

(1) La langue turque n'ayant point de genres, le mot *sultan* désigne les individus des deux sexes; mais elle les distingue en faisant précéder de cette qualification les noms propres pour les hommes, et en la mettant après pour les femmes: ainsi l'on dit *Validè-Sultan* et *Sultan Mahmoud*.

(2) Mahomet I étant très-dangereusement malade, et n'ayant pu se montrer à la mosquée deux vendredis de suite, fut obligé au troisième, de monter à cheval et d'assister à la prière publique; à son retour, à peine eut-il passé la première porte du sérail, qu'il expira.

(3) L'usage est de tenir les pétitions élevées au-dessus de la tête, pour qu'on puisse les apercevoir: c'est lorsque le Grand-Seigneur se rend à la mosquée, et qu'il en sort, qu'elles sont reçues.

apostille de sa main, et les envoie dans les ministères respectifs, en prescrivant qu'il lui soit rendu compte de l'exécution des décisions dont elles sont émargées.

Plusieurs *sarraf* (fournisseurs de fonds) avaient demandé par requête, en 1811, avant la paix de Bucharest, que les *Aïan* (1) de la Romélie fussent contraints à s'acquitter des sommes énormes que ces banquiers leur avaient avancées ; cette pétition ayant été mise sous les yeux de Sultan Mahmoud, Sa Hautesse y apposa de sa main le décret suivant :

« Que les *Aïan* dont tous les biens sis sous les pas des
« guerriers de la foi, qui depuis six ans vont et vien-
« nent pour la défense des frontières de l'Islamisme,
« ont dû souffrir des marches et contre-marches
« continuelles, n'aient pu satisfaire à leurs dettes,
« c'est une chose toute naturelle ; mais ce qui n'est pas
« aisé à comprendre, c'est l'impatience de leurs créan-
« ciers, dont plusieurs possèdent des *Yaly* (mai-
« sons de plaisance sur le Bosphore) de plus de mille
« bourses (2). Lorsque la divine Providence aura dé-
« crété dans son éternelle sagesse la fin de la guerre,
« la demande des pétitionnaires sera prise en consi-
« dération, conformément à la noble justice (3). »

L'usage de fumer est tellement accrédité en Orient, que chez le Grand-Vizir, comme chez les autres ministres, quand on reçoit un personnage distingué,

---

(1) Chefs de la commune ou agens municipaux.
(2) Une bourse vaut 500 piastres. La piastre valait alors 90 centimes.
(3) Traduit et communiqué par feu M. Ruffin. Je tiens de cet homme si estimable et si habile, que Sultan Mahmoud écrit très-bien le turc, et qu'il en a perfectionné l'idiôme.

on s'empresse de lui présenter une pipe plus ou moins riche, suivant le rang qu'il a ; car l'étiquette, établie avec le plus grand soin, y est suivie à toute rigueur. Le Sultan est le seul de l'Empire à qui il ne soit pas permis de fumer ; s'il veut prendre cette distraction ou satisfaire ce goût, ce n'est que dans les appartemens les plus retirés du sérail et avec des confidens intimes, tant le Grand-Seigneur est tenu de s'observer, pour satisfaire même aux convenances, et ôter le plus léger prétexte aux séditions. On ne peut attribuer cette prohibition qu'au souvenir des querelles que l'introduction de l'usage du tabac occasiona chez les musulmans ; et l'on se rappellera sans doute les cruautés que le farouche Amurat IV exerça contre les fumeurs.

Le Grand-Seigneur était inscrit en tête du rôle de la première *orta* (légion) des Janissaires, sous son pur nom de souverain : *Sélim, Mahmoud, Ahmed, Abdul-Hamid,* et comme simple *nèfèr* (soldat). Il en venait recevoir la paie au *kychla* (caserne) de cette légion, le lendemain même de la cérémonie trimestrielle du paiement des employés militaires et civils. On n'ignore pas que c'était durant cette distribution singulière, faite en plein divan, que les ambassadeurs chrétiens étaient admis à l'audience de Sa Hautesse. L'anéantissement des Janissaires a modifié le cérémonial de ces présentations.

Sultan Mahmoud II, fils de Sultan Abdul-Hamid et frère puîné de Sultan Moustapha IV, occupe aujourd'hui le trône des Ottomans. En mai 1807, Sultan Selim, cousin et prédécesseur de ces deux princes, déposé par les Janissaires, qui lui reprochaient de favoriser le *Nizam-djèdid* (1), avait perdu à la fois le trône et la liberté. Les Janissaires avaient élevé à sa place Sultan Moustapha IV, prince sans génie, comme sans caractère, et, pour comble de maux, sans conseil. La nation entière, qui appréciait le mérite de Sultan Selim, sentait la perte qu'elle avait faite à ce changement; et les grands feudataires de l'Asie ne pouvaient pas voir sans crainte pour eux-mêmes, de la part de leurs subordonnés, l'exemple funeste que les Janissaires venaient d'offrir à tout l'empire. Dans cet état de choses, Taïar-Pacha, Vizir, fils de Vizir, seigneur feudataire du *Djanik* (2) qui dans la vue de se faire relever d'un *khatti-chèrif* (3) que Sultan Selim avait lancé contre lui en 1807, s'était rendu incognito à Constantinople pour solliciter sa grâce auprès de Sultan Moustapha, conçut le projet auquel il avait fait adhérer les principaux possesseurs terriens de la Natolie, de détruire et de supprimer le corps des Janissaires, de leur subroger les *Sèïmèn*, milice encore plus ancienne qu'eux, et de remettre sur le trône Sultan Selim III. Taïar-Pacha connu pour être un homme d'une grande capacité, obtint non-seulement sa grâce, mais encore il fut fait *Caïmacam*.

Ses talens, et l'ascendant qu'ils lui donnaient dans le conseil, ne tardèrent pas à exciter la jalousie des

---

(1) *Nizam-djèdid* (nouvel ordre de choses), et *Iradi-djèdid* (nouveau revenu), destiné à couvrir les frais de cet établissement. Le Nizam-djèdid consistait à avoir des troupes exercées et disciplinées à l'européenne.

(2) Mehèmmèd-Taïar-Pacha, fils de Battal, Pacha de la province du *Djanik*, c'est-à-dire, du Pont, de la Cappadoce, et de tout le littoral depuis Sinope jusqu'à Trébisonde, etc.; dont le gouvernement était héréditaire dans sa famille.

(3) Edit ou décret signé de la main du Sultan.

Oulema. Ceux-ci en faisant regarder Taïar-Pacha comme un étranger déguisé (1), inspirèrent de la défiance aux Janissaires. Sultan Moustapha, subjugué par cette milice à laquelle il se croyait redevable du trône, se vit obligé de céder aux marques de leur mécontentement, que secondaient les représentations des Oulema, et Taïar-Pacha fut déposé. En butte à des haines implacables, il aurait couru risque de la vie, si Sultan Moustapha, qui l'aimait, n'eût lui-même secondé son départ ou plutôt son évasion de Constantinople.

Quoique dans une position moins favorable qu'auparavant, Taïar-Pacha n'abandonna pas son projet; mais il fallait un chef militaire pour en diriger l'exécution. Il jeta les yeux sur Baïraktar-Moustapha-Pacha, qui, ayant acquis une sorte de réputation sur le Danube, avait été nommé successivement *Aïan* (maire de la commune) de Rouztchouk et *Sèraskèr-Pacha* (général de division). S'étant rendu à Rouztchouk, Taïar-Pacha s'aperçut bientôt que Baïraktar d'un esprit médiocre, n'était pas l'homme de la chose projetée, et cependant son nom pouvait seul en assurer le succès; mais il reconnut que Ramiz-Effendi, *Dèftèrdar*, ou contrôleur de l'armée, était surtout capable de le seconder dans son projet. Ce Dèftèrdar mit tous ses soins à faire comprendre le plan de Taïar-Pacha (2) à Baïraktar qui, personnellement dé-

(1) Ce qui avait pu donner lieu à cette imputation dictée par la malveillance, c'est que Taïar-Pacha, tombé au pouvoir des Russes en Crimée, où les Turcs firent une descente en 1788, avait été emmené en Russie, où il était resté fort long-temps.

(2) Ramiz-Effendi fut secondé par Kiencè, *Kiahya* (lieutenant) de Baïraktar, Nadji-Oglou, *Bochnak-Agha* (son premier aide-de-camp), et

voué à Sultan Sélim pour les faveurs qu'il en avait obtenues, s'en chargea avec le plus vif empressement.

Parti de Rouztchouk, vers la mi-juin 1808, à la tête de sa Maison, composée de quatre à cinq cents hommes, pour se rendre à Andrinople dans le dessein de s'aboucher avec le Grand-Vizir Tchèlèbi Moustapha-Pacha, auquel il s'était fait annoncer par son Kiahya, Baïraktar vit sa troupe se grossir d'hommes d'élite dont la plupart étaient Albanais. Arrivé au camp impérial, il y fut reçu avec tous les honneurs et les distinctions dus à son rang et à sa réputation. L'empressement des chefs militaires et des pachas qui se trouvaient autour du Grand-Vizir, et les acclamations des habitans, l'avaient accompagné jusqu'à la tente du *Vèkili-Moutlak* (représentant absolu) de Sa Hautesse, qui s'était levé à son apparition, et l'avait fait asseoir à sa droite. Après les cérémonies d'usage, le Généralissime et le Sèraskèr, restés tête à tête, celui-ci prit la parole, et répéta au Grand-Vizir ce que son Kiahya lui avait déjà dit. Le Divan fut convoqué par ordre du ministre suprême; et Baïraktar y déclara « qu'il se sentait assez fort, dans les circonstances « présentes, pour faire face à toutes les affaires de « la Romélie, et qu'il était désormais inutile d'y « maintenir la grande armée, ce qui constituait « l'Etat en dépenses énormes; qu'il fallait en consé-« quence solliciter l'autorisation souveraine pour la « rentrée dans la résidence impériale du *Sandjak-« chèrif* (étendard du Prophète); que la ville de « Constantinople était sortie de la voie du devoir;

Manouk-Beï, Arménien, sarraf (son fournisseur); tous quatre, suivant une relation, tenant lieu à Baïraktar de ses facultés intellectuelles.

« que lui se chargeait de l'y ramener, et qu'il régle-
« rait tout de manière à ce que personne, par la
« suite, ne s'ingérât dans les opérations du gouver-
« nement, qui appartenaient de droit au seul Divan
« de l'auguste seigneur et maître des Ottomans. »

L'assemblée ayant unanimement applaudi à ce discours, et le Grand-Vizir s'y étant joint, il fut décidé
qu'on demanderait le *Khatt* (rescrit) nécessaire pour
autoriser le retour du camp impérial; cet ordre fut
accordé. Baïraktar et le Grand-Vizir, précédés par l'é-
tendard sacré, s'étant mis à la tête de leurs troupes
respectives, se rendirent à marches forcées à la
plaine de *Daoud-Pacha* (1). Arrivés à cette station,
presque sous les murs de Constantinople, ils se sé-
parèrent. Le Grand-Vizir y entra seul, et alla, suivant
l'usage, consigner à Sa Hautesse le Sandjak-chérif; et
la Grande Armée défila en ordre dans la ville. Baïraktar
et les autres pachas restèrent campés dans la plaine,
où ils furent, peu de jours après, rejoints par plusieurs
grands propriétaires, chacun d'eux avec ses troupes.

Les ministres de la Porte, les Oulema et tous les
chefs des divers corps militaires s'empressèrent de
faire leurs visites à Baïraktar. Il saisit le moment où
ils se trouvaient réunis en plus grand nombre dans
son camp, pour leur communiquer l'objet de sa
venue, dont le motif apparent était la répression des
désordres dans Constantinople; et leur imposa le
plus profond secret sur ce qu'ils venaient d'entendre.
Tout le monde resta dans le silence et la stupeur,

---

(1) Cette plaine est le lieu de rassemblement des troupes, avant de se
mettre en marche, quand la guerre se fait en Europe. Lorsque c'est en
Asie, le premier rassemblement est près de Scutari.

frappé comme on l'était de l'attente d'un événement extraordinaire.

La résolution étant prise, et pendant qu'il se dispose à se mettre en mouvement, Baïraktar expédie Hadji-Ali-Agha, l'un de ses plus braves capitaines, avec quatre-vingts Albanais, à Fanaraki sur la mer Noire; il y surprend de nuit Kabaktchi-Oglou, chef des garnisons révolutionnaires des châteaux et batteries situés à l'embouchure de cette mer, et lui coupe la tête qu'il apporte lui-même à Baïraktar. Cette expédition, si promptement et si heureusement terminée, imprime une telle terreur aux *Yamak* (1) (élèves janissaires), que presque tous se dispersent, et la coopération constante de cette troupe séditieuse aux mouvemens insurrectionnels de la capitale, se trouva par ce moyen paralysée.

Sultan Moustapha, dans une entière sécurité, avait fait le 28 juillet une promenade sur les bords du Bosphore, lorsque le Grand-Écuyer de l'empire, Mouhammed-Agha, qui était son confident et son conseil, vint lui annoncer que Baïraktar marchait avec son armée sur Constantinople. Se défiant des intentions du Sérasker, Sultan Moustapha rentre précipitamment au sérail, et, secondé par le Grand-Écuyer qui porta le dernier coup (2), il fait mourir le malheureux Selim son rival. Son frère Sultan Mahmoud aurait infailliblement succombé à la rage de Sultan Moustapha, si

(1) Ces *yamak* composaient avec les *toptchi* (canonniers) les garnisons de ces châteaux et batteries.

(2) Lorsque les sicaires se présentèrent dans l'appartement de Sultan Selim, ce prince infortuné, armé de son poignard, défendit courageusement sa vie. La lutte aurait été plus longue, si le Grand-Écuyer, qui ajustait son coup en silence, ne lui eût ouvert avec un couteau la veine

pendant que Baïraktar arrivait par la porte du milieu (*Orta Kapouci*), qui ne s'ouvrit que pour montrer le corps sanglant et inanimé de Sultan Selim, Ramiz-Effendi, avec des Sëïmèn, n'eût pénétré par dessus les voûtes dans l'intérieur du sérail, pour prendre sous sa sauve-garde Sultan Mahmoud, lequel, conduit à la salle du trône, est proclamé Empereur le 28 juillet 1808 (1). Sultan Moustapha déposé fut renfermé dans un cachot très-connu dans l'histoire, qui avait servi de prison à Sultan Ibrahim et à son fils Mahomet IV (2). Le lendemain 29, les obsèques de Sultan Selim eurent lieu avec une grande pompe, par les soins de Baïraktar. Les habitans de la capitale se portaient en foule sur le passage du convoi; sur toutes les portes, par toutes les croisées, on n'entendait que des gémissemens, des regrets pour ce prince, et des malédictions pour son meurtrier.

Revenu au sérail, Baïraktar est élevé au Viziriat, et Ramiz-Effendi au rang de Capitan-Pacha. Si le premier mouvement du prince fut de nommer Baïraktar Grand-Vizir, l'une des premières opérations de celui-ci fut de demander la tête de Taïar-Pacha, qui avait été la cause de son élévation : la fin tragique de l'ingrat Baïraktar ne tardera pas à être connue. Loin de se montrer en effet à la hauteur des importantes fonctions qui viennent de lui être déférées, Baïraktar

jugulaire. Le Grand-Ecuyer paya depuis de sa tête, après avoir éprouvé toutes sortes d'humiliations, ce lâche et cruel assassinat.

(1) Il avait alors vingt-trois ans (il est né le 20 juillet 1785).

(2) Le premier, monté sur le trône en 1639, déposé et incarcéré dans le cachot dont nous parlons, puis étranglé par *fetva* du Mufti en 1649; le second, successeur immédiat d'Ibrahim, monté sur le trône à l'âge de sept ans, et détrôné en 1688.

ne cesse de donner des preuves de son impéritie; son ton d'arrogance indispose en outre contre lui les grands feudataires, qui abandonnent le camp de Daoud-Pacha, se retirent avec leurs troupes, et laissent Baïraktar à la merci de ses ennemis. Les Janissaires qui, d'abord avaient été intimidés reprennent courage. Quelques mois se passent, pendant lesquels on s'observe de part et d'autre. Témoins de l'apathie de Baïraktar et jugeant son imprévoyance, ils finissent par l'insulter dans de mauvais écrits qu'ils affichent publiquement. Devenus plus audacieux, ils marchent la nuit du 14 au 15 novembre droit à la Porte, palais du Grand-Vizir où Baïraktar s'était retiré; comptant se défaire de lui, ils livrent cet édifice aux flammes. Baïraktar réfugié au fond de son palais, dans une tourelle où il avait disposé des poudres, craignant de tomber dans leurs mains, se fait sauter. Le 15, leur ennemi ne se montrant pas, les Janissaires regardent sa mort comme certaine. Ils se dirigent sans perdre de temps, vers la grande porte du sérail; elle était gardée par les Sëïmèn rangés en bataille, et faisant bonne contenance; les Janissaires sont repoussés. Le lendemain, ils reparaissent en force et sont également repoussés avec des pertes considérables. Ils se vengent d'une pareille résistance, et suivant leur usage, en mettant le feu : des casernes, des établissemens publics du plus haut intérêt (1), et un des beaux quartiers de la ville, deviennent la proie de leur férocité. Dans la nuit du 16 au 17, Ramiz-Pacha acquiert la certitude du complot formé par les

(1) Entre autres le *Meliter-Khané*, conservatoire des tentes et autres effets précieux de campement.

Toptchi (canonniers) et les *Galioundji* (soldats) de la flotte, de tirer Sultan Moustapha de sa prison, de le replacer sur le trône, et de demander à ce prix leur réconciliation avec les Janissaires. Il se rend auprès de Sultan Mahmoud, et le sollicite au nom de la Loi dont il était en droit de se dire l'organe en sa qualité de *Muderris* (1), au nom de la race ottomane près de s'éteindre, de se défaire sans délai de Sultan Moustapha, l'unique espérance des rebelles. La raison d'Etat oblige Sultan Mahmoud, après beaucoup de résistance, à signer l'ordre fatal ; cet ordre est exécuté la nuit même. Le 18, veille des fêtes du *Baïram* (2), les Janissaires, secondés par les Oulema, entrent en pourparler. Ils demandent à faire leur soumission ; au moment où elle est acceptée, Sultan Mahmoud montre à cette milice qu'elle ne doit plus compter sur ses coupables projets : il fait publier la mort de son frère jusqu'alors ignorée, et il ordonne ses obsèques qui se font sans éclat.

Tous ces changemens, ces désordres, ces violences qui ont pris le nom de *révolutions du Sérail*, se passent le plus souvent dans l'enceinte même du palais des souverains ottomans. Ce palais et ses dépendances, entourés de murs élevés qui l'isolent du reste de la ville, dont ils forment néanmoins la partie la plus avancée, étant uniquement destinés au Grand-Seigneur, à sa Cour et au service de sa personne, il n'est pas sans intérêt d'entrer dans quelques détails à ce sujet.

(1) Professeur reçu dans le corps législatif, attaché à un *médrècé* (collége). Racine : *dèrs*, leçon ; *tèdris*, donner des leçons.

(2) *Baïram* (fête) : les Turcs en ont deux ; l'une après le jeûne du Ramazan, qui dure trois jours, et l'autre, dite *Kourban-Baïram*, ou la fête des Sacrifices, en commémoration du sacrifice d'Abraham.

CHAPITRE II.

Du Sérail.

Par sérail, ou *séraï*, on entend un palais; et par cela même, ce nom ne doit se donner qu'à la résidence du Sultan et à la demeure du Grand-Vizir, quoiqu'on s'en serve presque toujours abusivement pour désigner la demeure des grands de l'Empire (1).

Mahomet II, après s'être rendu maître de Constantinople, éleva dans cette capitale un palais impérial, choisissant pour l'asseoir une position à peu près centrale; l'*Eski-Séraï*, ou vieux sérail, occupe l'espace existant entre la mosquée de Sultan Soliman et celle de Sultan Bajazet. Ce palais est depuis longtemps négligé; asile du malheur et des regrets, il sert uniquement de retraite aux femmes des Sultans décédés, et aux Kadines répudiées du Sérail. Le conquérant de Constantinople ne tarda pas à s'apercevoir que l'Eski-Séraï, privé de vue, convertissait sa demeure en une véritable prison. Il reconnut facilement l'avantage qu'avait sur cette position l'emplacement aujourd'hui occupé par le nouveau sérail, où s'élevait jadis la citadelle de l'antique Byzance, à laquelle succédèrent depuis des monumens de magnificence et d'utilité publique. Envisagé sous le rapport politique, le nouveau sérail isole le souverain de sa capitale, ce qui n'est pas sans quelque avantage

---

(1) Le véritable nom est *conak*, mot turc qui répond à celui d'*hôtel* dans notre langue.

dans un pays où les révolutions sont fréquentes et toujours terribles. Elle lui donne la faculté de se retrancher chez lui comme dans un poste fortifié, et en cas d'événement, lui ouvrirait la voie de mer; mais quelle qu'ait été la gravité des circonstances, aucun empereur ottoman n'a jamais songé à chercher son salut dans la fuite (1). Quant à la situation du sérail à l'extrémité du Bosphore, au point où il se joint à la mer de Marmara et près de l'entrée du port; ayant en face les îles des Princes, la rive orientale du Bosphore et la Bithynie que termine le mont Olympe, rien n'est comparable à la vue qu'elle embrasse.

Le Sérail a huit portes : trois grandes qui communiquent avec Constantinople, et cinq du côté de la mer, qui sont plutôt des guichets que des portes; celles-ci ont été funestes à plus d'une victime. C'est par les portes de la mer qu'on fit sortir pour être précipitées dans le Bosphore, les femmes de Sultan Selim III qui avaient participé au meurtre de ce prince. La principale porte donnant sur Constantinople s'appelle *Babi-humaïoun* (porte impériale). Quoique ornée de deux colonnes de marbre, elle n'en a pas moins tout le caractère de l'entrée d'une forteresse; son style lourd et massif a quelque chose de repoussant. Mais ce qu'on ne peut voir sans dégoût ce sont les deux niches latérales où sont déposées, pour rester exposées aux regards, les têtes des victimes qui sont tombées par ordre du Sultan. La porte impériale donne

---

(1) Dans le Bas-Empire, Justinien seul, effrayé de la sédition du mois de janvier 532, voulut abandonner son palais; mais il en fut détourné par l'éloquente allocution de sa femme Théodora (*voyez le Discours préliminaire*).

entrée dans une cour d'inégales proportions plantée de quelques arbres disposés sans régularité, et qui renferme les logemens du *Défterdar-Effendi*, du *Véznèdar-Agha* (1), l'infirmerie pour les gens du Sérail et les quartiers des *Peïk* et des *Solak*, corps faisant partie de la Garde impériale. Mais ce qui attire surtout l'attention, c'est l'église de Sainte-Irène, construite par Constantin dans le style des basiliques grecques; elle est aujourd'hui convertie en arsenal: l'entrée en est sévèrement interdite à tout ce qui n'est pas musulman, et l'on y conserve avec une sorte de respect des armures antiques.

Après l'église de Sainte-Irène, vient l'hôtel des monnaies composé de bâtimens spacieux, mais qui n'ont rien de remarquable; et à côté des bâtimens de la monnaie, sont ceux habités par le *Chèhir-Emini* (inspecteur des édifices publics) et le *Tasny-Effendi* (secrétaire du chef des eunuques noirs). On voit dans la même cour un mortier renversé, qui autrefois était destiné, dit-on, à piler le chef des Oulema lorsqu'il se rendait coupable d'infractions. On a eu recours à cet expédient pour satisfaire au préjugé qui ne permet pas de porter la main sur la personne sacrée du Mufti. L'excuse s'est trouvée là très à propos pour légitimer le plus odieux supplice, et venger le Sultan de son plus redoutable ennemi; mais il paraîtrait qu'il n'a été imaginé que pour effrayer ce chef de la Loi, car l'histoire ne fait mention d'aucune exécution de ce genre. Dans l'angle à gauche est une porte qui

---

(1) Ou caissier du ministre des finances; son nom lui vient de *vèzné* (balance), parce que toutes les espèces monnayées doivent être de juste poids.

conduit aux quartiers des *Baltadji* (fendeurs de bois et commissionnaires du Sérail). De là on passe aux écuries du Grand-Seigneur. Plus loin est le bâtiment réservé au chef des eunuques noirs, et le *Khaznè* (trésor) où l'on conserve tout ce que la couronne a de plus précieux : de riches harnais, des armes somptueuses, des étoffes, des fourrures du plus grand prix, et la cassette particulière du souverain, que chaque sultan entretenait principalement du produit des confiscations, ce qui n'a plus lieu aujourd'hui. Là se trouvent encore le *Mèsdjid*, ou l'oratoire ; les bains, dans la construction desquels le marbre est prodigué ; la bibliothéque ; la chapelle où l'on conserve avec un respect religieux l'étendard sacré et les autres reliques du Prophète ; les logemens des eunuques blancs et des pages ; enfin les appartemens des princes et ceux du Sultan. Nous touchons à la porte intérieure du Sérail, à ce Harèm où aucun homme en ayant conservé la dignité ne peut pénétrer, si ce n'est le Sultan, et qu'on ne connaît que par des ouï-dire, et par les conjectures que ces édifices vus de l'extérieur permettent de former. Ils occupent le point culminant du Sérail, et sont séparés de la partie voisine du port par un mur de terrassement très-élevé, qui ne laisse voir que les coupoles des combles. La partie septentrionale est ornée de portiques soutenus par des colonnes de marbre, c'est celle qui regarde la demeure des Kadines ; elles ont chacune un logement particulier. Les *Odali*, ou odalisques, sont toutes rassemblées dans une grande galerie, et distribuées par chambres ou *oda*.

On passe de la première cour du Sérail à la seconde par la porte qu'on appelle *Bab-us-Sèlâm* (ou porte du salut), qui est flanquée de deux tourelles. Le porche forme un vestibule peint à fresque et orné de trophées d'armes ; à gauche est une chambre pour les Kapidgi-Bachi de service ; à droite une autre chambre pour les Tchaouch et les bourreaux : c'est sous cette porte que tombent les têtes des illustres coupables.

La seconde cour est de forme carrée, ayant des bâtimens tout autour. Au milieu s'élèvent deux fontaines, et elle est traversée par deux allées de cyprès. Les cuisines s'appuient du côté du sud sur un mur de terrassement déterminé par la pente du terrain. C'est en face de ces cuisines que, lors de la présentation des ambassadeurs, les Janissaires étaient rangés en ligne; et, semblables à des oiseaux de proie, attendaient avec impatience qu'on leur donnât le signal de fondre sur les plats de *pilau* (1).

Dans l'origine, c'étaient les cuisines même du souverain qui fournissaient aux Janissaires leur nourriture quotidienne ; et le Sultan était ainsi considéré par ces troupes, alors fidèles et invincibles, comme leur *père* et leur *nourricier*. Aussi le refus de manger le *pain* et le *sel* (*èkmèk vè touz*) était-il un signe de mécontentement, et même le signal de la chute des princes. L'empressement qu'ils manifestaient au contraire, en se précipitant sur les plats de pilau, était considéré comme de bon augure.

A gauche est la salle du Divan, précédée de portiques. Sa distribution intérieure offre deux salles

(1) *Pilau*, ou *pilav*, ris à l'eau, peu cuit, avec ou sans assaisonnement, et contenant quelquefois des viandes coupées en morceaux.

séparées l'une de l'autre par un mur à hauteur d'appui, dont l'une sert de vestibule à l'autre; les *Tchaouch* ou huissiers attendent dans la première les ordres du Grand-Vizir. La salle dite *Alti koubbè* (les six dômes) est d'une grande magnificence; mais elle n'est pas assez spacieuse et ne reçoit pas assez de jour. En face de l'entrée on aperçoit une petite fenêtre masquée par une jalousie, d'où le souverain ottoman, puissance invisible comme Dieu même dont il se dit l'ombre sur la terre, peut remarquer la manière dont son lieutenant rend la justice à ses peuples; et s'il n'abuse pas du pouvoir absolu qu'il lui a délégué : c'est dans cette salle que les ambassadeurs sont d'abord reçus le jour de leur audience, et qu'ils y trouvent le repas de l'hospitalité qu'on leur offre avant qu'ils soient admis devant Sa Hautesse.

De la salle du Divan, ou de la seconde cour, on passe dans la troisième où se trouve la salle du trône, par la porte *Bab-us-Sèadèt* (de la félicité), qu'on appelle aussi la porte des eunuques blancs, parce que la garde leur en est confiée. Les ambassadeurs, le jour de leur présentation, et les ministres lorsqu'ils se rendent chez le Grand-Seigneur, peuvent seuls la franchir, car elle donne entrée dans le Harèm.

La salle du trône, dont la façade est ornée de belles colonnes de marbre, est liée par un double portique avec la porte dont nous venons de parler. Cette salle, qui est isolée des autres édifices, n'est pas d'une grande étendue; elle est dominée par une voûte d'une belle élévation, et ses murs, revêtus en marbre, sont surchargés d'ornemens. Le trône qui est en forme de baldaquin supporté par quatre colonnes incrustées de perles et de pierres précieuses, et d'où pendent des globes d'or avec des *tough* (1) (queues de cheval), est placé à l'angle opposé à l'entrée. Au reste, les jours dans cette salle sont ménagés avec beaucoup d'art, et la lumière n'y pénètre qu'à travers des vitraux peints en couleur, d'où résulte cet air de recueillement et de mystère qui annonce, comme dans les églises gothiques, le sanctuaire d'un pouvoir en quelque sorte invisible, mais qui connaît tout et s'étend à tout.

Outre les jardins d'agrément de Sa Hautesse, situés dans cette partie retirée du Sérail qui occupe la cime et le penchant de la première colline, il y en a, au bas de celle-ci, de très-vastes, entièrement consacrés à l'utile; ils s'étendent les uns le long du port, les autres du côté de la Propontide. Ces jardins spacieux ont de larges allées plantées de cyprès, de pins et de peupliers; et l'on y voit beaucoup d'arbres fruitiers dont la culture est très-soignée. Cette description succincte du Sérail doit nous amener à parler de la Cour du Grand-Seigneur, ainsi que de l'organisation de la nombreuse maison qui est affectée au service de Sa Hautesse.

(1) Le *tough* est une enseigne militaire formée de queues de cheval. Lorsque les sultans marchaient à la tête de leurs armées, ils étaient précédés de six tough. Le Grand-Vizir en a trois, aussi bien que ceux qui portent le titre de vizir, ou pachas de premier rang. Les pachas du second rang en ont deux; et c'est ce qui établit les dénominations de pachas à deux et trois queues.

CHAPITRE III.

Principales charges de la Maison et de la Cour du Grand-Seigneur.

L'intérieur du Sérail offre le spectacle singulier du souverain d'un grand empire qui y reste en quelque sorte invisible et presque ignoré, ne se montrant au peuple, j'oserai le dire, officiellement, qu'une fois la semaine, et déléguant à un de ses sujets son autorité ainsi que l'administration de ses Etats.

Au lieu d'une compagne de trône, reconnue par les lois civiles et religieuses et par les constitutions de l'Empire, ce souverain n'a que des esclaves achetées ou données en présent. Elles ne sont point connues sous leur nom personnel, mais seulement sous celui de Kadines (dames du palais), et par leur numéro suivant leur ancienneté.

Des eunuques ont la direction et la surveillance des sept Kadines que la Loi (1), ou plutôt l'usage accorde au Grand-Seigneur, et qui sont destinées à soutenir la race ottomane. Nés du sang impérial, les enfans qui en proviennent sont de droit princes ou princesses, tandis que leur mère n'acquiert le titre de Sultane que lorsqu'un de ses fils prend les rênes de l'état. Les Kadines ont souvent pour rivales les filles destinées au service personnel du Sultan, et remplissant près de lui divers offices; celles-ci s'appellent *Ghèdikli*, et sont

(1) Tout musulman peut avoir quatre femmes s'il est en état de les nourrir.

au nombre de douze choisies parmi les plus belles esclaves du Sérail. Lorsque l'une d'elles a pu s'attirer les attentions particulières du Grand-Seigneur, elle n'est point pour cela séparée de ses compagnes; mais on la distingue par le titre d'*ikbale* (favorite).

Si elle devient enceinte, élevée dans ce cas au rang de Kadine, elle remplace les Kadines frappées de stérilité, et celles qui, étant exposées à de fréquentes maladies, ou ayant perdu leur fraîcheur et leurs agrémens, ont cessé de plaire: les unes et les autres sont reléguées au vieux-sérail (1). Du reste, dans cet asile d'un mystère impénétrable, sur lequel la curiosité n'a pas tout appris et l'indiscrétion n'a sûrement pas tout révélé, le trône est entouré de beaucoup d'éclat et de magnificence, les charges de Cour sont très-nombreuses; et le service intérieur, ainsi que celui du dehors, se font avec une grande régularité.

Les officiers de la Cour des sultans ottomans sont toujours tirés du corps des Oulema. On y voit au premier rang le *Khodja-Molla*, précepteur du Sultan, qui peut avoir une grande influence, en raison de l'ascendant qu'il a dû prendre sur lui dès ses premières années. Viennent ensuite les deux *Khounkiar-Imami*, ou aumôniers, qui servent auprès du Grand-Seigneur par quartier. L'*Hèkim-Bachi* (1), médecin en chef du gouvernement, occupe une place regardée comme une des premières dignités de l'Empire. Il n'y a nullement été préparé par des études spéciales, et il n'en est que l'administrateur: les médecins, les

(1) Depuis que ceci a été écrit, le vieux-sérail est devenu, dans ces derniers temps, l'hôtel du Sèraskèr.

(2) De *bach*, tête, chef; et *hèkim*, médecin.

chirurgiens et les pharmaciens sujets du Grand-Seigneur, lui paient patente avant d'obtenir leur place : l'Hèkim-Bachi doit avoir rempli celle de *Kadi* ou juge; aussi n'est-il pas rare de le voir siéger comme Kadi-Askèr en activité.

Le premier chirurgien (*Djerrah-Bachi*), le premier oculiste (*Kiahhal-Bachi*) et le *Muneddjim-Bachi* (1), chef des astrologues, font aussi partie des officiers de la Cour des sultans ottomans, et sortent, comme les autres, du corps des Oulema.

On concevra toute l'influence de la place de *Muneddjim-Bachi*, lorsqu'on saura que toutes les entreprises où l'État est intéressé, même les opérations les moins importantes, sont soumises aux décisions de l'astrologie judiciaire, et à quelques pratiques de religion. En 1813, à Constantinople, je vis lancer un vaisseau de haut-bord; non-seulement le Muneddjim-Bachi avait calculé d'avance l'heure la plus favorable pour la réussite de cette opération; mais, en sa qualité de Khalife, le Grand-Seigneur fit des sacrifices, et des moutons furent immolés. A l'exemple des Romains et des Grecs du Bas-Empire, le merveilleux dans les sciences occultes s'est toujours maintenu en Orient; quelques efforts que Mahomet ait faits pour bannir de l'islamisme les nécromanciens, les interprètes des songes, les astrologues, il n'a pu y réussir.

Sous le titre de *Rèkiab-Aghalari*, on entend les officiers de l'*Etrier-impérial* (2); ils occupent des places très-importantes et fort estimées chez les

(1) La racine de ce mot est *nèdjm*, étoile.
(2) Ou attachés immédiatement à la personne du Grand-Seigneur.

Turcs. On y remarque le *Mir-Alèm*, porte-étendard, chef des *Kapidji-Bachi* (1), chambellans du Grand-seigneur. Ils sont au nombre de cent cinquante, tous officiers de distinction, constamment chargés des missions les plus importantes, principalement dans les provinces. De tous les agens du gouvernement, les Kapidji-Bachi sont ceux dont le rôle est le plus difficile, dont les fonctions reçoivent le plus d'extension, et supposent au plus haut degré un esprit fin et délié, fécond en ressources, et un courage personnel qui ne doit jamais se démentir. Ce sont les Kapidji-Bachi, que, sous le titre de *Mihmandar*, maréchaux des logis, le Grand-Seigneur envoie au devant des ambassadeurs et ministres étrangers ; ils vont les recevoir à la frontière, et pourvoient à tout ce qui est nécessaire à leur voyage jusqu'à Constantinople.

Le corps des *Kapidji* (gardes des portes), dont les *Kapidji-Bachi* sont les chefs, est composé de huit cents hommes subordonnés au *Kyzlar-Aghaçi*; ils sont commis à la garde des portes de l'intérieur du Sérail.

Toutes les fois que le Grand-Seigneur paraît en public, c'est un des plus anciens de ce corps qui porte le tabouret dont se sert Sa Hautesse pour monter à cheval ou pour en descendre, ce que nécessitent les étriers courts des selles des Orientaux. Le *Buyuk-Imrokhor* (Grand-Ecuyer) a l'intendance générale des écuries du Grand-Seigneur; et le *Kutchuk-Imrokhor*, second écuyer, est chargé de la petite écurie. Les *Seïs*, valets d'écurie, leur sont soumis.

La place du Grand-Ecuyer dans les cortéges est

(1) Régulièrement *Kapoudji-Bachi*.

immédiatement à la suite du Sultan. Il est accompagné d'un grand nombre d'écuyers. Ceux-ci marchent avec les Kapidji-Bachi, qui ont cependant le pas sur eux. Ce sont les Bostandji qui font autour de leur personne les fonctions de tchaouch. Chaque officier doit avoir, à droite et à gauche de son cheval, le nombre de ces valets proportionné à son rang. Le premier et second écuyer règlent la marche des chevaux de main de Sa Hautesse, lesquels ont dans les grands jours, la tête ornée d'une aigrette de héron, et portent des boucliers enrichis de pierreries, attachés à des selles recouvertes de caparaçons resplendissans d'or, et aux panneaux desquelles sont fixées des haches d'armes ou des sabres. Dans l'Empire ottoman, c'est à l'usage de se faire précéder par plus ou moins de chevaux de main, qu'on reconnaît les personnes élevées en dignité et le rang qu'elles occupent.

Lorsque le Grand-Seigneur sort dans les occasions solennelles, ou à l'époque du Baïram, la variété des costumes et la richesse des habillemens des grands dignitaires, des officiers de l'Empire, et de ceux de la Cour, donnent à ce brillant cortége un air de grandeur et de magnificence des plus imposans.

L'administration de l'intérieur du Sérail est divisée en intendances générales connues sous le nom d'*èmanètlèr*. Les fonctions de ces places se composent de celles du *Chèhir-Èmini* (1), intendant général des bâtimens impériaux ;

Du *Zarab-Khanè-Èmini*, intendant général des monnaies et des mines ;

(1) De *èmin*, sûr, dépositaire, intendant. Sa racine est *èmn*, sûreté ; *èmanèt*, dépôt.

Du *Mathbakh-Èmini*, intendant général des offices et des cuisines du palais impérial;

Du *Masraf-Chèhriâri*, substitut du Mathbakh-Èmini;

De l'*Arpa-Èmini*, intendant des fourrages, ou de l'orge (*arpa*) à distribuer pour les besoins du palais du Grand-Seigneur, ou des maisons des hauts fonctionnaires de l'Etat.

Le service de l'intérieur du Sérail est confié à des eunuques noirs et blancs. Parmi les charges que ce service comporte, la plus considérable sans doute est celle du *Kyzlar-Aghaçi*, ou maître des filles.

C'est le Grand-Eunuque noir : il a soin des femmes du Grand-Seigneur; il entre dans le Harèm toutes les fois qu'il veut. Cette charge est la plus élevée du Sérail; on l'appelle par distinction *Buyuk-Agha* (1), Grand-Maître, ou *Dar-us-Sèadet-Aghaçi*, Maître de la maison impériale (littéralement, du palais de la félicité). Il est chef des eunuques noirs. Son rang est celui de Vizir ou Pacha à trois queues; dans la hiérarchie des pouvoirs, il vient immédiatement après le Grand-Vizir et le Capitan-Pacha.

Le Kyzlar-Aghaçi jouit de priviléges et de revenus considérables surtout comme *Mutevelly*, ou chef de tous les biens *vakouf* (2) des deux villes saintes de la Mèkke et de Médine (*Harèmèïni chèrifèïn*). Il doit avoir son Harèm, le mariage étant d'institution

---

(1) *Agha*, titre distinctif donné à tout employé civil et militaire qui n'appartient ni au corps des Ouléma ni aux bureaux : ces deux derniers sont appelés *effendi*. L'un et l'autre titre s'ajoute après les noms propres.

(2) *Vakouf*, régulièrement *vakf*, fondations et legs pieux en faveur des mosquées.

divine et lui-même étant grand-officier de la Couronne. Lorsqu'il tombe dans la disgrâce, son lieu d'exil est toujours l'Egypte.

Après le Kyzlar-Aghaçi, vient le *Khaznèdar-Agha*, trésorier particulier du Grand-Seigneur; il est maître de la garde-robe, et il devient ordinairement Kyzlar-Aghaçi, en concurrence avec l'*Eski-Sèraï-Aghaçi* et le *Mèdinè-Aghaçi*, gouverneurs du vieux sérail et de la ville de Médine, deux charges que peuvent seuls occuper les eunuques noirs.

Le *Bach-Mussahib*, autre eunuque noir, ne quitte jamais la personne du souverain, et c'est lui qui transmet ses ordres au Kyzlar-Aghaçi.

L'*Oda-Lalaçi*, le *Khaznè-Vèkili*, le *Bach-Kapou-Oglani*, et le *Yalak-Bach-Kapou*, sont quatre officiers du service intérieur des eunuques noirs, parmi lesquels on choisit le successeur du Khaznèdar-Agha.

Le *Khaznè-Vèkili* remplit les fonctions de contrôleur général du trésor particulier du souverain. Le jour du Baïram, quand il accompagne le Grand-Seigneur, il porte, comme le Grand-Vizir, le bonnet *Calèvi* (1).

Le *Bach-Kapou-Oglani* ou *Kapou-Agha*, chef des eunuques blancs et gouverneur des *Itch-Oglani*, est le gardien en chef de la porte intérieure du Harèm impérial; le *Khass-Oda-Bachi* est son substitut, et le *Sèraï-Aghaçi* commande dans le palais de Sa Hautesse, lorsqu'elle passe dans ses résidences d'été.

Les *Bizèbán* (muets) n'ont d'autre emploi au Sérail que celui de faire la garde dans l'intérieur de l'appar-

(1) La forme du bonnet est, chez les Ottomans, le signe le plus distinctif du grade et des dignités.

tement du Grand-Seigneur, près de la porte d'entrée, lorsque Sa Hautesse est en conférence avec le Grand-Vizir ou d'autres officiers. Ce qui les aura représentés comme étant quelquefois chargés de l'exécution d'ordres particuliers de Sa Hautesse, c'est qu'en raison de leur surdité, paraissant des êtres sans conséquence, mais étant habitués à deviner au simple mouvement des lèvres ce qui peut être dit, ils auront révélé des secrets importans qui coûtent d'ordinaire la vie à ceux dont la défiance se trouve en défaut. Leur langage, qui est celui des signes, est d'autant plus en vogue au sérail, que le silence y est le premier devoir; et que, néanmoins, le besoin de s'entendre oblige à s'en servir de préférence à celui qui frappe les oreilles et compromet trop souvent.

Tout ce qui regarde le service particulier du Grand-Seigneur est désigné sous le nom de *khass;* et, le *Khass-odaçi* (1) est une compagnie composée de trente-neuf officiers, dont voici les principaux suivant leur rang :

Le *Silihdar-Agha*, l'un des premiers officiers attachés à la personne du Grand-Seigneur, a pour fonctions spéciales l'intendance sur tous les officiers de l'intérieur qui ne sont pas eunuques. Il porte dans les cérémonies le sabre du Sultan; et c'est de cette partie de ses fonctions qu'il a pris son nom, qui veut dire *porte-arme* (2). Le Silihdar fait les fonctions d'écuyer-tranchant; il goûte le premier les viandes

(1) De *oda*, chambre. Ce mot est pris quelquefois comme synonyme de *orta*, de janissaires, *bostandji*, etc., etc. *Oda-Bachi*, chef d'une chambrée ; c'était un officier des Janissaires au-dessous du *Tchorbadji*.

(2) Régulièrement *silahdar-agha*, de *silah*, arme, et de la terminaison persane *dar :* ce mot est prononcé par le vulgaire *siliktar*.

CHAPITRE III.

et les boissons du Grand-Seigneur, en présence de Sa Hautesse.

Le *Tchokadar-Agha* (1), grand-maître de la garde-robe, chef des valets de pied du Grand-Seigneur. Une de ses fonctions est de mettre et d'ôter les bottes au Grand-Seigneur, quand il monte à cheval. Il remplace ordinairement le Silihdar-Agha.

Le *Rè iabdar-Agha*, officier du Khass-odaçi, qui présente l'étrier au Grand-Seigneur.

Le *Dulbènd-Aghaçi* (2), chargé des turbans de Sa Hautesse, qu'il suit toujours avec une de ces coiffures dans les cérémonies publiques.

Le *Tufentchi-Bachi*, porte-carabine du Sultan. Il a la surveillance de tout ce qui tient aux chasses, et les chasseurs du palais sont sous ses ordres.

Le *Bèrbèr-Bachi*, chef des barbiers du Grand-Seigneur. C'est aussi un des officiers du Khass-odaçi qui occupe cette place.

Cinq autres officiers sont qualifiés *Mabèindji*, titre donné à ceux qui, par leur emploi ou par la volonté et le choix du Grand-Seigneur, doivent se trouver constamment au *mabèïn* (3) du prince, ou à la pièce voisine de celle où il se tient le jour, et qui sépare le *sèlamlik* (4) (le salon) du Harèm.

Toutes les personnes qui occupent les emplois de l'intérieur ont reçu, avant d'entrer au Sérail, une

---

(1) *Tchokadar*, domestique d'un grand, ainsi appelé parce qu'il porte le *bènich*, ou l'habit long de dessus, de son maître.

(2) C'est ce que nous appelons, par corruption, *turban*.

(3) De *ma*, ce qui, et de *bèïn*, entre deux; ou, ce qui sépare.

(4) Partie des maisons turques séparée du *harèm*, et où l'on reçoit les étrangers. C'est proprement l'endroit où l'on se donne le *sèlam* (salut).

éducation très-soignée dans un des palais impériaux, dit Galata-Sèraï, situé au faubourg de Péra. Il est placé sous la direction du *Sèraï-Aghaçi*, eunuque blanc, qui est subordonné lui-même au Silihdar-Agha. C'est là que l'on élève sous le nom de *Itch-Oglani* (1), ou pages de l'intérieur, des jeunes gens choisis dans les familles les plus distinguées, jalouses d'avoir au nombre de ces pages quelqu'un de leurs enfans. Il y a plusieurs oda d'Itch-Oglani ; tous ne vont pas à la guerre : ceux qui restent sont assujétis dans l'intérieur du Sérail à de nombreux emplois.

Outre le trésor de l'Empire qui résulte de la perception des deniers publics, le Grand-Seigneur a son trésor particulier, dont la gestion est confiée à un chef et à plusieurs officiers, qui forment un *oda*, ou chambre (*khazinè-odàçi*).

Le chef de cet oda est le *Khazinè-Kiahyaçi* (intendant du trésor) ; il est chargé de régler et de présenter les comptes de chaque mois à Sa Hautesse. Cet officier succède ordinairement au Silihdar-Agha, lorsque sa place devient vacante. Il a pour le seconder dans son travail neuf officiers, qui sont tous attachés à cette chambre; leurs noms sont relatifs aux fonctions qu'ils remplissent, lesquelles sont trop peu importantes pour que l'on entre dans des détails à leur sujet.

Les corps militaires chargés de la garde du Grand-Seigneur ou de celle de ses palais, sont désignés sous les noms de Gardes-du-corps et Gardes-du-Palais.

---

(1) Vulgairement *Itch-Oglan*, nom que nous avons ensuite défiguré en *icoglan*; sa signification littérale est garçon de l'intérieur. Leur nom générique est *Itch-Aghalari*, officier attaché à la personne d'un grand;

Les premiers, appelés *Solak*, formaient un corps naguère composé de quatre cents janissaires choisis dans les 60e, 61e, 62e et 63e orta, espèce de milice attachée au Grand-Seigneur, et qui l'accompagne dans les cérémonies.

Les *Peïk*, sorte de valets de pied, portant des hallebardes et des bonnets de vermeil, n'ont d'autre fonction que de marcher avec les Solak, deux à deux, devant le Sultan, quand il se rend à la mosquée, ou lorsqu'il est en campagne.

Les *Bostandji* (gardes des jardins) forment une milice qui réside à Constantinople et à Andrinople. Les Bostandji de Constantinople se divisent en deux classes, ceux appartenant à l'intérieur du Sérail, dont ils ne sortent que pour le service de Sa Hautesse, les autres sous les ordres immédiats du Bostandji-Bachi, qui en est le chef, et qui est en même temps Grand-Maître des Forêts. Le Bostandji-Bachi est chargé de maintenir le bon ordre sur le Bosphore et aux Eaux-Douces, à l'extrémité du port de Constantinople. Il a pour cet objet divers postes de Bostandji, qui y sont établis dans les villages. Il doit tous les jours faire au Silihdar-Agha, un rapport de tout ce qu'il a vu, comme chef de la police. Il tient le gouvernail lorsque le Grand-Seigneur sort en bateau.

La juridiction qu'exerce le Bostandji-Bachi le met dans le cas de juger les affaires de police et criminelles que portent devant lui les habitans des villages du Bosphore dont il est gouverneur. Il tient pour cela divan dans une partie du Kiosk du côté du port, en face de Galata, qui est le même où le Grand-Seigneur donne audience au Capitan-Pacha, lorsque celui-ci fait sa sortie annuelle avec l'escadre ottomane au commencement de mai, et sa rentrée au commencement de novembre.

Le Bostandji-Bachi, est le seul dans le Sérail, outre le Grand-Seigneur, à qui il soit permis de laisser croître sa barbe ; les autres ne portent que des moustaches. Il est distingué du Grand-Seigneur par des bottes lilas.

Lorsque le Sultan part de Constantinople pour se rendre à l'armée, le Bostandji-Bachi l'accompagne jusqu'à mi-chemin d'Andrinople ; c'est là que se termine sa juridiction et que commence celle du Bostandji-bachi d'Andrinople, à qui celui de la capitale consigne la personne de Sa Hautesse. Le premier est plus élevé en dignité, aussi prend-il le titre de *Vèkili-Saltanet*, ou représentant de la souveraineté, comme dépositaire du Sérail censé occupé par Sa Hautesse.

Le Bostandji-Bachi a sous ses ordres, le *Khassèki-Agha*, qui est son substitut, et qui est en même temps colonel des Khassèki ;

L'*Odjak-Kiahyaçi*, son lieutenant ;

Le *Kouchdji-Bachi*, inspecteur des forêts des environs de la capitale ;

Le *Térèkèdji-Bachi*, percepteur de ses droits ;

Le *Bostandjiler-Oda-Bachiçi*, chef de la chambrée des Bostandji, logeant au palais du Grand-Vizir ;

Le *Kiredjdji-Bachi*, intendant des fours à chaux du canal ;

Le *Balouk-Èmini*, intendant des pêcheries du Bosphore et des environs de la capitale ;

Le *Charab-Èmini*, intendant des vins qui se fabriquent dans la banlieue.

Le corps des Bostandji fournit celui des *Khassèki*, composé de trois cents hommes choisis parmi les Bostandji au-dessus des simples *nèfèr* (soldats). Outre le Khassèki-Agha, leur colonel, qui est substitut du Bostandji-Bachi, ils ont pour officiers :

Le *Kapou-Khassèkiçi*, agent du Kyzlar-Aghaçi auprès du Grand-Vizir ;

Le *Khassèki-Bachi*, receveur-général des revenus du Kyzlar-Aghaçi ;

Le *Khassèki-Bachi-Kiatibi*, premier commis du receveur-général.

Lorsque le Grand-Seigneur se rend aux incendies, le Khassèki-Agha remplace le Bostandji-Bachi auprès de Sa Hautesse ; car, pour son compte, il doit y arriver des premiers avec sa troupe.

Les Khassèki suivent partout le Grand-Seigneur, comme constituant sa garde au dehors ; aussi en trouve-t-on dans toutes les avenues du Sérail, et, lorsque Sa Hautesse fait *Binich* (promenade en pompe), ils forment un grand cercle autour de sa tente pour empêcher qu'on n'approche de trop près. On les établit aussi comme gardiens dans les maisons impériales. Ce n'est qu'après plusieurs années de service, et une conduite irréprochable, que les Khassèki sont admis à devenir rameurs sur le *Kaik* (bateau) du Grand-Seigneur, distinction à laquelle ils attachent un très-grand prix.

Si le nombre de chevaux qui précèdent les gens d'un haut rang, à Constantinople, annonce que ce sont des personnes d'une grande distinction, on le reconnaît encore au nombre de rames dont leurs kaik sont armés : ainsi le Grand-Seigneur a vingt-six rames et le tendelet (1) rouge; le Grand-Vizir vingt-quatre, et le tendelet vert; le Capitan-Pacha, le Mufti, le Kiahya-beï (2), sept paires de rames et le gouvernail; le Reïs-Effendi (3), le Tersana-Emini (4), le Tchaouch-Bachi (5), sept paires de rames, point de gouvernail; les ambassadeurs, sept paires de rames, mais sans tendelet.

A la suite des Khassèki, nous placerons les *Baltadji*, qui sont bien au-dessous d'eux, et par le nombre et par la nature de leurs fonctions. Les *Baltadji* (porte-haches), corps de quatre cents hommes sous les ordres immédiats du Kyzlar-Aghaçi, ont pour chef le *Baltadjilar-Kiahyaçi*, sorte de messager d'Etat entre le Sultan et son Grand-Vizir. L'emploi des Baltadji est de fendre du bois, d'en pourvoir les appartemens, et de ne pas les laisser manquer d'eau. On les distingue en *Zuluftchi-Baltadji* et *Baltadji* proprement dits; ces derniers servent de messagers entre le Sérail du Grand-Seigneur et Eski-Sèraï.

Sous Amurat II, les Baltadji repoussèrent les Janissaires qui étaient venus attaquer le Sérail, et reçurent, en reconnaissance de leur dévouement, le titre de *Khascouli* (fidèles), qu'ils portent encore avec orgueil.

Nous ferons observer, en terminant, qu'aucune fonction n'est à dédaigner à la Cour du Sultan; celles relatives à Sa Hautesse étant regardées toutes comme honorables.

(1) Petite tente.
(2) Ministre de l'intérieur.
(3) Grand-Chancelier.
(4) Intendant de l'Amirauté.
(5) Grand-Maréchal.

CHAPITRE IV.

Tableau de la Porte ottomane.

Par suite d'un usage funeste aux souverains ottomans, et contraire aux intérêts comme à la conservation de l'Empire, le pouvoir exécutif en Turquie est délégué au Grand-Vizir. Il l'exerce assisté du Divan, ou Ministère. Les membres qui le composent dirigent leurs départemens respectifs, et se réunissent en Conseil d'Etat toutes les fois que les circonstances l'exigent.

A côté de ce pouvoir administratif et militaire, réside le pouvoir judiciaire, ou le corps des *Oulema*, ayant à sa tête le *Cheïkh-ul-islam*, ou Mufti, chef de la Loi musulmane, dont les *fetva* (1), ou sentences juridiques, entraînent exécution, même à l'égard du Sultan, lorsque sa déposition a été prononcée par un jugement de cette nature.

Un pouvoir plus redoutable que ceux dont nous venons de parler, qui s'était créé lui-même à la faveur des dissensions du Sérail, et contrebalançait l'action des deux autres pouvoirs, ainsi que l'autorité du Grand-Seigneur, c'était le pouvoir des Janissaires, milice turbulente et séditieuse dont le mécontentement commençait à se manifester par des incendies; que l'on voyait réclamer impérieusement la tête de ses chefs, des Ministres, des Grands de l'Empire, et tremper ses mains dans le sang des Sultans eux-mêmes;

---

(1) Les *Fetva* sont des décisions conformes aux lois canoniques dont les Muftis sont les docteurs et les interprètes.

que le gouvernement était obligé de réduire par la force et de contenir ensuite par de sanglantes exécutions : indisciplinée dans les marches et dans les camps, lâche dans les combats, cette milice dégradée compromettait sans cesse la gloire et la sûreté de l'Empire, et elle a été une des causes de son affaiblissement. Par une mesure digne d'être appréciée de tous les gouvernemens civilisés, et grâce à Sultan-Mahmoud, cette milice n'existe plus.

Pour retenir ses agens dans le devoir, ou punir les prévaricateurs, le Grand-Seigneur a de puissans moyens : comme souverain, la déposition, l'exil et le droit de vie et de mort sur ses agens. En sa qualité de Khalife, le *Laanet-namè* (lettres de malédiction) ou firman d'excommunication (1), d'après lequel tous les co-religionnaires doivent se séparer de celui qui en est l'objet, et concourir à le livrer à la justice du prince.

Chaque année, suivant un usage constant, le quatrième jour de la lune de *Chèvval*, dixième mois de l'année lunaire des Mahométans, toutes les charges à la nomination du Grand-Seigneur sont renouvelées ou confirmées.

Elles comprennent les charges du Sérail que nous avons déjà fait connaître, ainsi que les charges de la Porte et celles des *Eïalèt* (1) (grands gouvernemens), dont nous allons successivement parler au chapitre V.

(1) De *laanet*, anathème, et *namè*, lettre. L'anathème, chez les Turcs, et l'excommunication dans l'Eglise grecque, ont encore tout leur effet.

(2) Les *Eïalèt* sont, en Europe : la Romélie ; la Bosnie et l'Herzégovine, la Silistrie ; Crète et Candie, la Morée, l'Archipel.

En Asie : l'Anatolie, la Caramanie, Sivas, Marasch, Adana, Alep,

CHAPITRE IV.

On appelle la *Porte* (*Pacha-Kapouci*), le palais du Grand-Vizir, où se rendent tous les jours les autres ministres pour y exercer leurs fonctions; c'est la Grande Chancellerie d'Etat : les bureaux des divers ministères s'y trouvent réunis, et l'on y expédie toutes les affaires qui regardent l'intérieur de l'Empire et ses relations au dehors.

On entend aussi par la *Porte* ou *Divan*, la réunion de tous les dignitaires composant le Ministère ottoman et le Conseil d'Etat. On dit un firman émané du Divan ou de la *Porte*, comme on dit un ordre de la Cour, ou du Cabinet des Tuileries.

Le Grand-Vizir (1) (*Vèziri-azhèm* ou *Sadri-azhèm*), en est le chef, comme lieutenant absolu du Grand-Seigneur, muni de tous ses pouvoirs, et exerçant la plénitude de ses droits. Ces pouvoirs lui sont conférés en vertu d'un *Khatti-Chèrif* (2) que le Grand-Seigneur lui envoie lorsqu'il l'élève au Viziriat. Orkhan II nomma son frère Grand-Vizir : ses successeurs n'imitèrent pas son exemple, ayant toujours regardé leurs proches comme leurs plus grands ennemis.

Depuis que les Sultans ne quittent point la résidence impériale de Constantinople, le Grand-Vizir commande les armées. Le titre de *Vèkili-Moutlak*,

---

Damas; Séide et Bérout; Tripoli de Syrie, Rakka, Diarbékir, Mossoul, Erzeroum, Tchildir, Cars, Van; Bagdad et Bassora, Trébisonde.

En Afrique : l'Abyssinie, l'Egypte, Tunis, Tripoli et Alger.

(1) Régulièrement *vèzir*. Sa racine est le mot arabe *vèzr* ou *vizr*, fardeau, chose pesante. Les Vizirs sont donc les chargés du poids des affaires. *Vèziri-azhèm* signifie le Vizir le plus grand, celui qui est ici appelé le Grand-Vizir.

(2) *Voyez*, note II, à la suite de ce livre, le *khatti-chèrif* adressé par Sultan Mahmoud à Khorchid-Pacha, nommé son Grand-Vizir.

ou représentant absolu de Sa Hautesse, est confirmé au Grand-Vizir lorsque le Sultan lui défère le commandement du camp impérial, et lui consigne le *Sandjak-chèrif* (étendard du Prophète). La Sublime-Porte est censée partout où est le Grand-Vizir. La résidence impériale ne s'appelle plus que le *Rikiabi-Humaïoun*, ou l'étrier-impérial.

Tous les titulaires des grandes places de la Porte marchent avec le Grand-Vizir; et les employés qui restent à Constantinople deviennent les substituts des premiers. Ainsi le *Kiahya-Beï* de Constantinople n'est que le substitut du Kiahya-Beï du camp, et doit s'éclipser à l'apparition de celui-ci. Il en est de même des autres ministres. Le *Caïmaçam-Pacha* (1) est le lieutenant du Grand-Vizir.

Toutes les fois que ce haut dignitaire est obligé de s'éloigner de la capitale pour des affaires de service, le Grand-Seigneur nomme un Pacha pour le suppléer jusqu'à son retour. Ce choix tombe ordinairement sur les sujets qui jouissent de la confiance du Sultan.

Pendant l'absence du lieutenant absolu de Sa Hautesse, le Caïmacam est investi du même pouvoir que le Grand-Vizir. Il rend au nom du Souverain toute espèce de firmans, et a la direction de toutes les affaires.

Au retour du Grand-Vizir, le Caïmacam cesse ses fonctions; mais il est ordinairement nommé Pacha dans quelque province. A mon arrivée à Constantinople, ce poste était occupé par Chakir-Ahmed, qui, avant d'être nommé Caïmacam, avait été *Zarab-*

(1) Ou, plus exactement, *Kaïm-Mekam-Pacha*.

Khané-Emini, intendant de l'hôtel des monnaies : il avoit commencé sa carrière dans des emplois inférieurs ; mais de longs services et un mérite réel l'avaient fait parvenir à cette haute dignité. On pourrait citer un grand nombre d'exemples de ce genre, comme une preuve de l'égalité d'admission aux emplois qui existe en Turquie.

Le *Kiahya-Beï*, ministre de l'intérieur, est le premier dignitaire après le Grand-Vizir, dont il est le lieutenant, ainsi que l'indique le titre même de cette dignité, *Sadri Azhèm Ketkhoudaçi* : toutes les affaires administratives de l'Empire lui sont adressées. Cette charge était remplie en 1814 par Halet-Effendi, avant-dernier ambassadeur de la Porte à Paris. Ce ministre avait été employé dans la Grande Chancellerie, où il s'était fait distinguer par ses talens. Après son retour de France, et à l'avénement de Sultan-Mahmoud, il jouit de la confiance de Sa Hautesse, que d'heureux succès justifièrent. Cette confiance s'était ensuite changée en une faveur sans bornes, qui lui avait attiré des haines puissantes, et une animadversion presque générale (1). Celui que nous verrons plus tard être envoyé secrètement à Bagdad, pour s'y défaire d'un Pacha rebelle, a été lui-même sacrifié à la fin de novembre 1822. Le 4 décembre, sa tête était exposée à la porte du Sérail, au

---

(1) Obligé de céder à cette animadversion, le Grand-Seigneur prononça l'exil d'Halet-Effendi, et signa, quelques jours après, son arrêt de mort. C'est à Conia (*Iconium*), et dans le couvent des Derviches-Mèvlèvi, où il s'était retiré, étant lui-même de cet ordre, que ce moderne Aman, après avoir fait une vaine résistance, eut la tête coupée par Arif-Agha, porteur du fatal khatti-chérif de Sa Hautesse. *Voyez*, note III, l'écriteau qui était placé au-dessus de la tête, lorsqu'elle fut exposée pendant trois jours à la porte du Sérail.

même endroit où, treize ans auparavant, paraissait aux regards celle du Pacha de Bagdad qu'il avait fait périr.

Le *Reïs-Effendi*, Grand-Chancelier d'Etat (*Reïsul-Kuttab*, c'est-à-dire, chef des écrivains, ou hommes de plume), est Ministre des affaires étrangères. C'est à lui que les Drogmans (interprètes des ambassadeurs) s'adressent pour les affaires politiques ou commerciales. Tous les firmans qui émanent de la Grande Chancellerie dite *Divan-Kalemi*, sont contresignés de son chiffre *Sahh* (1). Ce ministère, en 1814, était occupé par Bozuklu-Moustapha-Effendi, qui avait, ainsi que ses deux collègues, commencé sa carrière comme *Kiatib*, ou commis dans la Grande Chancellerie du Divan.

Le *Tchaouch-Bachi* (Grand-Maréchal de la Cour) est le Ministre chargé de l'exécution des décrets de Sa Hautesse, des ordres du Grand-Vizir, et des jugemens émanés de la justice civile ou criminelle. Cette charge est très-respectée parmi les Turcs.

Les fonctions du Tchaouch-Bachi sont de recevoir toutes les requêtes adressées au Grand-Vizir, sur lesquelles il fait un rapport, en y joignant son opinion.

Il asssite au Divan lorsque le Grand-Vizir juge les affaires criminelles.

Le ministre, remplissant ces fonctions à la même époque de 1814, était également parvenu par ses services, et avait passé par les grades inférieurs.

Les *Tezkèrèdji* sont deux Officiers supérieurs du Ministère, coadjuteurs du Tchaouch-Bachi, et chargés à peu près des mêmes fonctions ; c'est à eux qu'il

---

(1) Mot arabe qui signifie radicalement, *vérité*, *vérification*, *sincérité*.

dicte les décrets auxquels donnent lieu les requêtes qui lui sont présentées.

Le *Mektoubtchi-Effendi* est le rédacteur des lettres écrites au nom du Grand-Vizir en place de firman. La Porte se sert de ces lettres pour des affaires courantes qui ne méritent pas l'émanation d'un firman : le Mektoubtchi est le chef d'un bureau uniquement établi pour cet objet.

Le *Beïlikdji-Effendi*, Chef du Divan Kalemi, est chargé de rédiger toutes les pièces qui en émanent; et, comme le Reïs-Effendi, il met son paraphe sur tous les firmans.

Seïda-Effendi, mort récemment, après avoir rempli deux fois la place de Reïs-Effendi, étoit titulaire de cette éminente dignité en 1814; il avoit commencé par l'emploi de simple commis, et son élévation était due à ses talens et à ses services.

L'*Amedtchi-Effendi* est chargé de rédiger toutes les affaires que la Porte veut mettre sous les yeux du Grand-Seigneur; et il est dépositaire des réponses que Sa Hautesse donne par écrit. L'Amedtchi-Effendi, secrétaire du Reïs-Effendi, assiste régulièrement aux conférences avec les ambassadeurs ou ministres; c'est lui qui tient le protocole du côté des Turcs, comme le secrétaire d'ambassade le tient à l'égard des ministres étrangers.

Le *Defterdar-Effendi*, ministre des finances, est assisté de deux collègues inférieurs en rang, dont le second est spécialement chargé des nouveaux impôts. Cette place était occupée, en 1814, par Rèouf-Beï, qui, par son expérience et sa capacité, était parvenu à la tête de cette administration.

Le *Zarab-Khanè-Èmini*, intendant de l'Hôtel de la Monnaie, a en outre l'administration de certaines impositions établies par Sultan-Selim : les îles de l'Archipel, Tine, Syra et Andros, sont sous sa juridiction immédiate.

Le *Gumruk-Èmini-Agha*, Grand-Douanier de Constantinople; cette charge n'est pas des plus considérées, parce que le Gouvernement la donne à ferme.

Tous les employés de la douane, quoiqu'avec le *bèrat* (brevet à vie), sont payés par le Grand-Douanier.

Magistrature et Clergé ottomans.

Le *Cheïkh-ul-Islam*, ou *Mufti*, est, pour le spirituel, le vicaire du Grand-Seigneur, comme le Grand-Vizir est son lieutenant pour l'administration générale de l'Empire, et pour toute l'autorité civile et militaire. Révéré par le peuple comme Grand-Pontife, ou chef de tout le Corps des Oulema, il est, après le Souverain, le premier personnage de l'Etat, par ses attributions et les honneurs qu'il reçoit, comme le Grand-Vizir est le plus puissant par son immense autorité.

Les Oulema sont divisés en trois classes : ceux employés au service divin et à l'administration des temples, écoles et hôpitaux qui en dépendent; les juges de toutes les classes, Molla, Kadi, Naïb; les Mufti dans les provinces, docteurs et interprètes des lois, qui donnent leurs décisions conformément à ces lois, sur les diverses questions qui leur sont soumises. Ce Corps puissant, qui se compose ainsi du clergé et de la magistrature réunis, est sous les ordres immédiats du Chef de la Loi.

Les *Kadi-Asker* de Romélie et d'Anatolie sont les deux Grands Juges de l'Etat ; ils résident à Constantinople. Celui de Romélie, qui est le premier en dignité, juge les affaires de cette partie de l'Empire ; l'autre a dans ses attributions toutes les affaires de l'Asie. Leurs sentences rendues en plein Divan, par la bouche du Grand-Vizir, sont presque toujours irrévocables. Dans les cérémonies publiques, les Kadi-Asker prennent rang immédiatement après le Cheïkh-ul-Islam.

L'*Istambòl-Kadiçi*, ou *Effendiçi*, juge de Constantinople, est obligé d'assister aussi à la Porte les mercredis, comme les Kadi-Asker, pour y rendre la justice, conjointement avec un des Molla de Galata, d'Eïoub et de Scutari. Il est en outre chargé de veiller à ce qu'il n'y ait pas d'altération dans les poids et mesures. Il commet, à cet effet, un officier qui parcourt la ville pour procéder à cette vérification chez les vendeurs, et qui punit de suite prévôtalement ceux qu'il trouve en défaut.

Les *Galata-Mollaçi*, *Eïoub-Mollaçi*, *Uskudar-Mollaçi*, juges des trois faubourgs de Constantinople (*Galata*, *Eïoub*, en Europe, et *Scutari*, en Asie), sont appelés à tour de rôle à l'*Arz-Odaçi*, dans le palais du Grand-Vizir, le mercredi de chaque semaine, pour assister Son Altesse dans le jugement des causes portées à ce tribunal suprême. Le vendredi, autre jour d'audience du même tribunal, les deux Kadi-Asker en charge siégent aux côtés du Grand-Vizir, et celui-ci prend leur avis avant de rendre ses décisions.

Tous ces juges supérieurs, ainsi que les Molla, Kadi, Naïb dans les provinces, sont changés tous les ans au mois de mars, époque à laquelle leurs successeurs eux-mêmes entrent en fonction.

Les Puissances européennes accréditent auprès de la Sublime-Porte des Ambassadeurs, des Envoyés, ou autres agens diplomatiques pour y suivre leurs intérêts politiques et commerciaux. Nos relations à cet égard avec le Gouvernement ottoman datent de l'année 1524, du temps de François I et sous le règne de Suleïman-el-Canouni, appelé par les Chrétiens le Grand Soliman, et se sont succédées presque sans interruption jusqu'à nos jours. Elles offrent dans cet intervalle de trois siècles, une série de trente-sept Ambassadeurs (1), et d'un plus grand nombre de chargés d'affaires qui suppléaient les Ambassadeurs pendant qu'ils étaient éloignés de la résidence de la Cour ottomane. Les uns et les autres avaient pour base de leurs rapports politiques et commerciaux, des traités désignés sous le nom de *Capitulations*. Le premier de ces traités date de 1535. Les capitulations furent ensuite renouvelées en 1569, 1597, 1664, 1673, 1740, enfin, par le traité de Paris du 25 juin 1802. On doit faire remarquer qu'il fut convenu dans toutes, que la France est en Turquie la nation la plus favorisée, tant à raison de ses droits et prérogatives, qu'à l'égard du tarif des douanes, qui s'était maintenu sans altération jusqu'en 1816, époque où il a subi des modifications peu avantageuses.

(1) *Voyez*, note IV, la Série des Ambassadeurs de France à Constantinople, depuis François I jusqu'à ces derniers temps.

CHAPITRE V.

Division politique de l'Empire ottoman, et changemens faits dans les Gouvernemens des Provinces pour y rétablir l'autorité du Sultan, et pour préparer l'abolition des Janissaires.

A l'avénement de Sultan-Mahmoud au trône impérial, l'autorité réelle du Grand-Seigneur ne dépassait pas l'enceinte du Sérail. Dans Constantinople même, les Sultans étaient sous la funeste tutelle des Janissaires et des Oulema; et dans presque toutes les provinces, les firmans de Sa Hautesse, qu'on exécutait pour des objets indifférens, étaient ouvertement méconnus ou adroitement éludés, lorsque leurs dispositions contrariaient les vues ambitieuses des autorités locales.

En jetant un coup d'œil sur les divers gouvernemens (*eïalet*) de ce vaste empire, on voit d'abord l'Egypte administrée, depuis la destruction des Mameloucks, par *Mehèmmed Ali-Pacha*, en qualité de Vice-Roi, comme lieutenant du Grand-Seigneur, mais dans le fait, en souverain absolu et indépendant, disposant à son gré de la vie et de la fortune de ses sujets, comme tous les Potentats de l'Orient. Ce Vizir a acquis des richesses immenses par le monopole de tout le commerce de ces fertiles contrées. Mais, bien supérieur à tous ces Pachas rebelles dont les actions, pour la plupart, souillent les pages de l'histoire ottomane, Mehèmmed-Ali paie non-seulement le tribut annuel à son légitime Souverain, en conservant envers lui tous les dehors de l'obéissance et du respect ; mais encore, docile aux sages instructions du Sultan pour le bien commun, il a consacré tous ses moyens et ses richesses à la défense de l'Empire et à la civilisation de ses Etats. La conquête de la Mekke ; la dispersion des Wehhabi ; l'occupation militaire de l'île de Candie, où l'ordre a été rétabli ; les forces imposantes de terre et de mer envoyées au secours de son Souverain dans le Péloponèse ; des artistes européens appelés à grands frais en Egypte ; de jeunes seigneurs du pays entretenus dans les colléges élevés à cet effet dans les principales villes de l'Europe, sont les résultats immenses de la sage direction de Sultan-Mahmoud dans la position la plus délicate où un prince puisse se trouver. Une guerre ouverte contre ce Vizir pour le faire rentrer dans l'obéissance passive, ou pour le détruire, aurait eu des suites funestes ; et jamais, sous des Pachas ordinaires et soumis, l'Egypte ne lui aurait procuré d'aussi grands avantages.

Suleïman, Gouverneur d'Acre, de Seïde et de Tripoli de Syrie, s'était fait un domaine particulier de son gouvernement, et avait déjà acquis les moyens d'y défendre son indépendance. Le Grand-Seigneur l'ayant privé du Pachalik de Damas, qui ajoutait un grand lustre à sa place, avait confié ce gouvernement à un autre Suleïman-Pacha, Selihdar de Sultan-Selim. Assuré de la fidélité de ce dernier, le Grand-Seigneur avait eu sans doute en vue de l'opposer au gouverneur d'Acre, s'il avait voulu imiter le trop fameux Djezzar, son ancien maître. Ce Pacha est, en attendant, comme un point d'appui contre le Vice-Roi d'Egypte, dans le cas où il conviendrait un jour de changer de conduite à son égard.

Après la mort de Suleïman, en 1820, le gouvernement d'Acre fut donné à Abdullah-Pacha, qui se révolta contre la Porte en 1822 et 1823. Mehèmmed-Ali est parvenu à le réconcilier avec son Souverain, au moyen de sommes considérables qu'Abdullah-Pacha avait recueillies de la succession de Suleïman, dont il était le coadjuteur depuis plusieurs années.

Raghib-Pacha, gouverneur d'Alep, était un ancien ministre de la Porte, éloigné par les factieux lors de la révolte qui fit descendre du trône le malheureux Selim, en 1807. Aussi Sultan-Mahmoud, connoissant ses principes et son dévouement, l'avait chargé d'étouffer, dans le gouvernement d'Alep, l'esprit de révolte dont les Janissaires y étaient constamment animés. Raghib-Pacha était parvenu à comprimer leurs mouvemens séditieux ; et la révolution qui a détruit ce corps, sans cesse porté au désordre, a mis la dernière main aux mesures que ce gouverneur avait d'abord prises avec tant de succès.

Les villes d'Orfa, Diarbekir, Merdin, Mossoul, sont gouvernées par des Pachas souvent en guerre entre eux, ou avec les peuplades de Curdes et de Turkomans qui avoisinent leur Pachaliks. La nécessité où ils sont d'entretenir une force armée pour défendre leurs droits ou pour empiéter sur ceux de leurs voisins, les accoutume à l'indépendance ; et ils se mettent toujours au-dessus de l'autorité du Grand-Seigneur, quand elle contrarie leurs desseins. Mais le

Sultan les fait rentrer facilement dans le devoir en les opposant les uns aux autres.

Le Pacha de Bagdad et de Bassora était le plus puissant, le plus riche de l'Empire, et passait pour le plus indépendant. Mais Sultan-Mahmoud a trouvé le moyen de faire peser sur lui son autorité, et d'arracher une partie des trésors que la cupidité de Suleïman-Pacha, et peut-être un droit que l'usage avait consacré, lui faisaient retenir contre la volonté du Souverain. Ces trésors, qui provenaient de la succession des anciens pachas, furent réclamés par le Grand-Seigneur, dès son avénement au trône. Le refus constant de les envoyer à la capitale, détermina Sa Hautesse à charger directement (1) Halet-Effendi, dont nous avons déjà parlé, de les aller enlever de force, et de faire tomber la tête du rebelle. Halet-Effendi mit plus d'art que de violence dans l'exécution de la commission qui lui avait été confiée : il se ménagea des intelligences avec les Arabes qui avoisinent Bagdad, souleva contre le Pacha ceux de ses voisins qui pouvaient aspirer à le remplacer, et se servit d'eux en même temps pour le combattre. Suleïman-Pacha, forcé de demander asile à une tribu d'Arabes, tomba dans le piége qu'on lui avait tendu. Victime de son avarice et de sa désobéissance, il perdit, avec la vie, des trésors qu'Halet-Effendi ne put entièrement recueillir.

Abdullah-Pacha, qui lui succéda, n'a hérité que d'une autorité précaire et peu respectée. Il est soumis

(1) Ce fut le premier acte de gouvernement de Sultan-Mahmoud, dont l'exécution eut lieu à l'insu de ses ministres. Ceux-ci en ayant eu la nouvelle, et fort inquiets de ce qui s'était passé, en firent, non sans crainte, leur rapport au Grand-Seigneur, qui se contenta de leur répondre : *Soyez tranquilles, je sais ce que c'est.*

à la Porte; mais, entouré de Pachas rebelles, de tribus de Curdes et d'Arabes qu'il doit sans cesse combattre, il est obligé d'entretenir des troupes pour soutenir sa suprématie et ses avantages, et même pour se défendre contre l'influence que le roi de Perse voudrait exercer sur ces frontières ottomanes. Cet état de choses, qui tient à sa position, peut lui donner, comme à ses prédécesseurs, des idées d'indépendance dont il serait également la victime sous un souverain tel que Mahmoud.

Dans le reste de l'Asie, les Pachaliks de Van, d'Erzeroum (1), de Trébisonde, etc., sont occupés par des personnages dont les familles sont depuis long-temps établies dans ces contrées, et qui y possèdent de grands biens et y jouissent d'une grande considération. Ils sont en rapports politiques avec la Porte, et fournissent leur contingent; mais elle doit constamment les surveiller pour conserver l'essentiel de l'autorité.

Les Beï, Gouverneurs de la Caramanie, du Païas et du Beïlan, étaient en pleine insurrection, refusant d'obéir à la Sublime-Porte, dépouillant les caravanes qui passaient sur leur territoire, et faisant courir sur les barques employées au transport des marchandises que l'on fait passer par mer pour éviter leur territoire.

Le Beï du Beïlan, près d'Alexandrette, dépouillait les caravanes, et coupait les communications naturelles de Constantinople et de Smyrne avec Alep.

(1) Erzeroum, régulièrement *Erziroum*, ville sur l'Euphrate, distante d'environ trente milles de Trébisonde, ou du fond de la mer Noire, est le grand passage des caravanes d'Orient. Elle fut long-temps un boulevart contre la fureur des Sarrasins. Son nom vient de *erz*, en arabe, *terre*, et de *Roum*; les Romains, parce que c'est d'au-delà de cette ville que les Orientaux comptaient le pays des Romains.

Tcharkadgi-Ali-Pacha avait ordre du Grand-Seigneur de tenir toujours des troupes assemblées, et de faire la police dans ces parties de l'Asie. Mais les dispositions bienfaisantes du Souverain étaient éludées : l'entretien de ces troupes augmentait encore les charges des peuples, peut-être même les désordres qu'elles étaient appelées à réprimer.

Le Grand-Seigneur a mis fin à ces désordres. La destruction et le châtiment de l'Agha de Satalie (1) l'ancienne Adalia, le plus puissant et le plus ancien de ces Bëï rebelles, a suffi pour tout soumettre à l'autorité du Sultan. Cette belle et riche contrée de l'Asie est aujourd'hui pacifiée ; mais les forces de terre et de mer que le Sultan dut déployer pour combattre ce rebelle et prendre Satalie, après un siége long et meurtrier, prouvent l'importance que le Grand-Seigneur mettait à l'occupation de ce point essentiel.

Les deux plus grands Feudataires de l'Asie-Mineure, Tchapan-Oglou et Kara-Osman-Oglou, le premier résidant aux environs d'Angora, à quinze journées de Constantinople, et le second, dans une place forte entre Pergame et Magnésie, près de Smyrne, possédaient des biens considérables, et avaient tous les moyens de défendre leur indépendance. Ils achetaient chaque année, de la Porte, le gouvernement des villes de leur apanage, payaient avec exactitude les re-

(1) *Satalie*, autrefois une des fortes et grandes villes de l'Asie, est bâtie sur le roc, au fond du golfe de ce nom, au pied des hautes montagnes de la Karamanie (ancienne *Caire*). Elle a une double enceinte flanquée de tours carrées, et un château qui domine la ville et le golfe. Satalie a été long-temps au pouvoir des chevaliers de Rhodes, et depuis à celui des Génois.

devances, fournissaient les contingens, et paraissaient soumis; mais ils étaient réellement des espèces de souverains indépendans, en état de mettre sur pied plus de cinquante mille hommes, si leur sûreté ou leur politique avait rendu cette mesure nécessaire.

Ce délabrement dans une partie considérable de l'Empire provenait de la faiblesse des règnes précédens, de la cupidité et de la corruption des Ministres ottomans sous des princes bons, mais incapables de gouverner. Sultan-Mahmoud, sans exercer aucun acte de violence, a éloigné successivement ces deux Feudataires, ainsi que leurs parens et alliés, de tous les gouvernemens qu'ils occupaient, et il a mis à leur place des Pachas et des Gouverneurs de son choix. Les membres de ces familles, qui lui ont paru pouvoir servir ses vues, ont été nommés Pachas, et employés utilement dans d'autres contrées. Enfin, en dispersant habilement ces deux familles puissantes, l'autorité du Grand-Seigneur se trouve rétablie dans la plus belle comme la plus riche portion de ses Etats.

Ce prince veille en même temps à ce qu'on ne fasse point regretter aux peuples la domination douce et paternelle de ces grands propriétaires.

Smyrne était gouvernée par un Mucellim, soumis en apparence aux ordres de la Porte; mais cette place était depuis long-temps entre les mains de Kiatib-Oglou-Mehèmmed-Effendi, chef d'une famille puissante du pays, dont les principaux membres occupaient les autres places du gouvernement de cette ville. Nombreux, riches et entreprenans, les Kiatib-Oglou, très-liés avec les Kara-Osman-Oglou, pouvaient aisément se rendre indépendans; et ce Mu-

4.

cellim, en 1808, s'était même déjà déclaré en révolte ouverte.

Sultan-Mahmoud, après avoir soumis les Kara-Osman-Oglou, et assuré son pouvoir aux environs de Smyrne, envoya dans ce port le Capitan-Pacha Khosrew-Mehèmmed avec sa flotte. Cet amiral, suivant les ordres de son maître, et afin de prévenir toute effusion de sang, sut attirer à son bord Mehèmmed-Effendi et les principaux membres de la famille. Transporté à Metelin, il y fut mis à mort; le reste fut dispersé et leur fortune confisquée.

Un homme entièrement soumis et dévoué, Hassan-Pacha, gouverne actuellement cette ville, l'entrepôt de tout le commerce de l'Asie et de l'Europe, dans cette belle partie du monde. Aussi, quoique plus des trois quarts des habitans de Smyrne fussent Janissaires, la destruction de ce Corps n'y a occasioné aucun trouble, et l'autorité du Sultan y est pleine et entière.

Les Dardanelles sont gardées par un Muhafiz, commandant militaire sous la juridiction immédiate de la Porte. Une famille ancienne, nommée Hadim-Oglou, qui se maintient avec distinction dans ce pays voisin de l'emplacement de Troie, ne peut, dans l'état actuel des choses, qu'être très-utile à la défense commune. Un douanier, envoyé tous les ans de Constantinople, est chargé de vérifier si les bâtimens qui sortent de cette capitale ont payé les droits, et s'ils n'emportent pas des objets de contrebande en grains ou autres denrées.

Les îles de l'Archipel étaient, en grande partie, sous l'administration du Capitan-Pacha, qui les affermait aux Primats de chacune de ces îles. Ces Primats étaient élus tous les ans par les habitans réunis sous la présidence des supérieurs ecclésiastiques ; et c'était dans cette assemblée que se réglaient les diverses dépenses et se vérifiaient tous les comptes : ainsi, ces îles étaient autant de petites républiques indépendantes gouvernées par leurs Primats et leurs lois municipales. La jalousie des premières familles et de quelques ambitieux, pour se supplanter, faisait souvent intervenir les Turcs dans les différends qui s'élevaient entre eux. Le Drogman de l'Amirauté (Grec de naissance et de religion), chargé par sa place de tout ce qui concernait l'administration, réglait ces différends qu'il avait souvent provoqués dans son intérêt, et pour procurer à son maître de plus fortes rétributions que celles qui lui étaient légalement dues.

L'île de Scio, qui formait l'apanage d'une Sultane, était gouvernée par un conseil de primats grecs et catholiques. Un Mucellim et un Kadi, que la Porte y envoyait pour maintenir le bon ordre et rendre la justice, se trouvaient en quelque sorte dans la dépendance des primats, qui les faisaient changer à leur gré.

Les Sciotes étaient les hommes et les plus libres et les plus heureux de tous les sujets du Grand-Seigneur : aussi cette île était-elle la plus florissante et la plus riche.

L'île de Chypre, bien plus importante par son étendue que celle de Scio, avait le même genre de gouvernement; sa population chrétienne est toute du rit grec schismatique, et le peu de catholiques qui s'y trouvent, ne sont composés que d'étrangers. Avant l'insurrection, l'Archevêque, résidant à Nicosie, capitale de l'île, y exerçait la plus grande influence. Le Grec, comme le Turc, y était écrasé sous le poids des impôts ; et cette île si belle se dépeuplait tous les ans : ce qui aggravait le mal, puisque l'ancien tribut, qui devait être payé intégralement, devenait plus considérable étant réparti sur une population moins nombreuse.

Les îles de Métélin, de Lemnos, de Rhodes et de Stancho avaient pour gouverneurs des officiers turcs nommés par le Capitan-Pacha ; mais les revenus de ces îles rentraient dans le trésor impérial.

Les îles de Syra, de Tine et d'Andros étaient sous l'administration de l'Intendant de la monnaie, et leurs revenus affectés à ce département.

Ceux de toutes les autres îles appartenaient au Capitan-Pacha. Elles payaient un tribut annuel dont la somme, très-modique, et restée la même depuis la conquête, était répartie sur les habitans par leurs primats.

L'île de Candie était gouvernée par trois Pachas, qui faisaient leur résidence à Candie, à Rétimo et à la Canée. Ces Pachas, dont celui de Candie, capitale de l'île, avait le titre de *Beïler-Beï* (1), étaient constamment soumis à la Porte ; mais les Turcs candiotes, tous Janissaires difficiles à gouverner, se révoltaient souvent contre eux, les chassaient même de l'île, et en demandaient de nouveaux, auxquels ils obéissaient selon leur bon plaisir. Cet état d'anarchie

(1) Gouverneur de plusieurs provinces ; ils sont toujours Pachas à trois queues. *Vizirs.*

compromettait sans cesse la tranquillité des habitans, et le sort des sujets grecs était surtout très-malheureux : aussi, cette île se dépeuplait-elle d'une manière sensible. La prise de possesion de Candie par les troupes du Pacha d'Egypte a tout changé : les Turcs, humiliés et désarmés, obéissent depuis lors comme les sujets chrétiens. Mais ces troupes n'étaient pas en assez grand nombre pour pouvoir occuper tous les points de l'île.

La position de *Grabouse* (ou *Cara-Bouza*), établie dans le roc, à sa pointe ouest, avec un fort au dessus, était depuis quelque temps dans les mains d'un parti de Grecs, qui exerçait contre la navigation et le commerce européens une piraterie ruineuse et difficile à réprimer : une opération combinée de bâtimens français et anglais s'est bornée à ruiner ou à prendre les bâtimens et bateaux pirates ; mais les Grecs sont toujours restés maîtres du fort, que sa situation rend inattaquable. Le manque de vivres pourrait seul les réduire à capituler.

L'ancien Péloponèse, aujourd'hui la Morée (1), formait le gouvernement d'un Pacha à trois queues. Véli-Pacha, fils d'Ali, Pacha de Yanina, la gouvernait depuis trois ans. Il y avait commis tant d'injustices et d'excès, que les habitans étaient allés en grand nombre à Constantinople porter leurs plaintes, et demander sa déposition. Le Grand-Seigneur avait renvoyé la connaissance de ces plaintes à son Grand-

---

(1) Cette grande presqu'île tient à l'Achaïe par l'isthme de Corinthe, qui sépare le golfe de Lépante de celui d'Egine ou de Corinthe ; elle peut avoir soixante lieues de long sur autant de large. La Morée fut enlevée aux Vénitiens par les Turcs en 1715. Ce nouveau nom lui vient de la grande quantité de mûriers qu'on y cultive.

Vizir ; mais il ne cessait d'être importuné pour de nouveaux griefs qu'on lui mettait continuellement sous les yeux. Dans cet état de choses, Sa Hautesse ordonna une enquête, et Youssouf-Aghiah-Effendi, l'un des grands de l'Empire, Moraïte de naissance, fut chargé de cette importante mission. Après s'être rendu sur les lieux, il instruisit le Grand-Seigneur que les garnisons des quatre forteresses de la Morée, Napoli-de-Romanie, Coron, Modon et Navarin, étaient en pleine insurrection ; qu'elles s'étaient mises en marche contre Tripolitza, capitale de la Morée et résidence du Pacha ; que ces troupes s'accroissaient, dans leur marche, du nombre de mécontens qui ne respiraient que vengeance, et que leurs chefs, dont le principal, Yakoub-Agha, entretenait des intelligences avec les étrangers, étaient prêts à recevoir quiconque voudrait les aider à conquérir leur indépendance.

Le Grand-Seigneur, qui redoutait les suites de ce soulèvement, mécontent d'ailleurs de la famille d'Ali-Pacha, prit la résolution de déposer Véli, à qui il donna le gouvernement bien moins considérable de Tricala, dans l'Albanie ; et Ischogli-Ahmed-Pacha fut nommé son successeur en Morée.

L'île de Nègrepont est gouvernée par un Pacha à trois queues, qu'on n'a point encore vu s'écarter de la soumission qu'il doit à son souverain.

Athènes était l'apanage d'une Sultane ; ou bien ses revenus étaient affectés à l'Hôtel de la Monnaie. Sous l'administration d'un Mucellim, ou Vaïvode, assisté d'un Kadi, l'autorité du Grand-Seigneur y était respectée ; et, s'il se manifestait des désordres, qui ne pouvaient provenir que de quelque turbulence passagère, ils étaient aussitôt réprimés.

Salonique, capitale de la Macédoine, était gouvernée ordinairement par un Pacha à trois queues, comme place de guerre, dont les Janissaires, tous habitans de la ville, formaient la garnison. Des actes de violence, des révoltes fréquentes, avaient signalé de tout temps les Janissaires de Salonique comme les plus redoutables après ceux de Constantinople. Sultan Mahmoud, pour les réduire, envoya dans cette ville, en qualité de Mucellim, Youssouf-Beï, fils d'Ismaël, Beï de Sérès, seigneur aussi puissant dans cette province que l'étaient, dans l'Asie mineure, Tchapan-Oglou et Kara Osman-Oglou, mais entièrement dévoué aux intérêts du Sultan, dont il connaissait les projets. Youssouf-Beï fit son entrée dans Salonique avec une troupe nombreuse et fidèle, parfaitement armée, composée d'Albanais, tous gens de courage et ennemis des Janissaires.

L'ordre le plus parfait fut bientôt rétabli dans cette place. Quelques exemples de sévérité répandirent la terreur parmi les Janissaires. On les força de remettre leurs armes, et ils furent mis dans l'impuissance de donner par la suite aucune inquiétude au gouvernement. Aussi, lorsque le Grand-Seigneur a détruit, dans toute l'étendue de son empire, le corps entier des Janissaires, ceux de Salonique n'ont pas osé donner le plus léger signe de mécontentement.

Youssouf-Beï, parvenu au rang de Pacha à trois queues, a été envoyé successivement à Patras et dans la résidence d'Alep. Elevé par un Français, il parle et écrit notre langue, dessine très-bien, et a des connaissances assez étendues dans les sciences exactes.

Son père, simple soldat, Albanais d'origine, était parvenu, par son courage, par la sagesse de sa conduite, par ses talens économiques, à se faire reconnaître, par la Porte et par les habitans de Sérès, pour Beï, propriétaire de cette ville et de son territoire, si fertile principalement en cotons. Ismaël Beï n'avait pas peu contribué à la prospérité de ces contrées, en y établissant une sévère police, qui maintient par tout en sûreté le commerce et l'industrie. Il avait singulièrement encouragé la culture, non-seulement par des récompenses, mais encore par l'exemple qu'il donnait habituellement de son amour pour le travail. Ce Beï, qui n'avait jamais voulu être Pacha, avait acquis une grande considération dans tout l'Empire, et encore plus dans les deux Albanies.

Ismaël-Beï pouvait mettre dans son fief cinquante à soixante mille hommes sous les armes. Lorsqu'il était question d'une expédition hors de son pays, il menait ordinairement avec lui quinze à vingt mille hommes. Quant à ses revenus, on croit communément qu'il entrait par an, dans son trésor, 4 à 5,000 bourses, quitte de toutes les dépenses auxquelles il était obligé.

Ali-Pacha, gouverneur de Yanina, exerçait un pouvoir despotique et cruel sur l'Épire, la Livadie, la Thessalie et toute la Basse-Albanie. Ses rapports avec le Grand-Seigneur étaient ceux d'un vassal avec son suzerain. Il paraissait reconnaître l'autorité du Grand-Seigneur, disant toujours qu'il n'agissait que conformément à ses ordres, tandis qu'il faisait ce qui convenait à son ambition ou à ses intérêts. Il entretenait à grands frais des relations secrètes avec les officiers de l'intérieur du Sérail et avec certains personnages du gouvernement; et ses moyens de corruption, adroitement employés, lui assuraient l'impunité des torts qu'il ne pouvait désavouer.

Son fils, Vèli, avait été nommé Pacha à Tricala, et son autre fils, Moukhtar, était Pacha d'Elbassan et de Bérat. Quoique Ali-Pacha eût marié la fille de son fils Vèli avec Moustapha-Pacha, gouverneur de Sentarri (Haute-Albanie), on ne doutait pas qu'il n'eût l'ambition de s'étendre encore de ce côté, et l'on n'était pas éloigné de lui attribuer l'intention de dépouiller son gendre d'un gouvernement héréditaire dans sa famille, et qu'il avait eu, étant encore mineur, sous l'administration d'un conseil.

Sultan-Mahmoud, qui n'ignorait pas la conduite et les vues ambitieuses du Pacha, résolut de châtier ce rebelle, et de rétablir enfin, dans cette partie de l'Empire, son autorité trop long-temps méconnue. L'expédition que l'on projeta, et qui fut préparée en secret, pouvait paraître un acte de témérité dans le moment où les Grecs étaient soulevés, et où l'on devait regarder Ali-Pacha comme un moyen puissant pour aider à les comprimer. Mais le Sultan avait sans doute des renseignemens plus exacts, et soupçonnait peut-être, si les preuves ne lui en étaient acquises, qu'Ali-Pacha pourrait devenir leur allié. Les dispositions qui avaient été ordonnées amenèrent devant Yanina des forces imposantes. Ali-Pacha, menacé dans le poste qu'il y avait fortifié avec assez de soin, et, d'un autre côté, engagé adroitement à entrer en négociation pour obtenir sa grâce, prit ce dernier parti, et périt victime d'un piége qu'il avait souvent évité. L'Albanie fut par sa mort délivrée de son oppresseur, la Porte d'un rebelle qui la bravait depuis trente ans, et le monde vit disparaître un monstre odieux par l'excès de ses cruautés. La tête du rebelle de Yanina, impatiemment attendue à Constantinople, y arriva le 23 février 1822 (1).

Redevenu maître de l'Albanie, le Grand-Seigneur y a placé sur tous les points des gouverneurs dévoués et soumis.

La Bosnie est sous l'autorité d'un Pacha qui réside à Trawnik. Cette province, régie par une constitution particulière, est divisée en capitaineries de cercles, dont les chefs, indépendans les uns des autres, se réunissent toujours pour la cause commune.

Le Pacha doit user de ménagemens envers eux pour en obtenir, outre les contributions auxquelles ils sont taxés, des contingens dont la destination est de concourir à la défense des frontières du pays. Le Pacha de Bosnie n'a pas cessé jusqu'à présent d'être soumis aux ordres de la Porte.

La Servie est restée parfaitement tranquille depuis 1821, malgré les tentatives faites plusieurs fois pour soulever le peuple de cette contrée.

Le Monte-Negro, en turc *Kara-Dagh* (le mont-noir), est habité par une peuplade chrétienne-grecque-

(1) Après avoir été présentée par le Sélihdar de Korschid-Pacha au Grand-Vizir et au Kiahya-Beï, elle fut portée au Grand-Seigneur. Placée immédiatement après au fond de la première cour du Sérail, elle y demeura pendant trois jours exposée aux regards du peuple. Au-dessus on lisait l'*yafta*, ou écriteau, espèce de jugement du condamné. *Voyez* la note V.

schismatique, établie dans les montagnes de la Haute-Albanie, près de Raguse et Cataro. Cette population, d'origine slave, et d'environ quarante mille ames, est gouvernée despotiquement par son évêque (*Vladika*), et a toujours conservé son indépendance. Elle se regarde comme protégée de la Russie.

La Romélie est gouvernée par un Pacha soumis à la Porte. Depuis vingt ans, cette partie de la Turquie européenne était déchirée par les dissensions intérieures qui y régnaient, et fatiguée par la guerre étrangère qu'elle avait à supporter; mais, depuis quelques années, elle n'est troublée par aucune révolte.

Widdin était commandée par Molla-Pacha, qui avait succédé à l'autorité du fameux rebelle Paswan-Oglou, dont il avait épousé la veuve. Maître de cette place, il l'aurait défendue courageusement contre les ennemis de la Porte, et avec la même fermeté contre son souverain, s'il avait convenu à Sa Hautesse de l'en faire sortir; mais trop habile pour vouloir compromettre ses armes, comme l'avait fait un de ses prédécesseurs, Sultan Mahmoud parvint à semer la division dans l'intérieur de la ville, à l'aide de firmans qu'il y fit pénétrer. Molla-Pacha, voyant son autorité ébranlée et son existence compromise, accepta la proposition qui lui fut faite, au nom du Grand-Seigneur, d'avoir la vie sauve et d'emmener, en toute sûreté, ses trésors et ses femmes. Il quitta Widdin qui, par ce moyen, rentra, sans coup férir, sous l'obéissance de la Porte.

En apprenant cette nouvelle, Ali-Pacha, ce farouche tyran de l'Épire, ne put s'empêcher de s'écrier : « C'était un eunuque, ce Vizir, un homme in-

« capable! je vous avais bien dit qu'il livrerait sa ville
« et sa tête. » Mais Molla-Pacha conserva sa vie et ses
richesses, et ce même Ali, cet astucieux Ali, dupe
pour la première fois, comme nous l'avons déjà dit,
de sa trop grande confiance, en devint la victime.

Les provinces de Valachie et de Moldavie étaient, à l'époque du traité de Bucharest, sous la dépendance de la Russie. Lorsqu'elles relèvent de la Porte, elles sont gouvernées par des Vaïvodes choisis parmi les premières familles grecques de Constantinople, dont les chefs ont déjà occupé ces principautés. Elles deviennent presque toujours la récompense des Drogmans de la Porte (1), en général membres de ces familles princières, pour les services qu'ils ont rendus dans ces places importantes. Les intrigues et les largesses des compétiteurs présidant au choix des ministres, ceux-ci présentaient au Grand-Seigneur les sujets qui avaient su captiver leurs suffrages. Ils résidaient ordinairement trois ans dans leurs principautés, et y faisaient, dans cet intervalle, des fortunes énormes. Lorsqu'ils étaient déposés, s'ils n'étaient pas envoyés en exil, ils retournaient à Constantinople, et y vivaient

(1) Les fonctions de Drogman de la Porte sont de traduire non-seulement les notes et pièces des ministres étrangers, mais toutes les nouvelles du dehors qui peuvent intéresser le gouvernement. Il assiste aux conférences de ces ministres avec le Reïs-Effendi, et sert d'interprète. C'est lui qui traduit leurs discours dans les audiences qu'ils obtiennent du Grand-Vizir et du Grand-Seigneur : connaissant les secrets de l'Etat, l'intervention des Drogmans dans les affaires politiques extérieures a été funeste à quelques uns d'entre eux. Dans les derniers temps, les Drogmans de la Porte pouvaient être regardés comme les chefs civils et les protecteurs de la nation grecque. Leur partialité à l'égard des Grecs, en ce qui concernait leurs rapports d'intérêts avec les Européens, n'était que trop réelle.

en simples particuliers, dans leurs maisons, sur les bords du Bosphore.

Depuis l'insurrection grecque, dont l'Hospodar de de Moldavie, Michel Suzzo, a été un des instigateurs les plus actifs, le gouvernement des deux principautés a été confié à des Boyards indigènes, désignés, par ces provinces, comme les plus capables d'administrer ce malheureux pays.

CHAPITRE VI.

Abolition de la Milice des Janissaires, et vues générales de Sultan-Mahmoud.

L'aperçu rapide que nous avons présenté dans le chapitre précédent des changemens opérés par Sultan-Mahmoud, offre la preuve incontestable des soins que ce prince avait mis à rétablir l'ordre dans toutes les parties de son empire, ordre sans cesse troublé, principalement par la mutinerie, les prétentions et l'insolence des Janissaires, de cette infanterie ottomane qui, dans l'origine, acquit un si grand lustre, mais qui avait ensuite tellement dégénéré qu'elle était devenue la plus méprisable de l'Europe.

Enfermé quelque temps dans le Sérail avec son cousin Sultan-Selim, depuis la déposition de ce prince, Mahmoud II savait tout ce qu'il avait à craindre des Janissaires, et avec quelle circonspection il devait agir pour ne point éveiller leurs soupçons. Les fautes et les conseils du malheureux Selim lui ont été utiles. Resté seul maître de l'Empire, il dut méditer, dès son avénement, la destruction de ce corps redoutable, depuis plus d'un siècle inutile à la défense de l'Etat, et ennemi de toute amélioration.

Sultan-Mahmoud a su allier une prudence consommée à l'activité et à la fermeté d'ame nécessaires pour opérer un pareil changement. Une continuelle surveillance et une grande sévérité avaient en attendant prévenu de nouvelles révoltes. L'ordre et l'autorité du souverain, long-temps méconnus, furent rétablis dans les provinces. Des hommes dévoués remplacèrent des rebelles ou des seigneurs terriers qui avaient accaparé, à vil prix, les revenus des plus belles provinces, et qui, quoique soumis en apparence, étaient les plus intéressés au maintien des abus.

Le Mufti qu'il nomma ne lui fut pas moins utile; c'était Durri-Zadé, digne héritier de la loyauté et de la fermeté qui caractérisent sa famille (1). Il avait représenté plusieurs fois aux Janissaires qu'ils ne devaient point prendre une contenance qui fût dans le cas d'alarmer la tranquillité publique. Ceux-ci, fatigués de ses instances, osèrent le menacer : « Vous « ignorez, leur dit le Mufti, que la Loi a aussi ses « guerriers et ses défenseurs? » Et dès ce moment, il permit aux *Softa* (2) de s'armer. Ce corps, attaché aux grandes mosquées de la capitale, est très-nombreux; il se montra partout dans Constantinople, formé en détachemens, qui continrent, par leur présence, cette milice arrogante trop habituée à dominer.

(1) *Voyez* sur le père de ce Mufti la fin du chapitre des *Incendies*.
(2) Nom tout à-fait altéré, donné aux étudians qui suivent les leçons des *muderris*. Le mot véritable est *soukhtè*, brûlé de l'*amour divin*; du mot persan *soukhten*, brûler.

CHAPITRE VI. 65

Aujourd'hui, le corps des Janissaires n'existe plus; l'anathème pèse même sur ce nom : il est défendu de le prononcer.

Cette salutaire révolution date du 16 juin 1826. On conçoit qu'elle ne put s'effectuer sans une grande résistance de la part des Janissaires, qui se constituèrent, suivant leur usage, en rébellion. Décidé à les exterminer, Sultan-Mahmoud prit une résolution à laquelle on n'a recours que dans les grands dangers de l'Etat. La sortie du sandjak-chérif, l'étendard sacré, fut déclarée nécessaire par un fetva du Mufti. Dès que cet étendard eut été remis par Sa Hautesse au Grand-Vizir, des crieurs publics se répandirent de tous côtés en proclamant l'ordre suivant :

« Que tout Musulman, que tout homme fidèle à la
« Foi et à la Religion, prenne les armes et se rende,
« sous le sandjak-chérif (1), à Sultan-Ahmed (2)! »

Aussitôt le Grand-Vizir, le Mufti, les Kadi-Asker, l'Istambol-Effendiçi et les Oulema se portèrent à l'At-Meïdani (place de l'Hippodrome), accompagnés d'une foule immense déjà en armes. Le camp impérial fut formé sur cette place, et les Ministres s'y établirent sous des tentes élevées à la hâte. L'appel, au nom de la loi musulmane, eut un effet si prompt, qu'on vit, de toutes parts se diriger vers le Sérail une multitude de bateaux chargés d'hommes en armes,

(1) Etendard d'étoffe de soie verte, qu'on prétend avoir été donné par Mahomet lui-même à ses soldats, et que l'on conserve avec un soin religieux dans le trésor de l'intérieur du Sérail. On ne le sort que pour aller à la guerre : sa vue inspire l'ardeur et la confiance aux troupes; et, en cas de revers, il devient leur point de ralliement.

(2) Mosquée à six minarets sur l'*At-Meïdani*. *Voir* la planche vii de l'Atlas.

5

tous dans un silence et un recueillement religieux.

Quand les préparatifs furent achevés, Sultan-Mahmoud voulut marcher en personne contre les révoltés ; mais on le conjura de rester au Sérail. Usant du droit que lui donnait le Khalifat, il frappa d'anathème l'Odjak des Janissaires, les déclarant apostats et impies, et les mettant ainsi hors la loi civile et religieuse.

On marcha aussitôt vers l'Et-Meïdani, place qui est devant les casernes des Janissaires (1), où ils s'étaient réunis autour de leurs marmites renversées, ce qui dans tous les temps fut le signal d'une révolte décidée. On fondit sur eux par diverses attaques ; le choc fut terrible ; et pendant cette lutte, le Grand-Seigneur ordonna qu'on mît le feu à ces immenses casernes, et défendit de l'éteindre : brulées ou dévastées, elles resteront en ruines comme un témoignage de malédiction et de juste vengeance.

Poursuivis de tous côtés avec acharnement, les Janissaires finirent par succomber ; il en périt plus de huit mille dans l'attaque, ou dans l'incendie des casernes, ou par jugement de la commission établie dans l'Hippodrome (2). On en renvoya depuis quinze mille dans leurs foyers. La journée du 16 juin assura le triomphe de Sultan-Mahmoud dans une entreprise qui lui avait paru si importante et si difficile,

(1) On leur y faisait la distribution de la viande. C'est à raison de sa position qu'avaient lieu, sur cette place, les rassemblemens des Janissaires, lors de leur révolte. L'*Et-Meïdani* est souvent confondu avec l'*At-Meïdani*, l'ancien cirque, en grec, l'*Hippodrome*.

(2) La plupart de ceux-ci étaient des chefs ou des hommes notés et inscrits depuis long-temps, pour avoir pris part à divers mouvemens séditieux.

que, depuis le succès qu'il a obtenu, il a pris le titre de *Fèthy* (vainqueur), et l'a ajouté à son chiffre, *Toura*, où l'on n'avait vu jusque là que celui d'*Adly* (juste), comme il existe sur les monnaies.

Ainsi s'accomplit, après dix ans de contrainte, de combinaisons et de soins, la menace que Sultan-Mahmoud avait faite aux Janissaires, lorsque la terrible sédition du 14 novembre 1808 étant à peine terminée, il avait cru devoir donner à cette milice une première marque de son mécontentement. Le 18, à la sollicitation des Oulema, une amnistie leur avait été accordée. Le 19, les Janissaires, accourus en foule pour accompagner le Grand-Seigneur à Sainte-Sophie où il allait se rendre pour la prière du Baïram, furent conduits au Sérail par le Seïmèn-Bachi, qui supplée dans ces occasions le Janissaire-Agha. Le Seïmèn s'étant incliné, selon l'étiquette, pour mettre les bottes à Sa Hautesse, elle le repoussa brusquement, et lui dit à haute voix, d'un ton ferme : « Agha, qu'al-
« lez-vous faire ? Ce serait plutôt à moi de vous ser-
« vir ; car aussi bien vous êtes des Souverains.....
« mais vous vous trompez beaucoup si vous pensez
« que je vous regarde comme tels..... La souve-
« raineté, dit le Koran, est à Dieu, qui la donne à
« qui lui plaît ; et tant qu'il jugera à propos de me
« laisser ce don que je tiens de lui, je le défendrai
« envers et contre quiconque osera manquer à la sou-
« mission que vous me devez tous tant que vous
« êtes..... » Le Seïmèn-Bachi, atterré par ces paroles, balbutiait aux genoux du Sultan ses instances respectueuses, suppliant Sa Hautesse d'être persuadée de l'obéissance que ses esclaves (en parlant des Ja-

nissaires) lui avaient formellement jurée : *Ils s'en souviendront!* reprit Sultan-Mahmoud, en se laissant botter et montant tout de suite à cheval.

Les nouvelles troupes que Sultan-Mahmoud a substituées à celles des Janissaires sont régulièrement organisées; elles portent le nom de *Muallem asakiri mensourèi muhammèdiè* (troupes réglées musulmanes aidées de Dieu). L'idée d'un pareil changement n'était pas récente. Reproduite par Sultan-Selim, sous le nom de Nizam-djèdid (nouvel ordre de choses), elle avait été adoptée par son oncle et prédécesseur Sultan-Abdul-Hamid (1). Cette innovation consistait à exercer et discipliner, à l'européenne, des guerriers musulmans, pour les opposer avec succès aux armées des puissances de l'Europe. Elle avait par conséquent pour but la défense de l'Etat et de la Religion, et elle était justifiée par l'expérience.

Avant l'événement qui, suivant le laconisme remarquable de la note officielle de la Porte aux Ministres étrangers, *avait produit mutation et inauguration de règne*, le Grand-Seigneur ne communiquait avec ses ministres que par écrit, et ne tenait Divan que tous les trois mois, au jour de la paie des Janissaires; et lorsqu'il devait donner audience à un ambassadeur ou envoyé d'une cour étrangère, le Mufti n'y assistait jamais.

Depuis la révolution du 16 juin, il préside le conseil des Oulema et des Ministres; et, chose sans

(1) Quelques personnes affirment que c'est M. Ainslié, ambassadeur d'Angleterre, qui donna, à Sultan-Abdul-Hamid, la première idée de cette création ; mais il est de notoriété publique que cette idée avait été antérieurement donnée à Sultan-Mustapha III, par M. le baron de Tott. (*Note communiquée par M. Ruffin.*)

exemple, ils s'asseyent devant Sa Hautesse pour délibérer sur tous les objets qu'on y traite : elle a exigé d'eux qu'ils ne se conformassent pas à l'usage contraire qui n'avait jamais été violé.

La restauration a été signalée par un changement digne de remarque : une partie des biens des grands de l'Empire, des *ridjal* (1), et autres employés du gouvernement condamnés à mort, était réversible à la Couronne; depuis la destruction des Janissaires, Sultan-Mahmoud a eu l'idée d'abolir même cette espèce de confiscation. Il a consulté à ce sujet les Oulema, qui ont émis une opinion favorable appuyée sur le texte du Koran et des lois civiles (*Chèry*). C'est d'après cette déclaration juridique, que le khatti-chèrif d'abolition a été prononcé et solennellement proclamé le 30 juin 1826. Depuis ce moment, le bureau des confiscations (Mukhallèfat-Kalèmi) n'existe plus.

Dès que Sultan-Mahmoud a pu se délivrer des entraves auxquelles l'assujétissait la forme du gouvernement des Osmanli, il a montré toute l'énergie d'un caractère trop long-temps comprimé par la réserve que lui imposait la profondeur de ses desseins, et ses ménagemens envers des usages consacrés. Le changement survenu depuis dans sa personne a frappé les esprits : « Jamais, écrivait-on officiellement de Cons-
« tantinople, le 27 juin 1826, et d'après le témoi-
« gnage de personnes qui voyaient journellement
« Sultan-Mahmoud, on n'avait remarqué tant de ré-
« solution, de fermeté, d'activité, de courage dans
« ce prince, que depuis les jours de crise que l'on

(1) Pluriel de *rèdjul*, homme, est employé pour *officiers de la Sublime-Porte*.

« vient de passer. Il pénètre tout ce qui l'entoure de
« l'enthousiasme qui l'anime lui-même; et si cela se
« soutient, on ne pourrait sans injustice lui refuser
« l'hommage dû aux souverains de la race ottomane
« qui ont acquis une grande renommée. »

Un fait non moins remarquable que celui de l'abolition des Janissaires, et qui prouve l'esprit régénérateur de Sultan-Mahmoud, c'est la publication faite, en 1820, avec son approbation spéciale, d'un ouvrage sur l'anatomie et la médecine, ayant un grand nombre de figures qui représentent le corps humain (1).

On lit dans le Koran : « Vous ne fabriquerez pas
« d'image de Dieu (2). »

« Il n'est jamais permis d'ouvrir un cadavre, quand
« même le mort aurait avalé la perle la plus pré-
« cieuse, et qui ne lui appartiendrait pas (3). »

Malgré ces interdictions qui servaient à entretenir les préjugés et les scrupules religieux contre toute imitation de figures humaines et les opérations d'anatomie, l'ouvrage dont nous avons parlé, mis sous les yeux de Sa Hautesse, obtint, par un khatti-humaïoun (caractère impérial) (4), non-seulement la

---

(1) L'ouvrage est intitulé : *Miroir des Corps dans l'Anatomie de l'Homme*, 1 vol. in-folio d'environ 300 pages, dont M. Bianchi, secrétaire interprète du Roi pour les langues orientales, a donné une analyse très-intéressante : *Cellot*, 1821. L'auteur de ce traité est Chani-Zadè, fils d'un *Hékim Bachi*, ou médecin en chef du gouvernement.

(2) Chapitre 2, verset 22.

(3) *Tableau de l'Empire ottoman*, par Mouradja-d'Ohsson.

(4) *Khatti-humaïoun* (caractère impérial), et *khatti-chérif* (noble caractère). Les Turcs appellent, de l'un et de l'autre nom, tout ce que le Grand-Seigneur écrit. Au-dessus de la signature de Sa Hautesse sont tracés les mots suivans : *Mudjibindjè amel olouna* (en conformité de ce, soit opéré).

permission d'être rendu public, mais la faveur d'être imprimé à l'imprimerie impériale (1).

Étroitement liés pour jouir des abus existans, le corps des Janissaires et la portion fanatique des Oulema, d'autant plus influente que les Oulema sont à la fois les ministres de la religion, de la loi et de la justice, contribuaient à étouffer toute instruction au nom d'une religion mal interprétée. C'est cet état de mort où l'empire des Osmanli était plongé depuis si long-temps, qui avait accrédité l'opinion que l'islamisme, ou la religion musulmane, opposait un obstacle invincible aux progrès des lumières. Les règnes brillans des Khalifes Ommiades et Abbassides, surtout celui du célèbre Haroun-Rachid, qui accueillit avec tant de bienveillance, et encouragea avec tant de succès les arts et les sciences dans le déclin de l'empire grec, détruisent suffisamment une pareille allégation.

(1) Voici comment l'auteur expose lui-même les motifs de ce rescrit impérial : « Sa Majesté notre seigneur ayant daigné, pendant plusieurs « jours, examiner et approfondir elle-même avec justesse et discerne- « ment toutes les vérités contenues dans le livre que j'avais déposé aux « pieds du trône, reconnut qu'indépendamment de la grande utilité « dont il pouvait être pour l'Empire ottoman (dont la durée est éter- « nelle) et pour les Musulmans, il n'avait encore été précédé d'aucun « genre d'ouvrage dont l'avantage pût lui être comparé, et que, comme « tel, il était digne d'être compté parmi les précieuses et innombrables « productions qui ont illustré son règne fortuné. Sa Majesté, d'après « tous ces motifs de bien en général, attacha dès lors la plus grande « importance à ce que l'ouvrage fût imprimé et publié sous ses auspices « suprêmes. Cette détermination vient à propos justifier ce précepte : « *les Rois sont inspirés.* »

(*Extrait de la* Notice *de* M. Bianchi, *pages* 10-11.)

CHAPITRE VII.

Du Khalifat. — Des Wehhabi. — Reprise des lieux saints sur ces sectaires. — Fêtes à Constantinople, en 1812, à ce sujet.

On sait que la Mèkke est le lieu de naissance de Mahomet; et que c'est là que se trouve la *Kiabè* ou *Kaaba* (maison carrée) que les Mahométans prétendent n'avoir été d'abord qu'une simple tente descendue du ciel en faveur d'Adam, pour lui désigner le local où Dieu voulait être adoré; avoir été ensuite bâtie en pierres par Seth, et enfin transformée en temple par Abraham. Cette Kiabè, consacrée par Mahomet lui-même, est aujourd'hui le sanctuaire du culte de tous les Musulmans, qui s'y rendent des trois parties du monde qu'ils habitent; et c'est vers ce sanctuaire qu'ils se tournent, partout où ils se trouvent, pour faire leurs prières.

Médine contient le tombeau de Mahomet et ceux de ses trois successeurs (Khalifes) Aboubekr, Omar et Othman. C'était le premier siége du khalifat, jusqu'au temps d'Ali, quatrième Khalife, qui le transféra à *Kouffa*: les Ommiades le portèrent à *Damas*, les Abbassides à *Bagdad*, les Fathimites au *Kaire*; mais la Mèkke et Médine n'en gardèrent pas moins leur premier titre de *Harèmeïni-Chèrifeïn*, les deux villes nobles et sacrées, et elles n'ont point cessé d'être visitées par tous les pélerins mahométans. Ce pélerinage est un des devoirs de précepte divin imposés à chacun d'eux. Les Khalifes des diverses dynasties dont nous avons parlé se croyaient eux-mêmes obligés de le remplir, au moins par représentation ; et le fameux Abbasside *Haroun-Rachid* le fit plusieurs fois en personne. Bajazet II, empereur ottoman, le fit aussi en 1451 ; et son fils Sultan-Selim I, après avoir défait et mis à mort le dernier roi des Mamelouks d'Egypte, s'étant fait appeler dans la prière publique, dite *Khouthbè*, pour la conservation du Sultan, le *Serviteur des deux Villes Nobles et Sacrées*, ses successeurs se glorifient depuis lors de ce titre que l'on voit consigné, dans tous leurs diplômes, à la tête de leurs pompeuses qualifications. Les empereurs turcs donnent aux ministres étrangers le titre de *Résident à notre auguste Porte, centre du Khalifat*. Ils se donnent à eux-mêmes le titre de *Maîtres des deux terres et des deux mers, dispensateurs de la justice entre les deux pôles, serviteurs des deux temples sacrés*, etc.

Médine signifie en arabe *ville*. Elle s'appelait anciennement *Yathreb*; mais les Arabes, devenus mahométans, la nommèrent la ville par excellence, comme les anciens Egyptiens appelaient Thèbes, *Thbaki* (la ville), comme les Romains disaient *Urbs* pour désigner Rome, et les Grecs du Bas-Empire *Polis*, pour désigner Constantinople. On voit en Espagne, pays si long-temps habité par les Maures, beaucoup de villes qui ont retenu le nom de Médine, telles que *Medina-Celi, Medina del Rio-Secco, Medina-Sidonia*, etc.

Médine est à dix journées de la Mekke, vers le septentrion.

Le pélerinage de la Mekke est de précepte divin ; mais suivant Chardin, celui de Médine n'est que de dévotion et n'est point commandé (1). Cependant *Mèhemmèd-Edib*, dans son *Guide des pélerins*, dit que les prières qu'on adresse à Dieu, dans le temple de cette ville, sont plus efficaces que celles qu'on fait dans les autres mosquées. Plus loin, le même auteur ajoute que les pélerins de la caravane, en allant à la Mekke, s'arrêtent quatre ou cinq jours à Médine, et qu'à leur retour de la Mekke, ils y passent encore quelques jours pour visiter le tombeau du Prophète (2).

La qualité de Khalife, c'est-à-dire de souverain Pontife de tous les Musulmans répandus sur le globe, cette éminente dignité qui rend le Grand-Seigneur dépositaire absolu du pouvoir spirituel sur eux, est devenue héréditaire dans la maison ottomane, depuis Selim I. Tous les peuples soumis à la couronne des Ottomans reconnaissent à leurs maîtres cette réunion des deux pouvoirs. On a vu ces princes très-jaloux d'en maintenir les droits dans toutes les occasions, et pour le gouvernement intérieur de leurs Etats et dans leurs intérêts politiques avec les puissances de l'Asie, et même de l'Europe. En 1774, date du traité de Kaïnardjik, Sultan-Abdul-Hamid, pressé par la Russie de stipuler l'indépendance des Khans de Crimée, mit en avant son titre de Khalife ; et en renonçant à la

---

(1) *Voyage de Chardin*, tome 4, page 177, in-4°.
(2) Extrait de la traduction du *Guide des Pélerins*, par M. Bianchi, dans le second volume des *Mémoires de la Société de Géographie*.

suzeraineté sur ces princes tartares, il se réserva le droit de leur investiture spirituelle. On sait aussi combien cette autorité spirituelle est une arme puissante dans les mains d'un Sultan ottoman, par les firmans d'anathème qu'il lance contre des sujets rebelles. D'après ces *Khatt* (écrits autographes) de proscription, celui qui en est l'objet, ne devant plus être regardé par les Croyans comme leur coreligionnaire, ceux-ci sont tenus de concourir de tous leurs moyens à sa destruction. Dans ce cas-là même, les femmes du proscrit s'éloignent de lui.

Parmi les rebelles qui, dans ces derniers temps, furent poursuivis par un *Khatti-Chérif*, on doit citer *Taïar-Pacha*, *Beïler-Beï* de Trébisonde. Il s'était révolté; Sultan-Selim lança un *Khatt* contre lui, et ordonna à *Tchapan-Oglou* et à *Kara-Osman-Oglou*, grands feudataires de l'Asie, voisins de Taïar-Pacha, de marcher contre lui. Il était à la tête de son armée lorsque ce *Khatt* arriva. Dès le soir même, son *Bach-Beuluk-Bachi* (chef de ses gardes) vint se jeter à ses pieds, et lui avouer que sa principale compagnie était résolue de déserter en masse pendant la nuit, attendu qu'aucun Musulman ne pouvait, en conscience, servir un excommunié; il ajouta que la populace devait donner l'assaut à son palais, pour le prendre et le livrer à Tchapan-Oglou. Pénétré du danger de sa position, Taïar-Pacha n'eut que le temps de s'embarquer pour s'enfuir et se retirer en pays étranger (1).

(1) C'est Taïar-Pacha, comme nous l'avons vu dans le chapitre Ier, qui conçut le projet de remettre Sultan-Selim sur le trône; projet qui aurait infailliblement réussi, sans l'incapacité du fameux *Baïraktar*.

Les Arabes, rigides généalogistes, qui s'approprient exclusivement à toute autre nation le Khalifat né chez eux, refusent d'y reconnaître le droit des Ottomans, Turcs Ogusais d'origine. Divers Chèrif ou nobles arabes indépendans, et entre autres l'Imam de Mascate et l'Empereur de Maroc, se prétendent Khalifes Fathimites, ou descendans de Fathmé, fille de Mahomet et femme d'Ali. Les Persans, qui mettent Ali au même niveau que le Prophète, ne reconnaissent de Khalifat que dans les descendans de ce gendre de Mahomet, comme issus d'Imam-Huçeïn, tué dans la journée de *Kerbela;* car *Imam Haçan* son aîné, avait péri antérieurement, à Médine, victime d'un empoisonnement qu'on crut devoir attribuer à l'une des femmes de Mahomet (1).

Mais si le Khalifat donne une haute juridiction spirituelle aux Sultans ottomans, elle oblige, de leur côté, ces souverains de défendre le berceau de la religion contre toute entreprise de novateurs ou d'infidèles. On n'ignore pas que l'approche de la Mèkke et de Médine est sévèrement interdite à quiconque ne professe pas l'islamisme; et l'on sait jusqu'à quels excès le fanatisme mahométan est poussé sur ce point. De quel œil ce peuple, naturellement inquiet et exigeant, devait-il voir les lieux saints envahis par une secte qui a menacé un moment de détruire l'islamisme et de bouleverser l'Orient? Pouvait-il le souffrir sans murmurer contre le souverain qui n'était pas assez fort ou assez puissant pour expulser les Wehhabi du sanctuaire de la foi, et en rouvrir le chemin aux fidèles qui ne pouvaient plus s'y rendre?

(1) *Voir* Chardin.

CHAPITRE VII.

Le Wehhabisme a pris naissance dans le *Nèdjèd* (1), vaste province placée à peu près au centre de la grande péninsule de l'Arabie, d'où sortit, dans les premiers siècles du mahométisme, cette immense population d'Arabes qui envahit successivement les plus belles parties de l'Asie et de l'Afrique. Il a eu pour fondateur *Abdel-Wehhab-ibni-Suleïman*, de la tribu *Famin*, dans le *Nèdjèd*. Ce novateur établit d'abord sourdement sa nouvelle doctrine. Mais son fils *Muhammed*, pressé de la faire adopter, la professa publiquement à Bassora et à Zobeïr. Chassé de ces deux endroits à cause de ses principes, il prit le parti de se réfugier à *Elaïanè*, dans le voisinage de *Rèhèmèd*, lieu de sa naissance, et près de *Derr-iè*. A *Elaïanè*, il s'insinua dans la famille d'*Ibni-Sèoud*, et puis fit alliance avec ce dernier à *Derr-iè*.

Ibni-Sèoud, de la tribu *Anèzeis Nèdjèdi* (1) et prince de *Derr-iè*, se déclara le chef de la nouvelle doctrine; il en accorda l'autorité spirituelle à *Muhammed*, comme l'ayant proclamée, et se réserva l'autorité temporelle qui, en secondant son ambition, devait accroître sa puissance et ses richesses.

Les tribus du pays d'*Elarèd*, et du *Lahsa*, furent le noyau des Wehhabi soumis à *Ibni-Sèoud*. Sous son fils *Abdel-Aziz*, une grande partie des tribus du désert d'Arabie avait embrassé le wehhabisme. A la

---

(1) Le *Nèdjèd*, ou pays des *Nèdjèdi*, est une vaste province divisée en deux grands districts, *Elarèd* et *Elkherdje*, subdivisés à leur tour en plusieurs cantons renfermant diverses tribus. *Derr-iè* est dans le Elarèd.

(2) *Nèdjèdi* est un mot générique qui désigne tous les habitans de la province de *Nèdjèd*; comme les mots *Kurdes* et *Syriens* désignent tous ceux du Kurdistan et de la Syrie.

mort d'*Abdel-Aziz*, son fils *Sèoud*, petit-fils d'*Ibni-Sèoud*, lui succéda.

Les Wehhabi, comme les novateurs de tous les pays et de tous les siècles, s'érigèrent en censeurs sévères des abus introduits, disaient-ils, dans le dogme et la pratique de la religion, par le laps du temps qui mine et détruit tout, par le mouvement perpétuel des passions humaines, par la tendance de l'autorité souveraine vers le despotisme, et surtout par l'ambition et la cupidité des Oulema qui, sous le prétexte plausible d'opposer à l'extension de ce pouvoir les digues de la Loi et de la Foi, dont ils se prétendent les dépositaires, ont inventé un mode de culte surchargé de superstitions étrangères à l'une et à l'autre. Aussi ce culte fut-il le premier point d'attaque des réformateurs qui voulurent ramener la croyance à la foi primitive. Les nouveaux principes n'admettaient que le Koran pur et simple, s'en tenant à la lettre de la loi, sans aucun commentaire, rejettant toute tradition, et regardant comme un crime tout ce qui peut établir la supériorité de nature de quelque créature que ce soit sur une autre; ils traitaient en conséquence les *Sunni* (1) de polythéistes (2), pour oser dire que Mahomet avait été créé d'une nature supérieure, et ne leur accordaient aucune grace, tandis qu'ils toléraient les autres religions, en en excluant néanmoins tout exercice public. Les tom-

(1) *Sunni* (orthodoxes) : ce sont les sectateurs d'Omar, l'un des successeurs de Mahomet ; ils se regardent comme les seuls orthodoxes ; les Turcs sont dans ce cas. Les *Sunni* sont opposés aux *Chiïa* ou *purs*, qui ne reconnaissent, pour successeur légitime du Prophète, qu'Ali, gendre de Mahomet, par sa fille *Fathmé* : les Persans sont de la secte des *Chiïa*.

(2) *Muchrikin* : c. à d. ceux qui donnent des compagnons à Dieu.

beaux, les mausolées, toutes ces marques de distinction y étaient détruites. Ils n'avaient dévié de ce principe qu'à l'égard du *Kiabè*, que la politique avait dû conserver pour ne pas blesser l'esprit des Arabes wehhabi eux-mêmes. Ils avaient retranché de la profession de foi des Musulmans, *Mahomet est son prophète*. Nulle autre dignité n'existait que celle de Prince et de Mufti; et ils se traitaient tous de frères. Ces novateurs avaient supprimé dans leurs mosquées les ornemens intérieurs et les minarets. Ils avaient même réclamé la destruction totale des mosquées, voulant s'en tenir pour le culte de Dieu aux usages de leurs ancêtres : aussi, pour satisfaire à l'ancienne coutume des Arabes, les chefs de cette secte se rendaient avec le peuple en grande solennité, dans le désert, aux fêtes du Ramazan et du Baïram, pour y invoquer l'Eternel.

Telles furent les premières bases du Wehhabisme. Prêché dans les déserts de l'Arabie à des nomades, il y fit les progrès les plus rapides, et Abdel-Aziz, se vit bientôt à la tête de troupes innombrables d'hommes habitués au sang, au pillage; propres en outre à supporter les fatigues, les privations de toute espèce, et à mépriser les dangers et la mort. L'idée d'une réformation, l'espoir de la palme du martyre, s'ils mouraient en combattant pour la foi, et celui d'une vie plus aisée, plus commode, s'ils survivaient à leurs travaux, étaient bien capables entre les mains d'un chef habile d'exalter le fanatisme de ces mêmes hommes, de leur inspirer l'ardeur des conquêtes, et de leur en faire suivre les projets avec constance et dévouement.

Abdel-Aziz, pour exécuter son entreprise, était

en outre favorisé par la situation de son pays, se trouvant établi à Derr-ïè (1), lieu jugé jusque là inaccessible, protégé à une très-grande distance par des dunes très-élévées de sables mouvans qu'on appelle *noufond*, où on ne trouve que des puits peu abondans et qui souvent sont à sec. Derr-ïe, autrefois la capitale du district *d'Elarèd*, l'est aujourd'hui de la province du *Nèdjèd*, ou pays des *Nèdjèdi* : elle était aussi le point d'appui des Wehhabi et leur centre de réunion. Placés entre le golfe Persique et la mer Rouge, ils pouvaient intercepter les caravanes qui partent de Bagdad et de Damas pour se rendre à la Mèkke, et faire des excursions vers l'Euphrate et la Syrie. Mais pour pouvoir assurer leurs communications avec le Golfe Persique, Abdel-Aziz, s'empara de *Lahsa* (2), qui, sous Sèoud son successeur, était devenue une seconde capitale qu'il avait fortifiée. Il se trouvait par ce moyen rapproché des Wehhabi de la baie d'*Elkatif*, et des autres sectaires du voisinage qui lui étaient entièrement dévoués, et qui lui fournissaient tous les moyens de subsistance ; car la disette afflige souvent la province du Nèdjèd, et elle s'y fait sentir toutes les fois qu'il n'y pleut pas en hiver.

En 1795, la Porte avait ordonné au Pacha de Bagdad de marcher contre Abdel-Aziz. L'expédition projetée dès lors par ce Pacha, contre la ville de *Lahsa*, ne fut rendue à sa destination qu'au mois de janvier 1798, et n'eut qu'un succès incomplet.

(1) On compte onze journées de caravane de Bassora à Derr-ïè.
(2) *Lahsa* est à neuf journées sud de Bassora, et à quatre journées d'*Elkatif* : autrefois le Grand-Seigneur envoyait des Pachas à *Lahsa*. Cette ville était la possession des *Bèni-Khalid* ; ils en occupent aujourd'hui les environs.

CHAPITRE VII.

En 1799, les Wehhabi s'étaient avancés jusqu'au littoral occidental du Golfe Persique.

En 1800, quarante Wehhabi ayant été tués à *Imam-Ali* (1), Abdel-Aziz envoya son fils Sèoud qui, le 20 avril 1802, massacra dans *Imam-Huçeïn* (2) tous les hommes qui s'y trouvaient, emporta les immenses trésors que la piété des Chiïa y avait accumulés depuis des siècles, et emmena tous les esclaves. De ce nombre furent la femme et la fille d'un *bakkal* (3) nommé *Dervich* (4). Cette femme étant négresse, les Wehhabi l'avaient crue esclave. Dervich, pour se venger, feignit d'embrasser le Wehhabisme, et s'introduisit auprès d'Abdel-Aziz, qu'il poignarda le 12 novembre 1803.

Cependant après l'expédition d'Imam-Huçeïn, Sèoud avait été envoyé par son père contre la Mèkke, et s'en était emparé le 3 ou 4 d'avril; mais il avait échoué devant *Djedda* et *Médine*. Néanmoins, Mé-

(1) *Imam-Ali* renferme le tombeau d'*Ali*, gendre de Mahomet. C'est un lieu de dévotion particulière pour les Mahométans de toutes les sectes : Turcs, Persans, Euzbeks, Afghans, Indiens, etc., s'y rendent en pélerinage. Les libéralités des souverains et la dévotion des peuples avaient accumulé dans Imam-Ali une grande quantité d'objets précieux, qui avaient excité la cupidité des Wehhabi, et déterminé leurs tentatives sur cette ville. Imam-Ali est à neuf ou dix lieues d'Imam-Huçeïn, dans une plaine aride et entièrement stérile ; les villages des bords de l'Euphrate fournissent à la subsistance de ses habitans.

(2) *Imam-Huçeïn*, à l'ouest-nord-ouest de *Hilla*, et à quatre lieues environ de l'Euphrate, ville de 7 à 8,000 ames, a été bâtie dans la plaine de *Kerbela*, à l'endroit même où *Huçein*, fils d'Ali, appelé de Médine par les habitans de *Kouffa* pour venir prendre les rênes du pontificat, fut assassiné par ordre du Khalife *Yèzid*: ce lieu révéré par les Chiïa renfermait des richesses immenses qui devinrent la proie des Wehhabi.

(3) Marchand épicier.

(4) Ce n'était point un Derviche comme on le dit alors.

dine succomba depuis en mars 1805. En 1806, Djedda subit le même sort.

Sèoud, après avoir succédé à son père, vit ses troupes faire des efforts inutiles pour s'emparer de *Zobeïr* (1) et de *Bassora;* cette dernière ville fut constamment protégée par les Arabes de *Zobeïr* et la tribu puissante des *Montèfik* (2). Le Pacha de Bagdad payait, pour défendre cette ville importante, vingt-huit mille piastres par mois à *Ahmoud-Ibni-Thamas*, Cheïkh des Montèfik.

En 1804, 1805, et 1806, la caravane des pélerins avait été singulièrement inquiétée, et Sèoud finit par lui interdire la visite des lieux saints, à moins qu'elle ne se mît sous sa conduite.

La Porte, effrayée du débordement de ce torrent dans ses provinces, mais hors d'état d'en arrêter le cours, au lieu de suivre sa routine de temporisation, fulmina des décrets d'anathème et de proscription contre les Wehhabi. Ceux-ci parvenus à y résister impunément, et ayant acquis la certitude de leurs propres forces, se saisirent de l'offensive : c'est en Syrie qu'ils déployèrent entièrement l'étendard de la révolte contre le Grand-Seigneur, et qu'ils secouèrent son autocratie.

(1) L'ancienne Bassora; elle est habitée par des Arabes *nèdjèdi*. Sèoud avait envoyé contre cette ville un détachement de *mardoupha* : on appelle ainsi un chameau portant deux hommes armés.

(2) Les *Montèfik* sont établis depuis *Sammaouat*, sur l'Euphrate, jusque vers le Golfe Persique. Le chef-lieu de cette tribu est *Soïk-el-Chuïoukh* (marché ou réunion des Cheïkh). Les *Montèfik* ont sous leur dépendance toutes les tribus du *Djèzaïr*, pays compris entre le *Chât-el-Haï*, l'Euphrate et le Tigre. Le *Chât-el-Haï* est un large canal dérivé du Tigre vers l'Euphrate. Les *Montèfik* croyant que Bassora est une de leurs propriétés, en ont souvent disputé la possession au Pacha de Bagdad.

Voici la proclamation que le général des Wehhabi, un des lieutenans de Séoud, fit au commencement de 1808, aux Aïan de Damas; elle donnera une idée du style laconique et tranchant de ces sectaires sur la religion (1) : ce général était, quelques mois auparavant, au service de *Ghendj-Youçouf,* Pacha de Damas, dont on le vit brusquement s'éloigner.

« Au nom de Dieu compatissant, miséricordieux !
« de la part de l'élite des tribus, à tels et tels notables
« de Damas :

« Certes, la foi de l'Islamisme est Dieu et son pro-
« phète ; voilà ce qui distingue le vrai croyant de l'in-
« fidèle.

« Or, ceux qui vous commandent et vous gouver-
« nent, n'ont rien autre en eux que dépravation, cor-
« ruption et injustice mondaine.

« Voyez nous, qui vous conseillons de revenir à
« la foi de l'Islamisme. Nous venons dans la province
« de Damas avec des troupes de vrais croyans, et
« quiconque parmi vous désire l'Islamisme, n'aura
« qu'à nous écrire une lettre.

« Nous lui donnerons sa possession, et il sera
« maintenu dans ce qu'elle contient.

« Nous vous notifions que nous sommes heureuse-
« ment arrivés, et que nous parviendrons jusqu'à vous
« avec des troupes nombreuses, s'il plaît à Dieu, pour
« faire une guerre sacrée.

« Nous vous prévenons que quiconque n'aura pas

---

(1) Cette proclamation fut envoyée le 22 mars 1808 à Constantinople, par le consul de France à Tripoli-de-Syrie : elle a été traduite de l'arabe par M. Ruffin, de qui nous la tenons.

« fait parvenir un écrit, n'aura plus rien de ce qu'il
« avait, et ne sera point reconnu par nous.

« S'il plaît à Dieu, nous vous atteindrons dans la
« lune des sacrifices des vrais fidèles (*au Kourban*
« *Baïrami*).

« Nous vous le répétons, et nous vous invitons à
« revenir à la vraie foi. Notre état et le vôtre seront
« égaux. Salut. »

Le schisme une fois déclaré, les Wehhabi égorgeaient impitoyablement les Musulmans qui avaient le malheur de tomber dans leurs mains. Ceux d'entre eux qui se convertissaient au Wehhabisme pour éviter la mort, commençaient par abjurer leur première croyance; ils devaient déclarer qu'ils avaient été dans l'erreur, et que leurs pères étaient morts infidèles. Abdel-Aziz, père de Sèoud, avait introduit d'après le Koran, deux classes parmi ses sujets; les uns, devenus Wehhabi volontairement, conservaient la propriété de leurs biens; les autres, n'ayant obéi que par force, en étaient dépouillés: les Turcs, dans leurs conquêtes, en ont usé de même envers les peuples qu'ils ont subjugués.

L'histoire ottomane signale presqu'à chaque règne l'apparition dans l'Empire de fameux hérésiarques. Mais ces fléaux passagers cédaient bientôt à l'active lenteur du gouvernement turc, qui savait temporiser sans négligence, divisait insensiblement d'intérêt et d'opinion les sectaires même entre eux, leur opposait les peuplades voisines, et finissait par tout faire rentrer dans l'ordre sous sa légitime autorité.

Ces principes étaient depuis long-temps méconnus de la Porte; le gouvernement ottoman, livré à des troubles intérieurs et à des guerres malheureuses, avait beaucoup perdu de son énergie. Mais après la paix de Bucharest, Sultan-Mahmoud ayant résolu d'exterminer les rebellés de son empire, de relever la gloire de son trône et de se rétablir dans l'exercice du Khalifat, chargea *Mehèmmed-Ali*, Pacha d'Egypte, de reprendre les lieux saints sur les Wehhabi. Ce Pacha, par la vigueur de son gouvernement, s'était ménagé de grands moyens d'exécution. Persuadé néanmoins qu'il lui serait difficile de réunir des forces suffisantes pour réduire ces sectaires, il suivit les voies de corruption, presque toujours sûres dans le Levant. Certain du succès de ces moyens, il fit partir un corps de troupes, en deux colonnes, sous les ordres de *Tossoum-Pacha*, un de ses fils; elles devaient se réunir à Yambo, port de la côte arabique de la Mer Rouge, pour marcher ensuite sur Médine : l'infanterie prit la route de Suez, où elle s'embarqua, et la cavalerie suivit celle du désert.

Une partie des Wehhabi qui occupaient les environs de Médine se rangea sous les drapeaux de Tossoum-Pacha, et ce fut par cette défection qu'on put occuper, sans coup férir, l'importante position de *Soffra-el-Djudeïda* (1), d'où s'ensuivit la prise de Médine. L'expédition contre l'autre ville sainte se réunit sur la même côte Arabique, au port de Gedda, qui n'est qu'à deux journées de la Mèkke.

A peine le Pacha d'Egypte se vit-il en possession de Médine, qu'il s'empressa d'en envoyer les clés à Constantinople, sans attendre même la reddition de la Mèkke, qui n'eut lieu que quelques mois après.

(1) *Soffra* est à trois journées de Médine : en 1811, Tossoum-Pacha y fut battu complétement par les Wehhabi.

Le 30 janvier 1813, à la pointe du jour, des salves d'artillerie de Top-Khana et du Sérail annoncèrent au public l'agréable nouvelle de l'arrivée de ces clés. Malgré le froid qui était très-vif, et une neige assez abondante, cette solennité extraordinaire mit tout le monde en mouvement; on se transporta dans le faubourg d'*Eïoub* où devait passer le cortége du commissaire envoyé par le gouverneur de l'Egypte. Vers midi, le Grand-Seigneur, accompagné de sa Cour, des Ministres et des principaux Oulema, se rendit à la mosquée d'*Eïoub*, qu'on sait être en grande vénération; il y fit la prière, et on lui présenta les clés. Immédiatement après, elles furent portées, en grand cortége, au Sérail, et déposées, au bruit du canon, dans l'endroit où l'on garde les reliques du Prophète. Le Kyzlar-Aghaçi (Grand Eunuque noir), en sa qualité d'Intendant des deux Villes Saintes, dirigeait la solennité. Le lendemain, le commissaire du Gouverneur de l'Egypte fut présenté au Caïmacam, et revêtu, ainsi qu'un autre envoyé de Mehèmmed-Ali-Pacha, d'une pelisse de martre zibeline.

Les Tartares qui avaient apporté la première nouvelle de la prise de Médine reçurent des brevets de pension à vie. La fête fut continuée pendant sept jours par le peuple; et l'on tira le matin, à midi et le soir tous les canons des batteries.

L'arrivée des clés de la Mèkke, le premier mai suivant, donna lieu à de plus grandes solennités; la prise de cette autre ville sainte complétait effectivement les succès de Mehèmmed-Ali-Pacha. Ismaël-Beï, le plus jeune de ses fils, chargé, de la part de son père, de porter au Grand-Seigneur les clés de la ville de la Mèkke, arriva le premier mai à Daoud-Pacha, distant de trois heures de Constantinople. Le Grand-Seigneur se rendit incognito dans cet endroit, et y reçut dans un kiosk le fils de ce vizir. Il l'entretint pendant deux heures de tout ce qui avait rapport à cette expédition, et aux résultats qu'elle avait eus. En le congédiant, Sa Hautesse lui fit remettre un poignard enrichi de diamans, d'une grande valeur, et le fit revêtir d'une pelisse d'honneur de martre zibeline : on fixa au lendemain la cérémonie de la présentation des clés.

Le 2 mai, le Mufti et tout le corps des Oulema, le Caïmacam et les ministres de la Porte, le Capitan-Pacha, le Seïmèn-Bachi, ainsi que les autres généraux et officiers militaires et civils, les Kapidji-Bachi, Ridjal, et autres grands employés de la Cour et de la Porte, ayant à leur tête le Kyzlar-Aghaçi, le Kapou-Aghaçi, et tous les autres eunuques noirs et blancs du Sérail, se rendirent en grande cérémonie à la mosquée d'Eïoub, où ils attendirent Ismaël-Beï. Celui-ci y vint en grand cortége, et présenta les clés de la ville sainte de la Mèkke aux chefs de la religion, du gouvernement et du Sérail : le Mufti adressa de vives actions de grâces à l'Eternel, qui avait voulu que ceux qui s'étaient permis de souiller le temple d'Abraham fussent chassés de l'enceinte de la ville sacrée, qu'elle rentrât sous la domination du Khalife, et que les vrais croyans pussent y aller porter leurs hommages et leurs offrandes.

On disposa ensuite la marche vers le Sérail. Les clés furent mises dans un plat d'argent, et couvertes d'une riche étoffe. Ce plat était porté par le Kiahya-

Beï (ministre de l'Intérieur), qui le tenait élevé entre ses mains, et l'offrait aux respects de l'immense population bordant toutes les rues, et remplissant les balcons et les fenêtres des maisons depuis Eïoub jusqu'au Sérail. Pendant cette marche, le canon des diverses batteries et de la flotte fit retentir l'air de ces marques de la joie publique. Arrivés au Sérail, et aux approches de la salle du trône, le Grand-Seigneur alla au-devant des clés, qui furent présentées à Sa Hautesse par le Mufti. Elle les prit de ses mains; et rentrée dans la salle, elle monta sur son trône, et les plaça elle-même sur un carreau de velours brodé en or et en perles. Le Grand-Seigneur reçut ensuite les hommages et les félicitations du Mufti, du Caïmacam, du Capitan-Pacha et de tous les autres dignitaires de l'Empire.

La cérémonie qui eut lieu en cette occasion est la même que celle qui dut se pratiquer il y a trois cents ans, lorsque le fils du Chérif de la Mèkke porta les clés de cette ville, en 1517, à Sultan-Selim I, et le reconnut possesseur des Villes Saintes, et en cette qualité, Khalife ou vicaire sur la terre du prophète Mahomet.

A la suite d'Ismaël-Beï était un Cheïkh arabe fait prisonnier par Tossoum-Pacha; il suivait le triomphe du frère du conquérant de la Mèkke. Après la présentation des clés au Grand-Seigneur, ce Cheïkh fut mené à la porte des jardins du Sérail, et il eut la tête tranchée (1). En 1819, cinq ans après

(1) Sa tête, comme sectaire, était éloignée de son corps; on place la tête des vrais croyans près du corps, où elle est retenue par le bras droit, et celle des *ghiaour* (infidèles), par mépris, derrière les fesses.

CHAPITRE VII.

mon départ de Constantinople, Abdallah-Ebn-Sèoud, chef des Wehhabi, subit le même sort dans cette ville (1). Le corps du Cheïkh dont nous avons parlé resta exposé à l'endroit de son supplice, et on lisait sur sa poitrine une sentence dont voici la traduction :

« Tel a été le sort d'*Ibn-Mèzan*, Arabe *hardji*,
« Cheïkh de Derr-ïè, fait prisonnier et envoyé ici
« par Tossoum-Pacha, fils de Son Excellence le
« Gouverneur actuel de l'Egypte.

« De la tribu des Arabes nomades, dits hardji, il
« était depuis très-long-temps parvenu au comble de
« l'insolence et de la révolte. Il accablait de tourmens
« et de marques de mépris dans la ville de Médine,
« resplendissante de lumière, les *Ansar*, les *Mu-*
« *hadjirin* et les *Mudjavirin* (2).

« Il se faisait une vaine gloire de mettre à mort
« les vrais croyans et les unitaires (3), et il avait
« fermé le chemin du pélerinage de la Mèkke, en
« séduisant et en entraînant dans son parti, nombre
« de Cheïkh arabes. Il a tenu une conduite contraire
« à la volonté suprême ; il a servi de tous ses moyens

---

(1) *Histoire de l'Egypte*, par Mengin, tome 2, page 144.

(2) Ces trois mots arabes sont consacrés à ces dénominations :

Le mot *ansar* est donné aux Médinois, comme descendans de ceux qui prêtèrent secours à Mahomet lors de sa fuite. Racine : *nasr*, aider.

Le mot *muhadjirin*, aux Musulmans qui accompagnèrent Mahomet ; il est conséquemment attribué à leurs descendans. La racine est *hèdjarè* (fuite), hégire.

Le mot *mudjavirin* est donné à des personnes pieuses qui, désirant ne pas s'éloigner des lieux saints, ont fixé par ce motif leur séjour à la Mèkke. La racine est *djar*, voisin.

(3) Le mot *unitaires* est ici opposé aux Chrétiens, que les Musulmans prétendent être *polythéistes*, parce qu'ils reconnaissent la Trinité.

« sa tribu, et il a osé commettre mille trahisons con-
« tre la religion et la Sublime Porte Ottomane. »

Les fêtes en l'honneur de la reprise de la Mèkke se succédèrent pendant sept jours. Les batteries du Sérail, celles de Constantinople et du Bosphore tirèrent des salves le matin, à midi et le soir, comme pour la prise de Médine, et le Grand-Seigneur sortit chaque jour pour faire *Binich* (1).

Abdel-Aziz, ce fameux chef des Wehhabi, suivait les principes de l'égalité; il ne voulait pas qu'on se levât pour lui, ni qu'on le saluât avec des marques d'humilité. Mais en réunissant par la crainte qu'il inspirait, ou par l'espoir d'une meilleure fortune, les différentes tribus nomades qui se trouvent disséminées dans l'Arabie déserte, il avait successivement soumis à sa domination cette contrée, la souveraineté de Mascatte, les côtes du Golfe Persique, et les îles de *Bahreïn* qui sont dans ce golfe. Toutes ces tribus n'étaient pas sincèrement attachées au Wehhabisme. Celles qui vivaient dans la région de l'est éprouvaient les mêmes sentimens; elles avaient en effet beaucoup perdu par le nouvel ordre de choses. Lorsque, avant l'occupation des lieux saints par ces sectaires, il se formait tous les ans une caravane de pèlerins pour la Mèkke, que le Grand-Seigneur expédiait de Constantinople à Damas, et qui partait de cette ville pour sa destination, sous l'escorte d'un pacha à trois queues, tous les chefs de

---

(1) *Binich*, divertissement que se donne quelquefois le Grand-Seigneur en allant en pompe passer la journée dans un des endroits agréables qui sont aux environs de Constantinople. Ce mot vient de *binmàk*, monter soit à cheval, soit en bateau pour aller se promener.

ces tribus arabes recevaient des *groups* d'argent (*sourrè*), sorte de tribut qui avait été établi pour se les rendre favorables. Indépendamment de ce revenu annuel, ils gagnaient encore beaucoup en louant leurs chameaux pour le transport des bagages de cette caravane, et des marchandises d'importation et d'exportation du commerce qui se faisait dans le temps du pélerinage. Un grand nombre de familles des *Aïni-Sa'ed* (1) avaient déjà déserté le parti de Sèoud à l'époque de ses tentatives infructueuses sur Médine. D'autres tribus s'étaient éloignées de lui à raison de son luxe, de son avarice et de son despotisme arbitraire. Sèoud ayant voulu détourner à son profit la pêche des perles, les *Bèni-Ateub* des îles de *Bahreïn* qui sont en possession de cette pêche, se révoltèrent à la fin de 1810, et retournèrent à la foi de leurs pères. Les Bèni-Ateub de *Koët* (2), qui avaient suivi ceux de Bahreïn dans leur apostasie, et ceux de Zibara (3) qui les avaient précédés, les imitèrent aussi dans leur retour; de sorte qu'il n'y eut plus, sur toute la rive occidentale du Golfe Persique, que les *Djèvassim* (4) et les habitans de la

(1) Tribu d'Arabes campée entre Alep et Hama sur l'Euphrate.

(2) *Koët* ou *Grain*, sur le Golfe Persique; petite ville avec un bon port: elle a de l'eau abondante. Les Bèni-Ateub qui y demeurent font un commerce très-étendu avec l'Inde, l'Arabie, Alep et Bagdad. Les Européens l'appellent *Grain*, mais les Arabes ne la connaissent que sous le nom de *Koët*.

(3) *Zibara*, petite ville sur le Golfe Persique, vis-à-vis de Bahreïn, donne son nom à tout le district de ce nom : elle est aussi habitée par des Ateub.

(4) A *Raz-el-Kimè*, situé beaucoup au midi des îles de Bahreïn, il y a le long de la côte, au-dessous et au-dessus de ce bourg, des Djèvassim disséminés sur une espèce de pré de deux jours d'étendue, comprenant diverses tribus.

baie d'*Elkatif* (1) qui fussent restés fidèles au Wehhabisme. Ce sont des pirates qui ne vivent que de brigandage; et peut-être que ce métier, si nécessaire à leur existence, les avait retenus dans leur attachement à la croyance d'Abdel-Wehhab.

L'austérité d'Abdel-Aziz, son exemple, sa justice, avaient contenu ses peuples dans le devoir. La conduite de Sèoud gâta l'ouvrage de son père, et le Wehhabisme n'alla qu'en déclinant. Livré à des favoris, le caprice et la faiblesse de Sèoud rendirent ce prince cruel, sanguinaire, et firent naître l'envie, la haine et les divisions parmi les sectaires et dans sa propre famille. Tout était donc préparé pour que l'adroite corruption employée par le Pacha d'Égypte produisît son effet sur ces hommes de l'Orient, dont l'intérêt et la cupidité sont les premiers mobiles. Ainsi le Wehhabisme qui avait fixé, surtout pendant quelques années, l'attention du monde politique, donné les plus vives inquiétudes à la Porte, et semblé menacer l'Islamisme (2) d'une subversion totale, n'a été dans cette époque qu'un épouvantail et pour la Cour ottomane et pour l'Orient. Malgré ces vicissitudes, on ne peut contester l'influence dont les Wehhabi ont joui pendant quelque temps. Ils ont étonné l'Asie et l'Europe par leurs conquêtes. Mais un autre Abdel-Aziz peut leur rendre ces momens de puissance et de gloire; et avec un peu plus de

(1) *Elkatif*, sur le Golfe Persique, au nord des îles de Bahreïn.

(2) Dans l'acception des Mahométans, le mot *Islamisme* ne signifie pas seulement la religion de Mahomet, mais toute religion enseignée par les vrais prophètes, jusqu'à l'instant où, par la mission d'un autre prophète, cette religion a cessé d'être la bonne. *Islam* signifie la vraie foi, et *Ehli-Islam*, vrai-croyant.

conduite, et un peu moins d'ignorance de quelques parties de l'art de la guerre, amener des résultats de la plus haute importance.

CHAPITRE VIII.
Des Derviches.

A peine l'Islamisme eut-il pris racine dans l'Orient, qu'il s'y insinua des ordres religieux connus sous le nom de *Derviches*. On les a comparés à nos moines; mais ils n'ont avec eux qu'une ressemblance apparente, comme il sera facile d'en juger.

Pendant les trois premiers siècles de notre ère, la persécution maintint les vertus chrétiennes dans toute leur pureté; mais après la paix donnée aux fidèles par Constantin, l'Eglise n'étant plus militante, ses vertus primitives s'altérèrent. Le relâchement qui s'ensuivit obligea les véritables chrétiens de s'éloigner de ceux qui ne l'étaient que de nom, et de se retirer dans la solitude pour s'y vouer uniquement à Dieu. Vivant isolés dans les bois, dans les déserts, ils furent désignés sous le nom de moines, du mot grec *monos*, qui veut dire seul : on les appela aussi *solitaires*, *ermites*, *anachorètes;* et on appela *cénobites* ceux qui se réunirent en communauté. Cet éloignement du monde, des affaires et des devoirs de citoyen, fit regarder les moines comme des fainéans, et comme des hommes qui voulaient se soustraire aux charges de l'Etat : les païens les accablaient d'invectives et de calomnies. Les solitaires étant indépendans, ne suivaient aucune règle. Les cénobites s'étaient assujétis à des statuts. Saint Basile, en Orient, fut le premier qui lia ses moines par des vœux d'obéissance, de chasteté et de pauvreté. Au sixième siècle, Saint Benoît, en Occident, établit au mont Cassin ce fameux ordre qui acquit, dans la suite, tant de richesses et une si grande illustration.

Le mot *derviche*, qui indique une classe de pauvres volontaires et de profession, ne signifiait dans l'origine, comme celui de *fakir*, en arabe, qu'un pauvre sans feu ni lieu (1). Les instituteurs des premiers ordres de Derviches éprouvèrent de grandes difficultés pour introduire cette nouveauté dans l'Islamisme. Retenus par la sentence : *la ruhbanièté fil-Islam* (point de monachisme dans l'Islamisme), sentence devenue à la fois, pour tous les musulmans, un proverbe national et un article de foi, ils durent éviter avec scrupule, dans leurs statuts, tout ce qui pouvait offrir des traits de ressemblance avec les moines du christianisme : ils se gardèrent bien, d'après cela, d'imposer aux Derviches l'obligation de faire des vœux irrévocables de clôture et de célibat, et l'observance trop sévère d'abstinence et de prières. Ces fondateurs nouveaux prirent au contraire, pour leurs modèles, les *Bonzes* de la Chine, les *Kalender* de l'Inde, les *Dèboussi* (2) de la Perse ; et à l'exemple

(1) *Derviche* est un composé persan du substantif *dèr*, porte, et du participe *vich*, étendu : en effet, partout les pauvres, faute d'asile, s'étendent la nuit sous les portes pour y reposer un peu plus à l'abri qu'en plein air.

(1) Sorte d'énergumènes qui se frappent avec le *debbous*, ou massue en fer.

de ces derniers, ils s'appliquèrent à étonner le peuple par des exercices violens et inconnus, par des épreuves périlleuses et surnaturelles, par des austérités, par des macérations incroyables. Mais ce ne fut qu'un sacrifice politique de leur goût et de leur opinion, à la nécessité des circonstances ; car leurs ouvrages respirent la morale la plus pure, et ne parlent de la solitude et du célibat qu'avec enthousiasme. Les austérités des moines servent à expier des fautes, de longues erreurs, ou à travailler à mériter les faveurs de l'autre vie : les Derviches ne songent qu'à l'abnégation d'eux-mêmes pour s'anéantir devant le Créateur, pour s'identifier, s'il est possible, dès ce monde avec la Divinité : en un mot, c'est la vie contemplative poussée bien au-delà des bornes de la perfectibilité humaine.

Les Derviches turcs prétendent remonter jusqu'à Ali, et même jusqu'à Aboubekr, qui fut le premier des quatre Khalifes successeurs de Mahomet. Le quatrième Khalife, Ali, est néanmoins censé leur fondateur, non pour avoir institué lui-même des ordres, ou fait édifier des couvens de Derviches, mais parce qu'il fut le premier Musulman qui renonça aux biens de ce monde pour les employer au service des pauvres. Cet exemple fut imité après lui, et forma réellement une classe d'hommes consacrés au service des pauvres, et se réduisant volontairement pour eux à la pauvreté. Les temps sont bien changés : au lieu d'être des riches donnant aux pauvres, ce sont des pauvres qui ont pris l'habit de Derviches pour trouver les moyens de subsister. Ils reçoivent assez habituellement l'argent que leur donnent les

Turcs qui se recommandent à leurs prières, et les legs des ames pieuses qui ne les oublient guère dans leurs dernières volontés. Il arrive aussi que des personnages d'un rang distingué affectent à un couvent des biens territoriaux.

Les Derviches tirent encore un autre revenu de l'ignorance et de la crédulité du peuple, en vendant des amulettes. Lorsqu'un enfant est malade, on fait écrire son nom et celui de sa mère (1) avec un verset du Koran, sur un morceau de papier appelé *nusha*, que l'on suspend au cou du malade, dans l'idée qu'il opérera sa guérison.

Ordinairement le fils d'un Derviche, accoutumé à la vie oisive de son père, devient à son tour Derviche. D'autres musulmans embrassent aussi cette profession, soit par un profond sentiment de religion, soit par inconstance : on cite au nombre de ces derniers, Surouri Effendi, *Reïs-Effendi*, qui, sous le règne de Selim I, abandonna les affaires pour entrer dans la retraite comme simple Derviche.

Dès qu'une secte de Derviches eut été admise, il s'en établit nombre d'autres ; l'on vit dès lors et successivement paraître trente-deux fondateurs d'Ordres qui rivalisèrent entre eux pour la bizarrerie et l'extravagance des pratiques qu'ils instituèrent. Ces pratiques, dont l'exercice et l'habitude font un pur charlatanisme, sont devenues un passe-temps pour les curieux, et un spectacle dont les Derviches font payer

---

(1) Dans les actes de pure religion, les Musulmans sont tenus à se désigner par le nom de leur mère, *Moustapha*, *fils de Fathmé*, etc. Par suite de ce principe reconnu, aussi dans ce cas, chez les Musulmans : *Mater certa, pater verò incertus*.

CHAPITRE VIII. 97

avec soin la représentation. L'hypocrisie a su néanmoins si bien en faire valoir les succès, qu'on voit encore aujourd'hui de pieux Musulmans, trompés par ce faux appareil de pénitence, s'aggréger à ces congrégations, en porter quelques instans, chaque jour, les marques distinctives, et en observer la règle dans leur particulier : ces faiblesses se glissent même dans les rangs les plus élevés. Un semblable excès de dévotion ne peut être placé que dans le chapitre trop nombreux des contradictions de l'esprit humain ; car ces institutions de Derviches ne sont nullement en harmonie avec le Koran : elles contrastent même avec ses pratiques dégagées de tout appareil qui aurait pour but de frapper l'imagination, et leur condamnation est prononcée dans ce même livre, par l'interdiction de la musique et de la danse.

L'institution des Derviches, qui eut des motifs louables dans l'origine, ne tarda pas à éprouver une dégénération telle, que les Derviches devinrent des hommes peu estimés. Il n'y a guère aujourd'hui que les Mèvlèvi qui jouissent de quelque considération ; les autres sont méprisés par la classe élevée, qui les accueille avec des égards plutôt apparens que réels. Les Derviches jouissent de la prérogative de parler sans aucune crainte. Ils ont aussi le droit de suivre les armées : le Koran à la main, ils animent les soldats contre les infidèles, comme ces moines espagnols qui, au nom de l'Evangile, prêchaient l'extermination des Indiens (1).

(1) Il y a, cette différence essentielle en faveur des Derviches, qu'ils sont, au moins en cela, conséquens à la morale sanguinaire du Koran, tandis que les Espagnols heurtaient de front la morale de l'Evangile.

Réunis en communauté sous l'autorité d'un Cheïkh ou supérieur, les Derviches sont assujétis à un noviciat et à des pratiques de religion indépendantes des prières auxquelles sont tenus tous les Musulmans. Les Derviches qui sont mariés ne logent pas dans le couvent ; ils y viennent pourtant coucher la veille du jour où ils doivent faire leurs exercices, afin de s'y disposer par des actes préparatoires.

Outre les Derviches que nous avons dit être en communauté, il y a des Derviches vagabonds qui vivent autant de rapines que d'aumônes, et se rendent redoutables par les désordres qu'ils commettent, dont la qualité de derviche semble leur accorder l'impunité. Ils se nomment *Seïiah* (voyageur), terme générique indiquant les Derviches qui voyagent par ordre de leurs supérieurs pour faire des quêtes, les religieux étrangers, ceux renvoyés de leurs couvens pour des motifs graves, et les kalender à qui leurs statuts ne permettent pas d'avoir de demeure fixe.

Nous avons dit qu'on comptait plus de trente ordres de Derviches, nous nous bornerons à parler des *Mèvlèvi*, des *Bèdèvi* et des *Rufaï*, comme tenant la tête de trois grandes divisions dans lesquelles on peut partager tous les ordres de Derviches qui existent en Turquie.

Derviches Mèvlèvi.

Les Derviches mèvlèvi ont pour fondateur, *Mèvlana-Djèlalèddin-Houmi-Muhammed*, surnommé *Sultan-ul-Ulema*, ou souverain des savans.

Djèlalèddin naquit à Balkh, capitale de Khoraçan, l'an 604 de l'hégire. Son grand-père paternel avait épousé la fille d'*Ala-èddin*, avant-dernier roi de la dynastie des Khorasmiens, rois du Khoraçan, et était lui-même d'une famille distinguée, puisque par son père il descendait du Khalife *Aboubekr*, et que sa mère était aussi fille d'un roi du Khoraçan.

Djèlalèddin succéda à son père dans le titre de *Sultan-ul-Ulema*, ainsi qu'il avait hérité de ses connaissances. Il enseignait publiquement dans *Iconium*, à la manière des anciens philosophes, et toute la ville s'empressait de profiter de ses leçons, lorsque, en 642, le derviche *Chems-eddin* de Tauris, disciple d'Aboubekr, Cheïkh d'un ordre de Derviches, vint à *Iconium*, et se plut à rappeler à la vie contemplative Djèlalèddin trop livré aux sciences naturelles et aux choses du monde. Ses nombreux disciples, qui virent leur maître suspendre ses leçons, et vivre toujours renfermé avec Chems-eddin, voulurent faire périr ce Derviche, qui dut fuir pour éviter la mort. Djèlalèddin, inconsolable de son départ, renonça au monde, se fit Derviche, et fonda, en 643, l'ordre des Derviches mèvlèvi. Son ouvrage intitulé *Mèsnèvi*, le plus célèbre de l'Orient, dont la plupart des vers sont passés en proverbes, ainsi qu'un recueil considérable de ses odes, sont les dépositaires de sa morale. Les poësies de Djèlalèddin, toujours sur un sujet moral, sont vives, animées et de ce style serré, concis, que nos poëtes nationaux ont souvent imité avec succès; mais dont on ne trouve le type que dans les auteurs orientaux, et plus particulièrement dans l'Ecriture.

Djèlalèddin, mourut en 672, âgé de soixante-huit ans. Tchèlèbi-Effendi, résidant à Conia (*Iconium*), est aujourd'hui le chef des Mèvlèvi. Il a le droit, comme descendant de Mèvlana Djèlalèddin, de nommer les Cheïkh des couvens de son ordre; et il jouit de la prérogative de ceindre au Sultan couronné le sabre d'Osman.

Celui qui postule pour être mèvlèvi doit renoncer aux vanités de ce monde, et faire dans la cuisine, en travaillant aux ouvrages les plus abjects, un noviciat de mille et un jours, sans pouvoir sortir du couvent. Lorsque ce temps est expiré, le Cheïkh reçoit le candidat, et lui assigne une chambre auprès de ses confrères; il est dès lors admis à toutes les pratiques religieuses de cet ordre.

Les Derviches mèvlèvi se livrent, deux jours de la semaine, à des exercices publics qui ont lieu le mardi et le vendredi, après la prière du midi, dans leur oratoire ou *Tèkè* (1). Cet oratoire est une salle octogone entourée de deux rangs de galeries, l'un supérieur et l'autre au niveau du sol. L'espace circonscrit par la galerie inférieure est parqueté en planches fixées par des clous à grosse tête arrondie, placés à peu de distance les uns des autres; ce qui aide les Derviches à tourner. On ne voit d'ailleurs dans cette salle d'autre ornement que le chiffre du fondateur, écrit en grandes lettres d'or, et placé dans la galerie supérieure sur la partie du mur qui regarde la Mèkke. La place du Cheïkh indiquée par une peau de mouton, sur laquelle il s'agenouille, est dans la salle au-dessous de ce chiffre. L'orchestre est établi en face du chiffre. A côté, et dans une position un peu plus élevée, on aperçoit une loge grillée, qui est celle que le Grand-

---

(1) Régulièrement *Tèkiè*; il exprime tout le couvent, et non pas seulement l'oratoire du couvent.

Seigneur occupe lorsqu'il assiste aux exercices des Derviches.

A midi on ouvre les portes de l'oratoire ; les curieux entrent en foule et se répandent dans les galeries. Peu de temps après, quelques Derviches arrivent, saluent le chiffre du fondateur, et vont s'agenouiller autour de la salle ; ils se prosternent le front contre terre, se relèvent et s'asseyent sur leurs talons. Le Cheïkh entre à son tour ; il s'incline profondément devant le chiffre du fondateur, va s'asseoir à sa place, et commence à réciter la prière, dite *Fat'-ha* (1). Après la prière, les Derviches placés dans la tribune de l'orchestre, chantent une ode en persan, que les instrumens accompagnent.

Dans cet intervalle, les autres Derviches arrivent et vont s'asseoir à leurs places, après avoir fait leur salutation et s'être prosternés. Quand ils sont tous réunis, l'orchestre, composé de petites timbales et de flûtes à bec appelées *neï*, faites de cannes d'Inde, exécute un morceau de musique dont le mouvement est tempéré. Tout à coup il devient brusque ; alors tous les Derviches se lèvent, et font trois fois le tour de la salle, à pas lents, ayant le Cheïkh à leur tête.

Le troisième tour étant terminé, le Cheïkh s'arrête, et se tient debout ; chaque Derviche passe, en lui faisant un profond salut, lui prend la main, la porte à ses lèvres et à son front, et se met à tourner.

L'habit de Derviche consiste en un gilet ouvert, dont un des coins est arrêté par un long jupon de laine fort ample, retenu autour du corps par une cein-

---

(1) Le *Fat'-ha* est le premier chapitre du Koran. Ce mot vient de *fet'-h*, ouvrir.

ture ; les jupons ne sont pas tous de la même couleur.

Le Derviche, en préparant son mouvement pour tourner, développe ce jupon jusqu'à ce qu'il forme la cloche, alors il pirouette sur lui-même en décrivant un très-petit cercle ; et les instrumens de l'orchestre jouent un air qui règle les mouvemens de la danse. Cet air (1) accompagne en même temps le chant d'une ode, presque toujours morale, sur les Derviches, et qui retrace leurs devoirs. Le nombre des tourneurs est fixé à 9, 11 et 13. Ils commencent d'abord en tenant les bras croisés sur la poitrine, et finissent par les étendre et les élever, pour s'en servir comme de balancier.

Les Derviches tournent pendant l'espace de cinq à sept minutes, et recommencent quatre fois cet exercice, pendant lequel un vieux Derviche, *Simazen-Bachi* (maître de danse), veille à ce qu'en tournant chacun garde sa place.

Lorsque la danse est finie, le Cheïkh, avant de se retirer, fait des vœux pour la prospérité de l'Empire, pour le salut du souverain, ainsi que pour tous les Musulmans présens et absens. Les Derviches y répondent en chœur par *Hou* en arabe, *lui*, par excellence, Dieu (2), après quoi ils sortent sans observer aucun ordre ; le Cheïkh sort le dernier.

Djèlalèddin est le premier qui ait employé cette pratique de tourner. Lui-même, dans ses ouvrages,

(1) Cet air est rapporté avec des notes européennes dans le bel ouvrage de M. de Ferriol, ambassadeur de France à Constantinople, qui renferme un recueil de cent estampes, publié à Paris en 1714. On trouve aussi dans le même ouvrage une gravure représentant l'intérieur d'un tèkè, et la danse en tourbillon.

(2) C'est le *Ego sum qui sum* de l'Ecriture.

en donne plusieurs explications, dont voici les deux principales : En décrivant un cercle, on se tourne vers tous les points pour y chercher Dieu, qu'on trouve de tous côtés, parce que Dieu est partout ; en outre, l'action continuelle d'un changement de position indique le détachement des biens de ce monde, vers aucun desquels on ne s'arrête.

La traduction presque littérale d'une des odes que l'on chante avant la danse en tourbillon va nous présenter une sorte de résumé de ce que nous avons dit sur les Derviches en général, et plus particulièrement sur les Mèvlèvi ; cette ode est de Djèlalèddin. Quand il la composa, il était séparé de Chèms-eddin, son directeur dans la vie complative, et il avait à se plaindre des Derviches d'*Iconium*, qui avaient forcé, comme nous l'avons déjà dit, ce Derviche à s'éloigner.

L'ode qu'on va lire a, dans le texte, autant de vers qu'ici d'alinéas. Chaque vers, composé de deux hémistiches, est terminé par le même mot *Dervichan* (Derviches). Les deux hémistiches du premier vers seulement finissent par le même mot ; c'est de règle dans ces sortes de petits poëmes qu'on appelle *gazèl* : les hémistiches sont composés de pieds comme les vers latins.

Il est nécessaire de prévenir que, dans le cours de cette ode, le mot *Derviche* a, suivant son étymologie, l'une et l'autre de ces deux acceptions, c'est-à-dire celle de *pauvre*, ou d'*homme consacrant ses biens au soulagement des pauvres* ; ce qui fait, dans le texte persan, un jeu de mots continuel, dont la beauté se perd dans la traduction. La répétition de ce mot, qui serait fastidieuse pour une oreille française, a pour les Persans, dont l'idiome est si doux, si harmonieux, tout le charme de nos rondeaux redoublés, toute la naïveté de nos anciennes ballades, toute la grâce des refrains de nos vaudevilles modernes (1).

Ode ou Gazèl.

« Je suis hors de moi et dans le délire de l'en-
« thousiasme pour les Derviches ; mais je ne sais où
« sont les Derviches.

« Par Derviche, je n'entends pas tout individu
« portant ceinture ; il y a dans le monde tant de gens
« sans aveu, tant de misérables de cette sorte qui
« ressemblent aux Derviches !

« Le Derviche que je cherche est celui qui, s'il
« entend le soupir d'un pauvre, s'arrête et lui de-
« mande : Que désires-tu ? me voilà.

« La profession de Derviche et les Derviches fu-
« rent considérés de Mahomet ; Dieu même a en-
« voyé du ciel beaucoup de versets en l'honneur
« des Derviches.

« A l'instant où les Derviches commencent cette
« danse qu'accompagne un plaisir pur, au même in-
« stant Dieu pénètre et s'établit dans leurs âmes.

« Et lorsque les Derviches s'enivrent de l'amour
« de Dieu, le prophète *Khyzir* (Elie) vient leur
« verser l'eau de la fontaine de vie (2).

(1) Observation de M. Ruffin.

(2) *Khyzr* ou *Khyzir* est considéré ici comme le seul des mortels qui ait trouvé la *fontaine de vie*, dont il a bu de l'eau, qui l'a rendu immortel ; l'auteur dit qu'il est l'*échanson pour les Derviches*.

Plusieurs Musulmans confondent *Khyzir* avec le prophète Elie, que nous disons faire sa demeure dans le paradis terrestre, et jouir de l'im-

CHAPITRE VIII.

« Le prince des vrais-croyans, Ali, qui fut gendre
« du Prophète, a ceint pour les pauvres la ceinture
« du service (1) et s'est écrié : *Je suis le serviteur*
« *des pauvres.*

« Et toi aussi, Chèms de Tauris (2), ou plutôt
« Djèlal, suis avec ardeur la carrière des Derviches;
« livre-toi aux soins des pauvres, et dans ces pra-
« tiques pieuses, tu trouveras la source de l'im-
« mortalité. »

L'ode suivante va nous donner une idée de la morale des anciens Derviches. Le mouvement de cette
ode est tout-à-fait lyrique : le poëte y foule aux pieds
les grandeurs humaines, et ne rappelle l'idée de la
mort que pour s'exciter à mener une vie conforme
aux principes religieux.

mortalité ; parce que l'arbre de vie était dans ce paradis, et qu'il y avait
aussi une fontaine à laquelle les Musulmans donnent le nom de *fontaine
de vie.*

(1) *Ceindre la ceinture*, en persan, veut dire *se faire Derviche*; mais
le plus souvent ces mots signifient *s'employer au service de quelqu'un*,
et c'est le sens qu'ils ont ici. *Ceindre la ceinture* veut aussi dire *servir*,
comme les domestiques dans une maison :

« Que vos reins soient *ceints*, et ayez à la main des lampes allumées.
« Heureux les serviteurs que le maître, à son arrivée, trouvera veil-
« lans. Je vous dis en vérité qu'il se *ceindra*, et qu'après les avoir fait
« mettre à table, il ira et viendra pour les servir. »

(*Évangile* selon saint Luc, chap. 12.)

(2) Ici l'on doit prendre garde que les mots *Chèms de Tauris* n'indiquent pas le directeur de Djèlalèddin, mais Djèlalèddin lui-même ; ce
qui pourra surprendre d'abord. Djèlalèddin s'était tellement identifié
avec Chèms, qu'il le regardait comme ne faisant qu'un avec lui ; et, au
lieu de son propre nom, se donnait celui de son directeur, ce qui a lieu ici.
En effet, l'une des règles invariables de l'espèce d'ode, appelée *gazèl*,
est que le poëte mette, au dernier ou avant-dernier vers, son nom, le
plus souvent s'adressant à lui-même le sens du vers. Et Djèlalèddin,
dans le recueil qui nous reste de lui, emploie indistinctement son nom
Djèlal ou celui de Chèms pour le sien. (*Note de M. du Caurroy.*)

Autre Gazèl.

« Allons, mon ame, le jour paraît, réveille-toi,
« adore l'Eternel ; il n'est point d'acte plus méritoire :
« heureux celui qu'éveille l'aurore !

« C'est toi seul, homme religieux, être privilégié,
« qui te lèves avec l'aurore. Je reconnais là ta sa-
« gesse ; les délices de l'autre vie te seront réser-
« vées. »

« Dès l'aube du jour, le coq diligent crie : Allons,
« debout ; qui que tu sois, sors de ton assoupisse-
« ment ! Mais toi, dans l'ivresse du sommeil, tu ne
« l'entends pas ; pour l'entendre, il faut la vigilance
« de la raison.

« La raison dit : lève-toi. La mollesse répond : en-
« core un moment. Foule aux pieds la mollesse ;
« songe que l'aurore est l'instant où le Souverain-
« Maître manifeste ses ordres.

« Être chétif et sans appui, esclave des passions
« impérieuses, rappelle-toi, ne fût-ce qu'un instant,
« que tu mourras ; oui, tu mourras.

« Ce qui te reste à faire, c'est donc de te lever
« pour verser les larmes précieuses du repentir, ou
« pour éviter les piéges d'un ennemi fort de ta
« faiblesse.

« Et toi aussi, lève-toi dès l'aurore. Qu'importe
« qu'on t'appelle ou Chèms, ou Sultan (1), bientôt ta
« poussière se confondra avec la terre : que devien-

---

(1) *Djèlalèddin* était Sultan de naissance ; *Chèms-eddin* veut dire, en arabe, *soleil de la foi* : ce poète fait allusion à ce que ces deux noms offraient des sujets d'orgueil.

« dront alors ce faste, ces distinctions (1) dont tu
« t'enorgueillis (2)? »

Les Derviches Mèvlèvi ont plusieurs couvens à Constantinople. Le principal est celui qui se trouve dans le faubourg de Péra. Le Tèkè est séparé du couvent; il est dans l'enceinte du cimetière de l'ordre. Ce cimetière renferme le tombeau du fameux comte de Bonneval, qui est désigné, dans l'inscription turque qu'on y lit, par le nom d'*Ahmed-Pacha* (3).

Derviches Bèdèvi.

L'ordre des Bèdèvi a été fondé par *Ebul-Fettah-Ahmed-Bèdavi*, mort à Tomta, en Egypte, l'an 675 (1276), suivant M. d'Ohsson.

Les pratiques des Derviches Bèdèvi, appelés *hurleurs* par les Européens, l'emporteraient, pour le ridicule et l'extravagance, sur celles de tous les autres ordres de Derviches, si les *Rufaï*, dont nous parlerons ensuite, ne les surpassaient. Les Bèdèvi ont un couvent à Saint-Dimitri, village près de Constantinople. La salle où ils font leurs exercices est une grande pièce rectangulaire, dont les murs

(1) Le *turban* : les Cheïkh, ou chefs des ordres religieux, portent un turban particulier.

(2) Je dois la traduction de ces deux gazèl à M. du Caurroy, que j'ai eu l'occasion de citer plusieurs fois avec éloge.

(3) Voici la traduction de cette inscription :
« Au nom de Dieu tout-puissant,
« Lui seul est éternel.
« Que Dieu très-saint et très-haut accorde sa miséricorde
« Aux fidèles des deux sexes, et son pardon au chef des khombaradji
« (bombardiers) Ahmed-Pacha.
« Le 11 de rèdjèb 1160 (23 mars 1747). »
Il était né le 14 juillet 1675.

sont tapissés de petits écriteaux représentant des maximes du Koran. Des tambours de basque, des cymbales, de petites timbales y sont suspendus. Dans l'angle de la salle qui est en regard de la ville sainte, on voit le *Mihrab* (1) surchargé, comme les murs, de préceptes sacrés. Au-dessous est un amas de couperets avec lesquels ils s'impriment des stigmates pendant leurs exercices. Le chiffre du fondateur de l'ordre se lit sur un cadre appendu dans l'endroit le plus apparent de la salle. Voici le rite observé chez ces Bèdèvi. Leur office commence par la prière (*Namaz*); le Cheïkh la dirige. Assis en rond autour de lui, et après s'être prosternés jusqu'à terre, ils psalmodient des versets du Koran, en se balançant de droite à gauche. Ce prélude dure près d'une demi-heure. Ils se lèvent ensuite, et vont se placer en ligne au fond de la salle, en s'asseyant sur leurs talons : là ils récitent de nouvelles prières accompagnées d'un balancement plus ou moins considérable. A un signal du Cheïkh, tous se lèvent de nouveau ; ils font un pas en avant, et reculent d'un pas de manière à se retrouver sur la ligne où ils étaient. Dans cette position, ils récitent, en se tenant inclinés, tous les attributs de Dieu ; ce qui ressemble beaucoup aux litanies dans le rite latin. Mais on les croirait parvenus au plus haut degré d'exaltation toutes les fois qu'ils prononcent le mot *Allah ;* ce qui arrive au moins vingt fois par minute : leur voix monte d'une tierce ou d'une quinte. Le plus ancien Derviche seconde le Cheïkh, et, placé à sa droite en qualité de régulateur, anime

---

(1) Niche où l'on renferme le Koran, et qui indique la direction à prendre pour faire la prière.

ses confrères du geste et de la voix, et parvient ainsi à leur faire renforcer les hurlemens. En même temps chacun des Derviches imprime à son corps un mouvement particulier; les uns se balancent de droite à gauche, et d'autres de l'avant à l'arrière. Ce balancement emblématique représente, d'après les idées du fondateur, le roulis et le tangage du vaisseau agité par les vagues de l'Océan, lequel, n'ayant pour ainsi dire, ni borne, ni fond, ni rive, est un faible symbole de l'immensité de Dieu. Enfin vient le moment où l'on n'entend plus chez eux que des sons etouffés qui sortent de leurs poitrines haletantes : la sueur découle de leurs fronts; leurs lèvres se couvrent d'écume ; les veines de leur cou, extrêmement gonflées, semblent prêtes à se rompre. Les uns tombent comme s'ils étaient atteints d'épilepsie ; ils se débattent entre les bras de leurs frères, et crient encore *Allah!* D'autres feignent de s'évanouir, et l'on s'empresse de les emporter. D'autres, enfin, paraissent épuisés de fatigue ; et, au moment où l'on croit qu'ils vont expirer, ils se raniment, et recommencent avec plus de force leurs hurlemens. Bientôt comme hors d'eux-mêmes, ils s'arment de couperets pour ajouter l'effusion du sang à leurs efforts de poitrine. Les stigmates que l'on remarque sur le visage de quelques-uns de ces Derviches attestent qu'il y en a dans le nombre, qui sont moins adroits que les autres car il suffit d'effleurer légèrement l'épiderme, pour voir paraître quelques gouttes de sang. C'en est assez pour le spectateur ignorant et crédule, qui se persuade d'ailleurs que le moment où ces saltimbanques paraissent tomber en extase, est celui où Dieu, sensible aux invocations répliquées des Derviches, s'est enfin décidé à descendre dans leurs âmes.

Il serait difficile de s'expliquer comment les Bèdèvi peuvent résister à des exercices aussi violens, si l'on ne savait que l'habitude façonne les jongleurs aux tours de force les plus étonnans et les plus dangereux.

Les exercices des Derviches *Bèdèvi* sont nommés *moukabélé* (exaltation de la gloire de Dieu), et *Tewhid* (célébration de l'Unité de Dieu).

Derviches Rufaï.

Seïd-Ahmed-Rufaï, mort dans un bois, en 578 (1182), entre Bagdad et Bassora, est le fondateur de l'ordre des Rufaï.

Cette classe de Derviches a une grande analogie avec les Bèdèvi; comme eux, ils font consister leur dévotion à invoquer le nom de Dieu à haute voix, jusqu'à en perdre haleine. Leur office ou exercice religieux est divisé en cinq parties : la première est remplie par le *Namaz* fait en commun, sous la direction du Cheïkh, auquel ils donnent, avant de commencer, toutes les marques de respect qui lui sont dues en cette qualité. La prière terminée, tous les Derviches se portent dans le fond de la salle ; et debout, rangés sur une file, ils entonnent en se balançant de droite à gauche, des versets du Koran, en élevant graduellement la voix, et en accélérant le mouvement, suivant la mesure que marque le coryphée, en frappant dans ses mains. Ils terminent cette seconde reprise, par réciter les attributs de Dieu, qu'ils prononcent les yeux fermés jusqu'à ce que la voix leur manque. A cet état violent succède un instant de repos, pendant lequel le Derviche qui prend ici rang au milieu de la file, s'arme d'une paire de cymbales; le coryphée se saisit de timbales, et un des Derviches reçoit un tambour de basque. Ces instrumens, mis en jeu de la manière la plus discordante, donnent le signal de la troisième reprise, servant d'accompagnement à des *Hamdi-mouhammedi*, ou hymnes en l'honneur du Prophète, que psalmodie le coryphée, tandis que les autres y répondent par des *Allah!* et des *Hou*. Ces prières se terminent par des hurlemens qui semblent être une lutte, un combat d'efforts de la part des Derviches, avec cette musique barbare, qui accroît de son côté le tintamarre qu'elle fait. A la quatrième reprise, le Cheïkh fait déposer les instrumens, afin d'en revenir à la voix, et l'on entonne les *Ilahis*, ou hymnes persans composés par des Derviches qui passent pour saints. Le balancement qui, jusque-là avait eu lieu d'un côté à l'autre, change et se fait de l'arrière à l'avant. Les Derviches, pendant ce mouvement crient *Allah!* et *Hou*, avec une précipitation qui va toujours croissant, et avec plus de force qu'ils ne l'avaient encore fait. C'est à la fin de cette reprise que les fers acérés et brûlans sont mis en jeu et abandonnés par le Cheïkh aux plus adroits des Derviches. Ceux qui s'arment d'un de ces instrumens qui paraît le plus redoutable, le font brandir dans l'air, puis feignent de se l'appliquer sur la joue et sur quelque autre partie du corps, en lui imprimant un mouvement de rotation. On sent que ce mouvement exécuté avec adresse, en trompant les yeux des assistans, dérobe l'épiderme à tout contact du fer chaud. Enfin, pour terminer la jonglerie, il suffit de quelques prières prononcées par le Cheïkh, et d'un peu de sa salive pour opérer la guérison de brûlures qui n'existaient pas.

Ces prodiges ne sont pas les seuls que les Cheïkh, suivant l'opinion commune, ont la vertu d'opérer : les mères dont les enfans sont disgraciés de la nature ou atteints d'une maladie locale, viennent les déposer aux pieds de ces religieux ; ceux-ci les touchent dans la partie affectée, et si le ciel est compatissant, il fait un miracle en leur faveur. En attendant, ces bonnes femmes ne se retirent pas sans avoir offert au Cheïkh une rétribution qui n'est jamais dédaignée.

Les mortifications par le fer chaud viennent de ce que, suivant la tradition des *Rufaï*, Seïd-Ahmed, leur fondateur, emporté un jour par un excès de dévotion, exposa ses jambes sur un brasier ardent, et qu'il lui suffit d'un peu de salive, mise sur les brûlures par un autre dévot Aboul-Kadir-Ghilani, fondateur de l'ordre des *Kadiri*, pour faire disparaître jusqu'aux traces de la brûlure.

Ce que les Mahométans, à l'exemple de leur législateur, admirent le plus dans le Messie, c'est l'effet miraculeux de son souffle et de sa salive. Les Persans disent : *Messih-dèm*, doué du souffle du Messie, pour exprimer le plus haut point de l'habileté d'un médecin.

Les prodiges opérés par Mahomet, et rapportés par les commentateurs du Koran, ont presque tous été produits par l'apposition immédiate de la salive ; ce sont autant de copies du passage de l'Evangile relatif au sourd et muet de naissance, auquel le Messie

CHAPITRE VIII. 113

donna l'ouïe et la parole, *en lui mettant les doigts dans les oreilles et de la salive sur la langue.* Le même moyen est employé par les Cheïkh, ou Santons musulmans.

Il existe même parmi eux une classe d'hommes qui se qualifient *Méçihi,* ou disciples du Messie, et se prétendent doués, en naissant, du don des miracles promis par lui à ses Apôtres, peu d'instans avant son ascension : « Ceux qui auront cru chasse-« ront les démons en mon nom, ils parleront de « nouvelles langues, ils prendront les serpens avec « les mains, etc. » Ils passent en effet pour des enchanteurs de vipères (1), de scorpions, et autres animaux venimeux qu'ils manient impunément, et ils font une infinité de tours de gibecière. Les plus habiles sont des Moghrèbi (2), ou Africains occidentaux.

(1) M. Charles Outrey, jeune Français, mort de la peste à Péra en 1812, racontait à M. Ruffin qu'ayant vu à Bagdad, où il était né, un de ces joueurs de gobelets, et voulant apprendre de lui son secret pour charmer les serpens, il lui fit vainement des offres considérables d'argent; et, qu'à force d'instances, il obtint enfin de lui qu'il l'aggrégerait à sa confrérie, mais à de certaines conditions, dont la première était que le maître lui cracherait dans la bouche : ce qui suffit, comme on peut le croire, pour en dégoûter le postulant.

(2) De *Maghreb*, qui signifie l'Occident, ou la partie occidentale, par rapport aux Arabes, des conquêtes de ces peuples en Afrique, au-delà de l'Egypte. Chez les Egyptiens modernes, on appelle *psylles*, ou éducateurs de serpens, ceux d'entre eux qui ont l'art de les faire sortir de leurs nids, de les prendre, et de les élever.

(*Mémoires* concernant l'expédition de Bonaparte en Egypte, tom. II, page 337.)

CHAPITRE IX.

Des Mosquées (Mèsdjid).

Les mosquées (1) construites par les Turcs ont été imitées de l'église grecque de Sainte-Sophie, qui fut convertie en mosquée par Mahomet II, après la prise de Constantinople. Cet édifice offre, dans son exécution, un genre d'architecture particulier, dont l'influence s'est étendue à la construction des temples consacrés au culte de diverses religions, et jusqu'à celle des églises de la chrétienté.

Constantin fut le premier qui dédia une église à la *Sagesse du verbe incréé*. *Aïa-Sofia*, Sainte-Sophie (2), est composée de deux mots grecs, *Aghia* sainte, et *Sophia*, sagesse. Cette église, couverte en bois, fut facilement incendiée. Rebâtie et brûlée plusieurs fois, sous les successeurs immédiats de Constantin, elle fut réduite en cendres, durant le règne de Justinien, dans cette fameuse sédition appelée *Nika*,

(1) Quand il s'agit d'une grande mosquée, on dit *djami* (mosquée cathédrale), en sous-entendant *mèsdjid*, c'est-à-dire, mosquée où un grand nombre de personnes peut se rassembler. Racine : *djami*, qui rassemble ; en sorte que *mèsdjid* n'est qu'une sorte d'oratoire : ce mot est le nom de lieu de *sudjoud*, adorer. D'après cela, djami est l'église paroissiale, et mèsdjid une succursale. On ne peut faire la prière du vendredi que dans les djami.

(2) On la distingue d'une autre mosquée appelée du même nom, par l'adjectif *kèbir*, grand, et l'autre est appelée *saghir*, petite : *Aïa-Sofia-i-Kèbir*, Sainte-Sophie-la-Grande ; et *Aïa-Sofia-i-Saghir*, Sainte-Sophie-la-Petite. Cette dernière est également une église grecque convertie en mosquée.

au mois de janvier 532. Justinien entreprit d'en faire un monument durable; et il fit travailler à sa reconstruction, quarante jours après, sur le plan que l'on voit aujourd'hui. Elle fut terminée dans l'espace d'un peu moins de six ans; on y avait employé dix mille ouvriers par jour. Pour subvenir aux dépenses énormes de cet édifice, et des autres édifices qui s'exécutèrent sur divers points de l'Empire, les revenus annuels ne suffisant pas, Justinien se saisit du salaire des professeurs publics, il imposa de nouvelles taxes, et prit pour couvrir la coupole le plomb des conduits qui amenaient l'eau dans Constantinople; il les remplaça par des tuyaux de grès tels qu'on en voit encore aujourd'hui.

Le monument de Sainte-Sophie a été élevé vers le milieu du sixième siècle. *Anthémius* de Tralles, ville de Lydie dans l'Asie-Mineure, habile mathématicien et mécanicien, et architecte d'un grand mérite, en donna le plan et en dirigea les travaux avec *Isidore* de Milet, autre architecte très-distingué pour ses talens et ses connaissances.

Anthémius et Isidore étaient sortis de l'école du philosophe *Proclus*, qui, vers le commencement du sixième siècle, ranima le goût et l'étude des mathématiques dans la Grèce (1). Proclus passait pour avoir, sous Anastase, incendié la flotte des Goths, dans le port de Constantinople, au moyen de verres ardens (2). Mais quoique les effets de ces verres aient

(1) Il florissait vers l'an 518.
(2) En 514 et 515, lorsque Vitalien, un des chefs des Goths, après avoir ravagé la Thrace et pris la Mysie, était venu attaquer l'empereur Anastase dans sa capitale.

été prouvés par les belles expériences de Buffon, il est plus naturel de penser, comme quelques auteurs l'ont dit, que Proclus ne se servit que de matières souffrées lancées par des machines (1). Anthémius avait de son coté cherché à soumettre à la théorie la construction des verres ardens : il ne nous reste que quelques fragmens de l'ouvrage qui existait de lui à ce sujet (2). *Agathias*, continuateur de *Procope* de Césarée, nous apprend qu'Anthémius suivait la profession des *ingénieurs qui, joignant la connaissance de la géométrie à celle de la physique, construisaient toutes sortes de machines* (3). Il faisait aussi ce que nous appelons des automates, dont les *effets étaient tout semblables à ceux des créatures animées.* Nous avons vu renouveler de nos jours ces sortes de mécaniques : on se rappelle le *flûteur automate* de Vaucanson, et son *canard qui digérait.* Il paraît qu'Anthémius connaissait très-bien les effets de la force expansive de la vapeur de l'eau, qui de notre temps, n'ont été indiqués, pour la première fois, qu'en 1663, par le marquis de *Worcester* (4). Nous voyons dans Agathias comment Anthémius appliqua cet agent à un

(1) C'était vraisemblablement des artifices de guerre analogues aux fusées à la Congrève.

(2) M. Dupuy (*Mémoires de l'Académie des Inscriptions*, t. XLII, p. 392-451) a donné la traduction de ce fragment, auquel il a ajouté ses observations. Montucla, dans son *Histoire des Mathématiques*, a discuté avec plus de profondeur le travail d'Anthémius.

(3) *Histoire de Justinien*, page 531-534, tome II de la traduction du Président Cousin.

(4) « On fait éclater le canon d'un fusil, rempli aux trois quarts d'eau, « en le faisant chauffer durant vingt-quatre heures, après avoir fermé « son extrémité à vis et bouché la lumière. (*Centuries of inventions*) Cen- « turies de découvertes, par le marquis de Worcester, 1663. »

appareil pour effrayer un de ses voisins par de fortes commotions (1). Malheureusement, nous ne savons que d'une manière imparfaite ce qu'ont pu produire les hommes célèbres de cette époque ; c'est ce qui a fait dire avec beaucoup de justesse à Gibbon : *Que si leurs travaux nous avaient été transmis par des écrivains intelligens, ils auraient accru les connaissances, au lieu d'exciter la défiance des philosophes* (2).

L'édifice de Sainte-Sophie est imposant par la grandeur de son architecture et de sa construction ; il est analogue au génie de celui qui fit élever cet édifice, et qui voulut que rien dans l'univers ne pût lui être comparé. C'est ce qui dut engager Anthémius à s'écarter des règles ordinaires, pour satisfaire ce désir de gloire qui tourmentait Justinien.

Jusqu'au règne de cet Empereur, les combles hémisphériques recouvraient les seuls bâtimens circulaires. Anthémius eut l'idée de les appliquer aux bâtimens carrés. Il sentit qu'il ne pouvait remplir son objet qu'en les plaçant sur des arceaux, et en faisant supporter ceux-ci par des piliers ou des colonnes; c'est ce qui a donné au comble de Sainte-Sophie cette forme élancée qui dut surprendre par la hardiesse de son exécution et par sa nouveauté. Les combles ainsi soutenus sur des arceaux à une grande hauteur, ont pris le nom de *coupoles*. On voit pourtant à Constantinople, en petit à la vérité, des combles hémisphériques, soutenus par des arceaux, recouvrant des bâtimens

---

(1) *Voyez* page 185, la note I sur Agathias.
(2) *Histoire de la Décadence et de la Chute de l'Empire romain*; description de Sainte-Sophie.

carrés, et qui ont dû précéder l'époque où vivait Anthémius : ce sont les combles des *takçim* (1) d'Egri-Kapou, d'At-Bazari et de Yèni-Baghtchè; mais leurs arceaux ne sont point portés par des piliers ou des colonnes, ils sont pleins et reposent sur les fondations de la chambre des takçim. Il y a loin sans doute de l'idée de ces ouvrages à celle d'Anthémius pour sa coupole de Sainte-Sophie. Le succès de ce monument fut tel, que Justinien, qu'on a taxé de vanité dans cette circonstance, ne put en contenir sa joie. Pendant la procession solennelle qui eut lieu pour son inauguration, le 27 décembre 537, le patriarche *Mennas* était assis sur le char de l'Empereur, tandis que le prince marchait à pied en avant du char; et l'on entendit Justinien s'écrier devant la multitude : *Je t'ai surpassé, Salomon.*

La coupole de Sainte-Sophie a servi de modèle, quant à l'idée, aux coupoles de l'église de Saint-Marc à Venise, au dôme de Pise, à la coupole de l'église de Saint-Augustin à Rome, etc.; mais dans la suite les Italiens, habiles décorateurs, et ayant le sentiment des effets perspectifs, établirent les coupoles de manière qu'elles produisissent en dehors un bel effet. La coupole de Sainte-Sophie n'ayant de flèche que le tiers de son diamètre, et étant circulaire extérieurement, paraît trop surbaissée. Il aurait fallu et que sa voûte intérieure eût été hémisphérique, parce que de là on eût pu apercevoir toute sa convexité, et qu'en dehors elle eût eu une forme elliptique (2) pour se montrer dans

(1) *Takçim*, chambre de distribution des eaux.
(2) On obtient cette forme elliptique en menant du centre deux rayons à 60°, deux tangentes à l'extrémité de ces rayons, et décrivant une courbe

son exhaussement. On est parvenu à satisfaire complétement l'œil à cet égard, en faisant deux coupoles, l'une en dessus, l'autre en dessous, qui laissent par conséquent un intervalle entre elles.

Brunelleschi, le restaurateur de l'architecture en Italie (1), est le premier qui ait eu cette idée, et qui l'ait appliquée à la construction du double dôme de Florence. Elle a été suivie depuis par Michel-Ange dans l'église de Saint-Pierre du Vatican ; et par Chr. Wren, dans celle de Saint-Paul à Londres.

Les Turcs en introduisant les coupoles dans la construction de leurs édifices religieux, n'ont point adopté les doubles coupoles ; mais ils ont donné une élévation considérable à leurs mosquées, et se sont attachés à placer les plus beaux monumens de ce genre dans des situations dominantes : avantage que n'a point Sainte-Sophie, qui, se trouvant sur le revers de la première colline, est à peine aperçue, quoi qu'en aient dit plusieurs écrivains.

Presque tous les auteurs qui ont parlé de Sainte-Sophie prétendent que le poids de sa coupole se trouve diminué par l'usage qu'on y a fait de pierres ponces et de briques de l'île de Rhodes, qu'on regarde comme cinq fois plus légères que les briques ordinaires (2). Toutes les voûtes, depuis Constantin jusqu'à ces derniers temps, ont été faites en briques et en mortier de *khoraçan*, qui est un mélange de

---

passant par l'intersection des deux tangentes, et venant s'appuyer aux extrémités du diamètre.

(1) Né à Florence en 1377, mort en 1444.

(2) *Codinus apud* Le Beau, *Histoire du Bas-Empire*, tome IX, page 496.

chaux et de briques pilées (1); ce qui a pu faire croire qu'il y entrait des pierres ponces. Ces voûtes sont assujéties, dans leur construction, à des procédés très-simples, qui avaient excité l'admiration de M. David Le Roy, l'auteur de la *Description des Monumens de la Grèce,* lorsqu'en 1753, il visita la mosquée que faisait construire Sultan-Mahmoud I (2). Nous allons donner le détail du mode d'exécution de ces voûtes, que M. Le Roy n'avait fait qu'indiquer.

On construit les voûtes, de quelque capacité qu'elles soient, sans ceintres, et l'on n'y emploie que des briques et du mortier de khoraçan par égale épaisseur, ce dernier mis en œuvre encore mou. Cette circonstance est essentielle à observer, parce que le mortier dans cet état permet de donner aux briques l'inclinaison nécessaire, sans avoir besoin de les tailler, et sans qu'il en résulte de porte-à-faux. Cette inclinaison est réglée d'une manière uniforme au moyen d'une perche, dont une des extrémités, mobile autour d'un point fixe correspondant au centre de la coupole, permet à l'autre extrémité de se mouvoir circulairement et de s'élever dans le plan vertical. En vertu du premier mouvement, la perche trace dans l'espace la surface intérieure d'un cône dont le sommet serait en bas. Une première brique étant posée sur son lit de mortier avec l'inclinaison nécessaire réglée par la perche, on place une autre brique à côté de la même manière que la précédente, et ainsi de suite, jusqu'à ce qu'on ait formé la première zone. Vingt-quatre heures après, lorsque le mortier a pris assez

(1) *Voyez* la note VI.
(2) Guys, *Voyage littéraire de la Grèce,* tome II, page 2.

de consistance pour supporter une nouvelle pression, on replace avec l'indication de la perche, si je puis m'exprimer ainsi, un nouveau lit de brique et de mortier de khoraçan sur le premier : on continue ainsi jusqu'à ce que la perche étant parvenue à la situation verticale, marque l'emplacement de la clé de la voûte.

Sainte-Sophie n'est point éclairée, comme les rotondes des anciens, par une ouverture pratiquée au centre de la voûte, et qui les exposait à toutes les intempéries de l'air : elle reçoit le jour par vingt-quatre fenêtres placées dans son tambour ; et c'est ainsi que toutes les coupoles ont été disposées ultérieurement.

Sainte-Sophie n'a d'autre rapport avec les mosquées que sa coupole, sur laquelle nous sommes entrés dans d'assez longs détails. Son plan est d'ailleurs celui qui était suivi dans la construction des églises grecques du rite catholique, lequel était lui-même subordonné aux mœurs des Grecs du moyen âge et aux pratiques de leur culte.

Depuis l'établissement du christianisme, la croix qui avait été regardée jusque là comme un instrument d'ignominie, étant devenue le signe de la rédemption, celui du salut, avait pris un caractère révéré. Les Grecs l'avaient adopté dans leur *Labarum* (1); ils faisaient précéder d'une croix presque toutes leurs

---

(1) *Labarum*, espèce d'étendard aussi célèbre et aussi respecté en Orient depuis Constantin, que l'était l'Oriflamme sous nos rois de la troisième race. Le Labarum était une enseigne d'étoffe de pourpre, relevée d'une broderie d'or, et surmontée d'une couronne de pierres précieuses, au milieu de laquelle était le monogramme XP du nom de J.-C. On fixait dans le bas des médailles magnifiques qui représentaient des Empereurs. *Voyez* Eusèbe, *Vie de Constantin*.

inscriptions en monogrammes, et ils avaient assujéti à cette figure celle du plan de leurs églises. C'est cette fameuse croix grecque que l'on retrouve dans le plan de l'église de Nicée, où se tint le concile qui a conservé son nom; dans celle de *Saint-Jean-Studius*, à Constantinople, église du moyen âge; et enfin, dans toutes les églises modernes du rite grec. La Croix grecque donne une forme oblongue : Anthémius ayant résolu d'adapter une coupole à son église projetée, devait, pour la régularité, la faire correspondre au centre de l'édifice ; mais obligé de suivre un principe consacré par des idées de religion, et en même temps assujéti aux règles de son art, il se rapprocha de la forme carrée, sans la suivre rigoureusement : aussi l'on voit que Sainte-Sophie a dans son intérieur, deux cent cinquante-deux pieds de long sur deux cent vingt-huit de large. La différence entre ces deux dimensions maintenait la croix grecque, et n'était pas assez considérable pour choquer la symétrie.

Anthémius étendit dans le plan général les dimensions en longueur, par l'établissement d'un premier vestibule qui touchait au temple, et d'un autre vestibule appelé *Narthex*, où se tenaient les pénitens et les catéchumènes, jusqu'à ce qu'ayant satisfait aux lois de discipline, l'entrée du temple pût leur être permise (1).

(1) Ce mode avait également lieu dans l'Eglise latine, comme on en jugera par le fragment que nous allons rapporter de la lettre que le pape Grégoire II écrivit à l'empereur Léon l'Isaurien, ce fléau de l'Eglise et de l'humanité, et où il fait sentir la différence qui existait alors entre les lois civiles et les lois ecclésiastiques : « les Empereurs, dit-il, punissent « de mort, envoient en exil, emprisonnent les coupables, ou vident leur « bourse; au lieu que les évêques, quand quelqu'un s'est rendu crimi-

La direction longitudinale de Sainte-Sophie est d'Occident en Orient, comme celle de toutes les églises des anciens chrétiens. La porte d'entrée de ces églises regardait l'Occident, de manière que le prêtre à l'autel et le peuple en oraison étaient tournés vers le temple de Jérusalem, situé à l'Orient par rapport aux Grecs et aux Latins (1). Cette direction convient encore au culte musulman, puisque le *Mihrab*, partie de la mosquée où se tient l'Imam durant la prière, est toujours dans la direction de la Kiabè, ou temple de la Mèkke, qui elle-même est située vers l'Orient : cette direction s'appelle le *Kyblè* (2). L'Imam est celui qui, chaque jour, hors le vendredi, fait à haute voix la prière dans la Mosquée, et que les fidèles assistans suivent à voix basse : les Imam (3) sont des espèces de curés.

Mais en outre des Imam, les *Khatyb*, ministres du culte, sont établis par le Grand-Seigneur pour lire le *Khoutbè* (4), et faire chaque vendredi la prière

« nel, et qu'il avoue son crime, se contentent de mettre sur sa tête la
« croix et l'Évangile, et de le retenir dans la sacristie, ou dans la diaconie,
« où l'on assemble les catéchumènes. Ils lui imposent des veilles, des
« jeûnes, des prières ;..... et après l'avoir rétabli pour être un vase d'é-
« lection,..... ils l'envoient à Dieu saint et innocent. »

(1) D'Herbelot.

(2) Les Turcs, sur les boussoles qui les doivent diriger pour la prière, appellent *Kyblè* le point vers lequel ils sont obligés de se tourner.

(3) *Imam*, dans le sens primitif, *est la poutre qui sert à soutenir le reste de l'édifice*; puis, par dérivation, a été appliqué aux premiers docteurs de la Loi. Les premiers chefs des Musulmans ont de même été appelés Imam ; on dit encore dans ce sens l'Imam de Mascate, etc.

(4) *Khoutbè*, sorte de prière en arabe, composée du *Hamdèlè*, louanges adressées à Dieu ; du *Salvèlè*, prières pour le Prophète ; de la lecture d'un passage du *Hadis*, traditions de Mahomet, ou d'une espèce de sermon, toujours en arabe, et de prières pour le Sultan et son armée.

de midi, qui ne peut être faite ce jour là par l'Imam. C'est une prérogative et la marque de la souveraineté de faire lire le Khoutbè, en ce qu'on y fait des vœux pour la conservation du prince. Pour réciter le Khoutbè, le Khatyb monte dans le *Minbèr*, chaire portative qui est placée en face de la tribune du Sultan.

Sur les côtés de la mosquée de Sainte-Sophie règnent deux galeries à portiques soutenues par des colonnes de porphyre, de serpentin et du marbre le plus rare; ce sont les *Gynaitikon*, galeries qui étaient réservées pour les femmes, que l'on séparait des hommes dans les églises. Le pavé de cette mosquée est formé de compartimens des marbres les plus précieux, parmi lesquels celui de couleur rouge domine.

On entre dans Sainte-Sophie par neuf magnifiques portes de bronze. Les jambages qui les reçoivent sont de marbre blanc. La porte du milieu est la plus considérable.

Lorsque cette église fut convertie en mosquée, on remplaça le clocher par une tour ronde très-élevée, appelée *Minaret* (1), qui termine une galerie d'où le *Mu'ezzin*, par son chant (*Ezān*), appelle à la prière, l'usage des cloches étant absolument interdit en Orient; et l'on y contruisit un second minaret.

On compte à Constantinople trois cent quarante-six mosquées, dont deux cent soixante-douze petites et soixante-quatorze grandes, parmi lesquelles treize mosquées impériales, monumens très-remarquables.

Les mosquées impériales sont Sainte-Sophie, dont

(1) *Minaret*, ou *Minarè*, nom de lieu du mot *nour*, lumière; probablement parce que dans le Ramazan, et à certaines autres époques, les Minarets sont illuminés.

nous avons parlé ; Sultan-Ahmed ; la Suleïmaniïé, ou celle de Sultan-Soliman ; la mosquée de Mahomet II ; celle de Bajazet II ; l'Osmaniïé (Nouri-Osmani), ou celle de Sultan-Osman ; la mosquée de Sultan-Selim I ; celles d'Eïoub, de Lalèli ou des Tulipes, de la Sultane Validè, mère de Mahomet IV ; celle d'une autre Validè, mère de Moustapha II et d'Ahmed III ; celle de Chah-Zadè, bâtie par Soliman I ; enfin la mosquée d'Abdul-Hamid, au village d'Istavros, situé en Asie, sur la côte du Bosphore.

De ces treize mosquées, la plus imposante par ses dehors et sa position, est celle de Sultan-Ahmed, sur l'At-Mèïdani (l'Hippodrome). Elle est séparée de cette place par une longue muraille percée de trois portes et de soixante-douze fenêtres (1). La mosquée proprement dite est, quant à sa forme, un carré de cent vingt-sept pieds de côté. Son dôme a soixante et un pieds de diamètre. Il est supporté par quatre bases circulaires de huit pieds six pouces de rayon ; mais les colonnes ou piliers qui les soutiennent sont d'une proportion massive et écrasée.

Ce temple magnifique est précédé d'une grande cour pavée de marbre, au milieu de laquelle s'élève une belle fontaine pour les ablutions. La forme de cette fontaine est hexagonale : nous en donnerons la description un peu plus loin.

Dans l'enceinte de la cour d'entrée, règne une galerie couverte formée de vingt-six arcades ayant chacune une coupole revêtue de plomb, et soutenue par vingt-six colonnes de granit égyptien, avec des bases de bronze et des chapiteaux à la turque.

(1) *Voyez* la planche VII de l'Atlas.

La mosquée de Sultan-Ahmed est la seule qui ait ses minarets à trois galeries chaque. C'est du haut de ces galeries qu'on peut apercevoir la Propontide, ayant à son entrée les îles des Princes ; qu'on peut voir le Sérail, Sainte-Sophie, une grande partie de Constantinople, ainsi que ses faubourgs au-delà du port, et une portion du Bosphore, que terminent les beaux paysages de la rive asiatique du côté de Scutari.

Le Grand-Seigneur se rend à Sultan-Ahmed aux fêtes du Baïram, et il y est accompagné d'un cortége brillant et très-nombreux.

Une mosquée non moins remarquable que celle de Sultan-Ahmed, est la mosquée de Sultan-Soliman, (ou Suleïman), qui occupe un local vaste et entouré de beaux monumens. C'est la plus élevée de toutes. Elle a quatre minarets. Le diamètre de son dôme est de soixante-huit pieds. Soliman I la fit bâtir des dépouilles des ennemis vaincus. On remarque dans cette mosquée quatre superbes colonnes de granit égyptien, de soixante pieds de hauteur, qu'on dit avoir été enlevées d'Éphèse.

On voit dans l'Osmaniïé un sarcophage en porphyre qu'on dit être celui de Constantin ; et, au milieu de la cour de cette mosquée, la base, aussi de porphyre, sur laquelle ce tombeau était placé.

Près de la mosquée Seïrèk, ou Kiliçè-Djami, qui est une ancienne église grecque, il y a un superbe sarcophage en vert antique, entouré d'une grille ; il partage avec celui de l'Osmaniïé la réputation d'avoir servi de tombeau à Constantin.

En face de Chah-Zadè se trouvaient les vastes et belles casernes des Janissaires, qui furent détruites lors de la révolte de cette milice, le 16 juin 1826 (1). Des trottoirs couverts règnent le long des deux rues à droite et à gauche de ce temple.

La mosquée Yèni-Djami s'appelle aussi *Validè-Djamiçi*, ou mosquée de la Sultane-Mère, parce qu'elle fut bâtie par la veuve de Mahomet IV, mère de plusieurs Sultans. En dedans elle est tout incrustée de porcelaines de fabrique persane.

On remarque dans la mosquée de Sultan-Bajazet, (ou *Baïèzid*), plusieurs belles colonnes de vert antique, de jaspe et de granit.

La mosquée de Sultan-Osman, ou Nouri-Osmani, quoique moins grande que les autres mosquées impériales, est la plus élégante et la plus régulière tant en dedans qu'en dehors. Elle n'a que deux minarets. Sa longueur, égale à sa largeur, est de soixante-seize pieds. Son dôme, qui couvre tout l'édifice sans laisser de corridors latéraux, est d'une architecture très-remarquable. Cette mosquée fut achevée l'an 1755, par des architectes grecs.

Près des mosquées, en général, se trouvent des dépendances qui ont pour objet l'utilité publique. Elles ont été édifiées soit sur les revenus de ces mosquées, soit par la piété ou la bienfaisance des Sultans ou des personnes riches. Ces dépendances sont des *imarèt*, ou hôtelleries; des hôpitaux; des *mèdrèçè*, ou colléges; des bibliothéques et des chambres sépulcrales. Dans les imarèt on distribue des vivres aux pauvres et aux étudians. Les hôpitaux sont destinés à recevoir les malades et les fous. Dans les mèdrèçè, les élèves apprennent la lecture, l'écriture et

(1) *Voyez* le chapitre VI.

les élémens de la langue turque : on les instruit également avec le plus grand soin dans leur religion. Les bibliothèques impériales de Constantinople sont au nombre de quinze; les plus fréquentées sont celles de Sultan-Abdul-Hamid et de Raghib-Pacha. Les chambres sépulcrales que l'on voit près des mosquées impériales renferment ordinairement les tombeaux des sultans qui les ont fondées; et ceux des princes et princesses de leur famille.

« Les Turcs, dit M. de Saint-Priest (1) dans une
« note particulière, n'ont point d'hôpitaux de ma-
« lades en titre, parce que l'hospitalité devance,
« où elle règne, ces établissemens. Les grandes
« mosquées ont des *oda*, asiles, lieux de repos,
« où les malades peuvent se retirer. Ils n'y ont ni re-
« mèdes ni médecins; mais ils y trouvent une nour-
« riture soignée. Les grands donnent à manger aux
« pauvres dans les occasions de fêtes publiques ou
« personnelles. Les mosquées, imarèt, et autres éta-
« blissemens, fournissent tous les jours la nourriture
« aux pauvres écoliers nommés Softa. Cela est au
« point que l'on prétend que le quart des Turcs de
« Constantinople vit d'aumônes. De là vient qu'il y a
« moins de mendians en Turquie qu'ailleurs; mais il
« n'en manque nulle part dans l'Empire. »

Les imarèt servent de logement aux Imam. La forme de celui qui tient à la mosquée de Sultan-Suleïman est rectangulaire. Sa longueur, prise en dehors, est de deux cent vingt et un pieds; et sa largeur de cent cinquante-deux. Son entrée se trouve sur un

(1) M. le comte de Saint-Priest, ancien Ambassadeur de France à Constantinople. *Voyez* note IV.

des longs côtés. Elle correspond à une grande cour entourée d'un péristile par où l'on communique aux chambres des Imam, aux magasins, aux cuisines et à une vaste salle à manger. Cet imarèt, bâti en pierre de taille, est d'une bonne construction. Toutes les chambres sont voûtées.

L'hôpital des fous, dépendant de la même mosquée, est aussi de forme rectangulaire. Il renferme deux cours entourées de portiques soutenus par des colonnes en marbre, et d'architecture mauresque. Ils sont recouverts par une suite de dômes séparés par des arcades. Ces portiques servent à circuler autour des bâtimens, et à communiquer aux chambres dans lesquelles sont placés les fous. Ces chambres sont terminées en voûtes d'arête. On voit au milieu de la seconde cour, qui est plus grande que la première, une fontaine destinée aux ablutions. Nous en parlerons avec quelques détails.

Presque entièrement construit en pierres de taille, l'hôpital des fous de la Suleïmaniïè n'a qu'un seul étage. Sa longueur, prise en dehors, est de cent soixante-seize pieds, et sa largeur de cent cinquante-six. Il a été bâti par le grand Soliman, surnommé Soliman-le-Magnifique.

La fontaine des ablutions a la forme d'un polygone régulier de seize côtés, à chaque angle duquel correspond une colonne en marbre. Les diverses colonnes servent d'appui à des arceaux qui soutiennent la première couverture de la fontaine. Au milieu se trouve un bassin dans lequel les eaux arrivent par des tuyaux en plomb, et en formant jet d'eau. Ce bassin est entouré d'un petit canal qui en reçoit l'eau par des robinets placés sur ses faces, et dans le fond duquel sont pratiqués des orifices par où les eaux s'écoulent après avoir été employées aux ablutions. Vis-à-vis de chacune des faces est un banc, et en outre une pierre plate qui sert d'appui pour les ablutions des pieds. Cette fontaine est entourée d'une colonnade en marbre dans le genre mauresque. Elle soutient une seconde toiture en charpente, couverte en plomb, et d'une forme élégante. La corniche a assez de saillie pour que les personnes qui font les ablutions se trouvent abritées.

On ne peut jeter les yeux sur les établissemens qui forment les dépendances des principales mosquées, ainsi que sur les khans et les caravanseraï, sans se rappeler que la charité et l'hospitalité sont les antiques vertus des peuples d'Orient; et ils les ont fidèlement conservées. Dans le huitième siècle, et par les soins d'une pieuse impératrice, Irène, mère de Constantin Copronyme, Constantinople vit bâtir et doter richement le premier hôpital destiné à recevoir ou les enfans abandonnés ou les orphelins. Elle fonda également des hôpitaux pour les vieillards, pour les étrangers et pour les pauvres (1). Cet exemple fut imité par plusieurs Empereurs qui vinrent après Irène. Les souverains ottomans ont marché sur leurs traces; et ils l'ont fait moins pour suivre cet exemple, qu'entraînés par ce sentiment inné chez les peuples d'Orient, par lequel la bienveillance des chefs de l'Etat et la charité des riches se portent à pourvoir toujours aux besoins des indigens, et de plus à exercer l'hospita-

(1) Les Juifs ont fondé la première maison hospitalière où tous les étrangers étaient reçus.

lité envers les étrangers. Il existe depuis long-temps à Constantinople, sous le titre de *Tab'y-Khanè*, des hôpitaux pour les malades musulmans, comme nous l'avons déjà dit. Plusieurs temples ont de ces établissemens, tels que *Khassèki-Djami*, *Mihr-ou-Mah-Sultan-Djamiçi* et *Kilidj-Ali-Pacha-Djamiçi*, ainsi que la *Sèlimiïè* (1), à Scutari. Les plus considérables auprès des mosquées impériales sont ceux de *Sultan-Bajazet*, *Sultan-Selim*, *Sultan-Soliman*. Les principaux khans de Constantinople, destinés à servir de logement aux voyageurs et aux marchands, sont le *Validè-Khan*, le *Vèzir-Khan* et le *Yèni-Khan*. Tous les khans, construits à peu près sur le même modèle, consistent en une grande cour entourée de magasins et d'écuries, sur lesquels sont élevés deux ou trois étages de petites chambres qui servent d'asile aux voyageurs : ces khans sont tenus avec une extrême propreté.

CHAPITRE X.

De l'Esclavage et de l'Affranchissement chez les Turcs, comparé à l'Esclavage et à l'Affranchissement chez les Romains.

Si l'on ne jugeait de l'Esclavage chez les Turcs que par l'idée qu'on a généralement de cette nation en Europe, on croirait que les Turcs se conduisent envers leurs Esclaves comme les Romains en agis-

---

(1) Mosquée construite par l'infortuné Sultan-Selim III.

saient avec les leurs; qu'ils les traitent comme les Lacédémoniens traitaient les Ilotes, ou comme les colons oppriment les nègres en Amérique. Un peuple religieux, hospitalier, dont la sollicitude pour les êtres créés s'étend jusqu'aux animaux domestiques, n'importe à qui ils appartiennent, ne saurait être un maître despotique et cruel. Le Turc n'éloigne point le pauvre avec dureté, le voyageur avec défiance : il secourt l'un avec empressement et reçoit l'autre avec affabilité. Une fille Esclave devient sa femme, un Esclave son fils. Le chemin de la fortune n'est point fermé à celui qui vécut dans l'Esclavage; il en sort souvent pour être élevé aux plus hautes dignités; et le Grand-Seigneur est lui-même fils d'Esclave. Les Turcs ont, en outre, sur l'Esclavage et l'Affranchissement, une législation complète, très-bien entendue, où quelques unes des nations civilisées de l'Europe, un peu en retard sur ce point, pourraient puiser d'utiles leçons. Cette législation, quoique dérivant du même principe, fait honte à celle des Romains : on ne conçoit pas en effet comment ce peuple si fier, dont le noble caractère ne put jamais s'accommoder au joug de la féodalité, et qui se rendit si célèbre par ses lois, en ait eu d'aussi barbares sur l'Esclavage. Tels étaient par exemple les effets de la puissance paternelle chez les Romains, qu'un père pouvait vendre son fils; ce qui fut néanmoins aboli dans la suite, excepté lors des grandes famines.

L'Esclavage, tel que nous le considérons ici, doit son origine à la pauvreté, à la guerre légitime et à la piraterie.

Celui qui s'était enrichi par un enchaînement de

circonstances heureuses, par un travail obstiné, ou par une prudente économie, reconnut bientôt qu'il était plus doux d'acheter les services du pauvre que de se servir soi-même. Cette première espèce de servitude n'était qu'un louage d'industrie, et répondait à peu près à l'obligation qui lie maintenant les maîtres et les domestiques. Elle existait chez les Hébreux (Lévitiq. xxv, 39, 40. Exode xxi, 2), chez les Grecs et chez les Romains ; ceux-là nommaient ces esclaves *Thétes*, et ceux-ci *Mercenarii*.

La misère privée ou publique réduisait à l'Esclavage une foule de particuliers, et quelquefois une nation entière. Ainsi, au milieu de la longue famine qui désola l'Egypte, les habitans dépourvus de vivres, excepté les prêtres, vinrent trouver Joseph, et abandonnèrent au Pharaon leur argent, leur bétail, leurs terres, et enfin leurs personnes, pour obtenir du blé. Dans la Judée, en Grèce, et dans plusieurs autres pays, le débiteur qui ne pouvait s'acquitter envers son créancier était réduit en servitude, jusqu'à ce que son travail eût satisfait à sa dette. Les Germains, passionnés pour le jeu, risquaient souvent leur liberté : en perdant, ils se dévouaient à une servitude volontaire.

Mais la violence était le moyen le plus souvent employé pour se procurer des Esclaves. Une loi reçue généralement parmi les nations de l'antiquité soumettait les prisonniers de guerre à toutes les volontés du vainqueur. L'orgueilleux Nemrod donna la première idée de victoire et de servitude. Les Ilotes, chez les Lacédémoniens, n'étaient qu'un peuple conquis : *N'égorge pas le captif, puisque tu peux le vendre; il rendra des services utiles* (1) ; tel était le droit public de l'Orient et de l'Occident.

La piraterie contribua plus puissamment encore que la guerre légitime à l'établissement de l'Esclavage. C'était une profession honorable dans les premiers siècles; et l'avarice en perpétua l'usage dans les temps postérieurs.

La servitude *personnelle*, anéantie par l'établissement du christianisme et la chute de l'Empire Romain, fut remplacée par la servitude *réelle*, ou celle de *la glèbe*, qui attachait le laboureur au fonds de terre qu'il cultivait. Robertson, dans son *Introduction à l'Histoire de Charles-Quint*, a tracé un tableau aussi fidèle qu'effrayant de cette nouvelle espèce d'Esclavage qui s'était perpétuée en France jusqu'à nos jours. Ce ne fut que sous Louis XVI qu'on vit disparaître entièrement ces traces d'une barbarie que les prétentions de la féodalité avaient maintenues, et en quelque sorte consacrées.

Louis-le-Gros, pour se délivrer du joug des nobles, commença l'affranchissement des Manans ou Vilains, appelés aussi Roturiers (*Rompeurs*, de *ruptores*, parce qu'ils rompaient la glèbe). La Reine Blanche, mère de Saint-Louis, Régente du royaume, continua cette heureuse révolution (2); et Louis-le-Hutin

---

(1) *Vendere cùm possis captivum, occidere noli;*
    Serviet utiliter.   (Hor.)

(2) C'est à la piété de cette illustre reine que l'on dut ce pas vers la civilisation.

Voici, d'après une ancienne chronique, le fait qui y donna lieu :

« La roine Blanche, mère de saint Loys, qui alors gouvernoit le
« royaulme de France, oy dire que les chanoines de Nostre-Dame avoient
« emprisonné plusieurs hommes et femmes de corps, qui ne leur pou-

s'efforça de la consommer en proclamant la liberté de tous les serfs : *Veillant*, dit ce Prince, *que, dans le royaume des Francs, la chose en vérité soit accordante au nom*.

Néanmoins, vers la fin du dernier siècle, la servitude n'était pas encore entièrement bannie du sol de la France, lorsque Louis XVI rendit cet édit mémorable, par lequel il affranchit tous les serfs de ses domaines. Ce bel exemple ne fut point d'abord imité. La servitude personnelle pesa quelque temps encore sur plus de dix mille habitans dans un coin de la France. Mais le *Serf du Mont-Jura* fit entendre sa voix; secondée par la philosophie, elle influa sur les décrets du 4 août 1789, qui achevèrent ce que Louis XVI avait voulu exécuter ; et par l'abolition de la main-morte, ces lois suprêmes ont entièrement extirpé la servitude d'un sol moins propre que tout autre à nourrir un peuple esclave.

Dès 1702, Ferdinand IV, en Danemarck, jaloux de régner sur un peuple libre, avait singulièrement modifié l'état d'Esclavage qui dégradait ses sujets. La plupart des peuples du Nord sortaient à peine de la barbarie, et l'exemple de leurs voisins fut perdu pour eux; aussi une servitude féodale, plus ou moins op-

« voient payer leurs tailles, et avoient en la prison moult de mésaises ;
« pourquoy la Roine, qui ot grant pitié, fit rompre les prisons des dits
« chanoines, et les fit délivrer ; et pourceque cette Roine avoit pitié des
« gens qui ainsy estoient serfs, ordonna, en plusieurs lieux, que les gens
« fussent affranchis, moyennant autres droits et seigneuries que les sei-
« gneurs prendroient sur leurs hommes et femmes de corps, et le fit, en
« partie, pour la pitié qu'elle avoit de plusieurs belles filles à marier
« qu'on laissoit à prendre pour leur servitude, et en étoient plus
« gastées. »

pressive, règne encore dans une partie de l'Europe *civilisée*. On peut s'en rapporter à l'aristocratie pour la maintenir, malgré le progrès des lumières, contre la volonté, l'intérêt même des souverains et le droit des peuples. Dans ces contrées, quoique le peuple soit serf, il n'en conserve pas moins, à l'égard de ses maîtres, une sorte de maintien et de dignité. Un peuple qui marche vers la civilisation a toute sa vigueur native. La dégénération, au contraire, résultat d'une longue servitude, ôte à l'homme toute son énergie, et lui fait baisser un front humilié (1). Celui-ci est écrasé sous le poids de ses chaînes, tandis que l'autre fait des efforts continuels pour s'en débarrasser. Chez les derniers la force de répulsion est en lutte continuelle avec la force de compression; et la première doit finir par l'emporter.

Revenons à la Turquie, ce pays qui ne connaît point les prérogatives de la naissance, et où les hommes n'ont de distinctions que celles qu'ils tiennent des places qu'ils occupent. La comparaison de la législation romaine, à l'égard de l'Esclavage et de l'Affranchissement, avec celle des Turcs, sur le même sujet, nous fournira la preuve que si la législation musulmane a sa source dans le droit romain, comme l'on

(1) Les Egyptiens étaient dans ce cas : les nombreuses révolutions auxquelles l'Egypte a été soumise avaient amené cet état de servitude qui tient le peuple dans la plus honteuse abjection. L'Egyptien était d'autant plus malheureux que les concussions, sous le nom d'*avanies*, soumises à l'avarice des chefs, ne dépendaient que de leur avidité, et, par conséquent, de leurs caprices. Le système fiscal des provinces de Moldavie et de Valachie, sous l'administration des princes grecs nommés par la Porte, système en apparence plus régulier, ne présente rien de moins odieux ni de moins vexatoire : il rentre tout-à-fait dans l'ancien système concessionnaire de l'Egypte.

en pourra juger plus tard, les modifications qu'elle a subies sont toutes à l'avantage de l'humanité.

Ce parallèle entre les lois romaines et les lois turques sur l'Esclavage nous offre quatre objets principaux de comparaison :

Les différentes espèces d'Esclaves ;
Les droits du maître sur la personne et les biens de l'Esclave ;
Les divers modes d'Affranchissement ;
Les effets de l'Affranchissement.

§ Ier.

Des différentes espèces d'Esclaves.

Les Romains distinguaient, et les Turcs distinguent également, deux sortes d'Esclaves; savoir, les hommes nés libres, qui ont été réduits en servitude, et les Esclaves de naissance.

A Rome, un homme libre devenait Esclave ou par le droit des gens, ou par le droit civil.

L'étranger pris à la guerre était Esclave par le droit des gens. On lui donnait le nom de *servus* (mot dérivé de *servare*, parce qu'on lui conservait la vie), ou celui de *mancipium* (de *manu capere*), parce que le vainqueur mettait la main sur le vaincu, et s'en emparait.

Le Romain né libre devenait Esclave par le droit civil, lorsque, parvenu à l'âge de vingt ans accomplis, il se faisait vendre comme Esclave à un acheteur de bonne foi, et partageait le prix de la vente avec son prétendu maître ; en second lieu, lorsqu'il était condamné aux travaux des mines à perpétuité : on l'appelait *Esclave de la peine*, et il devenait Esclave public ; enfin lorsqu'une femme libre se livrait à un Esclave, et entretenait avec lui un commerce suivi, malgré trois avertissemens qui lui étaient donnés par le maître de cet Esclave ; alors elle devenait, ainsi que tous ses biens, la propriété de ce maître.

Les Turcs reconnaissent comme Esclaves, en vertu du droit des gens,

Celui qui est fait prisonnier en pays Harbi ; on appelle *Harbi* les peuples non musulmans qui sont par la Loi divine en guerre perpétuelle avec la Porte ;

Celui qui est fait prisonnier en pays non Harbi, quand le Grand-Seigneur a déclaré la guerre à la nation dont il est membre ;

Et les nègres, non musulmans, enlevés de leur pays.

Tout étranger, musulman ou non musulman, ne peut être réduit à la condition d'Esclave, si sa nation n'est pas actuellement en guerre déclarée avec la Porte. Un Harbi même est en sûreté, s'il est porteur d'un sauf-conduit.

Le prisonnier de guerre appartient exclusivement à celui qui l'a pris, c'est-à-dire à celui qui le premier a mis la main dessus, quand même plusieurs eussent contribué à le faire prendre.

Esclaves de naissance.—Pour savoir quels étaient les Esclaves de naissance chez les Romains, il faut reconnaître que les enfans nés d'un mariage légitime (*nuptiæ, vel matrimonium*) suivaient la condition de leur père ;

Que les enfans nés d'un mariage illégitime (*contubernium*) suivaient la condition de leur mère ;

Qu'il ne pouvait y avoir de mariage légitime qu'entre deux personnes libres.

Il résultait de là les conséquences suivantes :

L'enfant d'un homme et d'une femme libres naissait libre ;

L'enfant d'un homme Esclave et d'une femme libre naissait libre ;

L'enfant d'un homme et d'une femme Esclaves naissait Esclave ;

L'enfant d'un homme libre et d'une femme Esclave naissait Esclave.

Mais ces deux derniers cas recevaient plusieurs exceptions.

Pour que l'enfant d'une femme Esclave suivît la condition de sa mère, et par conséquent naquît Esclave comme elle, il fallait que la mère fût dans l'Esclavage, et lorsqu'elle l'avait conçu, et tout le temps qu'elle l'avait porté dans son sein, et lorsqu'elle l'avait mis au monde. Le concours de ces trois époques était absolument nécessaire ; il suffisait, pour la liberté de l'enfant, que la mère eût été libre, soit au moment de la conception, soit au temps de l'accouchement, soit dans l'intervalle.

Les enfans nés Esclaves étaient appelés *vernæ*. Ils appartenaient au maître de leur mère ; c'était l'application de ce principe que tout ce qui provient d'une chose à nous appartenante nous appartient par droit d'accession.

Chez les Turcs, tout enfant né de parens libres ou de mère libre et de père Esclave est libre. Il en est de même de l'enfant né de mère Esclave et de père libre, ayant le droit de le reconnaître. Ce droit appartient au maître, au copropriétaire, au père et au fils du maître, au maître du maître de la mère, quand ce dernier, Esclave du premier, a droit de propriété; enfin à celui qui a joui de la femme Esclave avec la permission du maître.

L'Esclavage pèse sur l'enfant qui naît de père et mère Esclaves, ou de mère Esclave et de père non connu, ou de mère Esclave et de père libre, mais qui n'a pas le droit de reconnaître l'enfant, ce qui rentre dans le cas de père inconnu; enfin, sur celui qui naît d'une Esclave, propriété commune du maître et de sa femme, quand même le mari reconnaîtrait l'enfant.

Celui qui naît Esclave appartient au maître de sa mère.

§ II.

Droits du Maître sur la personne et les biens de l'Esclave.

Dans les commencemens de la République, les Romains traitaient leurs Esclaves avec une grande douceur. Ils les regardaient comme leurs compagnons; ils travaillaient et mangeaient avec eux; ils ne leur infligeaient que des punitions modérées. Ils leur permettaient de consacrer leurs loisirs à une profession lucrative, telle que le commerce ou les arts mécaniques; et jamais ils ne refusaient la liberté à ceux qui avaient amassé une somme suffisante pour se racheter. Souvent même, par attachement ou par intérêt, ils les affranchissaient, et, au lieu de simples serviteurs, ils avaient des amis et des cliens qui leur restaient attachés par les liens de la reconnaissance, et qui leur rendaient des services importans. Tel fut l'Esclavage à Rome, tant que la liberté, la justice et les mœurs régnèrent dans cette ville.

Mais le luxe, la corruption, l'anarchie avilirent un

peuple fier et généreux ; moins il fut digne de la liberté, plus il fut inhumain pour ses Esclaves. Il les considéra et les traita comme des ennemis domestiques : *tot servi, tot hostes*. La guerre servile fut le combat du désespoir contre la cruauté. Encore une victoire de Spartacus, et les oppresseurs portaient le joug des opprimés.

Voici en abrégé, sur l'état des Esclaves, les principales dispositions du Droit romain :

Les Esclaves étaient la *chose* de leurs maîtres, et comptés parmi les animaux (1).

Sous prétexte qu'on peut abuser de sa propre chose, les maîtres soumettaient leurs Esclaves aux travaux les plus pénibles, aux privations les plus odieuses, aux châtimens les plus arbitraires. Ils poussaient souvent la barbarie jusqu'à les exposer aux bêtes féroces, ou à les tuer de leur propre main.

Tout ce qu'un Esclave acquérait, soit par tradition, soit par donation, legs ou toute autre cause, il l'acquérait pour son maître.

Cependant l'Esclave pouvait avoir un *pécule;* et le pécule était tout ce que son maître lui permettait de posséder, soit meuble, soit immeuble.

Ordinairement l'Esclave n'avait que la jouissance de son pécule ; mais il avait aussi le droit de l'aliéner, lorsque son maître lui en avait accordé la libre administration.

L'Esclave était mort civilement (2); ainsi il ne pouvait contracter de mariage légitime, *matrimonium*. On appelait *contubernium*, cohabitation, l'union qu'il

(1) *Servi in potestate domini sunt, ut pecora, jumenta, et cæteræ res*
(2) *Nullus, ac pro mortuo habetur.*

formait avec un autre Esclave ou avec une personne libre (1), et cette union était privée de tous les effets civils.

Il ne pouvait être tuteur légal, ni tuteur testamentaire, à moins que son maître, en le chargeant de la tutelle de ses enfans par testament, ne lui donnât la liberté.

Il n'était point écouté en justice.

Il ne pouvait implorer la protection des Tribuns.

Il était incapable de disposer à titre gratuit, soit entre-vifs, soit par testament; et de s'obliger, soit pour un fait, soit pour une somme d'argent, à moins qu'il n'eût la libre administration de son pécule.

Il était permis de frapper un Esclave sans que le maître fût en droit d'intenter une action; et si par hasard on frappait une personne libre au lieu d'un Esclave, l'individu frappé ne pouvait se plaindre.

Les Esclaves étaient punis bien plus sévèrement que les hommes libres, pour les mêmes crimes.

Ils étaient exclus du service militaire, sous peine de mort. On ne dérogeait à cette loi que dans une extrême nécessité. Après la bataille de Cannes, on enrôla huit mille Esclaves, choisis parmi ceux qui étaient les plus vigoureux.

Si un Esclave, après avoir été pris et affranchi par l'ennemi, était repris ou remettait le pied sur le territoire romain, il rentrait, par le droit de *postliminie*, sous la puissance de son maître aussitôt que celui-ci était instruit de son retour.

Le maître était responsable du dommage causé par son Esclave; et s'il ne voulait pas le payer, il devait

(1) Au lieu de s'appeler mari et femme, ils se disaient *contubernales*.

livrer l'Esclave à la personne lésée. L'action en réparation du dommage s'appelait *action noxale*.

Le maître à son tour avait une action contre celui qui méchamment et par dol avait exhorté ses Esclaves à lui porter préjudice, ou à lui témoigner du mépris, ou à commettre une mauvaise action, par exemple à voler, à s'enfuir, etc.; à plus forte raison avait-il une action en indemnité contre celui qui avait blessé ou tué l'un de ses Esclaves.

Si un Esclave prenait la fuite, aussitôt il était l'objet des recherches les plus actives : le maître, avec l'autorisation et le secours des magistrats civils et des officiers militaires, visitait lui-même, ou faisait visiter par des appariteurs, toutes les maisons et tous les héritages où il soupçonnait que son Esclave s'était caché. Les propriétés des Sénateurs et des Empereurs même n'étaient pas à l'abri de cette perquisition. On fouillait jusque dans les lits; on pénétrait dans les lieux les plus secrets. Si le fugitif était découvert, on lui faisait subir de cruels tourmens; on l'exposait aux bêtes féroces, ou bien on le marquait d'un fer brûlant. S'il avait voulu passer à l'étranger, on le punissait par l'amputation du pied, ou par la condamnation aux travaux des mines. S'il n'était point reconnu ou réclamé par son maître, il était vendu à l'encan au profit de l'État. Des châtimens rigoureux étaient constamment infligés aux receleurs.

Les Empereurs adoucirent le sort des Esclaves : Néron, qui croirait que l'humanité est entrée une fois dans son ame! Néron (1) défendit aux maîtres d'ex-

(1) Néron succède à l'Empire l'an 56, et se donne la mort l'an 68 de J.-C.

poser leurs Esclaves aux bêtes féroces. Adrien (1) ordonna qu'ils seraient punis de mort s'ils faisaient mourir leurs Esclaves sans cause légitime, c'est-à-dire admise par les lois et reconnue par les magistrats. Antonin-le-Pieux (2) ajouta que s'ils refusaient à leurs Esclaves les choses nécessaires, ou s'ils passaient à leur égard les bornes d'un châtiment modéré, ils seraient contraints de les vendre; *car il est de l'intérêt public,* dit cet Empereur, *qu'on n'abuse pas de sa propre chose.* Constantin (3) confirma la constitution d'Antonin, parce que la qualité de maître n'exempte pas des lois de la nature. Léon-le-Philosophe (4) permit aux Esclaves de disposer de leur pécule, comme bon leur semblerait.

Une remarque importante, c'est que tous les Esclaves étaient réduits à la même condition, bien qu'ils fussent employés à divers offices (5). Ainsi les Romains n'admettaient point plusieurs degrés de servitude; il n'y avait pas de milieu entre l'Esclavage et la liberté.

En Turquie, on distingue la servitude rigoureuse et les différentes conditions de l'Esclave *Mèezoun*, de l'Esclave *Mukiatèb*, de l'Esclave *Mudèbbèr*, de l'Esclave *Mudèbbèri-Mukiatèb*, et enfin de l'Esclave *Ummul-Vèlid;* lesquelles sont autant de degrés pour s'élever de la servitude à la liberté.

Commençons par la servitude rigoureuse, qui correspond à celle des Romains :

(1) Adrien règne de l'an 118 à l'an 139 de J.-C.
(2) Antonin-le-Pieux succède à l'empereur Adrien, et meurt l'an 161, après avoir régné près de 23 ans.
(3) Constantin succède à son père l'an 308, et meurt en 339.
(4) Léon-le-Philosophe règne de l'an 460 jusqu'en 475.
(5) *In servorum conditione nulla est differentia.*

Le maître peut disposer de son Esclave, le vendre, le donner, le prêter ; mais il ne peut jouir d'une femme Esclave que deux mois après l'avoir achetée.

Il n'a pas le droit de vie et de mort sur son Esclave ; et l'on punirait même celui qui tuerait, en pays ennemi, son Esclave fugitif.

Tout ce que possède un Esclave appartient sans restriction à son maître.

Celui-ci conserve ses droits jusqu'à la mort de son esclave ; mais le Turc, naturellement bon maître, le laisse rarement vieillir dans la servitude.

On reçoit les dépositions des Esclaves, excepté contre leurs maîtres.

Le mariage de l'Esclave est valide, même sans le consentement du maître ; mais dans ce cas le maître a le droit de le casser.

Le maître peut se marier avec son Esclave sans l'affranchir ; alors il conserve tous ses droits de maître ; et lorsqu'il vient à décéder, l'Esclave mariée ne peut réclamer la part que la loi accorde aux veuves sur la succession de leurs maris.

Le maître qui marie une Esclave n'est pas tenu de lui fournir un mobilier : si elle vit avec son mari hors de la maison de son maître, celui-ci ne peut exiger qu'elle le serve ; mais elle peut s'offrir d'elle-même.

Comme, dans la loi musulmane, tout mariage entraîne un douaire en cas de divorce, si le maître a consenti au mariage et qu'il y ait divorce, il devient débiteur du douaire ; et s'il refuse de le payer, la femme Esclave est vendue.

Si un Esclave se marie sans le consentement de son maître, et qu'il répudie sa femme, c'est encore au maître à payer le douaire, lorsqu'après le mariage il a donné la liberté à l'Esclave.

Celui qui découvre un Esclave fugitif doit l'arrêter et le livrer au maître ou à l'autorité locale ; et s'il réclame une gratification, il la reçoit du maître. Dans le cas où celui-ci ne la paierait pas, on vend l'Esclave pour la prélever sur le produit de la vente.

Si le maître est inconnu ou ne se présente pas, l'autorité vend l'Esclave après les publications et les autres formalités prescrites par la loi. Si ces formalités n'ont pas été observées, la vente est nulle ; si au contraire la vente a été légalement consommée, le maître n'est plus en temps utile pour réclamer son Esclave, à moins qu'il n'appartienne à la classe militaire.

Celui qui engage un Esclave à prendre la fuite est responsable du prix de cet Esclave; et s'il est Esclave lui-même, il est vendu.

L'Esclave qui trouble l'ordre public doit être livré par son maître. Si le délit peut être racheté, le maître a le choix de payer l'amende, ou de livrer l'Esclave.

Lorsque l'Esclave, coupable de deux délits, est livré par son maître, celui-ci est déchargé de toute poursuite.

L'Esclave livré appartient à l'offensé ; et s'il y a deux ou plusieurs offensés, il leur appartient en commun, dans la proportion de leurs droits.

L'amende du délit ne peut excéder la valeur de l'Esclave.

Les délits commis contre un Esclave sont soumis à une amende qui n'excède jamais le prix de cet Esclave.

Le prix du sang d'un homme libre est de dix mille

drachmes; le prix du sang d'un Esclave est la valeur de cet Esclave; et s'il surpassait dix mille drachmes, on le réduirait à dix drachmes au-dessous, pour établir une différence en faveur de l'homme libre (1).

On se sert, pour ces délits contre un Esclave, des proportions suivies dans les amendes imposées pour les différens délits.

L'amende due pour une main coupée à un Esclave est la moitié de sa valeur; et l'amende pour la main d'un homme libre est la moitié de celle qui est due pour un meurtre.

Un Esclave peut appartenir à plusieurs maîtres à la fois; et chacun d'eux a le même droit sur l'Esclave commun que s'il en était le seul maître (2).

Dès que l'enfant d'une Esclave de deux copropriétaires est réclamé par l'un d'eux comme son fils, il devient libre, et appartient au réclamant; s'il est réclamé par tous deux, il est libre, et devient leur fils commun : il prend dans la succession de chacun la part d'un fils, qui est plus ou moins forte, parce qu'elle est proportionnée à la quotité des biens.

De l'Esclave appelé Mèezoun.—On appelle *Mèezoun* l'Esclave qui a reçu de son maître la permission

---

(1) *Voyez* note VII, sur *l'État actuel de la Servitude en Hongrie*, la différence numéraire que l'on mettait entre le prix de la tête d'un Serf et celui de la tête d'un Noble.

(2) Cette loi existait en France dans le moyen âge, ce qui est prouvé par la note suivante, très-remarquable, qui m'a été communiquée :

« Lettres par lesquelles le Maréchal de Champagne consent au mariage
« de Frailoup, son homme (Serf), avec Aude, fille de Martin, majeux
« (maire) de Rethel, femme (Serve) au comte de Rethel, sous la con-
« dition que si ces deux Serfs ont des enfans de leur mariage, ceux-ci
« seront partagés par moitié entre lesdits seigneurs.
« Fait en juin 1219. »

de faire le commerce. C'est la seule chose qui le distingue de l'Esclave pur et simple.

Cette permission n'est bornée ni pour le temps, ni pour le genre de commerce; et jusqu'à ce que le maître la révoque, expresse ou tacite, elle continue d'exister.

L'Esclave Mèezoun a le droit de vendre, d'acheter et de recevoir, de louer sa personne, d'avoir des Esclaves qu'il peut rendre Mèezoun eux-mêmes; mais il ne peut ni les marier, ni leur donner la liberté.

Le Mèezoun est propriétaire de ce qu'il a gagné dans son commerce; mais il ne peut ni le donner ni le prêter. S'il vend au lit de la mort une portion, ou même la totalité de son bien, la vente est valable.

La loi protége le Mèezoun dans les marchés qu'il pourrait faire avec son maître.

Le Mèezoun est poursuivi personnellement pour les dettes de son commerce; et si son bien ne suffit pas, sa personne est vendue.

La femme Mèezoun est également vendue avec son enfant pour l'acquit de sa dette commerciale.

Le Mèezoun qui fuit, celui qui passe en pays infidèle, celui à qui son maître retire sa permission, rentre dans la classe des simples Esclaves.

De l'Esclave appelé Mukiatèb. — Le *Kitabèt* est le second pas vers la liberté.

L'Esclave qui passe dans ce nouvel état se nomme *Mukiatèb*.

Le Kitabèt est une convention passée entre le maître et l'Esclave, soit écrite, soit verbale, par laquelle le maître rend la liberté à son Esclave, qui de son côté s'oblige de remplir telle ou telle condition.

Cette convention est parfaite quand elle est acceptée par les deux parties.

Elle est imparfaite, si l'Esclave s'engage à livrer quelque chose qui est en la possession d'autrui.

Elle est nulle, si la condition est de commettre quelque crime; par exemple, un meurtre, etc.

L'Esclave, dès qu'il est Mukiatèb, a la faculté d'acquérir et de posséder; mais il demeure toujours la propriété de son maître jusqu'à ce qu'il ait accompli la condition.

Le Mukiatèb jouit des mêmes priviléges que le Mèezoun pour le commerce. De même que le Mèezoun, il ne peut se marier sans la permission de son maître.

Le Mukiatèb peut voyager.

Il peut rendre Mukiatèb son propre Esclave. Ses ascendans et descendans le deviennent de plein droit.

Il ne peut être ni vendu, ni loué, ni prêté. Il peut marier son Esclave femelle, et non l'Esclave mâle.

L'Esclave dont le Kitabèt est nul ne peut devenir libre, même en accomplissant la condition.

Quand plusieurs Esclaves ont été faits Mukiatèb ensemble par le même maître, il faut que tous remplissent la condition dont ils sont convenus; car si un seul y manque, aucun ne recouvre la liberté. Mais s'il y a impossibilité pour l'un, et possibilité pour l'autre, ce dernier accomplit la condition pour le premier.

Un Esclave qui accepte le Kitabèt en son nom, et pour un de ses camarades absent, doit seul exécuter la condition.

Si la condition est le paiement d'une certaine somme, et que le Mukiatèb laisse en mourant de quoi l'accomplir, une sentence lui rend la liberté, ainsi qu'à ses enfans et à ses héritiers; s'il meurt hors d'état de payer, et que son fils puisse accomplir la condition au terme prescrit, lui et son père sont tous deux libres.

La mort du maître n'annulle pas le Kitabèt.

De l'Esclave appelé Mudèbbèr. — Le maître statue quelquefois sur la liberté de son Esclave par une disposition qui se réfère à un temps futur, et qui se nomme *Tèdbir*. Le maître qui en est l'auteur s'appelle *Mudèbbir*, et l'Esclave qui en est l'objet s'appelle *Mudèbbèr*.

L'Affranchissement dépend d'un événement futur et incertain; par exemple, *si je reviens de tel voyage, si je recouvre la santé*, etc.; soit d'un événement futur et certain; par exemple, *lorsque je mourrai*. De là deux sortes de Tèdbir; le premier est dit *Mukaïïèd* (lié); le second *Moutlak* (indépendant).

Le *Mudèbbèr-Mukaïïèd* n'a rien qui le distingue de l'Esclave; il ne peut ni se marier, ni posséder, etc.; il peut être vendu, prêté, etc.

Le *Mudèbbèr-Moutlak* est dans une position beaucoup plus favorable. Il ne peut plus être séparé de son maître, qui a perdu le droit de le vendre et de le donner.

On estime l'Esclave Mudèbbèr les deux tiers de la valeur qu'il avait lorsqu'il était dans la servitude rigoureuse.

De l'Esclave appelé Mudèbbèr-Mukiatèb. — L'Esclave qui obtient tout à la fois un Kitabèt et un Tèdbir ou celui qui, jouissant de l'un de ces titres, obtient encore l'autre, profite de l'avantage des deux conditions, et s'appelle *Mudèbbèr-Mukiatèb*.

De l'Esclave appelé Ummul-Vèlid. —On donne ce titre à une Esclave dont l'enfant a été reconnu par son maître.

Celle qui aurait du père de son maître un enfant que ce père reconnaîtrait, devient l'Ummul-Vèlid de celui-ci.

Mais si le père vivant, elle devient mère par le fait du fils, elle ne peut être l'Ummul-Vèlid de ce dernier.

Une Esclave de deux propriétaires devient l'Ummul-Vèlid de tous deux, lorsque tous deux réclament son enfant.

Si une Esclave mariée a un enfant d'un autre que de son maître, elle est pour lors Ummul-Vèlid du père de son enfant, quand elle devient son esclave.

L'Ummul-Vèlid a tous les droits du Mudèbbèr; et à la mort de son maître elle est pleinement affranchie.

L'Ummul-Vèlid d'un infidèle, qui se ferait Musulmane, et dont le maître resterait infidèle, a le privilége de se racheter. Au moment de son affranchissement elle a le droit de rompre le mariage que son maître lui aurait fait contracter; mais si elle veut se marier après la mort de son maître, il faut qu'elle attende l'expiration du temps de veuvage.

L'Esclave Mukiatèb qui devient mère par le fait de son maître, est libre de rester Mukiatèb, ou de devenir Ummul-Vèlid en renonçant au Kitabèt.

§ III.

Des divers Modes d'Affranchissement.

L'Affranchissement, disaient les lois romaines, est l'acte par lequel le maître d'un Esclave lui donne la liberté.

Les Romains connaissaient trois sortes d'Affranchissement : celui qui s'opérait sur-le-champ par la volonté du maître; celui qui était le résultat plus ou moins tardif des dispositions antérieures et conditionnelles du maître; celui qui avait lieu par la seule force de la loi.

La première sorte d'Affranchissement ne fut d'abord soumise qu'à une seule et même forme; mais dans la la suite les formes se multiplièrent beaucoup, et devinrent très-variées.

Dans les temps les plus anciens, l'Affranchissement se faisait *par le cens* (censu); c'est-à-dire que, sur la demande du maître, l'Esclave était inscrit comme personne libre et Citoyen romain sur les tables ou registres du Censeur.

On conçoit que l'Affranchissement dont on vient de parler ne pouvait avoir lieu, ou du moins être parfait, que lorsque l'année du cens était arrivée, et elle ne revenait qu'après cinq ans.

L'Esclave *Vindex* ayant dénoncé la conspiration des fils de Brutus, on voulut lui donner sur-le-champ la liberté; cette circonstance fit établir un autre mode d'Affranchissement, celui *par la baguette* (vindictâ). Le maître amenait son Esclave devant le Consul, le Préteur ou le Proconsul; le

Licteur touchait avec une petite baguette la tête de l'Esclave, et le maître disait : *Je veux que cet homme soit libre comme les autres Romains* (1). Dans la suite ce fut le Licteur lui-même qui prononça ces paroles.

La loi des Douze-Tables introduisit l'Affranchissement par testament. L'Esclave, à qui son maître avait légué la liberté sans condition, devenait libre aussitôt que son maître venait à mourir.

Dans les temps postérieurs, il s'établit quatre nouvelles formes d'Affranchissement : *par lettre* (per epistolam), lorsque le maître écrivait à son Esclave qu'il lui faisait don de la liberté ; *entre amis* (inter amicos), lorsque le maître se trouvant avec cinq de ses amis, leur déclarait qu'il donnait la liberté à tel Esclave ; *par la table* (per honorem mensæ), lorsque le maître faisait placer son Esclave à table, au nombre des convives, en présence de cinq de ses amis ; *par adoption* (per adoptionem), lorsque le maître appelait son Esclave *son fils*, par une déclaration formelle devant un Magistrat. Cette déclaration tenait lieu d'Affranchissement, mais ne donnait pas à l'Affranchi les droits de fils adoptif.

Les Empereurs devenus chrétiens introduisirent une nouvelle forme d'Affranchissement qui se faisait dans l'Eglise aux jours solennels, et par un acte signé du Clergé.

L'Affranchissement avait lieu par l'effet des dispositions antérieures et conditionnelles du maître, lors-

---

(1) On lui faisait ensuite faire ce qu'on appelle vulgairement la *pirouette*, pour marquer qu'il avait la liberté d'aller où il voudrait.
(Perse, satire V.)

que la condition sous laquelle la liberté avait été léguée à l'Esclave était exécutée.

Enfin il s'opérait de plein droit dans les deux cas suivans : lorsque l'Esclave découvrait le meurtrier de son maître, et lorsqu'il rendait à la République ou à l'Empire un service signalé.

Au reste, il ne faut pas croire que les Affranchissemens fussent une chose absolument libre chez les Romains. Les lois *Ælia Sentia* et *Fusia Caninia* avaient limité de plusieurs manières le droit d'affranchir. La première de ces lois, qui parut l'an de Rome 755, défendait de donner la liberté à ses Esclaves en fraude de ses créanciers. Elle ne permettait au mineur âgé de moins de vingt ans que l'Affranchissement par la *baguette* (vindictâ), et pour une cause approuvée par le Préteur dans un conseil de cinq Sénateurs et de cinq Chevaliers. La loi Fusia Caninia portée sous Auguste, réglait le nombre des Esclaves qu'on pouvait affranchir par testament, nombre qu'il n'était pas permis d'excéder. Cette dernière loi fut abolie par Justinien, qui modifia aussi la loi Ælia Sentia, en permettant au mineur de dix-huit ans d'affranchir ses Esclaves par testament.

Suivant la définition des Turcs, l'Affranchissement est l'existence civile conférée à un Esclave par son maître libre et capable de disposer.

Il y a trois sortes d'Affranchissement, les mêmes qui existaient chez les Romains; c'est-à-dire par la volonté du maître, par la suite des dispositions antérieures, et en vertu de la loi.

L'Esclave est affranchi sitôt que son maître a positivement énoncé sa volonté. Il est un certain nombre de phrases consacrées à cet effet, telles que : *Tu es libre, tu es mon fils, mon père*, etc.

L'Esclave affranchi par un imbécille l'est valablement, mais il doit payer sa rançon.

L'Affranchissement donné dans l'état d'ivresse est également valable, ainsi que celui qui est fait par signes, lorsque le maître est muet ou a perdu la parole.

L'Affranchissement qui a lieu au lit de la mort met l'Esclave au rang des Mudèbbèr.

Sont affranchis par suite de dispositions antérieures, le Mukiatèb et le Mudèbbèr, lorsqu'ils ont satisfait aux conditions stipulées; le Mudèbbèr-Moutlak, à la mort de son maître, avec une certaine restriction ; l'Ummul-Vèlid, à la même époque, et sans restriction.

En vertu de la loi, sont affranchis l'Esclave infidèle qui se fait Musulman, ainsi que ses ascendans et descendans, ses frères et sœurs.

§ IV.

Des Effets de l'Affranchissement.

Sous les rois de Rome, et dans les beaux jours de la République, l'Affranchissement était la récompense que des maîtres justes et raisonnables accordaient à une bonne conduite et à de longs services : aussi les Esclaves affranchis acquéraient, avec une pleine et entière liberté, le titre et les priviléges de Citoyens Romains. Ils jouissoient des droits civils et des droits politiques. Ils pouvaient s'adonner au commerce, contracter des mariages légitimes, exercer la puissance paternelle, donner leurs biens par actes entre vifs, et en disposer par testament, à l'exception d'une partie qu'ils devaient laisser à leur patron, c'est-à-dire à leur ancien maître.

Mais lorsque les Affranchissemens devinrent le prix du crime, ou le moyen de purger sa maison de scélérats, on fit des lois pour prévenir les désordres que de pareils actes n'auraient sûrement pas manqué d'entraîner.

La loi Ælia Sentia dont nous avons déjà parlé, établit que tout Esclave qui aurait subi, par l'autorité publique, une peine infamante, et qui obtiendrait ensuite de son maître la liberté, n'aurait que l'état des peuples appelés à Rome, *Dedititii;* c'est-à-dire de certains peuples qui, après avoir été subjugués par les Romains, s'étaient révoltés contre eux, et avaient été obligés de mettre bas les armes : ils étaient exclus de toute participation aux droits de citoyen, et même aux droits civils.

Vint ensuite la loi *Junia Norbana*, l'an de Rome 771. Elle portait que ceux des Esclaves qui ne seraient pas affranchis selon les formes établies par le droit, seraient de la condition des peuples du *Latium;* peuples qui pouvaient commercer et disposer entre-vifs de leurs biens, mais qui ne jouissaient pas des droits de citoyen. Ils étaient en outre privés de la puissance paternelle, et incapables de contracter un mariage légitime, de gérer une tutelle, de donner et de recevoir par un acte de dernière volonté.

Ainsi on compta trois classes d'Affranchis : ceux qui devenaient *Cives romani*, ceux qu'on appelait *Liberti dedititii*, et ceux qui étaient désignés sous le nom de *Latini Norbani*.

L'empereur Justinien commença par supprimer cette

CHAPITRE X.

différence (1). Il alla plus loin, et par sa Novelle 78, il accorda à tous les affranchis les prérogatives de l'état d'*ingénuité,* c'est-à-dire de l'état des personnes nées libres, et le droit de porter l'anneau d'or. De sorte qu'il ne subsista plus d'autre différence, entre les citoyens nés libres et les Esclaves affranchis, que le droit de patronat établi dès l'origine de Rome, et appartenant au citoyen sur son Esclave qu'il avait affranchi.

Ce droit de patronat consistait dans la faculté d'exiger de l'Affranchi divers devoirs et différens services qu'il serait trop long de détailler. Nous dirons seulement, que si l'affranchi se rendait coupable d'ingratitude envers son patron, on le faisait rentrer dans la servitude; que s'il n'avait point d'enfans, il était obligé d'instituer son patron héritier pour une partie de ses biens; enfin que la loi des Douze-Tables déférait au patron la tutelle des enfans mineurs de ses affranchis.

L'ordre des Affranchis produisit des hommes illustres : Minas, affranchi de Pompée, commanda les armées navales; Tiron, affranchi de Cicéron (2), se distingua dans les lettres (3); Phèdre s'immortalisa par ses fables, et Térence par ses comédies. Dioclétien, affranchi d'un Sénateur, fut revêtu de la pourpre impériale, et régna vingt ans avec gloire; l'eunuque Eutrope devint Consul, et fut long-temps le favori et le ministre d'Arcadius.

Chez les Turcs, l'Affranchi jouit de tous les droits

(1) Justinien, né en 483, mort en 565.
(2) Autorisé par l'usage, il prit, comme tous les Affranchis, le nom et le prénom de son maître, et s'appela *Marcus-Tullius-Tiro.*
(3) *Voyez* Aulu-Gelle et Asconius.

civils; mais il tient toujours par quelque chose à son ancien maître.

Le maître a droit à la succession de son affranchi; ce droit s'appelle *Vèla*.

Lorsque l'Affranchi meurt sans héritier, le maître et ses enfans mâles recueillent sa succession. Les filles n'y peuvent prétendre, parce qu'il n'y a pas de vèla en leur faveur.

Si l'Affranchi laisse des fils, il leur transmet tous ses biens.

Jamais le Musulman ne peut hériter de l'infidèle, ni l'infidèle du Musulman.

Si un Esclave appartient à plusieurs copropriétaires, celui qui l'affranchit doit, s'il est riche, payer à ses ayant-cause la part qui leur revient; sinon l'Esclave doit travailler pour l'acquitter.

La classe des Affranchis a produit chez les Turcs, comme chez les Romains, plusieurs hommes qui sont parvenus à des dignités éminentes, et qui ont joué de grands rôles. Les Souverains ottomans naissent de mères Esclaves. Les Beï d'Egypte étoient tous des Esclaves géorgiens ou circassiens. Ali-Agha qui, sous le titre de Kapi-Kiahya du Grand-Vizir Raghib-Pacha, rendit son administration si célèbre, avait été Esclave de ce Vizir. De nos jours, Kutchuk-Huceïn, fameux Capitan-Pacha, restaurateur de la marine ottomane, était lui-même un Esclave géorgien. Il serait aisé, mais superflu, de citer beaucoup d'autres exemples de ce genre.

Tout ce qui précède démontre combien la législation des Turcs est plus humaine à l'égard des Esclaves et plus favorable à la liberté que celle des Romains.

La législation des Turcs n'autorise point ces condamnations odieuses qui, à Rome, dégradaient un citoyen jusqu'à le rendre esclave de la peine; elle permet à un homme libre de reconnaître un enfant Esclave, et par là, de le faire passer de la servitude dans l'état le plus honorable et le plus avantageux. Elle communique le droit de reconnaissance ou de légitimation à un grand nombre de personnes; par conséquent elle multiplie les occasions d'en faire usage : ce droit n'existait point chez les Romains.

Les Turcs n'ont pas le droit de vie et de mort sur leurs Esclaves, comme les Romains l'ont eu jusqu'au règne d'Adrien.

En Turquie, le maître peut épouser son Esclave sans l'affranchir; et ces unions adoucissent toujours le sort des femmes Esclaves. A Rome, les lois réprouvaient, et l'opinion publique eût flétri de pareils mariages.

Chez les Turcs, la femme Esclave qui s'est mariée avec le consentement de son maître, et qui est ensuite répudiée, devient créancière d'un douaire que son maître doit lui payer. Elle trouve ainsi un dédommagement dont l'idée ne pouvait pas même s'offrir aux Romains, puisque le douaire était inconnu chez eux; d'ailleurs il est un accessoire, une suite du mariage légitime, et ce mariage était interdit à leurs Esclaves.

Les Romains appesantissaient le même joug sur tous leurs Esclaves; ils les frappaient indistinctement de mort civile, et les regardaient non comme des hommes, mais comme des choses.

Les Turcs admettent plusieurs états intermédiaires entre la servitude rigoureuse et la pleine liberté; un grand nombre de leurs Esclaves sont des hommes à moitié libres.

Tous les Esclaves affranchis par les Turcs jouissent des droits civils.

A Rome, beaucoup d'Affranchis furent privés de ces mêmes droits jusqu'à la Constitution de l'Empereur Justinien.

Telles sont les principales différences entre les lois des deux peuples; et l'on voit qu'elles sont toutes à l'avantage des lois turques. Dans ces dernières, on passe de la servitude à la liberté par des degrés successifs. L'Esclave apprend par ce moyen à user de son temps et de sa volonté. Un Affranchissement effectué tout d'un coup, et sans être préparé, risquerait de porter un désordre souvent irrémédiable dans les familles et dans l'Etat (1).

CHAPITRE XI.

De la Police intérieure de Constantinople.

Constantinople a trente-cinq portes : vingt-quatre grandes, dix petites et cinq qui sont murées. A chacune des premières, il y a un corps-de-garde, commandé par un Bin-Bachi, nom qui correspond à celui de colonel.

(1) Je dois à M. du Caurroy non-seulement la révision, mais plusieurs notes sur ce chapitre; il a même eu la bonté, pendant que j'étais encore à Constantinople, de compulser le texte des lois turques, pour s'assurer de l'exactitude des citations qui en ont été faites.

CHAPITRE XI.

Chaque porte a son *Kapidji* (portier). Tous ces Kapidji, à la nuit tombante, ferment les portes; et l'usage était, avant la révolution du 16 juin 1826, d'en aller déposer les clés chez le Kiahya de l'Agha des Janissaires, à l'hôtel de ce commandant appelé *Agha-Kapouçi*.

La clé de la porte voisine de la maison du Mufti est, d'après une ancienne coutume, gardée par le portier durant tout le Ramazan.

Lorsqu'un incendie se déclare et est annoncé par les Paswans (1), tous les corps-de-garde sont dans l'obligation d'accourir sur les lieux avec leurs pompes. Le Grand-Vizir ainsi que la plupart des ministres doivent s'y rendre; et le Grand-Seigneur est dans l'usage de s'y porter lui-même, quand le danger devient imminent (2). Dans le cas où un incendie se manifesterait la nuit, la porte la plus voisine du feu serait abattue, si l'on tardait trop à l'ouvrir.

Le Grand-Vizir avait, pour garde de police à son palais, la vingt-huitième compagnie des Janissaires, commandée par un colonel qu'on appelait *Muhzir-Agha*, ou plutôt *Muhzur-Agha*, suivant la prononciation ordinaire de ce mot. Cette compagnie était toujours au complet. Elle avait de plus cent soldats auxiliaires appelés *Harbadji*, dont le chef prenait le nom de *Harbadji-Bachi*. Le Muhzur-Agha était en outre l'agent de l'Agha des Janissaires près la Porte. Il y traitait toutes les affaires entre le Grand-Vizir, les Ministres

(1) Nom légèrement altéré du mot persan *Pasban*, sortes de Watchmans, ou gardiens de nuit, armés d'un bâton ferré, dont ils frappent souvent à grand bruit le pavé, surtout lorsqu'ils annoncent un incendie. Ils ne marchent jamais sans être munis d'une petite lanterne.

(2) *Voyez*, pour plus de détails, le chapitre suivant.

et le Janissaire-Agha. La prison du *Pacha-Kapouçi* (palais du Grand-Vizir) était sous la surveillance de cet officier. Tout individu non militaire, arrêté pour une faute quelconque, est conduit dans cette prison. Le détenu est ensuite présenté au Divan du Grand-Vizir. Si le motif de son arrestation est purement civil, il est jugé en sa présence d'après les lois de l'Empire; si sa faute est grave, le Grand-Vizir le condamne, de sa propre autorité, à l'exil, aux galères, ou à la peine capitale.

Lorsqu'un individu a été condamné, il est consigné au corps des *Açès* (1) ou *Aças*, dont le chef *Aças-Bachi* est Colonel. Il a deux sous-chefs, appelés *Yamak* (lieutenant). Le corps des Aças est, comme les *Harbadji*, sous les ordres du Muhzur-Agha. Ce chef accompagne le patient jusqu'au lieu du supplice; il assiste à l'exécution, et veille à ce qu'il ne survienne aucun mouvement dans le peuple.

Sous les ordres du Muhzur-Agha se trouve encore le *Sous-Bachi*, vulgairement appelé *Beudjek* (insecte); il est chargé de la police sur les voleurs, les filous et les filles publiques, dont on prétend qu'il est tenu registre, et spécialement préposé à la découverte des vols qui se commettent dans la capitale.

Le Grand-Vizir a une vingtaine de *Tchokadar* répandus dans la capitale pour y maintenir l'ordre; ils sont appelés *Tebdil-Tchokadar*, et ont un chef

---

(1) Ce mot se prononce vulgairement *Aças*; il vient d'un mot arabe, *Assès*, qui signifie *sbire*, *archer*, *homme d'exécution*. C'est de ce mot, revêtu de la forme du pluriel, que l'on a tiré le mot *assassin*; nom que les croisés donnaient aux sicaires que le *Vieux de la Montagne* envoyait pour tuer ou effrayer ceux qui s'étaient attiré l'animadversion de ce terrible chef.

appelé *Bach-Tebdil* : leurs principales fonctions sont de se rendre dans les divers quartiers pour y surveiller la fidélité des vendeurs, la qualité des vivres et leur prix. Si, dans leurs courses, ils rencontrent des marchands qui vendent les comestibles, le bois, le charbon, et autres denrées de consommation journalière à un prix plus élevé que le taux fixé par le gouvernement, ils les font arrêter par le corps-de-garde le plus voisin et conduire à la Porte, où leur sort dépend de la décision du Grand-Vizir. Ils sont également chargés de savoir ce qui se passe dans Constantinople. Les chefs des corps-de-garde et les gouverneurs doivent les informer de tout ce qui est venu à leur connaissance. Les Tebdil se réunissent chaque soir à la Porte, dans la chambre du Bach-Tebdil, et lui rendent compte de tout ce qu'ils ont appris; celui-ci, va, sans délai, en faire le rapport au *Bach-Tchokadar* du Grand-Vizir, et ce Ministre en est de suite informé.

Le mot *tebdil* (qui signifie changement d'habits) donné à ces agens, les faisait regarder comme des espèces d'espions; mais ils ne méritent pas d'être ainsi qualifiés : ce ne sont réellement que des inspecteurs avoués, connus, et qui ne voudraient point accepter d'ignobles fonctions. Il n'y a pas de véritables espions dans la police turque; il arrive seulement que des gens de la garde se déguisent, comme le font nos gendarmes, pour pouvoir mettre plus facilement la main sur un homme poursuivi par la justice.

L'usage a établi que le Grand-Vizir devait sortir incognito pour aller s'assurer par ses yeux de l'état de la capitale ; c'est le plus souvent le lundi et le jeudi, jours où il n'y a pas de Divan, qu'il remplit ce devoir. Ne pouvant, dans ce cas, se montrer dans son costume ordinaire, il prend indistinctement tout autre costume. Le Grand-Vizir est accompagné de son *Bach-Tchokadar*, de cinq autres Tchokadar, du *Bach-Kapou-Kiahya,* de plusieurs Harbadji et d'un bourreau, qui se tiennent en arrière à une certaine distance. Chaque corps-de-garde a ordre de le suivre de loin jusqu'à sa limite.

Le Grand-Vizir est tenu, en outre, de faire deux fois par an, avec pompe, sa ronde dans Constantinople. Il profite pour cela de la circonstance des deux fêtes du Baïram, qui l'obligent à sortir en cérémonie pour aller en visite chez le Mufti. La police qu'il exerce solennellement en cette occasion est la même que celle qu'il fait lorsqu'il marche *incognito* : il s'informe du prix du pain, de la viande et des autres objets de première nécessité : on pèse le pain en sa présence, et il ordonne la vérification des poids. Toute contravention est punie sur-le-champ. La moindre peine, pour le vendeur, est d'avoir l'oreille clouée contre le devant de sa boutique, et à une telle hauteur qu'il est obligé de se tenir sur la pointe des pieds pour qu'elle ne soit pas déchirée. Quelquefois il est immédiatement pendu à la porte de son magasin. Néanmoins, il est rare que le véritable coupable soit puni : le maître ne se montrant pas, c'est son garçon, qui le représente, sur qui tombe le châtiment.

Le *Yènitchèri-Aghaçi,* Colonel géneral des Janissaires, ou celui qui lui a succédé, a des corps-de-garde dans tous les quartiers de Constantinople, à l'exception cependant de ceux dont les postes sont fournis par les munitionnaires ou cuirassiers. Plusieurs corps, destinés à maintenir la tranquillité et la sûreté publique, sont placés sous ses ordres. Ces corps sont ceux des *Yamak*, des *Moundji*, des *Harbadji*, et des *Tchokadar*. Les Yamak font leur ronde pendant la nuit, sous la conduite du Bach-Tchokadar ou Bach-Agha. Les Moundji et les Harbadji marchaient toujours avec l'Agha des Janissaires, dont ils formaient la garde. Quelques compagnies, sous le commandement de leurs colonels, font aussi la ronde, pendant la nuit, dans les quatre principaux quartiers de la capitale. Chacune de ces compagnies est composée de deux cents soldats. Il y a, en outre, huit autres patrouilles dont les chefs sont nommés *Salma*. Quatre de ces patrouilles font leur service pendant le jour, et les quatre autres pendant la nuit. La force de chacune est de seize hommes, le Salma compris.

La cinquante-sixième compagnie des Janissaires occupait le poste de Tchardak, une des échelles ou embarcadères de Constantinople; elle y était en permanence, tandis que les autres étaient relevées de trois mois en trois mois. Cette compagnie avait, outre son colonel, un officier appelé *Yaçaktchi*. Le colonel exerçait la police depuis *Baghtchè-Kapouçi* jusqu'à *Eïoub*, par terre, en suivant le rivage de la mer, et le Yaçaktchi avait la surveillance de tous les endroits du canal et de l'entrée de la Propontide, pour empêcher les désordres et surtout la contrebande. Lorsque le Janissaire-Agha montait en bateau, c'était le Yaçaktchi qui tenait le gouvernail.

L'Agha des Janissaires, ou celui qui maintenant le

remplace, n'a que deux Tebdil, qui sont chargés de s'informer de la conduite des patrouilles, de celle des colonels et de leurs soldats.

Il y a, tous les lundis, un grand marché à *Yèni-Djami;* l'Agha des Janissaires s'y rendait en personne avec une suite nombreuse pour y maintenir le bon ordre.

Le Capitan-Pacha (Grand-Amiral) s'occupe également de la police de l'intérieur : il a ses corps-de-garde ; et ses patrouilles parcourent tous les quartiers soumis à sa surveillance. Le Capitan-Pacha tient Divan, et juge les affaires civiles, en présence du Kadi de Kaçim-Pacha, quartier de l'Arsenal. Tous les Grands-Amiraux, prédécesseurs de Kutchuk-Huçeïn-Pacha, étaient très-limités dans le pouvoir dont ils jouissaient : leurs patrouilles n'avaient action que sur les ouvriers et employés de la flotte, les Galioundji, (soldats de marine), et sur les habitans des quartiers dépendant de l'Arsenal. Mais Huçeïn-Pacha, naturellement ambitieux, abusant de l'amitié que Sultan-Selim avait pour lui, accrut singulièrement les prérogatives de sa place ; il s'arrogea le droit d'envoyer ses patrouilles dans des quartiers étrangers à sa juridiction, de faire arrêter indistinctement toutes sortes de personnes, de les molester, et même de faire tomber des têtes. Plusieurs gouverneurs, qui voyaient la haute faveur dont Huçeïn-Pacha jouissait, n'osèrent jamais se plaindre. Après la mort de ce Vizir, ceux qui parvinrent à ce poste éminent voulurent imiter son exemple et conserver le même pouvoir ; mais les révolutions successives les privèrent de plusieurs droits dans lesquels ils s'étaient maintenus ; et, à l'avénement de Sultan-Mahmoud, la fermeté du caractère de ce prince les contraignit de se renfermer dans leurs attributions primitives.

Le Capitan-Pacha est chargé de la police des faubourgs de Péra et de Galata, qui sont presque entièrement habités par des Francs (1). En son absence, c'est le *Terzana-Émini* qui est appelé à le remplacer; mais tout en remplissant les mêmes fonctions, il n'a pas la même autorité.

Le Bostandji-Bachi étend son inspection sur la mer de la Propontide et du Bosphore; en Europe, depuis Ponte-Piccolo jusqu'à Eïoub, au fond du port de Constantinople, et de là jusqu'à Fanaraki, à l'embouchure de la mer Noire; en Asie, depuis Kartal, vis-à-vis des isles des Princes, en remontant le Bosphore, jusqu'à cette même embouchure. Tous les villages du littoral ont des chefs nommés par lui. Les Raïa (2) que l'on arrête sont amenés au Bostandji-Bachi, qui leur fait donner la bastonnade, si le cas le requiert. Lorsque c'est un militaire, il est renvoyé à son chef; les autres sont sévèrement châtiés, ou condamnés à une amende.

Le *Toptchi-Bachi*, colonel-général du corps de l'Artillerie, exerce une surveillance active, depuis Péra jusqu'aux portes de Galata, et de Top-Khana jusqu'à *Dolma-Baghtchè*; il a, pour cet objet, à sa disposition des corps-de-garde et des patrouilles.

Le *Djèbèdji-Bachi*, colonel-général des Muni-

---

(1) Sous la dénomination générale de *Francs*, on comprend les individus de toutes les nations qui sont habillés à l'européenne.

(2) *Raïa*, plus exactement *Rèaïa*, sujets non-musulmans soumis à un impôt personnel qu'on appelle *Kharadj*, ou capitation. *V.* la note VIII.

tionnaires ou cuirassiers, jouit d'attributions analogues à celles du Toptchi-Bachi, et a les mêmes moyens de répression dans tous les quartiers qui sont sous sa dépendance.

Le *Khoumbaradji-Bachi*, chef des bombardiers, a ses corps-de-garde et patrouilles à Khass-Keuï.

Le Vaïvode, ou gouverneur du faubourg de Galata (1), y exerce la police. Excepté le droit de disposer de leur vie, son pouvoir sur les Raïa est illimité; mais il ne peut faire arrêter un Turc, ni intervenir dans ses affaires. Le gouvernement met à la disposition et sous les ordres immédiats du Vaïvode un colonel avec toute sa troupe. Ce dernier est chargé d'arrêter les Turcs ; le Vaïvode les envoie à leurs corps respectifs, s'ils sont militaires, et s'ils ne le sont pas, dans les prisons du palais du Grand-Vizir, avec un exposé des motifs de leur arrestation. Le gouverneur de Galata a un poste militaire qui fait la ronde jour et nuit dans tous les quartiers de ce faubourg. Le Vaïvode de Péra est nommé par lui, et est sous sa dépendance immédiate.

Tout homme, sans exception, peut être arrêté par les corps-de-garde des divers quartiers de la capitale et par les patrouilles. En payant douze paras, on peut faire arrêter un homme que l'on signale comme son débiteur, ou comme coupable d'un délit quelconque ; mais, à son tour, la personne arrêtée peut, moyennant pareille somme, faire saisir son accusateur

---

(1) En turc, Galata, Eïoub et Scutari ont le titre de ville (*Bèlèdè*), et, chacune, un Molla, qui est dans les premiers grades de la haute magistrature. Ces Molla ont d'ordinaire les fonctions rétribuées de Grand-Juge de la Mèkke ou de Médine.

pour le même ou pour d'autres motifs. Il peut également faire arrêter la garde qui s'est saisie de lui, s'il croit avoir à s'en plaindre, mais il n'en reste pas moins sous sa main. La garde qui arrête un homme, le mène, si c'est un militaire, au chef de l'arme dont elle fait partie. A l'hôtel de ce chef se trouvent des commissaires de chacune des armes, et celui auquel le détenu appartient le réclame. S'il est étranger à tout corps militaire, le chef commandant tâche d'arranger les parties à l'amiable ; s'il n'y peut parvenir, il les renvoie devant un tribunal pour y être entendues ; et, s'il s'agit d'un crime, il fait conduire l'individu arrêté directement à la Porte.

Un détenu ne peut être gardé en prison plus de trois jours; ce délai étant expiré, il faut qu'il soit jugé. S'il mourait en prison, avant qu'une sentence légale fût intervenue, le commandant, chef ou gouverneur qui l'a fait arrêter serait responsable de sa mort envers ses parens : le Grand-Vizir seul peut retenir en prison un prévenu pour un temps illimité, sans crainte d'être recherché pour les suites de cette détention; non qu'il ne soit soumis comme un autre à la loi commune, mais, étant juge suprême, la prolongation de la détention au-delà du terme voulu par la loi est regardée comme l'effet d'un jugement.

Le Grand-Vizir étant, d'après les constitutions de l'Empire, le Lieutenant du Grand-Seigneur, il a, sur tous les individus Musulmans ou Raïa, le même droit que le Souverain lui-même, et il n'est point tenu de rendre compte des motifs de ses jugemens. Tous les Vizirs, ou Pachas à trois queues, ont le même pouvoir dans leurs juridictions respectives : ainsi le

Capitan-Pacha a le droit de vie et de mort sur les ouvriers et employés de l'Arsenal, sur les équipages de la flotte et les habitans des îles de l'Archipel, mais seulement dans ces îles. Aucun autre chef n'a le même droit. Lorsqu'un militaire a encouru la peine capitale, le commandant du corps auquel il appartient fait son rapport au Grand-Vizir, qui renvoie presque toujours au bas de ce rapport la sentence de mort du prévenu.

La torture est en usage à Constantinople; on la fait subir aux individus prévenus de vol, pour pouvoir connaître l'endroit qui recèle les objets qui ont été dérobés. Le Gouvernement s'en sert aussi pour obtenir la déclaration des biens des condamnés, dont une partie lui est réversible (1), et encore pour des crimes de lèse-majesté. Les prisons où l'on exécute ce genre de supplice sont sous la surveillance immédiate du Bostandji-Bachi; mais le Grand-Vizir seul peut ordonner d'appliquer la torture.

Le droit d'asile, souvent peu respecté en Europe, est inviolable dans le Levant : aucun chef ou commandant n'a le droit de faire des visites domiciliaires dans Constantinople, sans un ordre autographe du Grand-Vizir. Cet ordre énonce formellement le nom et la condition du domicilié, celui du quartier qu'il habite, et le nom et les principales qualifications de l'individu que l'on poursuit. Le chef qui est préposé à ce genre d'investigation se fait accompagner, si la maison est la propriété d'un Turc, par l'Imam du quartier; si elle est à un Grec ou à un Arménien, par le supérieur de l'Église de sa communion; et par

---

(1) Depuis la destruction des Janissaires, ce droit est supprimé.

le Rabbin, lorsque la maison appartient à un Juif. Le propriétaire chez lequel on se présente doit ouvrir sa porte dès qu'on lui en fait la sommation ; s'il s'y refuse, on n'hésite pas de l'y contraindre par la force. Du moment où l'ordre du Grand-Vizir a été signifié, on a le droit de visiter partout, sans en excepter les caisses et les armoires. Cependant, lorsqu'on fait des descentes, même chez les Raïa, on ne peut pénétrer dans l'appartement des femmes que quand elles en sont sorties : on sait, en effet, qu'elles ne doivent jamais être exposées à d'autres regards qu'à ceux de leurs maris ou de leurs proches parens. Il résulte de là quelquefois qu'en même temps qu'on les fait passer dans une pièce déjà explorée, la personne objet des recherches s'y glisse avec elles, et l'on parvient ainsi à la soustraire à l'autorité.

Il n'en est pas ainsi à l'égard des Européens : les visites n'ont point lieu dans leurs domiciles. Si le gouvernement est informé qu'un individu réclamé par la Sublime-Porte s'est réfugié dans la maison d'un Franc, il en fait prévenir l'ambassadeur de sa nation. Ce ministre ordonne les perquisitions nécessaires, et fait rendre compte au *Reïs-Effendi* (ministre des affaires étrangères) du résultat de ses démarches ; mais il est assez ordinaire, dans ce cas, que l'individu recherché ait eu le temps de s'enfuir.

CHAPITRE XII.

Des Incendies.

La tour de Galata (*Koulé-Kapouçi*) et le bastion (*Bourdj*) attenant à la maison du *Mehter-Bachi* (chef de la musique impériale) à *Top-Kapou*, sont les deux seuls endroits qui donnent l'éveil lorsqu'un incendie se manifeste dans Constantinople ou dans ses faubourgs. La garde de la tour de Galata est commise à quatre *Mehter* (musiciens) nommés par le Grand-Seigneur, sur la proposition du Mehter-Bachi, et munis d'un Bèrat (diplôme impérial). Ils sont choisis parmi les habitans du quartier voisin de cette tour. Ils s'y transportent régulièrement tous les soirs, et y battent la retraite. Ils y entretiennent à leurs frais deux de leurs voisins pour y veiller, chacun à son tour, toute la nuit, et les avertir aussitôt qu'ils découvrent un incendie. Dès qu'il se manifeste quelque part, ils montent à la tour, et y battent la caisse (1), mais sur une mesure beaucoup plus précipitée que ne l'est celle de la retraite, et qu'ils ont adoptée pour le cas d'incendie seulement. La musique du Mehter-Bachi lui répond aussitôt; et, à l'instant, la capitale et ses faubourgs sont avertis de l'existence du feu. Les *Paswans* (2) (gardes de nuit) qui, dans cet in-

(1) La musique militaire turque est composée de tambours, cymbales, timbales et hautbois.
(2) Il y a un *Paswan* (garde de nuit), principalement pour le feu, dans chaque quartier de la capitale et de ses faubourgs.

tervalle, se sont transportés à la tour pour connaître l'endroit de l'incendie, partent après s'en être assurés, et l'annoncent, chacun dans le quartier dont la garde lui est confiée, en criant de toutes ses forces : *Istambolda* ou *Galatáda,* etc., *ianghinwar* (Il y a du feu à Constantinople ou à Galata, etc.).

Tous les ministres se rendent à l'incendie, excepté le Kiahya-Beï, qui, dans aucun cas, ne peut quitter la Porte. Ils doivent tous s'y trouver avant l'arrivée du Grand-Vizir, du Capitan-Pacha et de celui qui a succédé au Janissaire-Agha, qui, à leur tour, doivent y être, lorsque l'importance et les progrès de l'incendie ont obligé le Grand-Seigneur à s'y rendre lui-même. Le Reïs-Effendi est dispensé de se déplacer dans un seul cas, c'est lorsque le feu est hors des murs de la capitale.

Le Grand-Vizir, avant de se mettre en marche, fait avertir Sa Hautesse de l'existence et du lieu de l'incendie par son *Kara-Koulak* (1).

Celui qui remplace aujourd'hui le Janissaire-Agha mène à sa suite, outre toute sa maison, un nombre considérable de nouveaux soldats : on en remarque, parmi ces derniers, plusieurs armés de haches et de très-longues perches garnies de crocs à l'un des bouts, dont ils se servent pour abattre les maisons trop voisines du feu.

Chacun des quartiers de la capitale et des faubourgs a ses porteurs d'eau (*Sakka*). Ils sont dans l'obligation de courir au feu; et s'il arrive que ceux de quelque quartier y aient manqué, ils sont sévèrement punis par le *Sakka-Bachi,* leur chef.

(1) Officier du Grand-Vizir chargé des messages verbaux de Son Altesse.

Il y a, dans chaque corps-de-garde de la capitale, et de ses faubourgs une pompe à incendie, et les pompiers (*Toulombadji*) nécessaires pour la servir (1). Le colonel (*Tchorbadji*) de chacun de ces corps-de-garde est tenu d'envoyer au feu cette pompe, avec des pompiers et quelques soldats armés de haches et de perches.

Les *Sakka* et les *Toulombadji*, arrivés au lieu désigné, suivent, chacun dans sa partie, les ordres du Grand-Vizir, qui lui sont transmis par des officiers subalternes du commandant de la troupe.

Sa Hautesse est avertie à chaque instant par des messagers de la marche de l'incendie; et l'usage est qu'elle se rende sur les lieux lorsque ses progrès sont devenus alarmans. Le Grand-Seigneur une fois présent, tous les ordres émanent de lui : le Grand-Vizir les reçoit et les transmet. Ces ordres sont relatifs aux moyens à prendre pour parvenir à éteindre le feu, et pour contenir ou réprimer les malfaiteurs qui fourmillent dans ces circonstances. La justice des Turcs est prompte : il n'est pas rare de voir des filous, pris en flagrant délit, être, à l'instant même, jetés au milieu des flammes, et y périr. Des pompiers subissent le même sort, lorsqu'on reconnaît qu'ils ont mis, au lieu d'eau, de l'huile dans leurs pompes. Le but de cette coupable manœuvre est, en augmentant la violence du feu,

(1) Les pompiers sont formés en compagnie : leur marque distinctive est une calotte de feutre couverte de fer battu. Le corps des pompiers, composé d'Arméniens et de Turcs, est dispensé de tout service militaire, en sorte que, lorsque le gouvernement est en guerre, ceux qui veulent être exempts de marcher se font recevoir dans ce corps; ce qu'ils obtiennent sans peine, en payant toutefois une certaine rétribution.

CHAPITRE XII.

d'accroître la confusion et le désordre, et de favoriser ainsi l'audace des voleurs, avec lesquels ils partagent ensuite le fruit de leurs larcins. Les chefs subalternes n'ont pas une conduite plus louable : ces hommes avides contribuent à alimenter le feu au lieu de l'arrêter; prolongeant, sous divers prétextes, l'état de crise où se trouvent de riches propriétaires, dont ils menacent de démolir les maisons, quoique loin encore d'être atteintes par le feu, ils se donnent tout le temps d'en exiger de fortes rétributions. La justice impériale peut rarement appesantir son glaive sur la tête des coupables, parce que trop de personnes sont intéressées à tenir cachées ces prévarications, et que la vénalité et la corruption parviennent aisément jusqu'aux rangs les plus élevés.

Le Grand-Seigneur se retire dès qu'on s'est rendu maître du feu : il n'en est pas de même des Ministres; ils ne peuvent quitter leur poste que lorsque l'incendie est entièrement cessé.

Avant de partir, celui qui remplace le Janissaire-Agha désigne un Tchorbadji (colonel), avec quelques soldats et pompiers, pour surveiller pendant trois jours les décombres des maisons, empêcher qui que ce soit d'y faire des fouilles, et éteindre les restes du feu, s'il s'en manifestoit encore. Les trois jours étant écoulés, cette garde se retire, et il est permis aux propriétaires de venir reconnaître leurs terrains, dont ils fixent les limites en y faisant des séparations en planches. Ils se mettent provisoirement à couvert, comme ils le peuvent, et reprennent de suite, sans plainte et sans murmure, le cours ordinaire de leurs occupations ou de leurs affaires.

Les accidens du feu sont tellement fréquens à Constantinople, qu'on estime que cette ville est entièrement renouvelée tous les cent ans. C'est sans doute par inadvertance que l'Éditeur anglais des OEuvres de lady Montague attribue aux mosquées, et non aux maisons de cette capitale, une pareille durée (1). Sans parler des mosquées, que l'on doit à la piété de divers empereurs ottomans, depuis la prise de Constantinople, et qui sont debout depuis leur construction, tout le monde sait que la mosquée de Sainte-Sophie date du sixième siècle, et remonte par conséquent à douze cents ans. Les matières qui entrent dans la construction des maisons des particuliers sont la cause première des accidens du feu; ces maisons sont presque toutes en bois, et tiennent les unes aux autres. L'usage des *tandours* (1), pour suppléer aux cheminées, fait naître un grand nombre de ces accidens. Mais les ravages les plus funestes étaient causés par les Janissaires, qui, lorsqu'ils voulaient donner des signes de mécontentement, ou qu'ils fomentaient une sédition, mettaient le feu dans divers endroits de la capitale. Ces scènes déplorables se renouvelaient pendant plusieurs jours, jusqu'à ce qu'enfin le Gouvernement eût accédé à leurs demandes, ou qu'il eût comprimé cette troupe mutine par des actes de vigueur. Ces deux partis étaient également dangereux pour le souverain : trop de faiblesse augmentait l'audace des Janissaires, trop de sé-

(1) OEuvres de lady Montague, traduites de l'anglais, 1804; préface, page xiv.
(2) Table basse à double fond, entourée de sophas et couverte d'un grand tapis, au-dessous de laquelle on place un *mangal*, brasier rempli de charbons ardens, et facile à renverser.

vérité aigrissait leur ressentiment, et les portait aux plus violens excès. Le peuple lui-même, dans les grandes crises politiques, surtout dans celles qui intéressent sa croyance, manifeste, en mettant le feu, l'inquiétude dont il est tourmenté. Il arrive quelquefois que, dans ces occasions, de dures vérités viennent frapper l'oreille du Souverain. En 1798, notre expédition en Égypte avait inspiré au peuple de la capitale une telle crainte pour la Mèkke et Médine, que, trois nuits consécutives, il y eut d'affreux incendies dans Constantinople. A la suite de la seconde nuit, une femme rencontrant Sultan-Selim, qui revenait de l'endroit où le feu avait été le plus actif, l'interpella publiquement : *Qu'attends-tu encore,* lui dit-elle, *le Kaire est pris; as-tu résolu de livrer les Lieux-Saints aux Infidèles?* Ces paroles firent une telle impression sur le Prince, qu'étant rentré au Sérail, il ôta sur-le-champ le sceau de l'Empire au vertueux Grand-Vizir, *Izzèt-Mehèmmed-Pacha,* qui s'opposait dans le Divan à la déclaration de la guerre aux Français. Il répondait constamment à ceux qui opinaient pour la guerre : *Se déclarer contre des amis de trois cents ans, et faire alliance avec un ennemi naturel et implacable, je n'y consentirai jamais!* Ce Grand-Vizir vivait encore, en 1814, à Magnésie, lieu de son exil, où il était universellement chéri et honoré. Izzèt-Mehèmmed-Pacha fut secondé dans cette honorable résistance par son ami le Mufti, *Durri-Zadè,* qui, partageant la même opinion, se fit exiler à cette époque, et refusa constamment le fetva (ou sentence légale) qu'on exigeait de lui pour sanctionner la guerre contre les Français.

CHAPITRE XIII.

De la Peste qui a régné à Constantinople en 1812.

A l'époque de mon arrivée à Constantinople, le 25 juillet 1812, il y avait huit ans qu'aucun accident de peste ne s'était manifetsé dans la capitale de l'Empire Ottoman; mais, en 1812, ce terrible fléau y fit d'affreux ravages.

Dès la fin de mars on commençait à dire qu'il y avait un peu de peste, et l'on citait quelques accidens arrivés, parmi les Grecs, dans le quartier du Fanal. La contagion n'ayant fait aucun progrès pendant les mois d'avril et de mai, on se plaisait à douter que la peste existât réellement.

Les mois de juin, juillet et août se passèrent dans la crainte, sans qu'aucun accident un peu considérable fît néanmoins pressentir que la contagion acquerrait toute la malignité qu'on lui vit prendre plus tard.

Dans le courant de septembre, les accidens s'aggravèrent; tous ceux qui étaient atteints mouraient en peu de jours.

La contagion fit depuis des progrès si rapides, que, pendant les mois d'octobre et de novembre, le nombre des Turcs seulement, morts victimes de ce fléau, fut de deux mille environ par jour : cet état violent de la maladie dura soixante-dix jours.

Vers le milieu de décembre, les effets de la contagion furent encore sensibles; mais à la fin de ce mois, il n'y eut presque plus d'accidens.

L'on croit généralement qu'à cette époque la population de Constantinople se trouvait réduite d'un quart. L'on cite, comme une preuve de ce fait, la diminution de la fourniture de blé, qui, de cinquante-un mille kilo par semaine, n'était plus que de trente-neuf mille; mais il faut observer que près de cent mille individus s'étaient enfuis de la capitale, pour ne pas rester exposés à la mortalité.

Lorsque la peste commençait à avoir de l'intensité, c'est-à-dire pendant le mois de septembre, le feu prit à Balat, quartier des Juifs, et dura quatorze heures. Quatre mille maisons devinrent la proie des flammes, et il y eut bien des victimes. Ceux qui échappèrent à ce violent incendie, en cherchant un asile dans divers quartiers, y transportèrent les effets qu'ils avoient pu sauver, et propagèrent ainsi la contagion dans des endroits qui jusqu'alors en avaient été exempts. Scutari surtout éprouva les malheureux effets de cette dispersion des Juifs.

Un autre incendie se manifesta, le 6 octobre, à Galata, et ne dura que six heures. Beaucoup de petites boutiques furent consumées; il y périt peu de monde.

Nous allons présenter le tableau des pertes que la population de Constantinople éprouva pendant la peste de 1812. Le résultat des renseignemens que nous avons eu soin de recueillir à cette époque, élève à près de 160,000 ames le nombre des individus de diverses nations qui succombèrent à ce fléau. D'autres ont porté ce nombre beaucoup plus haut: nous avons préféré nous en tenir à la limite la moins incertaine.

Tableau de la mortalité durant la peste de 1812.

NATIONS.	NOMBRE DES INDIVIDUS		
	Existans.	Attaqués.	Morts.
Arméniens catholiques....	40,000	1,200	250
Arméniens schismatiques...	60,000	2,000	1,200
Juifs..............	20,000	2,000	1,800
Grecs	80,000	11,500	6,200
Turcs (2,000 morts par jour*).	»	»	140,000
Ajoutant pour le reste du tems.	»	»	10,000
Européens...........	»	122	84
TOTAL vraisemblable. . . .			159,334

Le tableau ci-dessus a été formé d'après les renseignemens que je fis prendre dans les hôpitaux et auprès des chefs des diverses nations, et le relevé des registres des hôpitaux de Galata et de Péra qui sont sous l'administration de l'Ambassadeur de France. Quant à ce qui concerne la mortalité chez les Turcs, dans cette période, comme l'usage est de présenter aux mosquées les corps avant de les enterrer, on sait à peu près combien il a pu y en avoir.

La nation grecque a deux grands hôpitaux consacrés aux pestiférés.

Les Francs ont aussi deux hôpitaux, l'un à Péra, l'autre à Galata, également destinés à recevoir les ma-

* Pendant soixante-dix jours.

lades atteints de la contagion. Celui de Péra était dirigé, en 1812, par un prêtre arménien, appelé D. Courban, généralement désigné sous le nom d'*Abbé de la peste*, et qui a résisté à ce terrible fléau. Mû par des sentimens de religion, il avait en outre la conviction intime qu'il ne serait pas atteint. Cette confiance lui permettait de s'occuper sans relâche, quel que fût le degré de la maladie, des soins corporels à donner aux malades, auxquels il administrait en outre les secours spirituels, et dont il recevait les dernières volontés. Ses seules précautions, supposé qu'elles pussent avoir de l'efficacité, étaient d'avoir un sachet de safran appliqué sur le creux de l'estomac, et deux cautères, un à chaque bras, qu'il entretenait constamment ouverts. Comme on ne connait pas de véritable traitement pour la peste, le sien consistait à faire boire de la limonade à ses malades, et à les priver d'ailleurs, suivant l'âge, le sexe et leur état de santé, de quelques alimens qu'il pensait devoir leur être plus ou moins préjudiciables. Dans la même année, deux Anglais, atteints de cette maladie à Péra, se guérirent par l'usage du rhum, boisson bien opposée, quant à ses effets, à la limonade.

L'épreuve faite au camp devant Saint-Jean-d'Acre, par le célèbre médecin en chef de l'armée d'Orient, Desgenettes, semble avoir indiqué que la matière des bubons n'est pas morbifique, et, qu'en favorisant la suppuration, le malade peut être guéri ; mais il a été reconnu, soit en Egypte, soit à Constantinople, que lorsque le bubon, après s'être manifesté aux aisselles, à l'aine, ou sur la cuisse, disparaissait, la mort était certaine. Elle l'était également lorsque le délire s'emparait de la tête du malade, la médecine n'ayant dans ce cas aucun moyen curatif à sa disposition.

L'huile est un préservatif de la peste; les porteurs d'outres contenant de l'huile, et qui font habituellement ce service, en sont rarement atteints.

Pendant la contagion, l'air n'a aucune influence sur la peste; cette maladie ne se prend que par le contact (1).

Les viandes, les substances animales, le pain chaud, les soies, les cotons, les poils des chats, etc., etc., sont essentiellement conducteurs de la peste.

Le bois ne l'est pas.

L'eau en neutralise les effets. On ne touche jamais impunément des pièces de monnaie qui ont long-temps circulé; aussi dans les cafés et les boutiques, au lieu de les prendre de la main à la main, on les reçoit sur un plat de bois, et on les verse dans un vase plein d'eau, d'où on les retire sans danger.

Les viandes sont plongées dans l'eau, en dehors, par le pourvoyeur commis aux achats, avant d'être reçues dans l'intérieur des maisons ou des palais.

Les étoffes précieuses de soie et de laine, telles

---

(1) On n'est cependant pas bien pénétré de l'idée que l'air n'est point propre à communiquer la peste.

Revenant un jour, à cheval, de la campagne, j'aperçus, de loin, en entrant dans Péra, un cortége considérable. La rue principale étant étroite, je me jetai dans une rue latérale pour le laisser passer. C'était le convoi d'une jeune fille arménienne, morte de la peste, et qu'on portait au cimetière. Le cercueil était suivi par sa mère, qui remplissait l'air des cris les plus déchirans. Attirés par ces cris, la plupart des habitans de cette rue ouvrirent leurs fenêtres par curiosité; je les vis prendre des précautions pour ne pas humer l'air du dehors, qu'ils regardaient sans doute comme infecté de miasmes pestilentiels, et pouvant être dangereux à respirer.

que les schalls et autres, au lieu d'être trempées dans l'eau, restent plus ou moins long-temps exposées à l'air humide, surtout à celui de la nuit, dans des espèces de kiosk en charpente, ouverts de tous les côtés, qu'on appelle *Tchardak* (1), et qui sont établis sur le haut des toits.

Deux causes contribuent à maintenir la contagion et à prolonger sa durée : l'une d'elles est la vente des effets, souvent précieux, ayant appartenu à des personnes mortes de la peste, et qui, étant vendus à vil prix, sont achetés avec empressement. L'autre résulte de l'idée où l'on est qu'on peut rentrer sans danger, au bout de quarante jours, dans un appartement qui aurait été compromis, et qui serait resté fermé pendant tout ce temps, sans qu'on eût pris aucun soin pour le désinfecter.

Pendant la peste de 1812, les Drogmans des légations européennes se rendaient à la Porte, pour leur service journalier, couverts de casaques de taffetas gommé ; leurs gants et leurs chapeaux l'étaient de la même étoffe. Malgré ces précautions, le danger était tellement imminent, qu'ils se crurent obligés de demander au Grand-Vizir qu'il fût pris quelques mesures de salubrité : *Eh ! que dirait le peuple !* leur répondit ce magistrat suprême. Le peuple à Constantinople est compté pour quelque chose ; et on ne le blesse pas impunément dans ses droits comme dans ses préjugés. Quant à ces derniers, un gouvernement ferme et éclairé, comme l'est celui de Sultan-Mahmoud, pourrait facilement les faire disparaître. Le Grand-Vizir ordonna, dans l'intérieur du Palais de la

(1) Ce mot dérive de *tchihar*, quatre, et de *tak*, colonne, poutre.

Porte, des fumigations qui étaient à peu près inutiles; mais il avait prescrit tout ce qu'il était possible d'accorder.

Quels soins, quels remèdes auraient pu suspendre les effets d'une pareille contagion? Aussi l'on n'entendait partout chez les chrétiens que les accens de la douleur ou les cris du désespoir. Constantinople offrait à chaque pas l'image de la mort. Cependant l'on ne voyait point comme à Marseille, en 1720, les rues jonchées de cadavres épars ou entassés; on ne voyait pas les morts traînés hors des maisons par des mourans ou par des criminels condamnés à périr (1). Le dernier devoir à rendre aux morts étant dans la religion musulmane une œuvre méritoire, les cadavres, en plus ou moins grand nombre, étaient portés avec empressement à la file les uns des autres, mais enfermés dans des cercueils. Les ouvriers n'étaient employés qu'à cette construction; et, quel que fût le moment où l'on passât devant leurs ateliers, on les y voyait sans cesse occupés : tout est régulier, tout est grave et solennel chez ce peuple essentiellement religieux!

(1) Guys, *Marseille ancienne et moderne*, page 44.

FIN DE LA PREMIÈRE PARTIE.

NOTES
DE LA PREMIÈRE PARTIE.

NOTE PREMIÈRE.

Sur Agathias, Historien grec du moyen âge.

Les Biographes ont dit peu de chose d'Agathias; cependant on trouve chez cet historien ce qui peut généralement intéresser en sa faveur.

Dans la préface de son *Histoire de Justinien*, il commence par décliner ce qu'il est, et d'où il est. *Agathias, dit-il, est mon nom. Myrine est mon pays. Mon père s'appelle Memnon. Ma profession est la jurisprudence romaine, et j'ai suivi le barreau... La ville de Myrine est celle de l'Asie qui fut autrefois bâtie par les Eoliens, à l'embouchure du fleuve Pythicus.* Il ajoute qu'il a eu, dès sa plus tendre jeunesse, une forte inclination pour les vers; qu'il a même fait de petits ouvrages en vers héroïques, qu'il a appelés *Daphniques;* mais que s'étant trouvé dans un temps fertile en événemens extraordinaires, il avait écouté la voix de l'Oracle, qui nous avertit de *nous connaître nous-mêmes ;* que d'après cela il avait cru devoir entreprendre l'Histoire pour ne pas consumer toute sa vie sur des fables, et pour en employer au moins une partie à un ouvrage important et sérieux.

Agathias est effectivement devenu le continuateur de Procope de Césarée qui avait donné l'Histoire de Justinien jusqu'à la vingt-sixième année du règne de ce Prince, c'est-à-dire, jusqu'à l'an 553; et Agathias commence où Procope a fini. Cet auteur déclare positivement qu'il n'a entrepris d'écrire qu'au temps où Justinien étant mort, le jeune Justin prit possession de l'Empire, ou en 566, lors du tremblement de terre qui fut si funeste à Béryte (1), la plus belle ville de la Phénicie, et qui se fit sentir à Alexandrie. Agathias se trouvait dans cette dernière ville, où il s'était établi pour étudier en droit. Il rapporte cette circonstance à l'été qui suivit l'époque où Clotaire demeura seul roi de tous les Français; ce qui ne peut être que dans l'année 558.

On trouve dans cet auteur des détails sur les effets de la force expansive de la vapeur de l'eau produits par Anthémius, le célèbre architecte de Sainte-Sophie de Constantinople. Cette épreuve, faite dans le sixième siècle, est probablement la plus ancienne qui soit connue. Voici comme Agathias s'exprime :

« Anthémius ayant perdu un procès que lui avait intenté
« un de ses voisins nommé Zénon, célèbre dans la profes-
« sion de l'éloquence, et, reconnaissant qu'il n'avait pas,
« comme lui, le talent de la parole, voulut du moins lui
« prouver qu'il avait de la supériorité dans l'art de l'ingé-
« nieur où il excellait. Il y avait, continue Agathias, dans
« la maison de Zénon, une salle basse joignant à la mai-
« son d'Anthémius; ce fut en cet endroit que celui-ci s'a-
« visa de mettre en dedans de son logis plusieurs grands
« vaisseaux pleins d'eau auxquels il attacha des tuyaux de
« cuir assez larges par le bas pour couvrir tout-à-fait les
« vaisseaux, et fort étroits par le haut, par où il les attacha
« aux solives du plancher de son voisin, avec tant de jus-
« tesse, que l'air qui y était renfermé montait sans se dis-
« siper en aucune manière. Il alluma ensuite un grand feu
« sous les vaisseaux. Dès que l'eau commença à bouillir,
« elle jetta une vapeur épaisse qui s'éleva avec beaucoup
« de violence.... Quand elle fut arrivée aux solives, elle
« les ébranla de telle sorte que le plancher en trembla (2). »

(1) Aujourd'hui *Baruth*, sur la côte de Syrie.
(2) *Histoire de Constantinople*, trad. du présid. Cousin, t. II, p. 533.

NOTE II.

Traduction du Khatti-Chèrif envoyé à Khorchid-Ahmed-Pacha, nommé Grand-Vizir par Sultan-Mahmoud, après la paix de Bucharest.

Toi qui es mon Vizir suprême, mon Lala (1), mon Lieutenant absolu et revêtu de mes pleins pouvoirs, Généralissime distingué de mes armées, brave et courageux Khorchid-Ahmed-Pacha, après t'avoir honoré de mon salut impérial, toi et ceux qui unis d'intention et de fait avec toi sont les serviteurs fidèles de mon Empire, je te fais savoir que, quoique ton prédécesseur Ahmed-Pacha eût du zèle et de la fermeté, il ne pouvait pas cependant remplir tous les devoirs de la place de Grand-Vizir; il avait perdu la confiance des troupes et des principaux habitans des villes, et les affaires de la Sublime-Porte ne marchaient pas. Je l'ai donc dispensé de continuer ce service; et devant le remplacer par un Vizir homme d'esprit et d'expérience, qui sût apprécier les circonstances et traiter les affaires, j'ai jeté les yeux sur toi; et de mon propre mouvement, je t'ai élevé au suprême Viziriat pour récompenser le zèle et la constance avec lesquels, sacrifiant ton repos et ta tranquillité, tu as, depuis quelque temps, employé tous tes efforts contre les Serviens, et tu leur as opposé une digue insurmontable; et pour relever ta dignité, je t'ai envoyé par mon second écuyer Moustapha-Beï une robe d'honneur garnie de martre zibeline. Quand, avec la grâce de Dieu, elle te parviendra, tu iras au-devant de mon Khatt Impérial, tu te revêtiras de ma pelisse, tu liras mon Khatt en présence de tous les Grands de mon camp et de tous les Officiers généraux, et tu leur en feras comprendre le contenu. Suivant les an-

(1) *Lala*, gouverneur, ministre, et littéralement *père nourricier*; c'est ainsi que le Grand-Seigneur appelle les Vizir, le Mufti, le Kyzlar-Agha, le Caïmacam et les principaux Ministres.

ciennes institutions de ma Sublime-Porte, les Agha de mes Odjak, les Officiers et les soldats ne forment qu'un corps qui s'est toujours illustré; mais chaque état, chaque corporation a ses réglemens particuliers. Tous tant que nous sommes, nous devons être soumis à la Foi, type de la pureté et de la sagesse; pensons-y donc bien, moi, toi, les Grands de mon Empire et mes Odjak : nos paroles, nos faits, nos gestes sont-ils bien conformes à la Loi et à la Constitution? Ne sommes-nous pas tous les jours dans l'obligation de mettre nos actions dans la balance de la justice, et d'employer tout notre zèle et tous nos soins pour ne pas nous écarter du devoir de l'Islamisme? Quant à moi je me suis engagé à conformer toujours ma conduite, ou mes actions à la justice, aux constitutions de l'Etat, et aux conventions stipulées; c'est là mon étude principale. Impose-toi donc la même loi; fais venir en ta présence les Grands de mon Empire, le Janissaire-Agha, le Koul-Kiahyaçi, le Samsoundji-Bachi, le Zagharadji-Bachi, le Djèbèdji-Bachi, le Top-Arabadji-Bachi, et intime-leur et fais-leur bien entendre que tous, dans une union parfaite, ils doivent observer les anciens réglemens, se conformer à la Loi et à la Constitution. Qu'ils réunissent aussi leurs Officiers et ceux qu'il sera nécessaire parmi les soldats; qu'ils leur expliquent bien mes intentions Impériales, et qu'ils bannissent parmi eux toute discorde et toute division.

Que le Dieu tout-puissant comble de ses bénédictions ceux qui avec toi servent la Foi et la Religion; je laisse à mon Dieu le sort de ceux qui tiendront une conduite contraire aux lois, à la constitution, et aux réglemens qui ont toujours été suivis.

Et comme il est nécessaire de protéger les habitans des villes de mon Empire et mes pauvres Raïa; quoique je sois en paix et en amitié avec les Moscovites, y ayant encore quelque temps jusqu'à l'évacuation, il est convenable que jusqu'à ce que la Moldavie et la Valachie soient évacuées, et que les prisonniers musulmans soient tous revenus, tu diffères encore de lever ton camp de Schoumla, et que tu redoubles de constance et de patience.

Allons, que je te voie ! donne-moi des marques de ton jugement et de ta parfaite direction.

Que Dieu t'assiste dans toutes les affaires et te comble de ses hautes faveurs ! Ainsi soit-il. Ainsi soit-il.

NOTE III.

Yafta, ou Écriteau placé au-dessus de la tête d'Halet-Effendi, le 4 décembre 1822.

« L'ex-Garde-des-Sceaux, Halet-Effendi, parvenu aux dignités les plus élevées, jouissait, à l'ombre de la Sublime-Porte, de la plus haute faveur. La munificence impériale la lui avait accordée pour qu'il l'employât au service et à la prospérité de l'Empire, en les prenant pour but de toutes ses pensées et de ses actions, pour qu'il travaillât surtout à réunir les Musulmans dans des circonstances où ce rapprochement est aussi nécessaire à leur existence que l'union de l'âme et du corps. Soigneux d'éviter toute négligence si préjudiciable par ses effets, il devait avoir sous les yeux, dans toute sa conduite, la loi de notre divin Prophète, éteindre les feux de la discorde allumés parmi les Musulmans, et les portant à oublier tout sentiment d'animosité et de haine, ne s'occuper tous ensemble que de l'intérêt de la foi musulmane. Au lieu de se proposer un si noble but, suivant les mouvemens de son âme perverse, il a causé la perte de plusieurs personnes victimes de ses intrigues et de ses trames; il a semé la zizanie et la discorde parmi les Musulmans, et cela avec tant d'art que, lorsque son hypocrisie couvrait toutes ses démarches et ses actions du masque du zèle et de la droiture, il ne cessait réellement de s'occuper de ses seuls intérêts, s'abandonnant à toute la dépravation de son naturel infâme. Plusieurs preuves récentes ayant mis à découvert le fond d'une conduite si contraire à la volonté du Sultan, et le terme de l'existence de cet homme pervers étant devenu nécessaire, pendant qu'il se rendait à son exil, la volonté suprême de Sa Hautesse a prononcé sa sentence, pour que sa punition servît d'exemple aux autres. Voilà sa tête. »

NOTE IV.

Série des Ambassadeurs, Ministres, Agens, ou Résidens français à Constantinople, depuis l'origine de nos Relations avec le Gouvernement ottoman, jusqu'à nos jours.

(Notice extraite en grande partie, quant aux Ambassadeurs, Envoyés et Chargés d'affaires avant la révolution, d'un excellent Mémoire manuscrit de M. le comte de Saint-Priest.)

Le premier Ambassadeur près la Porte fut, en 1534, *Jean de La Forest*, chevalier de Saint-Jean-de-Jérusalem, qui conclut, l'année d'après, le premier traité de commerce et d'amitié avec le gouvernement ottoman (1). Plus tard, il signe aussi un traité d'alliance en vertu duquel les flottes françaises et ottomanes agissent de concert contre Charles-Quint. De son côté, Charles-Quint fait proposer à Sultan-Soliman, par le Grand-Vizir Ibrahim, son correspondant secret, *de renvoyer le sieur de La Forest, et de s'allier avec ce César pour conquérir ensemble toute la terre, et ensuite la partager entre eux* (2). M. de La Forest avait emmené Guillaume Postel, savant orientaliste, chargé par François I de la recherche d'anciens manuscrits.

(1) Alliance antérieure de Louis XII avec Bajazet II, en 1500 : le roi de France intervient pour décider la paix entre la République de Venise et cet Empereur.

(2) De La Croix, *Etat général de l'Empire ottoman*, épître à Louis XIV.

Cet Ambassadeur avait été précédé à Constantinople, en 1524 et 1525, par *Jean Frangipani*, seigneur hongrois, Envoyé de François I auprès de Soliman II; et de 1532 à 1533, par *Antoine Rinçon*, aussi sous le titre d'Envoyé. Le roi de France, pressé par les armes de Charles-Quint, avait chargé Frangipani d'une lettre dont l'objet était l'établissement des rapports intimes avec le Grand-Seigneur. Frangipani se trouvait en Hongrie, auprès de Soliman, lors de la funeste journée de Pavie.

Les négocians de Marseille commencent, en 1530, à trafiquer plus directement avec les diverses provinces soumises au Grand-Seigneur; car ils y étaient connus bien auparavant (1), et y jouissaient d'une assez grande considération (2).

Après la mort de Jean de La Forest, en 1537, *Marillac*, son cousin, reste Chargé d'affaires.

En 1539, *César Cantelmo*, Napolitain, réside à Constantinople en qualité d'Envoyé.

Rinçon, né sujet de Charles-Quint, et victime du ressentiment de ce prince, ayant été assassiné dans le Milanais, en 1540; après sa mort, *Antoine Ascalin-des-Emars*, baron de *La Garde*, nommé aussi *le capitaine Polin*, lieutenant-général des galères, arrive à Constantinople en 1541, et revient en France en 1543.

(1) Les rois de Chypre et de Jérusalem, les comtes de Tyr, les seigneurs de Baruth, accordèrent, dès l'an 1130, jusqu'en 1223, aux marchands de Marseille, l'exemption de toute sorte de droits d'entrée et de sortie; et leur permirent d'avoir des Consuls pour la décision de leurs différends, ne se réservant que la connaissance de l'homicide (*Archives de l'Hôtel-de-Ville*). Dès 1507, les Marseillais qui, ainsi que les Catalans, avaient depuis long-temps des comptoirs en Égypte, obtinrent une première Capitulation qui renferme le principe de tous nos priviléges actuels.

(2) En 1396, après la victoire de Nicopolis, Sultan-Bajazet ne voulut rendre à la liberté le comte de Nevers et ses compagnons d'armes tombés en son pouvoir, que sous la caution de Barthélemi Pélegrin, négociant français établi à Scio.

Le deuxième Ambassadeur fut *Gabriel d'Aramon*, de 1547 à 1553; il accompagne le grand Soliman dans son expédition contre la Perse; il se rend utile au siége de Van, et opère, en 1553, la jonction des forces navales françaises et ottomanes.

Pierre Gyllius, d'Alby en Languedoc, envoyé, comme Postel, pour recueillir des manuscrits, rassemble les matériaux de ses deux importans ouvrages, l'un sur *Constantinople*, l'autre sur le *Bosphore*.

P. Belon, savant naturaliste, voyage à la même époque dans le Levant avec le baron de Fumel; et il y reste de 1547 à 1550.

M. d'Aramon est remplacé, pendant diverses absences, par *Jacques de Cambrai*, chancelier de l'église métropolitaine et de l'université de Bourges; et par *Chesnau*, maître-d'hôtel de l'Ambassadeur.

Le troisième Ambassadeur fut, en 1554, *Codignac*, valet de chambre du Roi; il s'embarqua sur la flotte turque pour la campagne de 1555. Plus tard, devenu suspect à Henri II, Codignac passe au service de Philippe II, dont il dirige les affaires à Constantinople contre son propre pays.

M. *Lavigne*, quatrième Ambassadeur, lui succède, de 1557 à 1561. Cet Ambassadeur se fait remarquer par une grande rudesse de caractère; il obtient néanmoins, à son audience de congé, la liberté des prisonniers italiens et allemands, qui avait été refusée à Busbec, ministre de l'Empereur. *Pétremol*, conseiller et maître-d'hôtel du Roi, et *Dolu* remplissent les fonctions de Chargés d'affaires.

Durant la période de ces quatre Ambassades, pendant que François I, Henri II, François II et Charles IX occupaient le trône de France, le grand Soliman, dixième Empereur des Osmanli, illustrait son règne par les événemens les plus mémorables : prise de Belgrade, de Rhodes et de Bude. Victoire de Mohatz, et conquête de presque toute la

Hongrie. François I sollicite des secours contre Charles-Quint. Soliman envoie plusieurs flottes sous la conduite du fameux *Khaireddin-Pacha* (Barberousse). Les démêlés de Ferdinand I, principalement au sujet de la Transylvanie, sont terminés, en 1562, par les soins et l'habileté du savant Busbec, son Ambassadeur. Campagne de 1566 en Hongrie. Siége de Sighet funeste à Soliman ; il y meurt âgé de 72 ans. Les armes de ce prince avaient déjà été malheureuses l'année d'auparavant, devant Malte, dont les troupes ottomanes avaient été obligées de lever le siége, le 11 septembre ; c'est ce qui avait fait dire à Soliman que « son sabre n'était
« point heureux en d'autres mains que les siennes ; qu'un
« Empereur devait être son premier ministre et le généra-
« lissime de ses troupes, s'il voulait assurer le succès de ses
« armes, la tranquillité et la fidélité de ses peuples. »

Le cinquième Ambassadeur fut *Claude du Bourg*, sieur *de Guérines*, sous Charles IX et Selim II. Renouvellement des Capitulations, le 18 octobre 1569. Il y eut, pour Chargés d'affaires, pendant cette ambassade, MM. *de Grandchamp* et *La Triquerie*. Prise de Scio par le Capitan-Pacha *Piali*.

On voit ensuite, pour sixième Ambassadeur, de 1572 à 1574, *François de Noailles*, évêque d'Acqs, *un des plus habiles négociateurs*, dit le président Hénault, *qu'ait eus la France*. L'évêque d'Acqs conclut la paix entre la Porte et Venise, objet primitif de son ambassade.

Son frère, *Gilles de Noailles*, *abbé de l'Isle*, lui succède la même année 1574, et devient septième Ambassadeur. Il quitte Constantinople en 1577. Selim II, prince faible et pacifique, était mort en 1574. Siége inutile d'Astrakan. Attaque de l'île de Chypre.

Après le départ de Gilles de Noailles, M. *Jugé* reste chargé d'affaires jusqu'à l'arrivée du *chevalier de Germigny*, *baron de Germoles*, huitième Ambassadeur, nommé, en 1579, par Henri III. M. de Germoles renouvelle les Capitulations, en juillet 1581, sous Murad III. Il fait accorder aux Anglais de commercer avec le Levant. Guerres en Hongrie. Prise de Javarin. Établissement des jésuites dans l'église de Saint-Benoît, à Galata.

M. *Berthier* remplit les fonctions de Chargé d'affaires jusqu'en 1585.

A cette époque, arrive à Constantinople le ligueur *Jacques Savari, seigneur de l'Ancôme*, neuvième Ambassadeur. Il est déposé par Henri IV, et mis aux Sept-Tours pour n'avoir pas voulu obéir à sa révocation. Soumission des Druses. Arrêt de mort de leur Émir Fakhreddin prononcé par Murad III.

Un autre *Savari (François) de Brèves*, cousin du précédent, lui succède en 1589 : dixième Ambassadeur, sous trois souverains ottomans. Outre les grandes distinctions qu'il obtint de Murad III, il jouit de la préséance sur les ministres de l'Empereur. Il accompagne trois fois le Sultan à l'armée, et il engage son successeur, Mahomet III, a offrir des secours à Henri IV contre la Ligue. Achat du palais de France pour les Ambassadeurs, à Péra. Renouvellement des Capitulations, en 1597 et en 1604, par ordre d'Henri-le-Grand, et sous le règne d'Ahmed I (1). Établissement de la mission française à Constantinople pour la propagation de la foi.

M. de Brèves est rappelé, en 1606, et remplacé, en 1607, par *François de Gontaut-Biron, baron de Salignac*, onzième Ambassadeur. Celui-ci meurt, en 1610, du chagrin que lui cause l'assassinat de Henri IV; il est enterré à Saint-Benoît-de-Galata. Premier Envoyé des États de Hollande, il doit faire tous ses efforts pour l'introduction du calvinisme chez les chrétiens orientaux.

Achille de Harlay, baron de la Môle, fils d'un ministre

(1) Ces capitulations sont rapportées à la suite d'un ouvrage intitulé : *Relation des Voyages de M. de Brèves*, Paris, 1628. Il existe une édition de ce traité en turc et en français, Paris, 1615.

de Henri IV, devient douzième Ambassadeur en 1611, à vingt-cinq ans. Intrigues des jésuites. Un cordelier, vicaire patriarchal, pendu à Constantinople. L'Ambassadeur maltraité et menacé de la question. On y livre son secrétaire. Envoi d'un Tchaouch en France, pour faire des excuses et apaiser la colère du Roi. Les Hollandais obtiennent, en 1612, de trafiquer dans le Levant. Moustapha I est détrôné, en 1618, par suite des troubles que cause son incapacité.

Achille de Harlay est remplacé par *Philippe de Harlay, comte de Cézy*, treizième Ambassadeur en 1620. Osman II est mis à la place de son oncle Moustapha. Il fait la guerre aux Polonais, s'allie à Gustave-Adolphe, prend Khotchin. Révolte des Pachas d'Asie. Le comte de Cézy cautionne des négocians dont les affaires périclitaient.

Henry de Gournay, comte de Marcheville, quatorzième Ambassadeur, arrive à Constantinople en 1631. Son ton d'arrogance et de menace déplaît au gouvernement ottoman ; il est renvoyé par la Porte en 1634, convaincu d'avoir excité une sorte de sédition contre le comte de Cézy, son prédécesseur. Insultes des Cosaques jusque sur le Bosphore. Ils occupent Azow, et en font leur repaire. Incursion des Tartares en Russie, par représailles. Prise de Bagdad sur les Persans, sous le règne de Murad IV, prince digne du grand Soliman, mais d'un caractère cruel.

Le comte de Cézy, qui était retenu à raison des cautionnemens dont nous avons parlé, reprend, sur l'invitation de la Porte, la gestion des affaires de France. Il est maintenu par Louis XIII. Ses dettes, fixées à trois cent trente mille piastres, sont payées en drap. Il part enfin pour Marseille, le 13 juillet 1640.

Jean de La Haye, seigneur de Vantelet, quinzième Ambassadeur, en 1639, premier homme de robe envoyé en ambassade à Constantinople, éprouve de sérieuses discussions, occasionées par la guerre de Candie commencée en 1644, et qui dura vingt-cinq ans. M. de La Haye, rappelé, se met en route pour la France; il est arrêté à Andrinople par ordre de Sultan-Ibrahim, prince insensé et barbare. Azow rentre sous la domination ottomane. Ibrahim est déposé et étranglé, en 1649.

M. *Laforest*, désigné par M. de La Haye comme Chargé d'affaires, n'est point agréé par le Grand-Vizir. Mission infructueuse de M. *Blondel*, maréchal-de-camp. M. de La Haye est enfermé aux Sept-Tours, en 1660; il est relâché, et part pour la France en 1661.

Roboli, négociant, est substitué, pour le service de l'ambassade, en 1660. Mauvaise administration de Roboli, et incendie de la chancellerie, ainsi que de toutes les archives de l'ambassade. Défaite du Grand-Vizir Kuprili à la bataille de Saint-Godar, 3 août 1664; commencement de la décadence de la puissance ottomane.

Denis de La Haye, seigneur de Vantelet, seizième Ambassadeur, arrive à Constantinople, en 1669. Violentes altercations avec le Grand-Vizir au sujet des présens d'usage; l'Ambassadeur est retenu trois jours dans le palais de ce dernier. L'affaire s'arrange, et M. de Vantelet reçoit ensuite des distinctions extraordinaires. Envoi en France d'un *Muteferica* (officier des gardes) pour donner des explications.

Charles-François Olier de Nointel, dix-septième Ambassadeur, remplace M. de La Haye, de 1670 à 1679. Renouvellement des Capitulations, le 10 novembre 1673. Les droits des rois de France sur les Lieux Saints de Jérusalem sont confirmés par Sultan-Mahomet IV à Louis XIV, qui prend le titre de *Protecteur unique du Christianisme dans l'Orient*, titre qui avoit été accordé à l'un de ses prédécesseurs, en 1525. M. de Nointel visite les Échelles du Levant, la Syrie et se rend à Jérusalem. Il est le premier Européen qui pénètre dans la grotte d'Antiparos, où il fait célébrer la messe en présence de cinq cents personnes. Envoi en France des *marbres* dits *de Nointel*, dont l'une des fameuses inscriptions remonte à plus de deux mille ans. M. de Nointel, endetté, est rappelé et exilé.

Gabriel-Joseph de La Vergne de Guilleragues (1), dix-huitième Ambassadeur, nommé à la fin de 1677, n'arriva qu'en 1679. Affaires de Scio et des corsaires poursuivis par Duquesne, en 1684. Position critique de l'Ambassadeur. Il est menacé d'être envoyé aux Sept-Tours. Se conduit d'abord avec fermeté; transige ensuite, et promet au Vizir irrité un présent considérable. Meurt à Constantinople, en 1685, d'une attaque d'apoplexie.

J.-B. Fabre reste Chargé d'affaires.

Pierre de Girardin, conseiller au parlement de Paris, dix-neuvième Ambassadeur, avait voyagé en Turquie, et en savait parfaitement la langue; ce qui détermine le choix de Louis XIV. Il arrive un an avant la déposition de Mahomet IV, fils d'Ibrahim. Le règne de ce prince avait été mêlé de succès et de revers. Le grand Kuprili, mis à la tête des affaires, leur donne une impulsion avantageuse. Prise de Candie. Guerre avec la Pologne. Prise de Kaminieck. Kara-Moustapha, Grand-Vizir, succède à Kuprili; mais il n'a ni la même capacité, ni les mêmes succès. Secours envoyés au comte de Tékéli. Siège de Vienne infructueux; Jean Sobieski le fait lever. Défaite de Gran. Révolte à Belgrade. Le Sultan est déposé en 1687.

M. de Girardin meurt à Constantinople. Son frère, l'*abbé de Girardin*, devient Chargé d'affaires, en janvier 1689. M. de Girardin, pendant son ambassade, avait envoyé, en

---

(1) C'est le même dont parle Boileau dans son Épître V, qui débute ainsi :

Esprit né pour la cour et maître en l'art de plaire,
Guilleragues qui sais et parler et te taire, etc.

M. de Guilleragues était de Bordeaux, où il avait été premier président de la Cour des Aides. Il devint depuis Secrétaire du Cabinet. Voyez les *Remarques* sur l'Épître V, qui sont on ne peut pas plus flatteuses pour cet Ambassadeur.

1687, à M. de Loüvois, un manuscrit italien sur l'*Art de la guerre*, qu'on croit être de l'année 1330, et qu'il avait pu se procurer de l'intérieur du Sérail (1).

Pierre-Antoine de Castagnères de Châteauneuf, vingtième Ambassadeur, en 1689. Soliman II est replacé sur le trône, après un emprisonnement de quarante ans. Perte de Belgrade. Défaite de Nissa. Reprise de Yanina et de la Valonne sur les Vénitiens. Succès en Hongrie. Le Sultan meurt en 1691. Ahmed II lui succède. Reprise de Belgrade. Les Turcs sont battus par le prince Louis de Bade, à Salankemen, en Hongrie.

Charles de Ferriol, baron d'Argental, vingt-unième Ambassadeur, en 1689. Premier pavillon de guerre russe sur la Mer-Noire, cette même année. Voyage de Tournefort au Levant (1700). M. de Ferriol ne veut point, suivant un usage jusqu'alors suivi, se dessaisir de son épée avant d'aller à l'audience du Grand-Seigneur. Il prétend pouvoir faire mettre à son bateau un tendelet qui, à Constantinople, est exclusif au souverain, à l'héritier et au premier ministre; vives discussions à cet égard. M. de Ferriol, atteint d'aliénation, en 1709, est suspendu de ses fonctions par les officiers de l'ambassade. Il se rétablit, et part de Constantinople en avril 1711. De retour à Paris, M. de Ferriol publie un Recueil de cent estampes sur le Levant, avec leurs explications, ouvrage encore aujourd'hui plein d'intérêt. Cet Ambassadeur avait vu les règnes d'Ahmed II et de Moustapha II, qui furent une suite de revers. En 1691, bataille de Semlin, où le Grand-Vizir, Kuprili-Zadè, Noumàn-Pacha, un des hommes les plus marquans de la Turquie, est tué. Perte et reprise de Scio, en 1696. Perte d'Azow, conquise par Pierre I. Bataille de Zenta, gagnée par le prince Eugène, en 1697, et abaissement de la puissance ottomane. Paix de Riswick, regardée par le Grand-Vizir Huçeïn Ku-

(1) Ce manuscrit très-curieux, et qui renferme un grand nombre de figures, se trouve à la Bibliothèque royale, sous le n° 7239.

prili comme une défection de la part de la France. Traité de Carlowitz, d'où résulte le sacrifice de la Transylvanie, de la Morée, de Kaminieck et d'Azow. Bataille de Pultawa, perdue par Charles XII, en 1709; terme de la puissance de la Suède, et affermissement de celle de la Russie.

Pierre Puchot, comte Desalleurs, seigneur de Clinchamp, vingt-deuxième Ambassadeur, nommé en 1709, accrédité seulement en 1711. Règne d'Ahmed III. Affaire de Pruth. Le Grand-Vizir accusé, mais à tort, d'avoir été gagné par les présens des Russes. Inutiles efforts et fautes de Charles XII. M. Desalleurs vit dans une grande intimité avec ce prince, à Bender, où il s'était retiré. Rupture avec les Vénitiens au sujet de la Morée. L'Empereur déclare aussi la guerre à la Porte. Le prince Eugène bat les Turcs à Péter-Waradin, en 1716.

Jean-Louis d'Usson, marquis de Bonnac, vingt-troisième Ambassadeur, arrive à Constantinople en 1716. Il obtient la réparation de la voûte du Saint-Sépulchre à Jérusalem, vainement sollicitée depuis soixante ans. Il intervient comme médiateur entre la Porte et la Russie, pour le partage des provinces persannes situées sur les bords de la mer Caspienne. La Porte envoie Mohammed-Effendi en ambassade à Paris. Vaine attaque de Corfou. Perte de Belgrade. Paix de Passarowitz. M. Wortley, Ambassadeur d'Angleterre, réside près la Porte ottomane. Lady Wortley Montague fait, le 23 mars 1718, sur son fils, âgé de six ans, le premier essai de l'inoculation, que cette femme célèbre introduit ensuite en Europe, et qui devient un si grand bienfait.

Jean-Baptiste-Louis Picon, vicomte d'Andrezel, vingt-quatrième Ambassadeur en 1724; meurt de chagrin en 1727. Occupation de Chirwan et du Ghilan par les Russes. La Perse est envahie par les Turcs. Thahmas-Kouli-Khan reprend toutes les places dont ils s'étaient emparés. Introduction de l'imprimerie à Constantinople, en 1727.

Louis Sauveur, marquis de Villeneuve, vingt-cinquième

Ambassadeur, succède à M. d'Andrezel, en 1728. Violence du Grand-Vizir Ibrahim-Pacha envers l'Ambassadeur, à l'occasion du bombardement de Tripoli de Barbarie. Arrivée, à Constantinople, du comte de Bonneval, depuis *Ahmed-Pacha*, le 29 juin 1729. Il a de vives altercations avec M. de Villeneuve au sujet de la politique de la Porte. Révolte de 1730, et déposition d'Ahmed III. C'est depuis le règne de ce prince que les souverains ottomans ne paraissent plus à la tête de leurs armées. Mahmoud I, fils aîné de Moustapha II, monte sur le trône, par suite de la sédition que dirige l'Albanais *Khalil-Patrona*. Paix avec la Perse; on lui rend Tauris et tout le pays en deçà de l'Araxe, et elle abandonne la Géorgie aux Turcs. Thahmas-Kouli-Khan, sous le titre de Nadir-Chah, s'empare du trône de Perse, en 1731. Guerre avec la Turquie. Nadir-Chah menace Bagdad. La Porte accepte la paix, et cède à la Perse la Géorgie et l'Arménie. Les Russes s'emparent d'Oczakow. Le marquis de Villeneuve termine glorieusement son ambassade par le traité de Belgrade, du premier septembre 1739, fait sous la médiation et la garantie de la France. Il renouvelle les Capitulations, le 28 mai 1740, au nom de Louis XV et de Mahmoud II.

Michel-Ange, comte de Castellane, vingt-sixième Ambassadeur, remplace M. de Villeneuve, en 1741. Envoi, en France, de Sa'-id-Pacha, Ambassadeur extraordinaire, pour remercier Louis XV de sa médiation dans le traité de 1739. Guerre entre les Persans et les Turcs. Prolongation indéfinie de la trêve de Belgrade en 1747. La Nouvelle-Servie colonisée; représentations de la Porte écartées par la Russie.

Roland Puchot, comte Desalleurs, vingt-septième Ambassadeur, en 1747, et fils du vingt-deuxième Ambassadeur, est envoyé à Constantinople pour faire un traité d'amitié et d'alliance contre la cour de Vienne, afin de conserver l'intégrité de la Pologne. Il y meurt, en 1754, la même année que Sultan-Mahmoud I.

Charles Gravier, comte de Vergennes, vingt-huitième Ambassadeur, et depuis ministre des affaires étrangères, arrive à Constantinople en 1755. Son premier soin est de retirer, par ordre de Louis XV, tous les papiers relatifs à la correspondance secrète de ce prince avec le comte Desalleurs, à laquelle M. de Vergennes avait été admis. L'année d'auparavant, Osman III, frère de Mahmoud, était monté sur le trône. Ce prince faible et d'une incapacité absolue, ne voit aucun événement remarquable sous son règne, qui finit avec sa vie, en 1757. Moustapha III, aîné des enfans d'Ahmed, lui succède.

M. de Vergennes annonce à la Porte l'alliance de Versailles du 1er mai 1756; déviation de politique, préjudiciable à l'Empire ottoman. Nomination de Stanislas Poniatowski, en 1764. Insinuation en faveur de Stanislas-Auguste mal accueillie. Défiance de la Porte. Troubles de Pologne fomentés par Catherine. Le gouvernement ottoman ne veut point se mêler des affaires de ce pays. Le duc de Choiseul au ministère. Le baron de Tott consul-général en Crimée auprès de Krim-Ghéraï, Khan des Tartares. Confédération de Bar. Violation du territoire ottoman à Balta. Déclaration de guerre à la Russie en octobre 1768. Rappel de M. de Vergennes. Il emporte, en quittant Constantinople, les regrets du Divan et du commerce français. Une députation des négocians lui fait hommage d'une épée d'or massif. Le baron de Tott, qui était arrivé à Constantinople avec M. de Vergennes en 1755, y reste attaché au gouvernement ottoman. Il organise, en 1774 et 1775, une artillerie de campagne, établit une fonderie, une machine à mater, une papeterie, etc. Forts pour la défense du Bosphore construits, en 1773, sur ses desseins et sous sa direction.

M. Guignart, comte de Saint-Priest, vingt-neuvième Ambassadeur, arrive à Constantinople le 13 novembre 1768. Expédition de Servie. Soulèvemens en Morée et au Monténégro, en 1770. Combat naval de Tchechmé. Victoires de

Romanzow. Premier partage de la Pologne. Campagne de 1773, peu avantageuse à Catherine. Campagne de 1774, malheureuse pour les Turcs. Pressentiment de la chute de leur Empire. M. de Saint-Priest, dans un mémoire envoyé à la cour, examinant celui de ses débris qui pourrait convenir à la France, indique l'Egypte comme le pays le plus facile à conquérir et à garder (1). Traité de Kaïnardjik, par lequel l'indépendance des Tartares de Crimée est reconnue. Révolte d'Ali-Beï en Egypte, réprimée par la force des armes. Sultan-Moustapha, qui avait supporté avec courage tous les revers de la fortune, était mort le 21 janvier 1774, laissant le trône à son frère Abdul-Hamid.

M. de Saint-Priest obtient un congé en 1776. M. le Bas, premier Secrétaire d'ambassade, reste Chargé d'affaires. Invasion de la Crimée par les Russes. Traité d'alliance de l'Autriche avec la Russie. La France s'interpose en vain entre les Russes et les Turcs. La guerre recommence. Premier et unique plan de Constantinople levé par l'ingénieur français Kauffer, en 1776.

Retour de M. de Saint-Priest, en 1778. Fête brillante qui lui est donnée par la municipalité de Marseille lors de son passage dans cette ville.

Convention du 21 mars 1779, dite d'Aïnali-Kavac. Envahissement de la Crimée, novembre 1782. Sa réunion à l'Empire russe n'est point consentie par la Porte. Traité de commerce entre les Russes et les Ottomans, 23 juin 1783. M. Anthoine, de Marseille, secondé par M. de Saint-Priest, parvient à donner un grand développement au commerce du midi, en établissant, de 1781 à 1783, entre les ports de de la Mer-Noire et ceux de la Méditerranée, des rapports qui n'avaient existé jusque là qu'entre Constantinople et

---

(1) Le même projet, rédigé en latin par Leibnitz, avait été présenté à Louis XIV, sous le ministère de M. de Pompone, en 1672. Ce projet était resté ignoré jusqu'à l'occupation du Hanovre de 1803 à 1805. Voyez le *Voyage en Hanovre*, par Mangourit, pag. 193—234.

l'Archipel. Reconnaissance de la réunion de la Crimée, janvier 1784. Mésintelligence entre la Porte et la cour de Vienne étouffée par les soins de M. de Saint-Priest. Rappel de cet ambassadeur en 1784. Il reçoit, en quittant Constantinople, les adieux les plus touchans du Grand-Vizir et du fameux Haçan-Pacha, Grand-Amiral.

M. le comte de Choiseul-Gouffier, trentième Ambassadeur, arrive à Constantinople la même année, amenant avec lui plusieurs savans et gens de lettres, au nombre desquels se trouve le célèbre abbé Delille. L'objet de cette ambassade est de protéger l'Empire turc contre une puissance qui ne dissimulait pas, même alors, le projet de le renverser; c'est aussi de mettre à la disposition de la Porte des ingénieurs-géographes, des ingénieurs-militaires et des constructeurs de vaisseaux. Troubles en Egypte réprimés par Haçan-Pacha. Voyage de Catherine II en Crimée avec Joseph II (1787) Inquiétudes de la Porte. La guerre éclate entre la Russie et les Turcs. L'Autriche se déclare bientôt après contre ces derniers. Perte d'Oczakow après une longue résistance que M. de Choiseul avait préparée, en envoyant pour mettre cette place en état de se défendre, outre un détachement de canonniers, M. Lafitte Clavé, ingénieur français très-distingué. Établissement à l'entrée du Bosphore d'un assez bon système d'ouvrages défensifs. Mort de Sultan-Abdul-Hamid, en avril 1789. Selim III monte sur le trône. Perte de Bender et d'Ismaïl enlevés par les Russes. Prise de Belgrade par les Autrichiens qui la restituent aux Turcs, à la paix, dont les événemens de la révolution française hâtent la conclusion. Traité définitif d'Yassi, qui assure, d'une manière encore plus funeste aux Turcs, l'influence des Russes dans les affaires des Principautés et dans celles de la nation grecque. Les conséquences de la révolution française se font déjà sentir dans l'Orient, et influent sur la politique Européenne à l'égard de la Porte. Huçeïn, surnommé *Kutchuk* parce qu'il était petit et fluet, célèbre Capitan-Pacha, favori de Sultan-Selim, homme d'une grande capacité, devient le restaurateur de la marine ottomane.

M. de Choiseul est déposé, en octobre 1792, par le gouvernement révolutionnaire, et écarté des affaires, en conséquence de la délibération de la Nation (1) à Constantinople (décembre 1792). *Antoine Fonton* prend sa place sans être reconnu par la Sublime-Porte. Le Député du commerce gère les affaires en 1793.

M. Descorches, marquis de Sainte-Croix, est envoyé, sans caractère public, par la république française pour détourner la Porte d'entrer dans la coalition des Puissances contre la France. Firman de la Porte pour observer la neutralité en mer. Deux pavillons français flottent dans les mers du Levant.

M. de Chalgrin, est chargé des affaires du Roi, en 1793.

M. de Verninac, Envoyé extraordinaire de la République, en 1795, met fin aux dissensions violentes qui existaient entre les Français au Levant. Se fait précéder, à l'audience du Grand-Vizir, d'une musique militaire, et escorter d'un détachement de troupes françaises la baïonnette au bout du fusil, jusque dans la seconde cour du Sérail. Là, cette troupe présente les armes au Grand-Vizir et aux autres membres du Divan. Verninac est le premier ministre étranger qui ait fait imprimer et distribuer une gazette dans sa langue, à Constantinople. Envoi à Paris d'un Ambassadeur turc permanent, Ali-Effendi. Voyage scientifique et politique en Perse de M. Olivier, membre de l'Institut.

Aubert-du-Bayet, Lieutenant-Général, trente-unième Ambassadeur de France, et premier Ambassadeur de la République, nommé par le Directoire en 1796. Il amène avec lui une compagnie d'artillerie légère pour le service de la

---

(1) Dans le Levant, on entend par *Nation*, la réunion en assemblée délibérante des chefs des maisons de commerce de chaque Échelle, cautionnées près de la chambre de commerce de Marseille.

Porte. Il rentre dans tous les droits des Ambassadeurs français avant la révolution. Restitution de l'église de Saint-Benoît à Galata. La France reconnue protectrice de cet établissement et de tous ceux du rite catholique situés dans les États du Grand-Seigneur. Révolte, massacre et tremblement de terre à Smyrne. Beauchamp, nommé consul à Mascate en Arabie, est le seul Français, après Tournefort, qui pénètre dans la Mer-Noire. Il relève les côtes depuis Constantinople jusqu'à Trébisonde, et détermine astronomiquement le point de Trébisonde, ce qui tend à rectifier la dimension en longueur de cette mer.

Le général Aubert-du-Bayet meurt à Constantinople, en 1797. La perte de cet Ambassadeur place, pour la première fois, *M. Ruffin* à la tête de la Nation, en qualité de chef provisoire, jusqu'à l'arrivée du général *Cara Saint-Cyr* qui était en Valachie.

Cara Saint-Cyr remplace, pendant quelques mois, l'Ambassadeur décédé. Il lui fait élever un monument sur la terrasse du Palais de France. Honneurs extraordinaires rendus par le Capitan-Pacha à la veuve du général du Bayet dans une visite faite à bord de l'Amiral; elle est saluée en partant de neuf coups de canon. Le même Capitan-Pacha, le fameux Huçeïn, échoue devant Widdin, défendue par le rebelle Paswan-Oglou. Le général Cara Saint-Cyr part le 4 juin 1798.

M. Ruffin, Chargé d'affaires trois mois avant l'expédition d'Égypte, est mis aux Sept-Tours, sur la demande réitérée des ministres étrangers, 2 septembre 1798. Guerre d'Égypte de 1798 à 1802; position la plus critique dans laquelle ministre européen se soit jamais trouvé en Turquie. Les Français sont en partie jetés dans les châteaux asiatiques de la Mer-Noire, et entassés dans le bagne de Constantinople. Cette captivité de la Nation et de son chef dure trois années. Fermeté et belle conduite de M. Ruffin. Après sa détention, la Porte le rétablit dans ses fonctions de Chargé d'affaires.

Ghalib-Effendi est nommé plénipotentiaire de la Porte à Paris. Traité de paix définitif entre la France et la Porte Ottomane, signé à Paris le 25 juin 1802. Addition de dix articles aux Capitulations qui ouvrent et règlent la navigation française dans la Mer-Noire.

Marie-Anne Brune, maréchal de France, trente-deuxième Ambassadeur et second de la République, nommé en 1802, arrive à Constantinople le 6 janvier 1803. La Porte refuse de reconnaître Napoléon Bonaparte comme Empereur des Français: Départ du maréchal en décembre 1804. Feth-Ali-Chah, roi de Perse, écrit à Napoléon. Commencement des relations d'amitié entre la France et la Perse.

Pierre Parandier reste Chargé d'affaires. Des bruits de guerre donnent de nouvelles inquiétudes aux Français. Suprématie momentanée de la Russie. Proposition faite par la Porte d'un tarif désavantageux à la France, ajournée indéfiniment par M. Ruffin. Envoi de Muhib-Effendi, Ambassadeur ottoman à Paris. Prise de possession de Raguse par les Français.

Mission en Perse de MM. Romieu et Jaubert. Arrivée de M. Jaubert, chargé de remettre lui-même une lettre de Napoléon à Sultan-Selim. Refus des membres du Divan de l'admettre auprès du Grand-Seigneur. M. Parandier menace la Porte de quitter Constantinople avec tous les Français, dans le cas où la lettre ne serait pas remise avant trois jours. Elle l'est enfin par M. Jaubert dans une rencontre avec le Sultan, aux Eaux-Douces. La réponse est portée à Paris par un drogman de France. M. Ruffin succède à M. Parandier, qui est rappelé au mois d'août 1805. Après de longues négociations, Napoléon est reconnu par le gouvernement Ottoman, le 10 janvier 1806; et M. Ruffin est admis à l'audience du Grand-Seigneur, comme Chargé d'affaires de l'Empereur des Français.

Horace Sébastiani, lieutenant-général, trente-troisième Ambassadeur, en 1806; il fait destituer, à son arrivée, les princes de Moldavie et de Valachie, créatures et agens de la Russie. Déclaration de guerre de la Russie, le 30 novembre 1806. La Géorgie est envahie. Czerni-Georges dirige la révolte des Serviens. Tentative des Anglais contre Constantinople, janvier 1807. L'Ambassadeur, par ses dispositions que secondent tous les Français qui se trouvent à Constantinople, préserve d'une insulte cette capitale; et les Anglais sont forcés de s'éloigner. Le général Sébastiani reçoit, ainsi que M. Ruffin, de Sultan-Selim, l'ordre du Croissant. Mort du fameux rebelle Paswan-Oglou; Molla-Pacha, son lieutenant, lui succède, et n'est pas plus soumis que son prédécesseur. Les Wehhabi s'emparent de Médine et de la Mekke. La Moldavie et la Valachie sont occupées par les Russes. La Romélie est désolée par les Brigands. Expédition malheureuse des Anglais en Egypte, mars 1807. L'Ambassadeur de France protége généreusement les Anglais tombés au pouvoir des Turcs. Suppression des barats, patentes de protection accordées, moyennant finance, par les ministres étrangers aux sujets raïa du Grand-Seigneur, demandée et obtenue par le général Sébastiani. Extension, par Selim, du Nizam-Djedid, qui contribue à le précipiter du trône. Révolte des Janissaires, le 27 mai 1807. Le Bostandji-Bachi et tous les ministres sont massacrés. Sultan-Selim est déposé. Les rebelles élèvent au trône Moustapha, son cousin. Le général Sébastiani demande son rappel. Il part de Constantinople le 23 avril 1808.

Ambassade du général Gardane en Perse, en 1807. Elle est supplantée, en 1809, par celle de sir Harford Jones, envoyé par le cabinet de Saint-James, pendant que la compagnie des Indes, alarmée de la mission de l'Ambassadeur français, avait désigné de son côté le général John Malcolm pour résider à la cour de Théhéran.

Traité de Tilsit, 7 juillet 1807; les Ottomans sont oubliés.

Après le départ du général Sébastiani, M. *Fay, marquis de La Tour-Maubourg*, qui était second Secrétaire d'ambassade, demeure. Chargé d'affaires, en 1808. Entreprise de Moustapha Baïraktar. Sultan-Moustapha est déposé. Sultan-Selim est étranglé. Sultan-Mahmoud monte sur le trône, en 1808. Moustapha Baïraktar Grand-Vizir. Nouvelle révolte des Janissaires. Bairaktar perd la vie. Guerre de 1809. Paix entre la Porte et l'Angleterre, ménagée par l'Internonce autrichien avant que la guerre d'Autriche n'éclatât.

Massacre ordonné, le 1er mars 1811, par le pacha d'Égypte, de tous les Beï et Mamelouks qu'il avait réunis dans le château du Kaire.

La Légation de France est en butte à une intrigue violente à l'occasion du septinsulaire Dendrino; la légation anglaise n'y est point étrangère. Mauvais procédés à l'égard de M. de La Tour-Maubourg; la garde du palais de France lui est retirée. Une rupture paraît inévitable. Conduite sage et ferme du Chargé d'affaires. Ce différend se termine avantageusement pour la Légation française. Rétablissement des relations amicales avec la Porte.

Le traité de Bucharest, du 30 mai 1812, termine la guerre extérieure en Turquie. Il est ratifié à Constantinople, par Sultan-Mahmoud le 15 juin; et à Wilna, par l'empereur Alexandre le 23 juin : échange des ratifications par les plénipotentiaires le 14 juillet. En faisant la paix avec les Russes, le Grand-Seigneur refuse de conclure un traité d'alliance contre la France. Au mois de mai 1812, tous les Mamelouks, qui étaient venus se mettre à la discrétion d'Ibrahim-Beï, sont massacrés à Esneh, dans la Haute-Egypte; ce qui achève leur destruction, et rend Mehemmed-Ali-Pacha tout-à-fait maître du pays. On est témoin, en Égypte, d'un phénomène très-remarquable : le Nil, dont la crue périodique n'est ordinairement sensible que vers la moitié de juin, croît cette année du 9 au 10 mai. Coupure du *Khalig* (digue), le 13 août.

Guerre entre la France et la Russie déclarée à Gunbinnen, le 22 juin. Sultan-Mahmoud commence à poursuivre les Aïan et les Pacha rebelles de l'Empire.

M. le comte Andreossy, lieutenant général d'artillerie, trente-quatrième Ambassadeur, arrive le 25 juillet 1812. Le nouvel Ambassadeur obtient que le prince Mourousi, ennemi des Français et voué aux Russes, soit exclu des conférences du Reïs-Effendi. Les Russes restituent les provinces de Moldavie et de Valachie. Les expéditions du commerce français sont dirigées par terre sur Costanizza, à travers la Bosnie. Peste épouvantable à Constantinople. Incendie qui consume, entre autres quartiers, celui de Balat, habité par les Juifs, et composé de plus de quatre mille maisons. En octobre 1812, les Serviens envoient des députés à la Porte, pour y faire acte de soumission. Sultan-Mahmoud poursuit avec énergie les rebelles. Massacre de cinq cents prisonniers turcs en Russie, à la suite d'une rixe entre ces derniers et les Russes. L'Angleterre favorise et sème des mésintelligences du côté de Bagdad, pour préoccuper les Turcs et les empêcher de rétablir l'état de guerre sur le Danube, qu'il eût été dans leur intérêt de maintenir. Le général Andreossy entretient une correspondance avec Mirza-Chèfi, premier ministre de Perse. Malgré les revers des campagnes de 1812 et de 1813, la Porte, loin de s'abandonner à l'influence des coalisés, semble mettre plus d'égards et de procédés envers les Français; les affaires se traitent avec plus de facilité. Mars 1813, reprise sur les Wehhabi de Médine et de la Mekke, dont les clés furent ensuite apportées au Grand-Seigneur par Ismaël-Beï, fils du gouverneur d'Egypte. Réjouissances publiques à cette occasion. Molla-Pacha de Widdin fait sa soumission, et remet cette place importante au Grand-Seigneur. La naissance du prince *Abdul-Hamid* accompagne ces heureuses nouvelles, 6 mars 1813. Le jour même de cette naissance, le général Andreossy reçoit du Grand-Seigneur l'audience d'usage, retardée jusque là par l'horrible peste qui avait désolé la capitale. Campagne de Russie. Revers. Invasion de la France. Chute de Napoléon. Retour des Bourbons, avril 1814. Le général Andreossy fait reconnaître Louis XVIII. Rappel de cet Ambassadeur. Il quitte Constantinople le 14 novembre.

M. *Ruffin*, Chargé d'affaires jusqu'à l'arrivée du nouvel Ambassadeur du Roi, M. le marquis de Rivière, nommé le 12 septembre. Evénémens de 1815. Napoléon Bonaparte, de retour à Paris le 20 mars, envoie M. *Jaubert* à Constantinople en qualité de Chargé d'affaires. La Porte ne reconnaît pas cet agent. Scission entre les Français. Rentrée du Roi dans sa capitale le 8 juillet. Départ de Napoléon pour Sainte-Hélène.

M. *le marquis*, depuis *duc de Rivière*, trente-cinquième Ambassadeur de France, arrive à Constantinople le 4 juin 1816.

Tarif des douanes renouvelé. Affaires de Jérusalem. Grande influence de la Russie.

M. de Rivière obtient un congé (juin 1819). M. le *vicomte de Viella*, premier Secrétaire d'ambassade, le remplace, en qualité de Chargé d'affaires, jusqu'à son retour, le 27 décembre 1819.

Nommé Capitaine des gardes de Monsieur (aujourd'hui Sa Majesté Charles X), le marquis de Rivière quitte Constantinople le 29 octobre 1820; et *M. de Viella* devient de nouveau Chargé d'affaires.

Insurrection des Grecs, mars 1821. Discussions de la Porte avec le ministre de Russie. Note du 6 (18) juillet. Départ du baron de Strogonoff, le 10 août. Négociations pour le maintien de la paix. Destruction du couvent du Mont-Carmel par le Pacha de Saint-Jean-d'Acre.

M. *le marquis de La Tour-Maubourg*, le même qui avait été Chargé d'affaires après le départ du général Sébastiani, arrive le 26 décembre 1821, en qualité d'Ambassadeur; il est le trente-sixième. M. de Maubourg refuse de prendre ses audiences jusqu'à l'arrangement des affaires de Jérusalem et du Mont-Carmel. Insurrection de Scio. Reprise de cette île par les Turcs. Fin d'Ali-Pacha-de-Yanina, janvier 1822. M. de

Maubourg n'ayant pas obtenu ce qu'il était en droit de demander, sollicite son rappel, et quitte Constantinople le 21 février 1823. La gestion des affaires de l'ambassade est confiée à M. *le comte de Beaurepaire.*

Enfin, M. *le comte Guilleminot*, lieutenant-général, trente-septième Ambassadeur, se rend à Constantinople, et débarque à Top-Khana le 9 juin 1824.

Les affaires de la Grèce insurgée prennent un caractère plus grave. Retour d'une mission russe à Constantinople. Abolition de la milice des Janissaires, le 16 juin 1826. Traité d'Ak-Kerman. Traité de Londres du 6 juillet 1827. Les trois grandes puissances maritimes de l'Europe veulent s'interposer entre les Turcs et les Grecs. L'intervention diplomatique est repoussée par la Porte. Combat de Navarin, 20 octobre 1827. Les Ambassadeurs des trois puissances alliées quittent Constantinople le 8 décembre. Attaque de Scio par les Grecs. Déclaration de la Porte aux Notables de l'Empire sur les événemens dont elle se croit menacée, et sur sa conduite envers les alliés ; pièce regardée comme un manifeste du gouvernement turc (1828).

La Russie déclare, à son tour, ses intentions hostiles. Evénemens en Perse (février 1828). Traité de Turkmen-Tchaï, qui enlève à la Perse une grande partie de l'ancienne Arménie, réduite ainsi en province russe. Reconnaissance par la Russie du prince Abbas-Mirza comme héritier de la couronne de Perse, et rançon de quatre-vingts millions de roubles pour les frais de la guerre que la Russie dit avoir été obligée de faire aux Persans. Les Turcs et les Russes ne dissimulent plus leurs préparatifs, février, mars et avril 1828. Enfin la Russie publie son manifeste le 14 (26) avril, et menace directement Constantinople.

NOTE V.

Yafta ou Écriteau placé au-dessus de la tête d'Ali-Pacha de Yanina, le 23 février 1812.

La tête que l'on voit exposée ici est celle de ce traître à la religion, connu sous le nom de *Tépèdèlènli-Ali-Pacha*.

Il est de notoriété publique que Tépèdèlènli-Ali-Pacha a été comblé, durant l'espace de trente à quarante années consécutives, des faveurs de la Sublime-Porte, qui lui a confié le gouvernement de plusieurs provinces et districts. Lui, ses fils, et les personnes qui leur appartenaient, ont reçu de nombreux bienfaits de la part de Sa Majesté Impériale; cependant loin d'en témoigner de la reconnaissance, il n'a cessé d'agir contre la volonté de la Sublime-Porte, usant de toute espèce de perfidie et de trahisons, pour opprimer les peuples qu'il gouvernait. L'histoire d'aucun temps ne présente l'exemple d'une perversité pareille à la sienne, et l'on n'a jamais vu ni entendu des traits de déloyauté et de cruauté semblables à ceux dont il s'est rendu coupable. Toujours inquiet et remuant, partout où il y avait des troubles il y prit part, tantôt ouvertement, tantôt en secret, soit en les encourageant par des largesses, soit en les fomentant par des menées sourdes. Cédant à une ambition criminelle, il ne se contenta pas du gouvernement des provinces qui lui étaient confiées, mais il usurpa celui de plusieurs autres districts adjacens où il suscita des troubles. Il attenta à la vie de nombre de pauvres raïa, *qui sont un dépôt sacré que le Dieu tout-puissant a mis entre nos mains;* il en blessa d'autres dans leur honneur et les dépouilla de leurs biens, enfin il détruisit des familles entières, ainsi que cela est arrivé en Albanie, et dans divers autres districts sur lesquels il avait étendu sa domination, tel que Yèni-Chèri (*Larissa*), Monastil et Savrigal.

Les violences et les vexations inouïes d'Ali-Pacha ayant

forcé à l'émigration les habitans de l'Albanie et des provinces limitrophes, la Sublime-Porte, informée de sa tyrannie, lui a fait, à différentes reprises, les plus fortes représentations sur la nécessité de changer de conduite. Mais loin de prêter l'oreille à ces avis salutaires, Ali-Pacha a persévéré dans son endurcissement, et ne gardant plus aucune mesure, il a même poussé l'audace de ses attentats jusqu'à faire tirer dans Constantinople, la résidence du Khalife, *le centre de toute sûreté*, des coups de pistolet sur des individus qui, désapprouvant sa conduite, étaient venus chercher un asile dans la capitale.

Cette violation manifeste de toutes les lois divines et humaines ayant rendu indispensable la punition d'Ali-Pacha, on l'a déposé, et les Sandjak qu'il gouvernait ont été confiés à d'autres Vizirs. C'est alors que, jetant le masque, il a levé l'étendard de la révolte, et que, dans le dessein de réaliser tous les projets coupables qu'il méditait depuis long-temps, il s'est retranché dans la ville impériale de Yanina fortifiée d'avance dans cette vue, croyant dans sa témérité pouvoir y opposer de la résistance à la Sublime-Porte sa bienfaitrice.

L'esprit de vengeance qui animait Ali-Pacha s'est manifesté dans toute son étendue au moment où la rébellion des Grecs éclata. Il envoya des sommes immenses aux infidèles de la Morée, ainsi qu'aux Souliotes, pour les exciter contre les Musulmans.

Cette action impie ayant mis le comble à la mesure de ses crimes, la sainte loi et le salut de l'Etat ont exigé qu'il fût mis à mort, et Khorchid-Pacha, *le victorieux Sèraskèr de la Romélie*, qui l'avait fait prisonnier, a exécuté l'ordre impérial rendu à cet effet en vertu du fetva sacré qui prononce la sentence.

C'est ainsi que le peuple musulman est à jamais délivré de la tyrannie et de la perfidie du traître Tepèdèlènli-Ali-Pacha.

NOTE VI.

Manifeste de la Porte au Peuple musulman, au sujet de l'abolition des Janissaires.

Il est connu de tout le peuple de Mahomet que c'est par l'épée autant que par la pureté de la doctrine de l'Islamisme, que la religion et la puissance musulmane ont pris naissance, et bientôt après se sont étendues dans l'Orient et l'Occident. On a donc dû, dans tous les temps, entretenir des armées musulmanes pour les opposer aux ennemis de la vraie foi.

Aussi la Porte avait-elle dès l'origine organisé la milice des Janissaires qui, dans ces temps anciens, n'allait au combat qu'en présentant la poitrine à l'ennemi; et c'est à l'intrépidité autant qu'à l'obéissance que montraient les les Janissaires, qu'ont été dues tant de victoires. Mais avec le temps, le désordre et toutes sortes d'abus se sont glissés parmi eux : leur ancienne discipline a fait place à l'insubordination ; et depuis cent ans, dans les guerres où ils ont marché, ils ont cherché à couvrir de mille prétextes vains et mensongers leur indiscipline, et la honte de leur dispersion et de leur fuite devant l'ennemi. Ils ont été ainsi cause que nombre de forteresses et des pays entiers sont restés entre les mains des infidèles ; et les ennemis de la religion, témoins de ces funestes résultats qu'ils attribuaient exclusivement à notre faiblesse, ont conçu le dessein de détruire en entier l'Islamisme. Leurs prétentions ont été toujours croissant, notre position est devenue de jour en jour plus critique, enfin les infidèles sont parvenus à nous circonvenir de toutes parts. De notre côté, animés du zèle de la religion, nous avons dû chercher tous les moyens de nous venger des ennemis de notre foi; l'expérience que nous en ont fournie les diverses guerres qui ont eu lieu, nous a prouvé que la facilité que les infidèles avaient à nous vaincre était uniquement due à ce qu'ils employaient des troupes réglées. Aussi, après la guerre de 1202 (1788 de J. C.), et depuis encore, à diverses reprises, essaya-t-on d'établir des troupes réglées ; en vain la nécessité en faisait-elle une loi : la milice des Janissaires non-seulement ne voulait se rendre elle-même propre à rien, et par ses mouvemens séditieux paralysait les mesures que l'on avait prises à cet égard ; mais ses séditions ont causé la mort de plusieurs Sultans qui étaient l'ame du monde. Cependant l'on n'a considéré en elle que l'ancienneté de son institution ; l'on n'a point pensé à la détruire ; l'on supportait les caprices dont elle s'était fait l'habitude, et qui étaient l'unique mobile de sa subordination ou de ses excès. En est-il résulté quelque bien ? non ; au contraire, l'ennemi de notre religion n'en a été que plus actif à nous resserrer de plus en plus ; il a cru qu'une position si désastreuse lui offrait l'occasion facile de nous détruire entièrement (malheurs dont Dieu veuille nous préserver !)

Enfin, dernièrement, ces circonstances ont été exposées et développées dans un grand conseil tenu chez le Cheïkh-ul-Islam, en présence de tous les Vizirs, Oulema et même des chefs de ladite milice ; les organes de la Loi ont été consultés ; un fetva a été demandé ; et, conformément à celui qui a été rendu et à l'acte passé devant la justice, signé et scellé par tous, il a été arrêté, uniquement par le motif le plus pur, celui de revivifier la parole de Dieu, qu'il n'y avait point d'autre mesure à opposer aux moyens astucieux qui assuraient aux infidèles l'avantage sur les Musulmans, que d'exiger des troupes musulmanes, avant tout, l'esprit de religion et l'obéissance, et ensuite de les former au maniement des armes par l'exercice ; qu'il ne serait rien changé aux anciens réglemens de la milice des Janissaires, que seulement cent cinquante soldats par *Orta* seraient inscrits comme soldats *Mou'allem Echkindji* (troupes légères exercées), recevant une haute paie. On crut que les circonstances exigeaient de surcharger ainsi de cette dépense le trésor public des fidèles, et l'on commença l'enrôlement. D'une autre part il fut publié qu'il ne serait rien changé aux *Eçamè* (pension militaire), ni aux paies journalières (*ïewmüè*). Que si quelqu'un parlait ou agissait contre ces dispositions, résultat du vœu général, il serait puni ainsi que l'exigeaient les sentences juridiques ; enfin la semaine dernière on commença l'exercice ; des armes et un uniforme furent donnés aux soldats.

Mais tant d'avis fondés sur la religion, tant d'injonctions émanées de la loi furent encore inutiles; la nuit du jeudi suivant (du 14 au 15 juin 1826), les Janissaires se sont soulevés, se sont d'abord portés à l'hôtel du Janissaire-Agha, puis à la Porte, et ensuite à d'autres lieux qu'ils ont pillés; ils ont ensuite mis en pièces à coups de couteau le Koran qui était tombé dans leurs mains; se sont mis en état de révolte, ont déclaré que sous ce rapport ils ne reconnaissaient l'autorité ni de la Loi, ni des fetva, ni de la Sublime-Porte, ni des Oulema ; ils ont tourné contre le gouvernement mahométan les armes qui leur avaient été livrées pour faire l'exercice voulu par la loi, et ils ont osé marcher contre le Souverain.

Une pareille conduite étant hors de la religion, à l'instant même tous les Cheïkh-ul-Islam anciens et actuellement en charge, Vizirs, Oulema, ministres et autres officiers de la Sublime-Porte, enfin la généralité des Musulmans, se sont transportés au palais de Sa Hautesse, ont pris le Sandjak-Chèrif (étendard sacré du Prophète), l'ont porté à la mosquée de Sultan-Ahmed. On a fait publier par des crieurs publics que tout Musulman eût à venir se ranger sous l'étendard sacré pour y trouver la protection du livre de Dieu et de sa Loi ; et quoique tout ce qu'il y avait de vrais croyans y fût accouru, les révoltés sont restés fidèles au lieu du rendez-vous de leurs séditions; et, par ce seul acte de rébellion, dont la conséquence eût été la ruine de la religion et du gouvernement musulman, et l'oppression des vrais croyans honnêtes gens, et dont le dernier résultat eût été de les livrer au pouvoir des ennemis de la religion, ils se sont *légalement mis hors la Loi :* ordre a été donné de marcher contre eux, et le feu a été mis à leurs casernes. Enfin Dieu lui-même les a fait tomber sous le glaive de la justice, et ils ont trouvé la récompense due à leur indigne conduite.

Il a été vérifié que, dans cette révolte, qui ne paraissait l'ouvrage que de quelques mauvais sujets, les rebelles avaient réellement eu sous main, pour associés et pour chefs, parmi les Janissaires, un certain nombre de perturbateurs, également ennemis de la religion et du gouvernement; ils ont donc été signalés, pris et punis, ainsi que l'exigeait la Loi divine. De même dans la masse des révoltés, ceux dont la mauvaise conduite a été constatée, ont été saisis, et justice en a été faite.

Un grand nombre de faits ont jusqu'à ce jour prouvé que la bravoure et la discipline, qui lors de leur institution distinguaient les Janissaires, avaient été depuis un certain temps remplacées par l'esprit de désordre et de vagabondage; que les titres de *Janissaires* et de *Yoldach* (camarade) ne signifiaient plus que le droit d'asile pour les perturbateurs; que le nombre des méchans y surpassait celui des honnêtes gens, au point que parmi ceux qui ont été exécutés il s'est trouvé des infidèles portant à leurs bras, à la fois les armes de la soixante-quinzième légion (Orta) et la croix, signe de ralliement des mécréans; qu'ainsi il a été vérifié, par le fait, que toutes sortes de gens s'étaient introduits parmi eux, et que toujours des espions se sont glissés dans cette milice sous les habits de Musulmans. L'on en avait antérieurement proposé plusieurs fois l'épuration, mais elle n'avait jamais pu avoir lieu, parce que les Janissaires n'avaient point voulu y prêter l'oreille. Ceux de leurs chefs qui, honnêtes gens, ne donnaient pas la main à leur indiscipline, ne pouvaient se faire obéir; et il est devenu constant que tant qu'on laisserait subsister le nom de *Janissaire*, tout ce qu'on pourrait tenter pour les ramener à l'ordre serait inutile.

En conséquence, l'avis unanime de tous les Cheïkh-ul-Islam, Vizirs, Oulema, et généralement de tous ceux qui, animés du zèle de la religion et du gouvernement, se sont réunis aujourd'hui dans la mosquée de Sultan-Ahmed, sous l'étendard sacré, a été que le bien public exigeait que le nom de la milice des Janissaires fût changé; que tous ses anciens réglemens fussent modifiés et renouvelés; que désormais le nom de Janissaire fût entièrement aboli; que de nouvelles troupes fussent levées et organisées, sous le nom de troupes réglées musulmanes aidées de Dieu (*Mu'allem-açakiri-mensourëi-Muhammèdiè*), en nombre suffisant pour servir utilement la cause de la religion et de l'Empire, et tenir tête à l'ennemi dans les combats; que le très-honoré Vizir *Huçeïn-Pacha*, gouverneur actuel du *Sandjak de Khoudavendghiar* (Bithynie), fût nommé leur général en chef (Sèraskèr), et occupât l'ancien hôtel du Janissaire-Agha (1); que le nom de cet hôtel fût changé, et qu'il fût désormais appelé l'hôtel du général en chef (Sèraskèr-Kapouçi); que les casernes et les corps-de-garde fussent occupés par les nouveaux soldats; que les titres de *Janissaire-Agha*, *Katar-Aghaçi* (2), de *Buluk-Aghaçi*, fussent également abolis; que le poste de *Kapidji-Bachi* fût conféré à Mehèmmed-Agha, Janissaire-Agha actuel, avec le rang de *Imrokhor-Èwèl* (Grand-Écuyer); que le *Koul-Kiahyaçi* serait adjoint au général en chef, avec le titre de Pacha à deux queues; que les *Zaghardji-Bachi* et les *Samsoundji-Bachi* fussent nommés *Kapidji-Bachi*; que les *Buluk-*

(1) Cette disposition a été changée : le Sèraskèr est maintenant logé à Eski-Sèraï.

(2) Les *Katar-Aghaçi* étaient les grands officiers des Janissaires dont les noms suivent : *Seïmèn-Bachi*, *Koul-Kiahyaçi*, *Zaghardji-Bachi*, *Samsoundji-Bachi*, *Tournadji-Bachi*.

Aghaçi, qui se seraient montrés fidèles, fussent nommés *Silahchour* (Écuyers) de Sa Hautesse, et reçussent, suivant leur mérite, des marques de sa munificence impériale; que les *Tchiragh* et les *Yaïa-Beï* (1), regardés désormais comme *Ghèdiklu* (appointés) de la Sublime-Porte, à l'instar des autres *Zaïm*, fussent employés dans divers services; que ceux qui parmi les Janissaires possédaient des pensions militaires (eçamè) et des paies journalières (ïewmiïè), continuassent à en jouir intégralement, leur vie durant, à l'ombre de la bienfaisance de Sa Hautesse, en produisant leurs titres; qu'en un mot personne n'eût à souffrir en rien; que désormais tout Musulman, petits et grands Oulema, et les autres milices (Odjak), ne fissent plus qu'un corps et se regardassent comme frères de religion; qu'il n'y eût entre eux aucune différence, aucune distinction; que les grands vissent les petits avec des yeux de bienveillance et de commisération; que, de leur côté, les petits fussent toujours soumis aux grands; que tous réunissent leurs efforts pour l'exécution des mesures salutaires qui viennent d'être prises à l'unanimité, mesures dont le but premier, et d'obligation religieuse pour tout Musulman, est la propagation de la parole de Dieu et la restauration de la religion et de la loi de son Prophète; que personne n'osât parler contre cet ordre de choses; que s'il en était qui osât le faire, la peine en retombât sur sa tête, et qu'il fût à l'instant frappé du glaive de la justice.

Aussitôt les dispositions nécessaires ont été prises, et des ordres sublimes ont été envoyés dans la Romélie et dans l'Anatolie, à chacune des trois grandes divisions militaires, ainsi que dans tout l'Empire. Vous convoquerez dans les

---

(2) Les *Yaïa* (fantassins) étaient une ancienne milice, remplacée en 730 de l'hégire par celle des Janissaires (*Yèni-tchèri*, nouvelles troupes). Quatorze officiers des Janissaires avaient le titre de *Yaïa-Beï*, et jouissaient de fiefs viagers qui avaient été dans l'origine assignés à l'entretien de la milice des Yaïa.

Mehkèmè (tribunaux) les *Imam* de tous les quartiers ; vous leur ferez bien comprendre l'état des choses ; vous ferez faire à la hâte, pour chacun d'eux, une copie authentique de ce sublime firman, et la leur remettrez ; vous leur enjoindrez d'en faire la lecture dans les mosquées et les oratoires, aux habitans de leurs quartiers, de s'appliquer à bien les convaincre que dans les mesures qui ont été prises l'on n'a eu d'autre but que la restauration de la religion et du gouvernement musulman, et le bien de tout le peuple de Mahomet ; et que, conformément au Koran et à la Loi divine, le nom de Janissaire est entièrement aboli ; qu'à leur place on a commencé à enrôler des soldats qui devront faire l'exercice sous le nom de *Troupes Mahométanes aidées de Dieu ;* que les réglemens des Janissaires seront renouvelés ; qu'aucun de ceux qui possédaient des ïewmiïè ou des èçamè, n'aura à souffrir aucune perte ; que la totalité continuera à lui en être payée sa vie durant, sur la production de ses titres inscrits aux rôles ; qu'ainsi tout Musulman qui se montrera soumis au livre de Dieu et à sa Loi, pourra vivre tranquille et content, et adresser des vœux à l'Éternel, en reconnaissance des bienfaits qu'il doit à celui qui est son ombre sur la terre ; que ceux qui se permettront de parler contre l'ordre de choses nouveau, seront punis en ce monde et dans l'autre !

Que ces injonctions soient toujours présentes à vos esprits, et mettez constamment tous vos soins à vous conformer au vœu de la loi !

Donné le 11 de zil-kadè 1241 (16 juin 1826).

NOTE VII.

Sur le principe de l'Esclavage en Hongrie, et son état actuel, par un Propriétaire hongrois (1).

La Hongrie, un des plus beaux pays de l'Europe, en est un des plus inconnus. Les étrangers se contentent de savoir que le sol y est fertile, qu'on y trouve de bons vins, du blé, des bœufs et de l'or. Celui qui sait encore que la capitale de ce royaume s'appelle Bude, et la ville du couronnement Presbourg ; que la Hongrie fut long-temps le théâtre des guerres les plus sanglantes contre les Turcs, et que c'est le pays natal de cette cavalerie légère, qui sous le nom de *houssards* se trouve maintenant dans les armées de toutes les puissances européennes, se persuade qu'il est au fait de l'histoire et de la géographie de la Hongrie. Les savans même ne se donnent pas la peine d'y jeter un regard, parce qu'ils supposent qu'un pays habité par des barbares peu différens de leurs voisins orientaux, ne saurait rien offrir à l'augmentation de leurs connaissances. De là résultent cette foule d'idées vagues, ces faux jugemens, ces assertions extravagantes dont les écrits de beaucoup d'auteurs allemands et français, d'ailleurs très-estimables, se trouvent remplis, et qui, fondés sur l'autorité d'un nom célèbre, se propagent avec rapidité, et acquièrent une consistance très-difficile à détruire.

C'est encore là sans doute qu'il faut chercher la source de l'idée d'un Esclavage, qui, à l'honneur de l'humanité, n'existe plus en Hongrie depuis bien du temps. L'Esclave, dans le vrai sens du mot, n'est pas une personne, mais un objet qui, comme chaque autre, est acheté, vendu et employé selon la volonté du maître qui en est le propriétaire

(1) Je ne connais point l'auteur de cette notice intéressante, que je dois à l'intervention d'une personne de Vienne en Autriche, qui a bien voulu me conserver souvenir et amitié.

illimité et absolu. Le Serf n'est guère plus heureux, si ce n'est que sa vie se trouve sous la protection des lois. Nous allons bientôt voir que les classes d'hommes infortunés, désignées par ces deux noms, quoique auparavant bien nombreuses en Hongrie, n'y existent plus maintenant.

Lorsque les Hongrois, appelés dans leur langue *Magyar*, sortirent des grands déserts de l'Asie, et se jetèrent sur les provinces habitées aujourd'hui par leurs descendans (1); ils y trouvèrent des peuples qui ne voulurent point céder leurs propriétés aux nouveaux venus. Il fallut donc avoir recours aux armes, et le sort favorisa cette horde belliqueuse, qui fondant en grandes masses sur de petits princes faibles et désunis, n'eut pas grande peine à s'emparer de leurs Etats. C'est alors que les conquérans, d'après le droit du plus fort (uniquement respecté dans ces temps de barbarie), réduisirent les vaincus à l'esclavage, et leur imposèrent un joug pesant pour mieux les contenir dans l'obéissance. Les maîtres se crurent dispensés de tout travail, et y condamnèrent ceux qu'ils avaient subjugués en n'évaluant leur prix que selon l'utilité qu'ils en retireraient. Ils établirent en conséquence le principe que cette classe d'hommes, ou plutôt d'animaux domestiques, ne pouvait nullement participer aux droits civils, et n'avait que des obligations à remplir. Belliqueux, féroces et toujours avides de butin, les Hongrois portèrent bientôt leurs armes destructives chez leurs voisins, et envahirent successivement les provinces limitrophes de l'Empire Byzantin, l'Italie, l'Allemagne, la France et même l'Espagne. La désolation la plus affreuse accompagna toujours ces irruptions, d'autant plus funestes aux pays qui en étaient le théâtre, qu'ils furent dépouillés non-seulement de tout ce qui avait quelque prix, mais encore de toute la population, qui, destinée à l'Esclavage, fut traînée jusque dans le pays des vainqueurs. On voit par une

(1) La contrée que formaient ces provinces s'appelait *Pannonie*; elle a été depuis nommée Hongrie.

lettre de saint Piligrin (1), écrite au pape Benoît VIII (2), qu'une grande quantité d'Esclaves étrangers se trouvait de son temps en Hongrie. Il dit : « Les chrétiens, qui font « la *majorité du peuple*, amenés de toutes les parties du « monde en ce pays, et n'osant faire consacrer leurs enfans « au vrai Dieu qu'en secret, accourent en grand nombre « pour les faire baptiser, maintenant que la crainte ne les « retient plus. Ils sont remplis de joie, comme s'ils devaient « retourner dans leur patrie, parce qu'ils ont obtenu la « permission d'exercer leur culte. » La Hongrie fut à son tour dépeuplée par suite de cet usage barbare d'entraîner tous les prisonniers, hommes, femmes et enfans, qui fut exercé par les Turcs dans toutes leurs guerres, même jusque dans celles du siècle dernier ; il doit être considéré comme une des causes principales d'où il résulte qu'aujourd'hui encore le nombre de ses habitans n'est pas en proportion de l'étendue de son territoire.

Lorsque plus tard Étienne I se rangea parmi les monarques de l'Europe, il sentit le besoin de civiliser son peuple ; et, après avoir embrassé le christianisme, il entra en relations pacifiques avec ses voisins ; les sources qui autrefois avaient fourni les Esclaves tarirent, et l'Esclavage fut borné aux enfans nés de parens esclaves et aux hommes libres qu'on y condamnait pour certains crimes.

La nouvelle religion qui commandait l'amour du prochain, et les différens moyens que ce grand roi employa pour familiariser son peuple avec les arts qui ne fleurissent qu'en temps de paix, l'engagèrent à promulguer plusieurs lois, qui commencèrent à améliorer l'existence sociale de ces infortunés. Nous en citerons quelques unes qui tendront à faire connaître les mœurs de cette époque :

« L'Esclave de l'un ou de l'autre sexe, auquel son maître

(1) Saint Piligrin était un des premiers apôtres de l'Évangile en Hongrie, sous le duc Geyza, père d'Étienne I.
(2) Benoît VIII a occupé le trône pontifical de 1012 à 1024.

« a donné la liberté, la conserve toujours, et ne peut plus
« être réduit à l'Esclavage.

« Si un homme libre tue le Serf d'un autre, il s'arran-
« gera avec son maître, et sera obligé en outre de jeûner
« selon les lois de l'Église.

« Si quelqu'un viole une Esclave, il aura la tête rasée :
« en cas de récidive, la punition sera réitérée; et, à la
« troisième fois, le coupable sera lui-même condamné à
« l'Esclavage.

« Si un Serf tue un homme libre, son maître pourra sau-
« ver sa tête en payant cent dix vaches; en cas qu'il ne
« veuille pas le faire, il le livrera aux parens du défunt.

« Un Serf qui commet un vol, sera obligé de restituer
« l'objet volé, ou de racheter son nez par cinq vaches. S'il
« ne les a pas, ou qu'il ne puisse les donner, il aura le nez
« coupé.

« Si le Serf, qui a le nez coupé, vole une seconde fois,
« il perdra ses oreilles, à moins qu'il ne les rachète par
« cinq vaches. Pour un troisième vol il perdra la vie. »

Pareilles lois furent rendues sous Ladislas I, Boloman, et autres rois, qui entrevoyaient bien la nécessité de protéger cette multitude d'hommes contre le traitement arbitraire de leurs maîtres. Il fut sévèrement défendu de tuer un Serf. Le droit du seigneur sur les nouvelles mariées (qui de toutes les barbaries est la plus cruelle et la plus infâme aux yeux de l'humanité) fut aboli. Le prix de la tête d'un Serf, pour les cas où la loi en permettait le rachat, était fixé à dix marcs (1). En un mot, ces malheureux commençaient à compter pour quelque chose dans l'économie publique. Quoiqu'il résultât de ces avantages un bien réel dans plusieurs cas, ils n'intéressaient pas toute la classe des

---

(1) Le marc était une monnaie fictive de la valeur de quatre florins; la tête du Serf était donc au taux de quarante florins, ce qui était encore beaucoup en comparaison de la valeur numéraire que l'on mettait à celle d'un Noble, qui se payait cinquante marcs, ou deux cents florins.

Serfs; mais cela ne pouvait être autrement, si l'on considère le point de vue sous lequel les législateurs, dominés par l'esprit du temps, envisageaient le bas peuple.

Lorsqu'Étienne I fonda sa monarchie, il en prit le modèle de ses voisins, surtout de l'Empire germanique, dont le souverain, Henri II, était dans les relations les plus amicales avec lui, relations encore resserrées plus tard par les liens du sang. L'Europe entière avait pour lors adopté le système féodal, qui semblait le mieux convenir à l'état monarchique. Ce fut donc là-dessus qu'Étienne basa la nouvelle constitution qu'il établit pour son peuple. Comme ce système voulait que le seul homme libre eût le droit de propriété, le Serf étant lui-même l'objet de la propriété d'un autre, ne pouvait entrer pour rien dans la partie active de la législation : il n'était donc question que de restreindre en sa faveur l'abus du pouvoir arbitraire de son maître. L'Esclave ne fut jamais un sujet actif, mais uniquement passif de la loi, comme le sont dans quelques pays les animaux que celle-ci défend de maltraiter (1).

Les noms donnés à cette classe d'hommes subirent successivement plusieurs modifications : ceux de Serf et d'Esclave disparurent, et celui de Paysan (*colonus*, c'est-à-dire cultivateur.) leur fut substitué. Mais c'était peu de chose que d'avoir changé les noms, il fallait encore apporter un changement favorable à la malheureuse existence de ces individus. Cette amélioration s'opéra en 1405, sous le règne de Sigismond. Deux nouvelles lois donnèrent à tout Paysan la liberté de quitter son maître, en cas de mécontentement, et d'aller s'établir ailleurs dans le royaume où bon lui semblerait. Cette facilité de se soustraire aux mauvais traitemens du Seigneur, la liberté de faire choix d'une nouvelle demeure et d'un nouveau maître, sans alléguer à celui que l'on quittait d'autres raisons que son bon plaisir, peuvent être considérées comme l'abolition de l'Esclavage,

(1) Cette loi existe notamment en Turquie.

quoique les lois ne l'eussent pas encore positivement prononcée. Pendant un siècle les Paysans jouirent de cette liberté, lorsqu'un événement terrible les replongea dans toutes les horreurs de la servitude.

Le Pape Léon X envoya, en 1514, à l'Archevêque de Gran, la permission de prêcher la croisade contre les Turcs, avec des indulgences pour tous ceux qui marcheraient en personne. Plusieurs Seigneurs, craignant les suites de cette entreprise, cherchèrent à dissuader le roi de permettre la publication de la bulle du Pape; mais l'Archevêque l'emporta sur eux auprès de ce prince faible et timide. Un nombre prodigieux de fainéans, de vagabonds et de Paysans accourut pour mériter l'absolution; et une armée immense se réunit à Pest. Le commandement en fut confié à un certain Georges Dozsa, guerrier de basse extraction, mais d'une bravoure distinguée dans plusieurs combats contre les Turcs. Le désordre fut terrible et général dans tout le royaume. Les champs restèrent sans laboureurs, les ouvriers sans compagnons, les Seigneurs sans domestiques. Ceux-ci se virent donc dans la nécessité d'interdire à leurs sujets d'entrer dans l'armée des Croisés. De là s'élevèrent différentes dissensions entre les Nobles et leurs Paysans, dont Dozsa résolut de profiter. Dès qu'il se mit en mouvement avec ce ramas d'hommes, il se déclara contre la noblesse, le clergé et tous ceux qui méritaient d'être pillés, en excitant les Paysans à tuer leurs maîtres, et à s'emparer de leurs biens, en leur promettant de les soutenir de sa puissance et de ses moyens. Une révolution affreuse, connue dans les annales sous le nom de la *Guerre des Paysans*, éclata dans tout le pays. Pendant quatre mois qu'elle dura, elle fit périr plus de soixante-dix mille hommes avec une grande partie de la noblesse, et ne put être éteinte qu'avec beaucoup de peine. Immédiatement après, le Roi convoqua une Diète, qui dépouilla les Paysans de tous les droits qu'on leur avait accordés, et les réduisit ainsi à leur premier état d'esclavage.

Les calamités qui suivirent cet événement funeste, et par lesquelles la Hongrie fut presque réduite à un Pachalik, ne laissèrent aux travaux de la législation que peu de momens libres; et ceux-ci même furent employés plutôt aux moyens de défense contre l'étranger, qu'à régler les affaires intérieures de ce malheureux royaume. Cependant peu à peu les lois sévères contre les Esclaves furent mitigées, et leur sort fut amélioré. Marie-Thérèse voulant enfin poser des limites entre le Paysan et son maître, donna un réglement général sous le nom de *Urbarium*, adopté plus tard par les États, lequel contient tous les droits et tous les devoirs du Paysan. La gloire de faire disparaître même le nom de Servitude était réservée à l'année 1791, où une loi positive finit par abolir entièrement l'Esclavage, rendit aux Paysans les droits qui leur avaient été accordés depuis l'origine de la monarchie, et en ajouta de nouveaux. Ce réglement, et quelques autres lois des années 1792 et 1802, rendus encore en leur faveur, constituent le *Code du Paysan* et fixent l'état actuel de ces prolétaires.

Examinons maintenant cet état, et voyons si le Paysan hongrois peut être appelé Esclave. Avant d'entrer dans des détails à ce sujet, il est nécessaire de présenter quelques considérations générales.

La Constitution de la Hongrie est la plus ancienne de l'Europe. C'est dans son grand âge qu'il faut chercher le fondement et du bien et du mal qu'elle contient, de même que les traces de féodalité que l'on y rencontre. Suivant elle, il n'y a que le Noble qui soit capable de posséder une terre : c'est donc à lui que tout appartient sous le titre de propriété; mais comme il ne peut labourer la terre lui-même, ni s'acquitter de tous les devoirs que l'État est en droit d'exiger de lui comme détenteur de cette propriété, il est contraint d'en donner une partie à ferme, à d'autres gens qui lui paient le bail en corvées. C'est l'idée primitive qui servit de base aux relations mutuelles entre

15.

le Seigneur et le Paysan, et qui existe encore avec peu de changemens. Le Paysan ne possède donc aucun immeuble; mais il est le fermier héréditaire de son maître, sous certaines conditions qui ne sont pas arbitraires, mais que la loi impose aux deux parties.

Après cette digression qui était cependant nécessaire pour présenter les objets sous leur véritable point de vue, entrons dans les détails.

D'abord le Paysan est membre de la société civile; car il a des droits et les moyens de les faire valoir : l'Esclave infortuné ne connaît que des devoirs.

1°. Le Paysan n'est pas attaché à la glèbe, c'est-à-dire que s'il ne veut plus rester sous son maître, celui-ci ne peut le retenir par force, et il doit le laisser aller où il veut avec tout son mobilier.

2°. La maison qu'il habite, le bétail, les arbres à fruit et tout le mobilier sont sa propriété absolue, dont il peut disposer à son gré.

3°. Il peut exercer le commerce, un métier quelconque, mettre un prix à son travail, voiturer, etc., pour son propre compte, et non pour celui de son maître.

4°. Le Paysan peut étudier et arriver aux plus hauts grades militaires et dignités ecclésiastiques, comme nous en avons de nombreux exemples. Les autres emplois civils lui sont aussi ouverts, mais sous certaines restrictions.

5°. Lorsqu'il a rempli son devoir prescrit par la loi, il n'est pas obligé de rendre le moindre service au Seigneur, si celui-ci ne le paie spécialement.

6°. Chaque Paysan a le droit de se plaindre de son maître au Comitat, qui est tenu de lui fournir *gratis* un avocat, et d'en tenir plusieurs à sa disposition pour soutenir ses droits (1). Il peut appeler de là au conseil de la lieutenance royale, qui a toujours un conseiller chargé spécialement des

(1) Il est singulier que le Comitat soit toujours plus prévenu en faveur du Paysan que du Seigneur, quoiqu'il soit uniquement composé de

affaires des Paysans. Enfin, l'appel au Roi lui-même reste au plaideur mécontent.

7°. Le maître doit assigner au Paysan des terres et pâturages dans les dimensions prescrites pour constituer une maison entière (1), ou demie, ou quart, ou huitième de maison, d'après quoi les obligations et services sont réglés.

8°. Le Seigneur est obligé de fournir *gratis*, à son Paysan, le bois de chauffage et de construction nécessaires, ou de lui céder une partie de ses bois, désignée par le géomètre du Comitat, conformément aux réglemens.

9°. Le Paysan peut exercer le droit d'hôtellerie pendant trois mois de l'année.

10°. Le Paysan n'a plus besoin de l'émancipation de son Seigneur, si le Roi veut l'anoblir.

11°. En cas de punition, le Seigneur n'ose pas infliger à son sujet au-delà de vingt-quatre coups de bâton, ni le retenir au-delà de trois jours aux arrêts. En cas de délit grave, il doit être remis au jugement du Comitat.

12°. Il n'est pas permis au maître de retirer aucune terre des mains du Paysan; encore moins de le chasser de son habitation, sans des raisons très-graves, lesquelles doivent préalablement être jugées et approuvées par le Comitat, qui est assez difficile en pareil cas (2).

En revanche les obligations du Paysan envers son maître sont les suivantes :

1°. Un *Paysan entier* doit travailler pour le Seigneur un jour par semaine avec un attelage de quatre chevaux ou bœufs, ou en échange deux jours à pied. Le *demi-Paysan*

Nobles qui, par esprit de corps, devraient plutôt chercher à favoriser le maître que le sujet. Observation qui serait digne du psychologue.

(1) Ces dimensions ne sont pas les mêmes dans tout le pays; c'est la localité qui en décide : de manière que ce qui constitue, dans les provinces montueuses, une maison entière, n'en fait qu'un quart ou une demie dans la plaine.

(2) Il est en effet intéressé à ce que la contribution du Roi et les travaux publics qui sont affectés à ces terres ne se perdent pas.

ne travaille que de la moitié, le quart du quart, etc. Il est permis au Seigneur de se faire payer ces travaux au lieu de les exiger en nature; mais non contre la volonté du Paysan, qui peut accepter ou rejeter à son gré la proposition.

2°. Le Paysan entier est obligé en outre de couper une corde de bois en récompense de ce que le Seigneur l'en fournit toute l'année.

3°. Il est tenu de faire, trois jours pendant toute l'année, la battue aux bêtes féroces; mais c'est le maître qui lui fournit les armes, la poudre et le plomb.

4°. Chaque maison paie un florin par an au Seigneur.

5°. Le Paysan entier donne annuellement deux poules, quinze œufs et une demi-mesure de beurre fondu. S'il préfère de s'acquitter en argent, le seigneur doit accepter pour le tout quarante-huit sous. Trente Paysans entiers donnent ensemble un veau, ou un florin (trente sous), si cela leur convient mieux.

6°. Le Paysan paie au clergé la dîme de tous les grands produits de la terre, et au Seigneur, le neuvième des petits.

7°. Il est sujet du Seigneur, c'est-à-dire que celui-ci est son premier juge dans tous les cas possibles. Par conséquent rien n'est valable sans le jugement du maître (1), dont le Paysan peut appeler jusqu'au Roi; il est assujéti à sa punition modérée, et sa fortune retombe au fisc seigneurial, en cas qu'il ne laisse aucun héritier descendant ou collatéral.

Voilà les droits et les devoirs du Paysan en Hongrie. En les examinant avec soin, on se convaincra que l'idée de

(1) Il doit y assister toujours deux individus du Comitat, et l'avocat défenseur du Paysan; le tout se fait par écrit pour être revu par l'assemblée du Comitat. Si ces formalités ne sont pas observées, le jugement est nul. Dans tous les cas, il ne peut être exécuté avant l'approbation du Comitat. Le Seigneur est obligé de supporter tous les frais de chaque procès instruit devant lui, ce qui monte à des sommes considérables là où il y a beaucoup d'affaires.

l'Esclavage dans lequel on le croit plongé est fausse, et que même celle de Servitude n'est que relative, en ce que cette classe ne jouit pas tout-à-fait des mêmes priviléges que les vrais propriétaires. Un Affranchissement sans restriction pourra lui être procuré avec le temps; mais, effectué tout d'un coup et sans préparation, cet Affranchissement, semblable à la boîte de Pandore, couvrirait le pays d'une infinité de maux.

NOTE VIII.

Sur l'impôt appelé Kharadj.

Les sujets de la Porte non Musulmans, les Juifs, les Grecs et les Arméniens, compris sous la dénomination de *Raïa*, sont soumis à un impôt personnel, ou capitation qu'on appelle *Kharadj* : les femmes et le clergé en sont exempts.

A l'exception des enfans, des infirmes et des vieillards sans fortune, qui se trouvent dans l'impossibilité de gagner leur vie, le Kharadj s'étend à tous les Raïa, quel que soit leur rang ou leur position dans l'Empire. La quotité de l'impôt est fixée d'après leurs moyens pécuniaires. La loi prescrit à cet effet une revue exacte des biens et des propriétés des tributaires, qu'elle divise ensuite en trois classes :
« Les plus riches, dit un Bérat impérial de l'an de l'hégire
« 1207 (1793), seront rangés dans la classe supérieure
« (*ala*), et paieront onze piastres; les Raïa d'une fortune
« médiocre seront dans la classe moyenne (*evçat*), et paie-
« ront cinq piastres et demie; les pauvres qui vivent du
« fruit de leurs peines seront dans la classe inférieure
« (*edna*), et paieront deux piastres trois quarts. On ne
« demandera pas de piastres à ceux qui ont de la peine à
« s'en procurer ; mais quelque monnaie qu'ils apportent,
« pourvu qu'elle soit de bon aloi et de juste poids, elle sera
« reçue d'après le change courant....... »

Aujourd'hui, les capitations pour les trois classes sont de seize, douze et huit piastres.

Le Kharadj est recueilli par les soins d'un officier commis par le Sultan, et porteur d'un Bèrat impérial; des percepteurs agissent sous ses ordres, et un contrôleur spécial surveillé leurs opérations.

Tous les ans on expédie de Constantinople au chef-lieu des districts les cartes destinées à être remises à chacun des tributaires, pour servir à constater et leur identité et le paiement de l'impôt.

Ces cartes, revêtues du sceau fiscal, sont renfermées dans un sac (le *Boghtcha* de capitation) (1) qui porte lui-même l'empreinte officielle.

Le 1er de *mouharrem*, un des percepteurs vient ouvrir le Boghtcha, en brisant les sceaux du fisc. Il les compare au cachet imprimé sur chaque carte, en reconnaît la similitude, et les renvoye aussitôt après à la Sublime-Porte dans une bourse fermée par le Kadi, et scellée de son cachet.

Il procède ensuite à l'emploi et à la répartition des cartes. Pour remplir plus sûrement l'intention dans laquelle elles sont délivrées, les instructions des percepteurs portent qu'ils devront inscrire soigneusement le nom, le signalement et le domicile du Raïa sur la carte qu'ils lui remettent, et reporter ces indications sur un registre, dont copie envoyée à la Porte est transmise au contrôleur de la capitation.

Le paiement de la capitation doit être fait en une seule fois, surtout par ceux dont le domicile n'est point fixe. Les pauvres qui vivent du fruit de leurs peines ont la faculté de s'acquitter en quatre termes.

C'est sur le montant même du tribut que se prélèvent, lors de la reddition des comptes, les frais de perception,

(1) Sac dans lequel on renferme les cartes de Kharadj, et que l'on expédie de Constantinople aux chefs-lieux des districts, d'où se fait la distribution, au commencement de chaque année lunaire.

ainsi que le salaire des percepteurs et de leurs commis. Les collecteurs n'ont donc absolument rien à demander aux contribuables, en sus de la capitation.

S'il arrive que des Raïa se refusent à payer le Kharadj, ou qu'ils se cachent, ou qu'ils dissimulent leur fortune pour être rangés dans une classe inférieure, ou bien encore qu'ils prennent dans une juridiction des cartes autres que celles que leur position leur assigne, la loi veut qu'aussitôt le fait constaté, de promptes mesures soient prises pour que le fisc rentre immédiatement dans ses droits, et que la fraude soit ensuite l'objet d'une punition corporelle.

Si, dans les tentatives qu'il fait pour se soustraire à l'impôt, le Raïa est aidé par quelque Musulman puissant, qui le recueille chez lui ou le prenne à son service, la sévérité de la loi atteint aussi et châtie cet imprudent patronage.

Mais les exactions des collecteurs ne sont pas dans les codes l'objet d'avertissemens et de menaces moins sévères que la mauvaise foi des tributaires. Vient-on à constater juridiquement que des cartes ont été indûment remises à des Raïa d'un autre arrondissement, ces cartes sont rendues au percepteur, qui se voit contraint lui-même d'acquitter l'impôt illégal qu'il avait exigé.

Si encore, après la capitation payée, de nouvelles cartes sont distribuées, ou si, au lieu de soumettre les Raïa à l'impôt suivant la proportion de leur fortune, on se permettait de partager le montant de la capitation entre tous les individus d'une même localité, sans distinction de classes, un prompt châtiment devrait être infligé aux agens prévaricateurs.

Les collecteurs, comme on l'a dit, n'ont rien à réclamer des tributaires au-delà de la contribution déterminée; s'il s'élevait entre eux quelque contestation du ressort des tribunaux, justice doit leur être gratuitement rendue.

Des dispositions spéciales tendent à délivrer les Raïa des avanies et des mauvais traitemens qu'on pourrait leur faire éprouver, et ceux qui contreviendraient à ces dispositions seraient envoyés enchaînés à la Sublime-Porte, pour y être punis : en un mot, le vœu formel de la loi est d'assujétir chaque Raïa à un impôt basé sur ses moyens pécuniaires, mais en même temps d'assurer sans abus l'exacte rentrée de ces impôts.

La législation relative au Kharadj est tracée dans des Bérat qui ont force de loi. Les interprétations dont ils sont susceptibles sont contenues dans des Fetva, ou décisions juridiques, destinés à expliquer, par l'exemple d'incidens survenus, la pensée du législateur ; en voici deux littéralement traduits :

Deuxième Fetva, tiré du livre intitulé *Kitab-Elveïr*.

« Zeïd, étranger, passé des contrées ennemies sur les
« terres de l'Islamisme, sous la foi du sauf-conduit, a fait
« l'acquisition d'une portion de terres soumises à la contri-
« bution foncière (Kharadj) ou à la dîme, et les a culti-
« vées. On demande si Zeïd, lorsqu'il a recueilli le produit
« de ces terres, se trouvant chargé d'en acquitter la con-
« tribution ou la dîme, est devenu par là Raïa, et si on
« doit lui appliquer les lois qui concernent cette classe de
« sujets. — Réponse : *On le doit.* »

Cette sentence est confirmée par la citation arabe suivante, de Mehèmmed-Salyh, qui porte : « Que l'étranger
« devient également Raïa lorsqu'il achète une terre, et
« que l'on impose sur lui le Kharadj...... Et ceci indique,
« d'après le Durrer et ses commentaires, qu'il ne devient
« pas Raïa, par le seul achat d'une terre soumise au Kha-
« radj. »

Quatrième Fetva, tiré du même livre.

« Un certain nombre d'étrangers, passés de pays en-
« nemis sur les terres de l'Islamisme, ont pris à location
« plusieurs champs soumis au Kharadj ; on demande si ces

« étrangers, qui ont ensemencé ces champs, et en ont
« payé les loyers aux propriétaires, sont Raïa ?—Réponse :
« *Ils ne le sont pas; mais on doit les empêcher de cul-*
« *tiver.* »

Cette sentence est confirmée par deux citations en arabe
de Mehèmmed-Salyh, qui portent : 1° « Que si un étranger,
« passé sous la foi du sauf-conduit dans le pays de l'Isla-
« misme, loue une terre soumise au Kharadj, et qu'il la
« cultive, l'impôt territorial doit être supporté par le pro-
« priétaire, et nullement par le cultivateur, car l'imposition
« correspond au bénéfice ; or, le bénéfice appartient au
« propriétaire, donc le Kharadj doit être à sa charge.
« 2° que si l'étranger ensemence le terrain, et qu'il paie le
« loyer au propriétaire, il ne deviendra pas Raïa par ce
« motif, attendu que personnellement il n'est pas soumis à
« l'impôt.

« Cependant l'Imam ne doit pas tolérer que l'étranger
« séjourne dans le pays musulman assez long-temps pour
« se livrer à la culture; car on ne peut se livrer à la culture
« sans un séjour prolongé, et toute résidence habituelle en
« pays musulman est interdite à l'étranger (1).

(1) Voir l'intéressante Notice que M. Bianchi a publiée sur les *Fetva*,
dans le *Journal asiatique*, mars 1824. On doit au mufti *Durri-Zadè*,
un recueil important de Fetva, appelé *Durrer*, du nom de son auteur ;
c'est celui dont il a été fait mention à la page précédente.

FIN DES NOTES DU LIVRE PREMIER.

CONSTANTINOPLE

ET

LE BOSPHORE DE THRACE.

LIVRE SECOND.

DU BOSPHORE DE THRACE.

CHAPITRE PREMIER.

Opinion des Anciens sur la formation du Bosphore.

Le Bosphore de Thrace, appelé aujourd'hui détroit ou canal de Constantinople, sépare l'Europe de l'Asie, et joint la Mer-Noire, autrefois le Pont-Euxin, à la mer de Marmara, ou Propontide. La mer de Marmara communique elle-même avec l'Archipel, ou mer Blanche, par le détroit des Dardanelles.

Resserré entre l'extrémité des montagnes de la Thrace et de celles de la Bithynie, le Bosphore présente un long canal sinueux, dans lequel les plus gros vaisseaux peuvent mouiller en toute sûreté près de ses rives. Dans son sein affluent, par l'intermédiaire de la Mer-Noire, les eaux du revers de l'Asie-Mineure, les eaux du Caucase, celles du plateau de la Russie et du versant des Alpes, depuis les sources jusqu'à l'embouchure du Danube. Les vents lui amènent les produits de la Méditerranée et de l'Archipel ; les caravanes, les richesses de la Perse, des Indes et du golfe Persique.

On ne doit pas être surpris qu'une position, peut-être unique sur le globe, ait joui dès les temps les plus anciens, d'une sorte de renommée. Le voyage des Argonautes lui a donné sa première illustration, et elle remonte aux siècles héroïques. Les poëtes grecs et latins ont célébré, à l'envi, ce fait rendu long-temps douteux par les fictions dont ils l'ont orné (1). Les poëtes ne pouvaient intéresser qu'en employant le merveilleux qui fournit à la poésie ses principaux ressorts. Un autre genre de merveilleux, mais dangereux en physique, parce qu'il fait naître des systèmes que les véritables principes ne peuvent avouer, a fixé de nouveau l'attention sur le Bosphore : on a présenté sa formation comme ayant été produite par une cause puissante et extraordinaire. Les anciens philosophes et leurs imitateurs chez les modernes se sont persuadés que le Pont-Euxin était, même depuis les temps historiques, un grand lac fermé de toutes parts. Ils ont cru devoir attribuer l'ouverture du Bosphore à l'irruption de ce lac dans l'Archipel ; irruption qui aurait amené l'inondation de l'Attique, connue sous le nom de déluge d'Ogygès. Les volcans, les tremblemens de terre ont été regardés comme les instrumens de cette grande catas-

(1) Le même sujet traité par P. Corneille, est devenu chez le père du théâtre français, l'occasion d'un nouveau genre de spectacle, celui des tragi-comédies en musique, à décorations et à machines, qu'on appelle *le Grand-Opéra*.

trophe. Ces causes une fois admises, on a invoqué, relativement à leurs effets, quelques passages d'auteurs anciens qu'on a cru propres à étayer l'opinion que l'on s'était faite de l'influence de ces phénomènes sur la rupture violente du Bosphore. Ces témoignages historiques demandent donc à être discutés.

Parmi ces témoignages, le récit de Diodore de Sicile, sur une inondation que les habitans de la Samothrace prétendaient avoir éprouvée dans leur île, est celui dont on s'est davantage prévalu. Voici comment Diodore s'exprime : « Les habitans de la Samothrace ra-
« content qu'avant les déluges arrivés dans d'autres
« pays, leur île en souffrit un considérable par l'ouver-
« ture qui se fit, d'abord aux environs des Cyanées, et
« ensuite dans l'Hellespont; car, disent-ils, le Pont-
« Euxin n'était qu'une espèce de lac, et les fleuves
« qui s'y déchargent l'avaient gonflé au point que,
« s'étant débordé, il se précipita dans l'Hellespont.
« Il submergea une grande partie des côtes de l'Asie,
« et changea en mer une portion considérable du
« pays plat de la Samothrace. De là vient que, dans
« les temps postérieurs, des pêcheurs retiraient,
« avec leurs filets, des chapiteaux de colonnes ; ce
« qui prouve que des villes même ont été submer-
« gées. Quant aux habitans de la Samothrace qui
« échappèrent à l'inondation, ils ne durent leur
« salut qu'à la diligence avec laquelle ils s'étaient
« réfugiés dans les lieux les plus élevés de l'île.
« Cependant la mer ne cessant de monter, ces insu-
« laires adressèrent leurs vœux aux dieux, et sauvés
« par leur secours, ils placèrent tout autour de l'île

« des bornes aux endroits où s'était arrêtée l'inon-
« dation, et y érigèrent des autels, sur lesquels ils
« sacrifient encore aujourd'hui, pour faire voir qu'ils
« habitaient la Samothrace avant le déluge (1). »

Le philosophe Straton, qui florissait deux cent quarante-huit ans avant J.-C., paraît avoir eu le premier l'idée que l'ouverture du canal de la Mer-Noire était due à l'irruption des eaux du Pont-Euxin. Strabon, contemporain de Diodore de Sicile, nous a transmis, d'après Eratosthènes, l'opinion de Straton à ce sujet : « En second lieu, Eratosthènes (2)
« approuve aussi l'opinion du physicien Straton,
« qui, s'étant avancé plus loin dans l'explication
« des révolutions de ce globe, pensait, dit Era-
« tosthènes, que le Pont-Euxin n'avait pas aupa-
« ravant cette ouverture qu'il a maintenant du côté
« de Byzance; mais que les fleuves qui s'y jettent
« ayant forcé la digue, parvinrent à ouvrir cette em-
« bouchure par où les eaux se déchargèrent ensuite
« dans la Propontide et le détroit de l'Hellespont (3). »

Straton, livré tout entier à la recherche des secrets de la nature, avait eu le surnom de physicien; mais on est fondé à croire que les idées de ce philosophe

---

(1) Extrait de la *Bibliothèque historique de Diodore de Sicile*, livre 5, page 322. La diversité des traductions de ce passage de Diodore de Sicile m'a engagé, pour en avoir une qui pût faire autorité, à m'adresser au savant M. Coray, qui a bien voulu m'envoyer celle que je donne.

(2) Eratosthènes, bibliothécaire d'Alexandrie, surnommé *le Cosmographe*, mort 194 ans avant J. C.

(3) Strabon, Géographie, liv. I, page 49. *Strato autem ad causæ explicationem magis ascendens, existimare se ait Euxinum mare caruisse aliquando exitu illo qui est ad Byzantium, sed flumina quæ in id effunduntur vi eum aperuisse, itaque aquam in Propontidem et Hellespontum erupisse.*

étaient plutôt systématiques qu'établies sur des faits et des observations exactes, si l'on en juge du moins par cette opinion qui lui est attribuée : « Qu'en sup-
« posant le mouvement attaché à la matière première,
« on trouvait en elle et la cause et le principe de
« tout. » La saine physique a réprouvé cette méthode de ramener à un seul principe l'explication de tous les phénomènes de la nature; et ce ne sont plus des conjectures vagues, mais des faits avérés qu'il convient d'offrir pour l'avancement des connaissances humaines.

Les partisans de l'éruption du Pont-Euxin présentent à l'appui de leur opinion des preuves chronologiques et historiques.

Tout le monde sait que la chronologie et l'histoire des premiers âges du monde et de l'établissement des premières sociétés, sont aussi incertaines l'une que l'autre. Entraîné par le besoin de s'occuper de profondes spéculations, Newton, sur la fin de ses jours, avait composé un traité complet de chronologie, fondé sur des observations assez difficiles, qu'il faisait remonter à l'expédition des Argonautes : noble effort d'un grand homme, qui avait cru pouvoir soumettre à son génie le temps marqué par la succession des rois et des peuples, comme il s'était assujéti l'espace où se meuvent les corps célestes ! Mais on n'accorda pas à ces observations cette exactitude, cette précision que Newton leur avait supposées, et qu'il ne paraît pas qu'elles eussent pu acquérir jusques là, puisqu'il est prouvé qu'au temps des Argonautes, et plusieurs siècles après eux, l'astronomie chez les Grecs était très-arriérée; aussi le système de chronologie de ce philosophe, combattu en

Angleterre et en France (1), du moment de sa publication, n'a obtenu aucun crédit.

D'autres auteurs, moins profonds sans doute que Newton, dirigés par une saine critique, sont parvenus à répandre une faible lueur au milieu des ténèbres de ces époques anciennes. Je dis une *faible lueur*, parce que les faits que ces époques ont produits, dénaturés par les allégories de la fable et par l'exagération de la vanité des peuples, ont rendu très-suspectes les traditions de ces temps reculés.

La plupart des anciens historiens n'ont écrit que sur des ouï-dire, et ne nous ont transmis que des extraits d'ouvrages dont les originaux n'existent plus. Diodore de Sicile est de ce nombre. Cet auteur vivait sous le règne d'Auguste, c'est-à-dire vers les premières années de l'ère chrétienne. Diodore, historien exact à l'égard de ce qu'il a vu, passe pour un peu crédule, quant aux faits qu'il n'a pas été à même d'observer, et qu'il rapporte souvent avec une extrême confiance. Celui qui concerne l'inondation de l'île de Samothrace renferme une circonstance dont il est difficile de se rendre raison. En preuve de l'irruption des eaux du Pont-Euxin et des ravages qu'elle avait dû causer dans le Bosphore, la Propontide et l'Archipel, Diodore nous dit que, dans la suite, les pêcheurs de l'île de Samothrace avaient retiré du fond de la mer, avec leurs filets, des chapiteaux de colonnes. Comment croire qu'on ait pu saisir ces chapiteaux avec des filets ? C'est tout au plus

(1) Voy. l'*Histoire du Monde sacrée et profane*, par Samuel Schukford, t. II, préface ; et la *Défense de la Chronologie, fondée sur les monumens de l'histoire ancienne, contre le système chronologique de Newton*, par Fréret, secrétaire perpétuel de l'Acad. des Belles-Lettres.

ce qu'on aurait été dans le cas de faire, si des corps aussi pesans avaient été suspendus dans le fluide.

On sait que les habitans de la Samothrace se vantaient d'avoir eu un déluge antérieur à celui de tous les autres peuples. Les environs de Dodone avaient éprouvé le déluge de Deucalion, et l'Attique celui d'Ogygès. Dès le temps d'Aristote, on regardait déjà le déluge de Deucalion comme le résultat d'une inondation partielle et locale; mais on paraît disposé à croire aujourd'hui que celui d'Ogygès avait été produit par l'irruption des eaux du Pont-Euxin. On n'a pas mis au nombre des causes de ces déluges, ou plutôt de ces inondations, les volcans et les tremblemens de terre qui, dans plusieurs endroits, ont soulevé les flots de la mer et les ont portés sur les continens. L'île de Santorin nous en offre un exemple remarquable. En 1650, à la suite de fortes secousses de tremblement de terre, on vit s'élever, du sein des eaux, dans la partie du nord-est de Santorin, une colonne de fumée très-épaisse, mêlée de terre et de pierre, et qui parvint à une grande hauteur (1). La mer, profondément agitée, après avoir franchi ses limites naturelles, pénétra dans la campagne, à plus de deux milles de distance, entraînant avec elle de grosses pierres et des barques qui se trouvaient sur le rivage. La violence des eaux déracina les arbres, et mit à découvert des édifices anciens qui n'étaient pas connus. La tradition nous apprend que, dans l'étendue des plaines inondées, on semait plus de quinze cents kilots (2) d'orge. La partie de l'île de San-

(1) *Voy.* la note I, sur l'apparition d'une des îles Kamène, en 1707.
(2) Un kilot est estimé vingt-deux oques ou cinquante-cinq livres,

torin située au nord-est a, près du littoral, plus de six mètres de hauteur, et le terrain va en s'élevant à mesure qu'on s'avance dans l'intérieur de l'île (1).

Bannissons le merveilleux de tous les déluges dont nous avons parlé plus haut, et pensons avec le docteur Prideaux, comme il le dit quelque part dans son Histoire des Juifs, que ces déluges ne sont que le souvenir de celui des premiers âges du monde. Partant en outre de quelques observations locales, prouvons par des calculs très-simples, que l'irruption du Pont-Euxin, supposée qu'elle eût existé, n'aurait pas pu causer une inondation considérable sur les côtes de l'Attique.

Suivant l'opinion commune, il se rend dans la Mer-Noire, par les grands fleuves qu'elle reçoit, plus d'eau qu'elle n'en peut évaporer; ce qui détermine le courant du canal de Constantinople, que l'on attribue au déversement du trop plein de cette mer (2). Ainsi, en supposant que, dans l'espace aujourd'hui occupé par le canal de la Mer-Noire, des montagnes formant un barrage naturel eussent empêché le Pont-Euxin de communiquer avec le Bosphore, les eaux du Pont-Euxin se seraient élevées, avant le déluge d'Ogygès, jusqu'à la hauteur de ce barrage.

D'après des mesures prises à l'aide du baromètre, pendant l'été de 1813 (3), les crêtes des montagnes qui forment les deux rives du canal de la Mer-Noire

---

poids de marc. Le kilot, mesure de Constantinople, ne doit pas être confondu avec le kilo, mesure française.

(1) Renseignemens communiqués par M. Alby, agent de France à Santorin, par sa lettre en date du 26 décembre 1813.

(2) *Voyez* chapitre VIII, sur les courans du Bosphore.

(3) *Voyez* chapitre VI.

se soutiennent à la hauteur de plus de deux cents mètres. Mais le col qui sépare la vallée de Belgrade de celle de Domouz-Dèrè, n'étant qu'à cent soixante-dix-sept mètres au-dessus du niveau de la mer, les eaux du Pont-Euxin n'auraient pu s'élever plus haut, puisqu'elles auraient trouvé, à ce point, un passage pour leur écoulement vers le fond du port de Constantinople. La chaîne du Balkan nous a paru avoir une dépression encore plus grande, au-delà de Belgrade, non loin du village de Petinokhori, et c'est la hauteur à laquelle auraient pu atteindre, dans ce cas, les eaux du Pont-Euxin; car la chaîne va ensuite en s'élevant à mesure qu'elle s'éloigne de son extrémité. Quoi qu'il en soit, les montagnes des deux rives du canal de la Mer-Noire ne sont point à pic; de leurs crêtes se détachent des contreforts qui vont en s'abaissant vers le canal, et se terminent par des caps qui ont de vingt-trois, quarante-huit à soixante-quatre mètres au-dessus de son niveau. Nous ne croyons pas qu'on puisse contester que l'inclinaison de ces contreforts n'appartienne à l'organisation originaire de ces montagnes, tandis que leur partie abrupte peut dépendre d'une cause extérieure quelconque. Nous la regardons, nous, comme provenant de leur formation; mais nous voulons admettre un moment qu'elle a été produite par un tremblement de terre. Le seul endroit du canal de la Mer-Noire, où, par la correspondance des deux caps qui n'ont d'ailleurs d'autre analogie que ce rapport de situation, nous allons supposer qu'il existait une digue naturelle, est entre Fil-Bournou et la pointe de Buïuk-Liman. Dans cette position, et d'après le rapprochement de l'origine des deux vallons qui sont à droite et à gauche de Fil-Bournou, il n'est pas probable que cette digue s'élevât plus haut que le second escarpement du contrefort qui les sépare, lequel est à soixante et onze mètres au-dessus du littoral : les eaux du Pont-Euxin, supérieures à celles du Bosphore, auraient donc eu seulement cette élévation.

La distance de l'embouchure de la Mer-Noire à l'Attique est de trois cent vingt-cinq milles nautiques, de soixante au degré, ou d'environ six cent mille mètres. En supposant même, ce qui est l'hypothèse la plus défavorable, que le terrain qui barrait le Pont-Euxin entre cette mer et le Bosphore, se fût affaissé tout d'un coup par l'effet d'un tremblement de terre, de manière à laisser momentanément à découvert toute la hauteur des eaux au-dessus et au-dessous du niveau actuel, les eaux se seraient d'abord avancées en conservant cette hauteur ; mais cédant bientôt à leur mobilité, celles qui étaient au-dessus auraient pris une direction inclinée : de manière que l'élévation des eaux qui étaient derrière le barrage, l'espace qu'elles auraient parcouru jusqu'à l'Attique, et la distance de l'embouchure à l'Attique, peuvent être en quelque sorte représentés par un triangle rectangle, dont la hauteur serait de soixante-douze mètres et la base de six cent mille mètres. Or, nous voyons déjà que la hauteur de ce triangle n'étant que la huit millième partie de sa base, l'angle opposé à la hauteur doit être extrêmement petit ; les perpendiculaires à la base doivent, par conséquent, aller en diminuant, et être presque nulles dans le voisinage de cet angle.

Nous ferons observer en outre que, par la direction du canal des Dardanelles, le courant des eaux du Pont-Euxin eût été porté non sur l'Attique, mais sur l'île d'Eubée (aujourd'hui Négrepont), qui couvre l'Attique dans cette direction.

Il résulte de ce que nous venons de dire, que l'Attique eût été à l'abri de la première impulsion des eaux du Pont-Euxin.

Voyons à quelle hauteur ces eaux se seraient élevées, si elles eussent afflué dans l'Archipel et la Méditerranée, le détroit de Gibraltar étant supposé fermé. Admettons, ce qui est assez vraisemblable, que le Bosphore, la mer de Marmara, la mer Blanche, la Méditerranée et les terres basses que les eaux du Pont-Euxin auraient recouvertes, fussent huit fois plus considérables en surface que la Mer-Noire : en partageant en huit tranches la masse fluide de soixante-douze mètres d'élévation, on aura neuf mètres pour la hauteur à laquelle les eaux se seraient élevées au-dessus du niveau ordinaire de la mer, hauteur qui n'est pas assez considérable pour avoir obligé toute la population de l'Attique et le roi Ogygès lui-même à fuir sur les montagnes qui séparent l'Attique de la Béotie (1).

Si nous reconnaissons maintenant que le détroit de Gibraltar était ouvert à cette époque, comme il n'y a aucune raison pour en douter, l'élévation des eaux eût été presque nulle ; car les eaux du Pont-Euxin, après s'être répandues dans la mer de Marmara et les terres adjacentes, se seraient écoulées, entre Sestos et Abydos, par un orifice de huit cents

(1) Larcher, *traduction d'Hérodote*, tome VIII, page 271.

toises de largeur (1), au débit duquel l'ouverture beaucoup plus considérable du détroit de Gibraltar aurait fourni et au-delà.

Essayons après cela de voir de quelle manière les choses se seraient passées du côté de la mer Caspienne. Par suite des nivellemens barométriques exécutés en 1812, par MM. Parrot et Engelhardt, il est reconnu que le niveau de la mer Caspienne se trouve plus bas que celui de la Mer-Noire de cinquante-cinq toises, ou d'environ cent huit mètres (2). Dans la supposition de l'ancienne communication de ces deux mers, et en admettant la rupture du détroit des Cyanées, ces deux mers auraient baissé, à cette époque, de soixante-douze mètres. Et comme la mer Caspienne se trouve aujourd'hui de cent huit mètres plus basse que la Mer-Noire, il s'ensuivrait que le niveau de cette mer serait descendu, depuis l'an 1759 avant J. C., de deux cent quatre-vingts mètres; et que, par conséquent, le Volga qui s'y jette, aurait acquis, depuis cette époque, une chute de pareille hauteur. Je dis une *chute*, car la nature ne travaille plus à creuser les vallées ; leur pente diminue au contraire vers l'embouchure des fleuves, par les dépôts que leurs eaux y abandonnent dans les crues. Mais il n'existe point de cataracte à l'embouchure du Volga, et la communication de ce fleuve avec la mer Caspienne est immédiate. On sait effectivement que

---

(1) La première édition de cet ouvrage portait 375 toises, d'après le *Voyage du jeune Anacharsis*, aux notes. Je dois la rectification de ce chiffre à un ingénieur français qui a relevé le local.

(2) *Voyage en Crimée et au Caucase*, par MM. Parrot et Engelhardt, en allemand, 1815, tome II, pag. 6-82. Ce résultat m'a été communiqué par M. de Humboldt. *Voyez* la note II.

les inondations du Volga ont lieu, et par la fonte des neiges, et par le vent de sud, qui, non-seulement agite avec violence les flots de la mer, mais exerce encore son impétuosité sur le Volga lui-même (1).

Les circonstances que nous avons détaillées plus haut seraient encore moins favorables à l'opinion du déluge d'Ogygès, si, au lieu de supposer le barrage qui retenait les eaux du Pont-Euxin, tout d'un coup anéanti par un tremblement de terre, on le regardait comme miné insensiblement par un volcan. D'après cette hypothèse, l'écoulement des eaux du Pont-Euxin ne pouvant avoir lieu que par des ouvertures moins considérables, ou par des pressions correspondantes à de plus petites hauteurs, ses effets, moins sensibles dans les parties inférieures, se seraient à peine laissé apercevoir dans des points aussi éloignés que les côtes de l'Attique.

Il résulte de là que l'inondation de l'Attique, ou déluge d'Ogygès, comme conséquence du débordement des eaux du Pont-Euxin, est loin d'être probable, et que le fait de ce débordement, que l'on a déduit surtout de la considération de ce déluge, n'est nullement prouvé.

Comparons maintenant les effets qui auraient dû s'ensuivre de l'irruption du Pont-Euxin dans le Bosphore, au-dessous et dans le voisinage de la première impulsion qu'aurait eue le courant, à ceux que cette irruption, d'après le récit de Diodore de Sicile, a produits au loin dans l'Archipel, principalement du côté de la Samothrace.

(1) *Histoire des découvertes faites par divers savans voyageurs*, tome II, page 95.

On voit par le passage de Diodore que nous avons rapporté, que *l'irruption du Pont-Euxin avait changé en mer une partie considérable du pays plat de la Samothrace.* Examinons si cette assertion a quelque fondement.

L'île de Samothrace est à cinquante milles au nord de l'embouchure des Dardanelles, et couverte par l'île d'Imbros, plus considérable qu'elle. D'après ce que nous avons fait observer précédemment, l'obliquité du canal des Dardanelles aurait déterminé le courant d'irruption vers le Sud-Est, au lieu de lui faire prendre sa direction vers le Nord.

Les eaux du Pont-Euxin n'auraient donc pu produire le déchirement du terrain bas de la Samothrace que par refoulement, et cela à la distance de cinquante milles de leur point d'action, et de deux cent milles du point d'irruption (1). Straton, au rapport de Strabon, prétendait pourtant que l'île de Samothrace s'était trouvée une des premières exposée à l'irruption des eaux du Pont-Euxin (2); nous ferons remarquer que l'assertion de Straton n'est nullement d'accord avec la position géographique des lieux que nous avons cités.

Cette prétendue irruption qui, suivant Diodore, avait fait des ravages si considérables à la distance de deux cents milles, n'a laissé aucune trace de son impétuosité dans les parties où elle aurait dû le plus se faire sentir.

---

(1) On estime qu'il y a cent cinquante milles en circulant de l'embouchure de la Mer-Noire aux Dardanelles, et cinquante milles, aussi en circulant, des Dardanelles à la Samothrace.

(1) *Strato*, *apud Strab.*, lib. I, p. 119.

Les extrémités longitudinales des contreforts des côtes d'Europe et d'Asie dans le Bosphore, auraient certainement été emportées par le torrent d'irruption; et l'on voit ces contreforts aboutir au littoral de ce détroit, suivant leur inclinaison naturelle, et prendre la saillie que réclame la topographie générale du terrain.

Le Bosphore se serait en outre considérablement élargi; cependant il n'a que trois cent soixante toises entre les deux Kavak et quatre cents toises entre les châteaux d'Europe et d'Asie : le canal des Dardanelles n'a lui-même que trois cent soixante-quinze toises entre Sestos et Abydos.

Il s'ensuivrait donc, du passage de Diodore de Sicile, que l'irruption du Pont-Euxin aurait eu des effets prodigieux à une très-grande distance du point de départ des eaux; et nous venons de faire voir que ces effets pouvaient être regardés comme nuls dans le Bosphore, tout près de cette irruption; ce qui est précisément le contraire de ce qui aurait dû arriver. Cette contradiction manifeste fait tomber l'assertion de Diodore de Sicile. Le passage de cet auteur célèbre ayant fait autorité, à l'égard du phénomène supposé de l'irruption du Pont-Euxin, nous croyons être fondé à conclure de ce que nous venons de dire, que l'on est en droit de récuser les témoignages des auteurs anciens qui en ont parlé; témoignages qu'on a cherché à faire valoir comme preuves de cette irruption, et qui ne sont point admissibles.

CHAPITRE II.

Opinions des Auteurs modernes sur la formation du Bosphore.

La rupture du canal de la Mer-Noire ayant été regardée comme un fait constant, d'après le rapprochement et la comparaison de quelques passages d'auteurs anciens, et des conséquences que la géographie critique en avait tirées, il a bien fallu se rendre raison d'une circonstance aussi extraordinaire. Mais nous ferons remarquer d'abord que Denys de Byzance, qui écrivait suivant l'opinion commune, avant l'empereur Sévère, lequel détruisit Byzance, l'an 195 de J.-C., avait donné en grec une très-bonne description du Bosphore (1), et n'y parlait point de sa formation. Gyllius (2), son commentateur, en a rapporté les principaux passages en latin, et les a enrichis d'un grand nombre d'observations qu'il avait eu l'occasion de recueillir pendant son séjour à Constantinople, où il s'était rendu par ordre de François I. Ce prince étant mort, et Gyllius ne recevant plus aucun secours de son gouvernement,

---

(1) On ne sait ce qu'est devenu cet ouvrage de Denys de Byzance, qui existait encore du temps de Tournefort, puisque cet auteur dit, *Voyage du Levant*, tome II, page 412, édit. in-8, « Que Holstenius et M. Du « Cange en avaient promis une édition sur les manuscrits du Vatican et « de la Bibliothèque du Roi, mais qu'ils n'avaient pas eu le temps de la « donner. »

(2) Pierre Gilles, en latin *Gyllius*, d'Albi en Languedoc, né en 1490, mort en 1555, à Rome, auprès du cardinal d'Armagnac, qui lui avait offert un généreux asile. Ce prélat avait été évêque de Rhodez.

fut obligé, pour pouvoir subsister, de s'enrôler dans les troupes de Soliman I. Cette circonstance lui donna la facilité de voir Constantinople et le Bosphore dans le plus grand détail. Il nous a laissé à cet égard deux livres très-remarquables : l'un de la *Topographie de Constantinople* (1); l'autre, sur le *Bosphore de Thrace* (2). Tout ce que ce voyageur avait vu a été bien observé. Il le décrit avec soin; mais, à l'exemple de Denys de Byzance, il ne parle pas, dans le second livre, de l'état primitif du Bosphore et des changemens qu'il avait pu éprouver. Cet ouvrage, obscur en beaucoup d'endroits, et surchargé d'érudition suivant le goût du temps, aurait été écrit avec plus de simplicité et de clarté, si le langage de la géographie, et surtout celui de la topographie, eussent été mieux déterminés à cette époque. Néanmoins, il passe, à juste titre, pour être plein de recherches utiles et il ne peut être consulté qu'avec fruit.

Tournefort (3), venu cent cinquante ans après Gyllius, est rentré dans le système des auteurs anciens : il s'était imaginé que les terres du canal de la Mer-Noire, qu'il supposait d'une nature molle, avaient été détrempées insensiblement par les eaux qu'elles soutenaient, ce qui avait amené l'ouverture du canal. La description qu'il donne du Bosphore de Thrace, du canal de la Mer-Noire et de la sortie de cette

(1) *De Topographia Constantinopoleos*, lib. IV, Lyon, 1561.
(2) *De Bosphoro Thracio*, libri III. Imprimé à Lyon en 1561, réimprimé, ainsi que le précédent, chez les Elzévirs, en 1632, il a été compris depuis dans l'*Imperium orientale*, de Banduri. Le géographe Guillaume Sanson a donné une carte du Bosphore, d'après l'ouvrage de Gyllius.
(3) Joseph Pitton de Tournefort, né en 1656, mort en 1708. Son *Voyage du Levant* ne parut qu'en 1717.

mer (1), prouve qu'il n'avait examiné ni la configuration, ni la nature des montagnes qui les bordent. L'opinion de Tournefort, dénuée de toute observation spéciale, est donc purement systématique : il est évident qu'il aurait pu l'émettre sans se déplacer, et sans avoir fait son fameux voyage du Levant. Cependant cette opinion, fondée sur la réputation de son illustre auteur, a long-temps prévalu; elle a été embrassée depuis par Pallas, qui avait encore moins de connaissances locales que notre naturaliste français, puisqu'il n'était jamais allé à Constantinople.

Pallas avait cru (2) que l'ouverture du canal de la Mer-Noire avait pu être occasionée par un tremblement de terre; mais, comment des effets de ce mouvement violent serait-il résulté, aux deux côtés du canal, cette topographie régulière, si je puis m'exprimer ainsi, absolument semblable à celle de tous les continens connus, et qui se lie si parfaitement avec celles des côtes adjacentes de la Mer-Noire et du Bosphore?

Pallas a pensé, comme Buffon, que la Mer-Noire et la mer Caspienne communiquaient entre elles dans des temps très-reculés; et Pallas a conclu de l'abaissement de la Mer-Noire celui de la mer Caspienne, lorsque la première de ces deux mers, d'après une supposition gratuite, se fut procuré un écoulement par le canal de Constantinople. Ce célèbre naturaliste rapporte, comme une des preuves de son opinion, l'existence d'une concrétion sablonneuse, dont le

---

(1) Tournefort, *Voyage du Levant*; tome II, pag. 397-448.
(2) *Histoire des découvertes faites par divers savans voyageurs*, tome II, page 190.

gluten est une matière calcaire, qu'il a trouvée dans l'escarpement du premier angle que forment les montagnes avancées de Moo-Chamur, près de la colonie de Sarepta, sur la mer Caspienne. Il croit que cette concrétion a été produite, sur les bords de la mer, par l'effet de l'eau salée et des substances calcaires qu'elle contient, dans un temps où cette eau venait successivement baigner ce terrain, et lui laissait ensuite, en se retirant, le temps de se dessécher. Voulant faire cadrer ce fait particulier à son système, Pallas se persuade que cette concrétion pourrait déterminer le point d'élévation qu'avait dans ce temps-là cette même mer. J'ai trouvé près de Kila, le long de la plage, du côté de Domouz-Dèrè, une concrétion sablonneuse par couches presque horizontales, formée de sable pur extrêmement fin, qui paraît être le même que celui de la plage. On ne peut pas reconnaître quelle est la matière du gluten qui unit tous ces grains de sable, tant ils sont serrés près à près. Cette concrétion n'est qu'à trois mètres au-dessus du niveau de la mer. En admettant sa position comme un témoignage de l'ancienne élévation de la Mer-Noire, ainsi que Pallas a supposé que la concrétion de Moo-Chamur indiquait celle de la mer Caspienne, il s'ensuivrait que l'ancien niveau de la Mer-Noire n'aurait eu que trois mètres d'élévation au-dessus du niveau actuel : nous avons vu dans le chapitre précédent qu'on aurait pu lui en supposer un de soixante-douze mètres.

Je n'ai cité l'opinion de Pallas sur ces concrétions, que pour faire observer combien des faits particuliers, dont on ne peut tirer que des inductions éloignées, avancent peu la solution d'une question comme celle qui nous occupe. On pourrait en dire autant des steppes qui existent entre le Don et le Volga, entre la Mer-Noire et la mer Caspienne, et dont Pallas attribue l'origine à l'abaissement de ces deux mers intérieures; rien ne prouve que leur salure, leur dénuement de grands végétaux, proviennent de ce qu'ils ont été couverts anciennement par les eaux de cette mer (1).

On voit dans les déserts qui séparent l'Egypte de la Syrie, des terrains et des lacs salés; ces derniers ont été exploités de temps immémorial par les tribus arabes du voisinage : les sels qu'ils renferment doivent donc s'y renouveler. Au témoignage de Strabon, les lacs amers de l'intérieur de l'isthme de Suez étaient autrefois remplis d'eau douce. Les lacs de natron, dans les déserts de la Lybie, sont exploités depuis un très-long temps, et il est reconnu que le natron et les autres sels que ces lacs contiennent s'y reproduisent par suite d'une décomposition du sel marin que la nature opère d'elle-même, et dont un habile chimiste, M. le comte Berthollet, a donné l'explication (2). Plus loin, sur la communication de la deuxième Oasis à Siwah, un voyageur a trouvé, en 1812, un grand lac inconnu à la géographie, dont

(1) *Histoire des découvertes faites par divers savans voyageurs*, tome III, pag. 88—93. Berne, 1781. *Voyez* la note III.

(2) *Mémoire sur la Vallée des lacs de natron et celle du Fleuve-sans-Eau, en Égypte, et sur le natron; Description de l'Égypte*, tome I, page 282 des Mémoires. On peut citer encore le lac Mœris, aujourd'hui lac Caron, jadis réservoir d'eau douce pour l'irrigation des terres, dont les eaux sont maintenant plus salées que celles de la Méditerranée.

l'eau est excessivement salée (1). Est-il vraisemblable que ces terrains et ces lacs salés soient des résultats de l'ancien séjour de la mer sur les continens? On pourrait citer nombre d'exemples pris dans d'autres lieux; mais ceux-ci suffisent pour notre objet.

M. Olivier, naturaliste français distingué (2), après avoir vu le local, dit qu'il a remarqué dans le canal de la Mer-Noire, pendant plusieurs lieues, jusqu'à l'embouchure, des indices non équivoques d'un volcan; et d'autres en ont conclu depuis que c'était l'affaissement produit par son effet qui avait donné lieu au passage des eaux. « Nous reconnûmes par« tout, dit M. Olivier, les rochers plus ou moins « altérés ou décomposés; partout l'entassement et la « confusion attestent l'action des feux souterrains. « On aperçoit des jaspes de diverses couleurs, des « cornalines, des agathes et des calcédoines en « filons parmi des porphyres plus ou moins altérés; « une brèche peu solide, presque décomposée, « formée par des fragmens de trapp agglutinés par

---

(1) *Sur la communication de Siwah à la deuxième Oasis*, un voyageur a trouvé un lac inconnu à la géographie. Il a environ trois lieues de long, sur une et demie dans sa plus grande largeur; l'eau en est excessivement salée. Le voyageur s'y est baigné, et presque aussitôt ses pieds et ses mains se sont pelés en plusieurs endroits. Les branches des plantes qui croissent sur le bord de ce lac, et que le vent plonge dans l'eau, se relèvent blanches comme si elles étaient couvertes de givre. A deux journées de là on trouve un bas-fond qui a été habité autrefois, etc.

Extrait d'une lettre adressée à M. Barbié du Bocage, de Constantinople, le 1er octobre 1812, et insérée dans le *Magasin encyclopédique*. Le voyageur dont il est question dans cette note est M. Boutin, colonel du génie, qui a été assassiné en 1816 dans les montagnes de la Syrie, qu'il traversait pour se rendre à Damas.

(2) Né en 1756, mort en 1814.

« du spath calcaire ; un joli porphyre à base de roche
« de trapp verdâtre, coloré par du cuivre. On y voit
« enfin, dans une étendue de plus de deux lieues,
« une roche dure de trapp, d'un bleu verdâtre, éga-
« lement colorée par du cuivre (1). »

M. le comte de Choiseul-Gouffier, ancien ambassadeur de France à Constantinople, dont les sciences et les beaux-arts ont à regretter la perte (2), avait examiné long-temps avant moi la question de l'irruption du Pont-Euxin ; mais le mémoire intéressant qu'il avait fait sur cet objet, mémoire néanmoins fondé sur des recherches d'érudition plutôt que sur des observations locales, n'a paru que dans le volume de l'Institut, publié en 1816 (3). M. de Choiseul s'y prononce pour l'affirmative : il attribue l'ouverture du Bosphore à l'éruption d'un volcan, et il rapporte cet événement à l'année 1759 avant l'ère vulgaire.

En visitant avec soin, à plusieurs reprises, les bords du canal de la Mer-Noire à son embouchure, nous avons trouvé les mêmes substances dont M. Olivier a fait mention, et plusieurs autres qu'il n'a pas citées. Les roches et les couches auxquelles ces sub-

(1) Tome I, chapitre VIII, page 168, édition in-8°. Le bleu verdâtre dont parle M. Olivier a été reconnu pour être de la terre verte (*talc zoographique* de Haüy; *grüner* de Werner).

(2) Né en 1752, mort en 1817.

(3) Les témoignages des auteurs anciens sur lesquels ce mémoire était fondé, ne suffisaient pas pour la solution d'une pareille question, il fallait encore l'étude des localités. On était si peu avancé sur cet objet, lorsque je suis arrivé à Constantinople, que feu M. Barbié du Bocage m'écrivait de Paris, le 3 de mars 1813 : « Nous ne savons pas encore
« bien où est situé Vizia..... Il faudrait aussi fixer la position de
« Bourgas (Pyrgos) où sont les aqueducs..... La position de Belgrade,
« près de Constantinople, n'est guère mieux connue; enfin, tout ce
« canton de hauteurs n'a point été visité. »

stances appartiennent, font partie d'un terrain bouleversé, qui paraît devoir son existence à des éruptions volcaniques bien antérieures à aucune époque déterminée (1), et par conséquent à l'année 1759 avant J. C. Mais il n'est pas vraisemblable que l'ouverture du canal de la Mer-Noire entre les Cyanées soit due à l'action des volcans. On trouve, à la vérité, dans le canal de la Mer-Noire, les mêmes substances minérales, à peu près dans le même ordre, ou plutôt la même confusion, des deux côtés du canal. Tout ce qu'on pourrait en conclure, c'est que les roches d'agglomération, bordant l'entrée du canal de la Mer-Noire jusqu'à Buïuk-Liman et Kètchèli-Liman, les effets de ces volcans se seraient arrêtés à ces deux points. On peut observer en outre que les volcans produisent, à quelques égards, et ne détruisent pas : ce sont les tremblemens de terre qui détruisent, renversent ou engloutissent. Les volcans, par les matières qu'ils arrachent des entrailles de la terre, et poussent ou lancent au dehors, font naître des monticules à sa surface, et des îles au sein des mers. L'éruption des des volcans se fait ordinairement par le même cratère; mais quoique les grands volcans s'ouvrent des bouches inférieures, et quelquefois en certain nombre, les ouvertures par où sont projetées les scories, les laves, les cendres, n'occupent pas un espace très-considérable. Dans le canal de la Mer-Noire, le cratère principal du volcan, que l'on suppose avoir déterminé l'ouverture du détroit des Cyanées, aurait eu quatorze cents toises de longueur, dix-neuf cents toises de largeur entre les Cyanées, et huit cents toises entre Buïuk-

---

(1) *Voyez* le chapitre VII, sur la *Lithologie du Bosphore.*

Liman et Kètchèli-Liman. Ces dimensions sont hors de proportion avec celles des cratères qui ont été observés à la surface du globe, dans l'ancien comme dans le Nouveau-Monde.

En examinant les roches et les couches dont nous avons parlé, on n'y aperçoit, ce qui est très-remarquable, surtout pour des terrains que l'on suppose être restés nombre de siècles sous les eaux de la mer, on n'y aperçoit, dis-je, aucune trace de coquillages, ni de débris de végétaux ou d'animaux. L'époque de leur formation paraît donc devoir être rapportée au temps de ces cataclysmes du globe qui, dans la théorie du savant auteur des *Recherches sur les animaux fossiles*, ont produit bien des révolutions avant que l'état des continens ait été fixé : la nature révèle ses plus profonds secrets au petit nombre de ceux qui, comme M. Cuvier, savent l'interroger avec habileté.

C'est aussi l'opinion de M. Alexandre de Humboldt. Comme un autre Colomb, ce célèbre voyageur a joint, en quelque sorte, l'ancien et le Nouveau-Monde, par le rapprochement des monumens du Mexique, dont la comparaison, avec ce que nous connaissons en-deçà des mers, semble ne laisser aucun doute sur l'identité de la tradition des grands phénomènes de la nature qui ont bouleversé le globe que nous habitons. Le souvenir de ces cataclysmes existe dans ce pays, très-récent pour nous, ainsi qu'il s'était conservé chez les peuples de l'Asie, qu'on regarde comme les anciens des nations.

CHAPITRE III.

Formation du Bosphore, déduite de la topographie du terrain.

Peu de questions ont été aussi débattues que celle qui concerne la formation du Bosphore de Thrace. Cette question intéresse à la fois la fable, l'histoire et la géographie physique; mais, dans la solution que la plupart des auteurs ont donnée, il semble qu'ils aient préféré parler à l'imagination, en lui présentant des tableaux qui pussent l'ébranler, plutôt que de rechercher, à l'aide de l'observation, ce trait primitif de la nature, dont le tracé dérive de ses lois immuables; cependant il n'y a que cela de constant: *Suivons-donc la nature; car celui qui s'en écarte,* dit Sénèque, *se livre inévitablement à des conjectures hasardées* (1).

Le vague des déterminations qui ne sont fondées ni sur des faits ni sur des principes, conduit souvent à se servir d'expressions dont le sens n'a rien de positif; ainsi dans la question qui nous occupe, lorsqu'on veut parler d'un temps antérieur aux temps historiques, ou qui remonte à une haute antiquité, on dit *anciennement, dans l'origine* : fixons la valeur des termes, et nous donnerons un sens précis aux idées.

---

(1) ..... *Nos quoque..... sequamur naturam; à quâ aberranti fortuitis serviendum.* Senec. Epist. 93.

Si, par ces mots, on veut désigner les temps où la matière du globe se trouvant dans une organisation incomplète, les eaux des différentes mers se balançaient entre elles, nous croyons devoir rejeter tout système qui embrasse une pareille époque. Notre opinion, fondée sur la topographie générale du globe, ne s'applique qu'aux temps qui ont suivi l'organisation définitive des continens dans les deux hémisphères.

La topographie a ses principes qui résultent de la comparaison des cours d'eau avec les formes générales du terrain.

Depuis les temps historiques, les directions de ces cours d'eau et ces formes générales ont subi de légères altérations, mais non des changemens remarquables; et l'on ne s'est point aperçu que la nature eût eu besoin, après coup, d'achever en quelque sorte son ouvrage.

Les atterrissemens ont, à la vérité, donné de l'extension à quelques plages, et ont un peu changé la direction de l'embouchure des rivières. Ces mêmes atterrissemens ont comblé de grands lacs; ils ont enseveli des villes mentionnées dans les itinéraires, dont l'emplacement était resté ignoré ou le sera long-temps encore. Des éboulemens, ou la chute de terrains posés sur un lit de schistes inclinés, ont obstrué des vallons, arrêté le cours des eaux qui y coulaient, et submergé à jamais des bas-fonds couverts de pâturages. Des tremblemens de terre, en ouvrant le sol en divers endroits, ont renversé, entraîné des édifices; ont fait disparaître des sources, et donné jour à d'autres cours d'eau qui n'étaient pas connus. Enfin, des volcans, après avoir ébranlé la terre et l'avoir déchirée à sa surface, ont vomi de leurs cratères des pierres, des laves, des cendres, qui ont couvert les campagnes environnantes : des villes entières, dont l'histoire nous avait conservé le souvenir, et que l'on retrouve aujourd'hui, sont restées cachées sous ces décombres. Par un effet contraire, d'autres volcans ont soulevé du fond de la mer des îles qui, depuis cette époque, se montrent au-dessus des eaux (1).

Mais ces diverses modifications purement locales, d'une étendue très-circonscrite, ne sont qu'un jeu de l'action de certaines causes physiques, et n'apportent aucun changement à cette charpente extérieure qui retient les rivières dans leurs lits et les mers dans leurs bassins.

Partout où la topographie du terrain présentera la constitution d'une portion de continent telle qu'elle existe en tous lieux dans les deux hémisphères, nous serons fondés à conclure que ce terrain n'a subi, dans cet endroit, aucune *révolution historique*, c'est-à-dire postérieure à l'entière organisation des continens.

C'est, nous pouvons l'assurer, ce qu'on remarque sur les deux côtes d'Europe et d'Asie qui forment le canal de la Mer-Noire, ou la communication de cette mer avec le Bosphore.

Le littoral de chaque côté du canal de la Mer-Noire a ses golfes, auxquels des vallons profonds et nombreux viennent aboutir. Les montagnes ont leurs faîtes, leurs cols, leurs contreforts, leurs nœuds ou

(1) *Voyez* la note I, sur *l'apparition, en* 1707, *d'une des îles Kamène, dans le golfe de Santorin.*

plateaux. En les parcourant, l'œil croit n'apercevoir que désordre et confusion; mais à mesure qu'on détaille le pays, on y découvre un ordre, une régularité, un ensemble dont on ne se doutait pas. On y voit enfin que les vallons et les contreforts qui partent du même nœud, divergent pour se plier, en quelque sorte, à la configuration arrondie du littoral; ce qui semble prouver que la formation de ces montagnes a été postérieure à l'existence de ce littoral, ou du moins lui était contemporaine. Ainsi, tout, dans ces masses élevées, présente l'organisation que réclame le libre écoulement des eaux des sommités vers les récipiens : ici, les récipiens sont la Mer-Noire, son canal et le Bosphore.

D'après ce dernier principe de topographie, si l'intervalle aujourd'hui occupé par les eaux qui passent de la Mer-Noire dans le Bosphore eût été une hauteur, les lits des vallons des deux côtes d'Europe et d'Asie n'existeraient pas; et l'on doit faire observer que les vallons et ravins de cette hauteur auraient une direction opposée à celle des vallons et ravins actuels.

Enfin, si cette masse formant élévation eût obéi à l'impulsion d'un mouvement violent, les côtes d'Europe et d'Asie seraient abruptes dans la plus grande partie de leur longueur; mais il n'en est pas ainsi, comme nous l'avons dit plus haut : ces côtes, loin d'avoir leurs crêtes à l'aplomb de leurs bases, les ont très en arrière, ce qui donne des talus inclinés depuis l'origine de ces crêtes jusqu'au littoral. Elles n'ont de parties escarpées que dans les endroits exposés aux vents régnans, qui y poussent avec force les courans et les vagues. On ne remarque, dans toute la longueur du canal, qu'une portion de côte du littoral d'Europe qui ait une certaine élévation, et c'est entre l'ancien château des Génois et Buïuk-Liman. Mais l'escarpement de cette partie dérive de la topographie du terrain, comme on peut s'en convaincre en jetant les yeux sur la carte du canal de la Mer-Noire (1). On y voit que, dans la partie correspondante à l'ancien château des Génois, la chaîne centrale de la Thrace (le Balkan, ou mont Hémus) se termine à angle droit sur le canal, et y tombe brusquement.

Après avoir formé relèvement entre Baghtchè-Keuïu et Sèkèrè-Keuïu, à l'origine des cours d'eau qui se rendent, par des directions opposées, au fond du port de Constantinople, dans le golfe de Buïuk-Dèrè, dans le canal de la Mer-Noire, et à cette mer elle-même, cette chaîne se soutient encore, vers son extrémité, à la hauteur de plus de 200 mètres. Les contreforts qui en partent, et qui lui sont perpendiculaires, doivent conséquemment participer de cette élévation, et présenter, sur le revers du Bosphore, l'escarpement dont nous avons parlé. A cet escarpement, dont les hauteurs mesurées à l'aide du baromètre sont de cent quarante et un à cent soixante-cinq mètres, correspondent perpendiculairement sur la côte d'Asie plusieurs contreforts qui se détachent de la chaîne centrale de la Bithynie, dont l'extrémité touche au plateau coté deux cent vingt-cinq mètres. Les principaux de ces contreforts se terminent par

(1) *Voyez* l'Atlas; *voyez* aussi le chapitre VI, *Mesure de hauteurs prises à l'aide du baromètre.*

Mézar-Bournou, près de la vallée du Grand-Seigneur, la montagne du Géant et ses deux mamelons, le cap où est situé le vieux château des Génois, Fil-Bournou, le cap de Porias, celui de Fanaraki, Youm-Bournou et le cap de Riva. Cette divergence de contreforts partant du même nœud, prouve elle seule que la chaîne de la Bithynie se termine à ce point. Les contreforts en arrivant au littoral n'ont que vingt-trois, quarante-huit et soixante-quatre mètres de hauteur. Leur direction est tout-à-fait opposée à celle des contreforts des extrémités de la chaîne de la Thrace; on voit donc qu'il n'y a aucune concordance entre la topographie de ces deux côtes. On sait d'ailleurs qu'en topographie, lorsque *les directions des extrémités longitudinales de deux chaînes centrales se présentent l'une à l'autre sous un angle quelconque, ces chaînes ne se réunissent pas immédiatement, et leurs extrémités corrélatives forment dépression,* ou laissent un intervalle entre elles : cet intervalle est ici le canal de la Mer-Noire, où viennent aboutir, chacun de leur côté, les vallées et contreforts qui terminent les continens d'Europe et d'Asie. Sur toute la longueur du canal, passé l'entrée, sa profondeur est constamment de quatorze à quinze brasses; et presque partout les plus gros vaisseaux peuvent mouiller à toucher le rivage. S'il y avait eu un barrage dans le canal de la Mer-Noire, et qu'il eût été détruit par un mouvement violent, le fond de ce canal et ses bords auraient-ils une pareille régularité? seraient-ils aussi semblables à tout ce qu'on voit dans le reste du Bosphore?

Nous croyons devoir conclure des observations

que nous avons faites, et de l'inspection de la carte du canal de la Mer-Noire, que les deux côtes d'Europe et d'Asie qui déterminent ce canal ont existé primitivement dans leurs formes générales comme on les voit aujourd'hui ; et rien n'annonce, d'après la topographie du terrain, que l'intervalle qui les sépare, au lieu d'être une dépression, ait été une hauteur.

Spallanzani paraît être le premier qui ait indiqué qu'il y avait des matières volcaniques le long du canal de la Mer-Noire. M. Olivier a affirmé la même chose d'après l'observation ; mais il n'en a pas tiré la conséquence que l'existence de ce canal était due à l'action d'un volcan : au contraire, M. Olivier semble se prononcer contre le système de l'irruption des eaux du Pont-Euxin. Les considérations qu'il a présentées à cet égard sont dignes de remarque ; et appuieront celles que nous avons exposées plus haut. Voici comme cet auteur s'exprime (1) :

« Il est sans doute inutile d'établir des hypothèses,
« et de rechercher s'il fut une époque où les eaux
« de la Mer-Noire, après avoir rompu leur digue,
« ont fait une irruption dans celles de la Méditer-
« ranée, ou si la communication de ces deux mers
« est aussi ancienne que leur formation : il doit suf-
« fire au voyageur d'exposer des faits ; les inductions
« en seront plus facilement tirées, lorsqu'on aura
« acquis une connaissance des localités. Nous regret-
« tons de n'avoir pu visiter toutes les rives de la Mer-
« Noire, pour reconnaître si elles indiquent que les
« eaux étaient élevées jadis à une hauteur au-dessus

(1) *Voyage de M. Olivier*, tome I, page 126, édition in-8°.

« de celle qu'elles ont aujourd'hui ; et si, après avoir
« rompu la digue que les terres leur opposaient, elles
« se sont abaissées tout à coup au point où elles se
« trouvent. Il n'est pas douteux que l'abaissement
« des eaux, s'il avait eu lieu, n'eût laissé des traces
« manifestes : les terres présenteraient au loin des
« grèves considérables, des pentes insensibles, des
« vestiges récens de corps marins. »

On voit d'après cela, que M. Olivier aurait voulu déduire l'existence de l'ancien état des choses, de considérations topographiques, en examinant si les formes du terrain des bords de la Mer-Noire étaient celles que réclamait leur situation première au-dessous des eaux. Cet auteur aurait résolu le problème en sens inverse en partant du même principe, et en prouvant, ainsi que nous avons essayé de le faire dans ce chapitre, que la topographie des deux côtes qui longent le Bosphore et les rivages de la Mer-Noire à l'entrée de cette mer, indique d'une manière précise que leur configuration telle qu'on la voit ne dérive pas de circonstances particulières, mais qu'elle est aussi ancienne que le détroit et les deux mers dont il fait la communication.

M. Scipion Breislak, dans ses *Institutions géologiques* publiées à Milan en 1818, a cherché à combattre l'opinion que j'avais émise sur la formation du Bosphore ; formation qu'il fait dépendre, ainsi que plusieurs autres auteurs, de la rupture du détroit des Cyanées. M. Breislak s'appuie, à ce sujet, des recherches de M. Dureau de La Malle, dans sa *Géographie physique de la Mer-Noire*, et il me fait en quelque sorte un reproche de ne les avoir pas citées. Comme ouvrage d'érudition, celui dont il s'agit est certainement très-remarquable; mais, en combattant l'opinion des anciens et des modernes sur la rupture du Bosphore, j'avais répondu à l'ouvrage de M. Dureau, qui n'est qu'un composé de ces opinions. Nous allons néanmoins examiner les systèmes combinés de M. Breislak et de M. Dureau de La Malle. Ce dernier a discuté et adopté celui de Tournefort, en prévenant toutefois que notre célèbre naturaliste ne s'était pas aperçu que les Cyanées fussent volcanisées. Que résulte-t-il de ce système? Qu'il faudrait que depuis quinze cents ans avant l'ère vulgaire, époque postérieure au dernier cataclysme du globe, d'où date son entière consolidation, l'ouverture du Bosphore entre les Cyanées et Buïuk-Liman, limite des terrains volcaniques, eût été produite par l'éruption d'un volcan; 2° que depuis Buïuk-Liman jusqu'à la pointe du Sérail, sur une étendue de plus de six lieues, les eaux de la Mer-Noire eussent détrempé les terres et achevé d'ouvrir le détroit (1); 3° que les vallées qui aboutissent au Bosphore sur le littoral d'Europe et d'Asie, eussent été creusées suivant des directions et des formes qui concordent avec celles qui résultent, non des causes accidentelles, mais de la configuration générale des continens : et M. Breislak pense à cet égard, « qu'après « une longue série de siècles, un terrain se trouve « configuré ainsi que le requiert le cours des eaux, « qui sont forcées d'en parcourir la superficie avant

(1) *Géographie physique de la Mer-Noire*, pag. 251—254. Il serait résulté de cette hypothèse que le golfe qui est devenu le port de Constantinople, et les deux grandes vallées qui aboutissent à son extrémité, auraient été formées postérieurement au creusement du Bosphore; nouvelle circonstance qui embarrasse un peu l'hypothèse dont il s'agit.

« de pouvoir se rassembler dans les parties les plus
« basses (1). »

La première cause a pu produire l'effet qu'on lui attribue; la seconde ne paraît guère vraisemblable; enfin la troisième n'est nullement admissible. En effet, la puissance créatrice des vallées n'existe plus; et, d'après le principe de Breislak, les vallées qui avoisinent le Bosphore n'auraient pu être conséquemment creusées que par les eaux de la pluie, ce qui est impossible dans un pays surtout où ce météore est assez rare. Je conviendrai sans peine avec M. Breislak que j'ai peut-être trop restreint les effets des volcans; mais les conséquences que j'en tirais n'étaient que secondaires : mon idée principale est que les détroits, en général, sont des dépressions entre deux continens qui partent, chacun de son côté, d'un point culminant, plus ou moins élevé, s'abaissent ensuite graduellement, et finissent l'un et l'autre à zéro en arrivant au bras de mer qui les sépare. Ces continens sont ici l'Europe et l'Asie; ces points culminans sont le Saint-Gothard et le plateau de l'Asie mineure, dont la hauteur, du moins que je sache, n'est pas encore déterminée; mais qui existe, ce qui n'est pas douteux, dans une position analogue à celle du Saint-Gothard.

MM. Dureau de La Malle et Breislak, d'accord sur les causes qui, suivant eux, ont dû produire l'ouverture du détroit de Constantinople, ne le sont point sur leurs conséquences. De la rupture de ce détroit, ils en concluent que la mer Caspienne a été séparée de la Mer-Noire, et dès lors a formé un bassin particulier. M. Dureau donne, en preuve de cette asser-

(1). *Institutions géologiques*, tome II, page 507, note 1.

tion, l'existence de lacs salés qui se trouvent dans les steppes comprises entre les deux mers dont nous venons de parler; et que l'auteur regarde comme les restes de l'ancien séjour des mers sur ces grands espaces; tandis que, suivant M. Breislak, les lacs salés en général seraient le résultat de *décompositions et de nouvelles formations de substances* (1). Mais ce qui ne peut que me flatter de la part d'un aussi habile physicien, c'est qu'il ait en quelque sorte étayé son opinion à cet égard de celle que j'ai émise moi-même sur la nature de ces lacs (2).

Je ne puis me refuser au plaisir de rapporter l'extrait de l'analyse qu'on trouve dans la Revue Encyclopédique du mois de juillet 1827, de l'ouvrage de M. Bory de Saint-Vincent, intitulé *Résumé géographique de la péninsule Ibérique* (3). Cette analyse, sans nom d'auteur, confirme l'opinion que j'ai émise depuis long-temps sur la formation du Bosphore; mais c'est moins sous ce rapport que je la considère, qu'à raison de la manière remarquable dont ce passage est présenté. Après avoir rendu à l'ouvrage de M. Bory de Saint-Vincent toute la justice qu'il mérite, l'auteur de cet article combat avec la même bonne foi le système de M. Bory *sur le caractère d'étrangeté que présente la péninsule Ibérique, dont l'aspect lui paraît tout Africain* (4): système qui a besoin, pour être soutenu, qu'on s'en réfère à la rupture du Bosphore de Thrace,

(1) *Institutions géologiques*, tome II, § 413.
(2) *Institutions géologiques*, ubi suprà, et *du Bosphore de Thrace*, pag. 256.
(3) Pag. 62-63.
(4) Nous prouverons, dans un Mémoire particulier, que, par suite de sa configuration générale, la péninsule Ibérique, ou l'Espagne, en un

qui tout à coup, permettant à la Mer-Noire de déborder dans la Méditerranée, aurait porté contre les parois antiques du continent le poids immense et irrésistible de ses flots, et aurait séparé l'Afrique d'une portion d'elle-même. « Mais, ajoute l'auteur de l'article, la
« rupture du Bosphore n'est rien moins qu'un fait
« prouvé; et, malgré l'assertion de quelques voya-
« geurs, nous doutons fort que les eaux de la Mer-
« Noire soient plus élevées de six à sept pieds que
« celles de la Méditerranée, circonstance qui impri-
« merait une énergie insurmontable au courant qui
« se fait sentir dans le canal de Constantinople, tan-
« dis que l'on sait combien il est paisible (1). Il est
« difficile de remonter par la pensée à l'époque où le
« Pont-Euxin était un bassin vidé qui, venant à re-
« cevoir *tout à coup* le Danube, le Dniester, le Bo-
« risthène, le Don, le Phase et le Kouban, se serait
« rempli de leurs eaux, et aurait fini par en évacuer
« le trop plein dans une mer qui, à son tour, aurait
« versé le sien dans l'Océan. Adopter cette idée, ou
« quelque chose de semblable, et fixer une date
« quelle qu'elle soit, à ce phénomène, serait résou-
« dre d'un trait de plume le grand mystère de la créa-
« tion; et M. Bory sait mieux encore que nous tout ce
« que cette question renferme de délicat. D'ailleurs,
« les eaux d'une de ces mers, en se gonflant démesu-
« rément, se seraient nécessairement étendues dans
« toutes les directions, selon l'abaissement propor-

mot, est tout Européenne, et qu'elle n'a avec le continent Africain qu'un rapport de situation.

(1) *Voyez* ce que nous disons à ce sujet, chapitre VIII, *des courans du Bosphore.*

« tionnel des terres; et, comme les fleuves conti-
« nuent, depuis une époque inappréciable, à fournir
« leurs énormes masses d'eau, il n'y aurait aucun rap-
« port entre le volume du trop plein et les voies par
« où l'on suppose qu'il se serait écoulé. Le détroit de
« Gibraltar, le canal de Constantinople sont, à ce
« qu'il me semble, de simples communications d'une
« mer à l'autre, et non des déchargeoirs d'étangs.
« Comment se sont-elles formées (1)? L'action des
« forces souterraines, à cet égard, n'a rien qui cho-
« que la vraisemblance. Mais la hauteur uniforme de
« la mer Caspienne qui reçoit le Volga, le Terek, le
« Kour, l'Oural, la Jamba, la Kouma, etc., fleuves qui
« naquirent probablement le même jour que le Da-
« nube, le Rhône et le Nil, nous autorise à penser
« que la Méditerranée et la Mer-Noire resteraient à
« peu près dans leurs limites connues, nonobstant la
« fermeture des détroits. Cette opinion ne détruit en
« rien la possibilité du séjour des eaux salées sur des
« terrains aujourd'hui bien éloignés de la mer, fait
« qu'on ne saurait révoquer en doute, mais qui tient
« à des considérations d'un autre ordre (2). »

(1) Accidentellement? non. Sont-elles une conséquence de la configuration générale des continens? c'est ce dont on ne saurait douter.

(2) *Voyez* ci-dessus l'opinion de M. Breislak sur les lacs salés de l'intérieur des continens; opinion qui paraît très-fondée.

CHAPITRE IV.

Configuration du port de Constantinople déduite topographiquement.

Il en est des golfes comme des détroits maritimes; on suppose souvent qu'ils dépendent de causes accidentelles. Au lieu de chercher leurs rapports avec ces formes extérieures que l'ordre général de la nature réclame, il semble qu'on trouve plus simple de les considérer comme le résultat du travail toujours lent des eaux, ou comme produits, en quelque sorte instantanément, par des secousses de tremblemens de terre. Nous allons faire voir que la configuration du port de Constantinople n'est due ni à des creusemens par l'action violente des eaux, ni à des affaissemens du terrain; mais qu'elle dérive, ainsi que celle de tous les golfes de ce genre, de considérations purement topographiques.

Le revers du Balkan (mont Hémus), du côté de la Propontide, a deux rivières très-remarquables, la *Kiaat-Khana-Souïou* et l'*Ali-Beï-Keuïu-Souïou* (1), le *Cydaris* et le *Barbizès* des anciens, qui coulent dans des berceaux profonds et reçoivent de nombreux affluens. Ces rivières sont confluentes l'une de l'autre; par conséquent le contrefort qui les sépare finit au point où elles se réunissent. C'est de là que résulte ce golfe célèbre, du bord duquel s'élèvent en

(1) *Sou*, eau, et par extension, ruisseau, rivière.

amphitéâtre les maisons et les édifices d'un des côtés de Constantinople, et du plus grand nombre de ses faubourgs.

En effet, une rivière solitaire coulant vers la mer est comprise entre deux contreforts qui se terminent au littoral, par des caps plus ou moins avancés, et forment un léger enfoncement, qu'on appelle *anse* ou *golfe*. Mais lorsque deux rivières situées sur le même plan de pente vers la mer sont confluentes l'une de l'autre, le contrefort qu'elles comprennent entre leurs directions se termine dans l'angle qu'elles forment, tandis que les contreforts de droite et de gauche continuent de se prolonger jusqu'au littoral : il reste donc entre ces contreforts, et en avant du confluent des deux rivières, un golfe profond dans lequel les eaux de la mer pénètrent, et qui a d'autant plus d'étendue que ces rivières viennent de plus loin, qu'elles font un angle plus ouvert, ou qu'elles sont en plus grand nombre. Ainsi, par exemple, sur les côtes de la Haute-Normandie, le golfe de Dieppe, qui reçoit trois rivières confluentes à son extrémité, est plus considérable que celui de Fécamp, qui n'en a que deux.

Dans toutes les sinuosités du Bosphore, partout où une ou plusieurs rivières solitaires débouchent, on ne voit que des anses. A tous les points où deux rivières sont confluentes l'une de l'autre, on trouve de grands enfoncemens qui servent de mouillages (1): le port de Constantinople, le port d'Isténia, celui de Thérapia et le golfe de Kabakos en sont la preuve.

(1) Les idées précises d'*anse* et de *golfe* se trouveraient établies par cette distinction.

Il n'existe point des deux côtés du Bosphore d'autres golfes que ceux-là, parce que ce sont les seuls endroits auxquels correspondent des rivières confluentes. La baie de Corondèl, située sur la rive orientale du golfe de Suez, à peu près aux deux tiers du chemin des Fontaines de Moïse, ou *Ghebbal-Hammam-Pharaoun* (Montagne des bains de Pharaon), a une très-grande vallée qui y débouche dans la direction de ce golfe; et une autre vallée vient s'y joindre aussi dans une direction angulaire (1). Ces considérations nouvelles ont presque la certitude mathématique, et donnent un nouveau poids aux vues générales que nous avons émises depuis long-temps sur la géographie-physique.

Le golfe de Constantinople était appelé anciennement *Ceras* ou *Cornu* : les deux rivières des eaux douces étant confluentes l'une de l'autre, ont effectivement la forme de deux cornes, et avec leurs affluens, celle d'un bois de cerf (2). Denys de Byzance, au rapport de Gyllius (3), avait très-bien remarqué que le contrefort qui sépare le Cydaris du Barbyzès forme une croupe en se terminant un peu au-dessus du point où ces deux rivières se joignent, pour tomber ainsi réunies dans le golfe destiné à les recevoir. Il appelle cette espèce de pro-

---

(1) Lettre de M. de Rozière, ingénieur en chef des mines, datée de Saint-Étienne, le 6 novembre 1819. Membre de la commission d'Égypte, M. de Rozière, dans son voyage au Mont-Sinaï avec M. Coutelle, avait eu l'occasion de reconnaître ces deux vallées.

(2) Nous ferons observer que le confluent du Tigre et de l'Euphrate s'appelle *Korna*, mot arabe qui signifie une *corne* ; il a donné son nom au village de Korna bâti à ce confluent.

(3) Livre II, chapitre III.

montoire *Semystra*. Denys prétend ensuite qu'Io, fille d'Inachus, qui avait eu commerce avec Jupiter, transformée en génisse, et poursuivie par la jalouse rage de Junon (1), arrivée près de ce promontoire, y ressentit les douleurs de l'enfantement. Elle donna naissance à un enfant qui avait sur son front les marques de la transformation de sa mère, et qui, pour cette raison, fut appelée *Ceroessa*. Semystra, regardée tantôt comme un objet physique, tantôt comme un être réel, passe pour avoir été la nourrice de cet enfant. De Ceroessa et de Neptune naquit Byzas, héros honoré comme un dieu, et qu'on regarde comme le fondateur de Byzance. Cette allégorie a quelques traits de ressemblance avec les objets qu'elle est destinée à représenter. Ceroessa, qui prend naissance au-dessous de Semystra, désigne le Cydaris et le Barbyzès sortant des montagnes, et se réunissant pour couler dans un lit commun au-dessous du contrefort qui les a alimentés; car on sait que les cours d'eau naturels sont nourris principalement par les affluens que fournissent les contreforts. Des eaux douces de ces rivières et des eaux de la mer se forme le golfe de Ceras, aux avantages duquel Byzance a dû sa fondation, et dans la suite Constantinople sa prospérité. Mais peu s'en fallut que la première de ces villes ne fût bâtie au confluent même des deux rivières, au lieu appelé Semystra dont nous avons parlé plus haut. Entraînés sans doute par l'avantage d'y trouver des cours d'eau abondans, les Chefs grecs

(1) Io parcourut une grande partie de la terre, sans cesse piquée par un taon, insecte que Junon, dans sa colère, lui avait envoyé pour la tourmenter.

conducteurs de colonies les eussent retenues dans cette localité, si un corbeau, suivant Denys, ne fût venu enlever au milieu des flammes une partie de la victime qu'on immolait en sacrifice, et ne l'eût emportée et déposée au promontoire de Byzance (1). Regardant ce prodige comme un ordre des Dieux de se fixer dans l'endroit qui leur semble être indiqué, ils vont s'établir sur les rives du Bosphore, dans l'emplacement où l'on voit aujourd'hui le Sérail.

CHAPITRE V.

Des Eaux-Douces au fond du port de Constantinople.

Placée sur un promontoire élevé, à l'extrémité d'une péninsule, Constantinople est baignée de deux côtés par les eaux de la mer, et ne reçoit pas de cours d'eau naturel dans son intérieur ; mais, au fond de son port, débouchent deux rivières qui portent éminemment le nom de rivières des *Eaux-Douces*. Aux noms sonores de *Cydaris* et de *Barbyzès* qu'elles avaient dans l'antiquité, les Turcs ont substitué ceux de *Kiaat-Khana-Souïou* et d'*Ali-Beï-Keuïu-Souïou,* c'est-à-dire rivières d'Ali-Beï et de Kiaat-Khana, villages situés sur leurs bords respectifs. Elles sont confluentes l'une de l'autre, et se réunissent pour couler dans un lit commun à douze cents toises de

---

(1) Gyllius, *de Bosphoro Thracio*, libro III.

leur embouchure, au-dessous et à l'extrémité de ce contrefort que les anciens appelaient promontoire de Semystra.

En avant de ce promontoire et jusqu'à la jonction des deux rivières, on trouve un sol marécageux, dépôt de leurs communes alluvions; on l'appelle, en grec, *Sapra-Thalassa*, qui correspond au *Mare-Putridum* des Latins. Ce terrain, encore informe, se compose d'une multitude d'îles couvertes de joncs. On a établi, sur celles qui offrent le plus d'espace, deux belles tuileries.

Les vallées de Kiaat-Khana-Souïou et d'Ali-Beï-Keuïu-Souïou sont, comme nous l'avons dit dans le chapitre précédent, très-remarquables en ce que leur convergence détermine le golfe qui forme le port de Constantinople.

Leur divergence, au contraire, met en contact avec le Bosphore les vallées orientales des Eaux-Douces; ce qui a permis d'établir sur le faîte qui les sépare la conduite d'eau que le takçim de Péra reçoit et distribue dans plusieurs faubourgs qui l'avoisinent.

Cette même divergence rapproche de la Propontide la vallée occidentale; et c'est du contrefort qui les sépare qu'on a tiré, en grande partie, les eaux qui fournissent aux besoins de Constantinople.

Les deux vallées d'Ali-Beï-Keuïu-Souïou et de Kiaat-Khana-Souïou sont très-encaissées : elles ont tout au plus cent toises dans leur plus grande largeur. On y voit de belles prairies, des terres en culture, surtout beaucoup de jardins potagers; de loin en loin, des villages et quelques habitations tout-à-fait isolées. Les collines qui les bordent sont incultes et souvent couvertes de broussailles. Les cours d'eau que renferment ces deux vallées, appauvris d'ailleurs par les dérivations qui en ont été faites pour les conduire à leur destination, sont très-petits comparativement au nombre de versans qu'elles reçoivent. Du temps de Gyllius, le nom de Barbyzès n'était plus en usage : il avait été remplacé par celui de rivière Cartharique, à cause d'un moulin à papier situé sur cette rivière, près de son embouchure. Le nom de Kiaat-Khana, ou plus exactement *Kiaghid-Khanè*, qu'elle porte aujourd'hui, a la même signification. Suivant cet auteur, la rivière Cartharique avait un cours très-lent, et était si profonde qu'on la passait sur des ponts même en été. Les choses sont bien changées depuis cette époque, ou bien Gyllius a voulu parler de l'embouchure de cette rivière ; et ceci s'applique également à la rivière d'Ali-Beï-Keuïu, dont les eaux, avant de déboucher dans le port, ont effectivement une hauteur qui les rend navigables pour des bateaux à rames, mais seulement dans une petite étendue. J'ai passé cette rivière à gué, vers la fin de mai, à une lieue au-dessus de son embouchure, et l'ai trouvée peu profonde.

La principale vallée, appelée Eaux-Douces d'Europe, ou Kiaghid-Khanè (papeterie), offre une prairie régulière d'une demi-lieue de long, baignée d'un côté par le Barbyzès, dont les eaux sont resserrées dans un canal en ligne droite. Ses bords sont revêtus en pierre de taille, et de beaux arbres règnent dans toute sa longueur. L'autre côté de la prairie est limité par une grille de bois que soutiennent des piliers de maçonnerie. A son extrémité se trouve le petit village d'*Aïaz-Agha* (1), renommé pour son *Yoghourt* (lait caillé), et à son entrée, une maison de plaisance du Grand-Seigneur, qui renferme une mosquée, des bains, et les bâtimens destinés à loger une partie de sa cour. Près de ce sérail ou palais, on remarque un kiosk d'une grande élégance, d'où Sa Hautesse regarde ses courtisans tirer à balle sur des cruches qui contiennent de l'eau que le choc des projectiles fait jaillir ; ce qu'on aperçoit de très-loin, en sorte qu'on est de suite assuré que le but est atteint. Elle-même daigne prendre part à cet amusement, où elle excelle. De jeunes bombardiers font aussi, sous ses yeux, l'exercice du canon avec les six pièces d'artillerie de campagne qui sont placées à l'entrée de la prairie. Des planches posées debout servent alors de but, et c'est sur elles que l'on vise.

Le canal dont nous avons parlé a été construit par ordre de Sultan-Ahmed III, qui voulut avoir une idée des eaux de Marly. L'indication lui en fut donnée par son ambassadeur en France Mehèmmed-Effendi, en 1724, à son retour à Constantinople, pendant l'ambassade de M. de Bonnac. Le canal est traversé par une digue de marbre blanc. Le trop plein des eaux tombe en cascade dans trois rangs de coquilles. Un vase antique, d'une belle proportion, et trois serpens

---

(1) C'est dans ce village que les Européens, dont les maisons sont compromises par la peste, vont chercher un asile ; on y fait quarantaine, et il n'y a pas d'exemple qu'il y ait eu d'accidens. Cette observation porta le docteur Auban à des recherches ; il trouva, sur le pis des vaches et aux mains des paysannes de ce village, la même espèce de boutons qui a fait découvrir la vaccine. Il pensait, d'après cela, que la vaccine pouvait préserver de la peste ; mais on a eu malheureusement la preuve du contraire.

de bronze entrelacés ornent le second bassin, qui baigne les murs du Harèm du Grand-Seigneur. Sur cette digue sont trois petits kiosks de marbre blanc, recouverts en cuivre doré. De celui du milieu, on découvre, dans toute son étendue, le canal, ombragé des deux côtés par de grands arbres. Le bruit des cascades, le mouvement des bateaux, et les scènes variées qu'offre ce lieu de rendez-vous de la ville et des faubourgs, fixent agréablement l'attention. C'est aux Eaux-Douces que le fameux Moustapha-Baïraktar, avant la catastrophe qui fit périr Sultan-Selim, donna un dîner splendide aux Janissaires de Constantinople et aux grands propriétaires d'Asie.

On peut aller aux Eaux-Douces par terre et par eau. Les routes de terre sont couvertes, surtout le dimanche, d'Araba (voitures attelées par des buffles), de cavaliers et de piétons. On se rend en bateau à la vallée de Kiaat-Khana-Souïou en suivant la côte d'Europe (1), et à celle d'Ali-Beï-Keuïu-Souïou, en longeant la côte d'Asie. La Kiaat-Khana-Souïou, large de vingt à trente pieds, serpente dans une plaine agréable. Ses bords peu élevés ne dérobent point la vue des sites très-pittoresques dont l'aspect change fréquemment. Ils sont, en outre, garnis de très-beaux arbres, sous l'ombrage desquels les hommes, femmes et enfans de diverses nations se placent, et forment de nombreux tableaux variés qui animent ce riant paysage. Les réunions turques s'y font remarquer,

(1) Je dis la côte d'Europe, d'après les bateliers qui, en descendant le canal, regardent toujours leur droite comme la côte d'Asie, et, pour éviter que les bateaux qui vont très-vite ne se choquent, sont dans l'usage de s'avertir en criant : *Va en Europe! va en Asie!*

en ce qu'elles sont toujours composées de personnes du même sexe. A côté de chaque groupe, deux pierres rapprochées l'une de l'autre forment un foyer où l'on allume du feu avec quelques brins de bois sec, et l'on y fait le pilau, pendant que, couché sur des tapis et appuyé sur des coussins, on fume la pipe et on boit le café. Les jeunes gens jouent aux barres dans la plaine; les jeunes filles se balancent sous les arbres, en s'accompagnant de chansons; les mères, pour ne pas s'embarrasser d'un berceau, attachent une double corde à deux arbres peu distans l'un de l'autre, et, au moyen d'une couverture, forment une espèce de hamac suspendu, très-commode pour bercer les enfans et les garantir en même temps de l'humidité et des insectes.

On entend au loin le bruit des cascades, et de tous côtés, les marchands, les chanteurs, et les tambours de basque, ainsi que les enfans qui présentent des bouquets. On y remarque des sauteurs très-adroits, des ours, des singes, des ânes savans, des optiques, et des Bohémiennes qui, pour quelques paras, disent la bonne aventure.

Lorsque le Grand-Seigneur fait sa résidence aux Eaux-Douces, la prairie est interdite au public. Les promeneurs sont alors obligés d'aller se placer sur les collines, qui s'élèvent en amphithéâtre, d'où l'on voit sans danger le jeu des Djèrid (1). De là on aperçoit aussi les lutteurs, les courses et les autres divertissemens qui ont lieu devant Sa Hautesse. Le Grand-Seigneur ne reste aux Eaux-Douces que quinze à vingt jours du mois de mai, après avoir quitté son palais d'hiver,

(1) *Djèrid*, javelot non ferré, qu'on lance à cheval, et en courant.

et avant de se rendre à celui d'été. Une pareille résidence est trop resserrée pour une cour aussi nombreuse.

Pendant le séjour qu'il y fait, les Kadines sont quelquefois autorisées à se promener dans la prairie de Kiaat-Khana. Les Bostandji se tiennent alors sur les hauteurs pour éloigner quiconque oserait diriger les regards de ce côté.

La prairie opposée à celle dont nous venons de parler, et qui s'étend le long de l'Ali-Beï-Keuïu-Souïou, sert à mettre au vert les chevaux du Grand-Seigneur; ils y sont gardés et soignés par des paysans Bulgares établis sous des tentes. Quelque temps auparavant, le son bruyant de leurs cornemuses, qui se fait entendre dans tous les quartiers de Constantinople, annonce le retour de la belle saison et la mise au vert. Ces hommes d'une figure à demi-sauvage, et ayant un costume grossier, se divisent par bandes de cinq ou six, et s'arrêtent de distance en distance pour exécuter des pas grotesques, au son de leurs instrumens, devant les curieux dont ils sollicitent la générosité.

Vers le 1ᵉʳ mai, style grec, les chevaux sont tirés des écuries pour être conduits aux Eaux-Douces en passant par Eïoub. Il n'y a que quelques officiers du Sérail qui assistent à leur sortie. Les grands de l'Empire n'y paraissent point. Le Sultan voit cette cérémonie d'un kiosk situé au-dessus de la grande porte d'entrée de son Sérail, et qui s'appelle *Alaï-Kioski,* kiosk des cortèges. Le Grand-Vizir descend ce jour-là dans l'appartement du Kiahya-Beï, qui est en face du kiosk où se trouve le Grand-Seigneur, et y voit aussi la sortie des chevaux. Cette visite est très-dispendieuse pour le Kiahya-Beï, qui est tenu, suivant l'usage, de faire un riche présent au Grand-Vizir.

Après s'être montrés devant l'Alaï-Kioski, les chevaux traversent dans toute sa longueur la ville de Constantinople, dont les rues par où ils doivent passer sont remplies de curieux ; mais on n'y voit pas les plus beaux chevaux : on a eu la précaution de les envoyer de nuit pour les soustraire au Nazar (1) (*Cattiv' occhio*). Ceux qu'on fait sortir de jour sont même affublés d'amples couvertures qui les cachent presque entièrement, et leur front est garni de clinquans pour attirer les regards et les détourner de dessus les chevaux qui filent un à un, menés à la main par deux Bostandji. Le milieu du cortége est occupé par les Bulgares faisant résonner leurs cornemuses des sons les plus discordans. Le Buïuk-Imrokhor (Grand-Ecuyer), dont les attributions sont de présider au campement, termine le cortége. Il est monté sur un magnifique cheval, et entouré d'un nombreux domestique. La musique militaire suit immédiatement, et ferme la marche.

Lorsque les chevaux sont au vert, il ne serait pas prudent de diriger sa promenade du côté où ils se trouvent ; les Bulgares commis à leur garde abusent

(1) Les Orientaux, naturellement superstitieux, redoutent beaucoup le Nazar. Ils ont continué de mettre sur la tête de leurs enfans, pour les préserver de tous mauvais regards, un triangle de maroquin brodé en or, dans lequel est, aussi brodé en or, un verset du Koran. Ils mettent dans ce but des colliers aux animaux domestiques, et suspendent, en outre, aux fenêtres des maisons nouvellement bâties, et au haut des arbres, des gousses d'ail, auxquelles ils croient la vertu de détourner le maléfice.

quelquefois des armes qu'ils sont autorisés à porter : et il n'est pas sans exemple qu'ils aient assassiné, pour les dépouiller, des personnes qui se trouvaient à l'écart, et qu'ils surprenaient sans défense.

CHAPITRE VI.

Mesure, à l'aide du baromètre, des hauteurs qui forment les deux côtés du Bosphore.

Les hauteurs des montagnes qui longent le canal de la Mer-Noire ont été déterminées pendant l'été de 1813, au moyen du baromètre et du thermomètre; et l'on a employé pour les calculs les formules et les tables de M. Biot, les seules pour lors en usage.

Le baromètre dont on s'est servi est un baromètre à tube recourbé, lequel est enchâssé dans une planche plate, avec un recouvrement à charnière. Le mercure est retenu par un bouchon de liége et un tampon de coton placé au-dessous, assujétis l'un et l'autre à l'extrémité d'un fil de fer un peu gros.

Deux baromètres à vis de pression en bois adaptée au-dessous de la cuvette, envoyés de Paris, n'avaient point résisté au transport. J'écrivis de Constantinople à un des directeurs des mines d'Idria, qui joignait aux connaissances théoriques une grande adresse de manipulation, pour qu'il trouvât le moyen de me faire parvenir un baromètre : il eut l'idée de celui dont nous avons parlé plus haut, et qui réussit très-bien.

Le baromètre inventé depuis par M. Gay-Lussac, nous paraît être au surplus tout ce qu'on pouvait imaginer de plus ingénieux, de plus simple et de plus usuel. Il est composé d'un tube et d'une cuvette cylindriques, réunis par un tube beaucoup plus étroit, qui forme en quelque sorte étranglement. La cuvette ne communique avec l'air extérieur que par un trou capillaire; en sorte que, quels que soient les chocs répétés que peut recevoir le baromètre dans le transport, ou en le renversant, la colonne de mercure ne se divise jamais. L'avantage en outre de ce baromètre, comme de tous les baromètres à siphon, est de n'exiger que l'observation du niveau supérieur, pourvu que le diamètre du réservoir soit le même que celui du tube; et il n'est pas difficile de trouver deux tubes de même calibre intérieur (1).

Dans le cours des opérations qui ont été faites sur les côtes du Bosphore, on a remarqué que le mercure ne s'est jamais élevé au-dessus de vingt-sept pouces cinq lignes, et n'est pas descendu plus bas que vingt-six pouces six lignes. La température donnée par le thermomètre a varié beaucoup; de onze degrés elle s'est élevée jusqu'à vingt-quatre degrés. Il est bon de faire remarquer qu'en été, lorsque le vent de sud règne, la chaleur étant alors la plus forte, elle se maintient sur les rives du Bosphore entre le dix-huitième et le vingtième degré, tandis que sur le sommet des montagnes elle s'élève

---

(1) *Voyez* une description plus détaillée de ce baromètre dans les *Annales de chimie et de physique*, tome I (février 1816). M. Bonten, artiste habile, sans rien changer au principe, a apporté quelque perfectionnement au baromètre de M. Gay-Lussac.

jusqu'à vingt-quatre et même vingt-cinq degrés. Ce temps n'est nullement favorable aux observations barométriques; il convient d'attendre que le vent de nord souffle, encore faut-il qu'il ne soit pas trop violent.

On ne doit pas compter sur l'exactitude rigoureuse des résultats dont on va présenter le tableau, quoique les opérations aient été répétées plusieurs fois sur certains points. Comme on n'avait qu'un baromètre, il y a eu souvent plus d'une heure d'intervalle entre la station inférieure et la station supérieure; temps plus que suffisant pour voir varier l'état de l'atmosphère. Cependant, malgré ce désavantage, on croit avoir déterminé avec assez de précision les commandemens des crêtes, c'est-à-dire, leurs hauteurs relatives, objet qu'on avait principalement en vue. Ce qui doit inspirer d'ailleurs une certaine confiance à cet égard, c'est que deux personnes, après avoir opéré séparément, et sans s'être entendues, ont obtenu, à très-peu de chose près, les mêmes résultats pour les hauteurs de quelques points déterminés avec le baromètre et avec le niveau d'eau.

Nous allons présenter le tableau des hauteurs que nous avons fait mesurer au moyen du baromètre (1). On les trouvera rangées dans l'ordre topographique, afin qu'on puisse sentir le relief du terrain qu'elles sont destinées à exprimer.

(1) M. Vincent, capitaine du génie, a bien voulu se charger de ces opérations, auxquelles il apporte le plus grand soin.

CHAPITRE VI.

Tableau des hauteurs barométriques.

EUROPE.

Près de Constantinople, entre le port et la Propontide. mètres.

Porte d'Andrinople.	61
Takçim d'Egri-Kapou.	38

Faîte le long du Bosphore.

Takçim de Péra.	101
Sommité au-dessus de Kirètch-Bournou.	129
Les Quatre-Chemins.	108

Vallon de Belgrade.

Col entre Belgrade et Domouz-Dèrè, vallon de gauche.	177
Grand Bend de Belgrade, à la sortie des eaux.	62

Vallée de Buïuk-Dèrè.

Faîte au-dessus de la source la plus élevée.	250
Elévation du col à un regard, près de l'aqueduc de Baghtchè-Keuïu.	139
Col au-dessous de l'aqueduc, origine d'un affluent.	114
Jonction des deux affluents de la vallée.	51

Vallée de Sarièri et parties adjacentes.

Sommité de la montagne au N. O. de Buïuk-Dèrè.	242
Naissance de la vallée de Sarièri.	51
Faîte de Sèkèrè-Keuïu.	242
Village de Sèkèrè-Keuïu.	113
Derrière le premier fort, en amont de Sarièri.	101
Naissance du contrefort qui se trouve entre Fanaraki et Karibdjè.	214
Origine de la vallée qui débouche au golfe de Fanaraki.	130

Contrefort entre la pointe de Buïuk-Liman et Karibdjè.

Tour vieille, située à la naissance du contrefort.	166
Au-dessus de la tour, sur le contrefort.	177
Extrémité du contrefort, ou commencement de la croupe.	130
Dernier escarpement et sommet des roches d'agglomération.	47
Escarpement entre la pêcherie et Buïuk-Liman.	142 / 166

Mer-Noire.

Cap de Fanaraki, à la batterie.	22
Les Cyanées.	20
Fort de Kila.	29

Suite du Tableau des hauteurs barométriques.

ASIE.

Extrémité de la chaîne de la Bithynie. mètres.

Faîte de Boulgourlou, au-dessus de Scutari.	240
Nœud au-dessus de la fontaine de Kara-Koulak, près du village de Sèkè-Dèrè.	225
Col à droite du chemin de Sèkè-Dèrè à Riva.	193
Mamelon à gauche du chemin.	206
Col de l'autre côté de ce mamelon.	193
Mamelon entre ce col et celui de Babak.	206
Col au-dessus de Babak (1).	180
Croupe au-dessus de Kètchèli-Liman.	208
Montagne du Géant.	186
Mamelon { au-dessus du fort de Youcha.	112
{ au-dessus des fours à chaux.	64

Contrefort où se trouve l'ancien Château des Génois.

Croupe au-dessus du Château (résultat de deux opérations).	208
Château (résultat de deux opérations).	116
Pli { au-dessous du Château.	58
{ entre le précédent et Kavak.	23
Arête du premier contrefort, au N. du Château des Génois.	116

Deuxième contrefort, au N. du Château des Génois.

Arête du premier escarpement, à partir de la sommité.	116
Arête du deuxième escarpement.	48

Contrefort de Fil-Bournou.

Origine de la croupe du contrefort.	118
Pli { au-dessous de l'origine de la croupe.	106
{ au-dessus de la batterie.	71
{ près du littoral.	24

Mer-Noire.

Le Crommyon.	25
Finiade.	22

(1.) Le col au-dessus de Babak n'a pas plus d'une toise de largeur ; on le dirait taillé de main d'homme : il est à peu près à la même hauteur que le col entre Belgrade et Domouz-Dèrè, de l'autre côté du Canal de la Mer-Noire.

CHAPITRE VII.

De la Lithologie du Bosphore.

Le revers des montagnes de la Bithynie, du côté du Bosphore, est composé de collines calcaires. Les pierres qu'on en retire sont de couleur bleuâtre, d'un grain très-fin, parfaitement homogène, et sans aucune apparence de *detritus* de coquillages. On s'en sert pour faire de la chaux, et on les taille quelquefois pour être employées dans les constructions de bâtimens : ce calcaire est celui que les naturalistes appellent *calcaire-de-transition*.

La vallée de Sariéri, à l'entrée du canal de la Mer-Noire, sur la côte d'Europe, présente dans un ravin à droite des roches colorées par le fer, et du quartz avec fer sulfuré disséminé.

Depuis Buïuk-Liman, sur la côte d'Europe, et Kètchèli-Liman, dans la partie correspondante sur la côte d'Asie, jusqu'en dehors des deux phares, et à une certaine distance le long de la Mer-Noire, la côte se montre sous un aspect singulier. Vues à une certaine distance, les roches suspendues sur le flanc des collines, et celles qui se prolongent sur la plage ou dans la mer, comme des écueils, ont une couleur noirâtre, et leur forme ne présentant aucune régularité, donne l'idée du plus grand désordre. Mais leur nature même est la cause de cette irrégularité : les roches dons nous venons de parler ne sont qu'une agglomération de pierres anguleuses, d'un gris sombre, faiblement retenues, du moins à l'extérieur, dans une sorte de matière friable de couleur brune, et les fragmens qui s'en détachent par l'action des élémens, leur donnent cette configuration, qui diffère entièrement de celles des montagnes à stratifications déterminées. Les masses que nous considérons ici sont traversées par des veines de calcédoine, qui se croisent sous divers angles, à la distance de deux ou trois pieds. Ces veines y sont interposées sans adhérence. Les roches d'agglomération, si peu consistantes par elles-mêmes, acquièrent une telle dureté lorsqu'elles sont exposées aux vagues de la mer, que l'outil le mieux acéré a de la peine à les entamer.

On remarque aussi dans ces masses d'agglomération, des roches à base de feldspath compacte passant au basalte, d'un certain volume, et qui ont une forme déterminée. La première de ces roches que j'ai vue était un prisme ayant pour base un heptagone; je l'ai trouvée au bord du golfe de Buïuk-Liman, sur le chemin de la fontaine à la batterie.

Le 8 d'octobre 1814, j'ai trouvé au fond du golfe de Kabakos, entre Youm-Bournou et Fanaraki-d'Asie, un fragment de roche-phonolithique demi-octogone, de couleur grisâtre : ses faces ont un pied de largeur, mais ses angles et ses côtés ne sont pas tout-à-fait réguliers. Après avoir fait ôter le prisme de son gisement, j'ai vu que le lit sur lequel il reposait, et où il se trouvait placé sur sa section qui lui servait de base, était uni comme s'il avait été disposé avec du ciment.

Nous avons dit que, depuis Buïuk-Liman jusqu'en dehors des phares, les deux côtes d'Europe et d'Asie étaient couvertes de roches d'agglomération : les Cyanées sont formées de roches de cette nature, qui reposent pour la plupart sur des espèces de couches d'argile peu consistantes, d'abord horizontales du côté de Fanaraki, et puis inclinées. Ces couches, que l'on prendrait pourtant moins pour de l'argile que pour des sédimens déposés par les eaux, ont deux, trois, jusqu'à six pieds d'épaisseur, et sont divisées par strates de six à trois pouces. D'après toutes les apparences, ces couches sont, ainsi que le ciment, des agglomérations formées de tufs volcaniques très-anciens, de la nature de ceux que les minéralogistes allemands ont nommé tufs-trappéens, ou basaltiques.

On trouve à trois lieues de cet écueil, vers l'ouest, sur une étendue d'environ six cents mètres, des roches d'agglomération avec leurs filons calcédoineux. Peut-être y en a-t-il plus loin encore, et c'est très-probable ; mais nous ne sommes allés que jusque-là sur la côte d'Europe.

Le golfe de Kabakos, dont nous avons parlé, possède deux grottes qu'aucun voyageur n'avait encore indiquées, et que nous avons découvertes dans le mois de septembre 1814, peu de temps avant notre départ de Constantinople. Elles sont situées latéralement, l'une à l'entrée du golfe, l'autre vers son extrémité, et toutes les deux à l'exposition du vent de nord. Celle qui est vers le fond du golfe a douze pieds de largeur, quatorze de profondeur, et vingt pieds de hauteur. Cette grotte est dans un agglomérat volcanique, traversé de veines calcaires, qui sont les seules que nous ayions aperçues dans les diverses roches de cette nature que nous avons eu l'occasion d'observer ; toutes les autres sont siliceuses.

La seconde grotte, plus considérable que la première, parce qu'elle est plus directement exposée aux mouvemens de la mer, a soixante-douze pieds de largeur, quarante de hauteur à l'entrée, et soixante-neuf de profondeur : elles sont toutes les deux dans la même espèce de terrain. On ne remarque dans celle-ci ni veines siliceuses ou calcaires, ni couches argileuses stratifiées, ni débris de végétaux et d'animaux, ou de corps marins d'aucune espèce. Je ne puis mieux la comparer, quant à sa forme, qu'à une voûte hémisphérique qui serait faite en moellons de roche porphyroïdes, liés entre eux par un ciment, offrant aussi la contexture porphyrique. On ne saurait douter que les grottes de Kabakos ne doivent leur creusement à la qualité du terrain où elles se trouvent qui est facile à pénétrer, et aux affouillemens de la mer, lorsque, soulevée par les vents, elle est poussée avec violence contre la partie de ce golfe qui lui est opposée.

A *Youm-Bournou*, sur la côte d'Asie, cap le plus avancé dans la mer, et le plus exposé à l'action violente du même vent, le terrain est entièrement composé de roches d'agglomération, traversées de basaltes-colonnaires-prismatiques ayant leur axe vertical. Les extrémités de quelques uns de ces prismes dominent la croupe de la montagne, et paraissent comme si c'était des cippes d'un cimetière turc. On jouit de la vue des basaltes-colonnaires d'Youm-Bournou, depuis leur gisement jusqu'à leur sommet, dans un enfoncement que l'on trouve vers le milieu de la face de ce cap qui regarde l'ouest. Cet enfoncement, ouvert à la partie supérieure, n'avait pas encore été remarqué : il forme une grotte volcanique. Je ne doute pas que les voyageurs qui ont vu la grotte de Fingal, en Irlande, dans l'île de Staffa, l'une des Hébrides, ne lui trouvassent beaucoup d'analogie avec celle-ci.

Après avoir doublé Youm-Bournou, et presque en face d'un écueil isolé, appelé *Crommyon*, anciennement *Coloné*, qui occupe le milieu du golfe entre ce cap et celui de Riva, on voit sur le flanc des collines, à plus de trente mètres d'élévation, des roches d'agglomération avec leurs veines recroisées de calcédoine. J'ai trouvé à Kètchèli-Liman, à Buïuk-Liman, et dans d'autres endroits, des fragmens de calcédoine avec des géodes ayant dans leurs alvéoles des cristallisations très-caractérisées. D'autres fragmens ont leurs parois colorées par de la terre verte (*talc-zoographique* d'Haüy).

Le Crommyon, dont la hauteur est de vingt-cinq mètres, n'a point d'agglomérats-volcaniques ; il est composé de bancs de roches-phonolithiques assez dures, quoique en partie attaquées par la décomposition. Ces bancs sont presque entièrement dépouillés de terre végétale, excepté à leur sommet (1), où il croît un peu d'herbe très-courte, et où se montrent aussi quelques plantes, telles que le Pourpier sauvage, la Marguerite petite, la Mauve sauvage, ou Alcée, le Séséli, et une espèce de Statice de Tartarie, que l'on voit également sur le cap de Riva dont nous

(1) Des fondations en maçonnerie qui suivent la configuration de la partie supérieure du Crommyon semblent indiquer qu'on y avait construit quelque ouvrage de défense; et il est assez probable que c'était pour protéger l'anse de Riva, qui a une plage plate ou de débarquement.

parlerons bientôt. L'intervalle entre le Crommyon et la côte d'Asie est de cent mètres; c'était autrefois un canal : il est aujourd'hui comblé de sables qui ont formé une digue d'alluvion, laquelle joint cet écueil au continent.

Le cap de Riva est un peu étendu; il forme en quelque sorte une presqu'île. Ses flancs à l'ouest sont couverts de roches d'agglomération. Des blocs plus ou moins considérables de ces roches en ayant été détachés par l'action des vagues, ont laissé apercevoir dans certaines anfractuosités, des couches entremêlées de veines de calcédoine, tantôt horizontales, tantôt fortement inclinées dans des sens opposés. J'ai remarqué au fond de l'une de ces anfractuosités, et dans l'angle compris entre ses parois, une veine verticale de calcédoine d'une hauteur et d'une épaisseur considérables, puisqu'elle a quinze pieds de hauteur et huit pouces d'épaisseur; elle se trouve placée au-dessous de l'écoulement des eaux pluviales, et à l'extrémité de la gouttière que forme le terrain dans cette partie.

Les roches à l'est du cap de Riva sont absolument de la même forme que celles d'Youm-Bournou, c'est-à-dire composées de basaltes-colonnaires-prismatiques s'élevant verticalement. Vues à leur partie supérieure, ces roches semblent carrelées, à raison du retrait que les prismes ont éprouvé; elles doivent ressembler à ce qu'on appelle le *Pavé-des-Géans*, dans le comté d'Antrim, en Irlande (1). Quelques

(1) *Voyez*, notamment dans l'*Encyclopédie*, au mot *Pavé-des-Géans*, sa description.

unes ont aussi éprouvé du retrait dans le sens horizontal.

A deux cent cinquante mètres environ à l'est du cap de Riva, est un écueil isolé, pareil aux Cyanées, et qui s'appelait anciennement *Finiade*. Son pourtour, découpé en plusieurs petits golfes, est d'environ quatre cents mètres; sa hauteur, mesurée avec un fil à plomb, s'est trouvée de vingt-deux mètres. Cet écueil est formé de deux parties séparées par un col, terminées chacune par un faîte sur lequel croissent des plantes très-fourrées. Les agglomérats volcaniques s'y montrent de tous côtés dans la hauteur de cet écueil; ils y forment des masses continues, tandis qu'aux Cyanées, elles sont séparées par des couches d'une nature qui est probablement analogue à celle des anciens tufs de volcans. On trouve dans les roches de Finiade de la calcédoine assez belle.

En résumant ce que nous avons dit dans ce chapitre, il paraît résulter de l'inspection attentive des côtes d'Europe et d'Asie, qui forment l'extrémité du canal de la Mer-Noire, et de celle de cette mer, à droite et à gauche de son embouchure, que, depuis Buïuk-Liman et Kètchèli-Liman, ces côtes sont composées de roches d'agglomération, séparées, dans certains endroits, par des bancs argileux, ou par des porphyres : c'est ce que prouve l'écueil des Cyanées, ainsi qu'une de ces roches de forme pyramidale, à base porphyroïde, remarquée le 27 décembre 1813 sur la plage à l'ouest du cap de Riva, et qui en avait été détachée; elle se termine par un fragment de lave scoriacée à teinte violette.

Que, dans d'autres endroits, les roches d'agglomération ne présentent qu'une masse continue, ainsi que nous l'avons remarqué à l'égard de l'écueil de Finiade, et comme les deux grottes de Kabakos nous l'ont montré : dans ces dernières, la matière interposée est du feldspath-compacte décomposé.

Il me reste à présenter le tableau des substances minérales que j'avais recueillies dans mes courses des deux côtés du canal de la Mer-Noire, et en dehors de son embouchure, et que j'ai déposées au cabinet royal des Mines ; elles étaient comprises dans l'origine sous le n° 1100 de ce cabinet. Mais je dois prévenir que je n'ai rapporté de Constantinople que les matières dures entrant dans la composition du terrain volcanique démantelé, extrêmement ancien, qui occupe l'embouchure du détroit, n'ayant pas cru nécessaire de prendre des échantillons des tufs et des autres substances terreuses ou argiliformes qui figurent dans ce terrain. Je dois à l'extrême complaisance de M. Cordier, inspecteur des mines, l'ancien élève de prédilection de l'illustre Dolomieu, et qui a des connaissances si profondes sur les terrains volcaniques, l'essai au chalumeau des matières dures dont nous avons parlé. J'ose croire que que ce travail, qui doit inspirer une entière confiance, sera aussi agréable aux minéralogistes qu'aux géologues.

Côte d'Europe.

Vallée de Sarièri. — Roche colorée par le fer, et qui paraît avoir été altérée.

Quartz avec fer sulfuré disséminé.

Golfe de Buïuk-Liman. — Fragmens d'agate, de cornaline et de calcédoine.

CHAPITRE VII.

Wacke-basaltique, porphyroïde. Sa couleur est d'un brun noirâtre, la pâte fond en verre noir. Les cristaux qu'elle renferme sont assez nombreux, très-petits, en partie de feldspath blanc, en partie de pyroxène noir; on y voit aussi quelques points de fer titané.

Lave-porphyroïde à base de phonolithe, ou *feldspath compacte, passant au basalte.* Sa couleur est d'un gris verdâtre foncé. La pâte fond en verre grisâtre piqué de noir; les cristaux inclus sont très-petits et de feldspath blanc.

Obsidienne-imparfaite-porphyroïde, deux échantillons. Sa couleur est le noir grisâtre. La pâte fond en verre grisâtre, piqué de quelques points noirs. Les cristaux sont nombreux, petits et de feldspath d'un blanc sale. On y voit aussi quelques très-petits cristaux de pyroxène noir.

Tephrine-verte-porphyroïde (thon-porphyre-trappéen, mêlé de terre verte). La pâte fond en verre grisâtre, mêlé de quelques points noirs. Les cristaux inclus sont assez nombreux, petits et de feldspath blanc.

CYANÉES.—*Tephrine-ordinaire-porphyroïde* (thon-porphyre-trappéen). La pâte est grise ; elle blanchit un peu au feu du chalumeau, et fond difficilement en un verre blanc parfait. Les cristaux inclus sont petits, peu nombreux, et de feldspath blanc. On voit aussi quelques petites aiguilles d'amphibole noir ; enfin la roche est parsemée de petites cavités tapissées ou remplies d'un peu de terre verte.

BORDS DE LA MER-NOIRE.—Brèche formée de débris de coquilles marines, assez faiblement agglutinées.

Brèche-quartzeuse cimentée par du fer oxidé.

Brèche, ou poudingue-quartzeux.

Chaux-carbonatée, incrustante, poreuse, espèce de tuf calcaire, près du fort de Kila.

Bois bitumineux par couches (lignite), à l'ouest de Domouz-Dèrè (1), et à très-peu de hauteur au-dessus du niveau de la mer.

Côte d'Asie.

Golfe de Poïras. — Morceau roulé de marbre brèche.

Fragmens d'agate, de cornaline et de calcédoine, renfermant des géodes.

Golfe de Kabakos. — *Obsidienne-imparfaite-porphyroïde, un peu décomposée.* Sa couleur est d'un noir brunâtre. La pâte fond en verre gris verdâtre, piqué de points noirs. Sa nature se rapproche de celle de la gallinace. Les cristaux inclus sont rares et à peine visibles; ils sont de feldspath d'un gris sale et de pyroxène noir.

(1) Cet échantillon de *lignite* est le seul que je n'aye pas moi-même recueilli. J'en suis redevable à mon très-estimable collègue, M. Robert Liston, ambassadeur d'Angleterre près la Sublime-Porte. Il a eu la bonté de me le rapporter de Londres, où il en avait envoyé des fragmens assez considérables, et me l'a remis à son passage à Paris, en retournant à Constantinople au mois de mai de l'année 1817. Je l'ai joint aux autres échantillons de minéralogie que j'avais déjà déposés au Cabinet des Mines. J'ai su depuis, par M. Liston, que ce lignite, dont on avait fait l'essai en Angleterre, exhalait une odeur très-forte dans la combustion. On lit, dans les *Lettres de Sestini*, tome III, page 413, que, se trouvant au mois de septembre 1778, avec d'autres amateurs d'histoire naturelle, sur la plage de Domouz-Dèrè, l'un d'eux avait ramassé un morceau de bois pétrifié, de couleur noirâtre, que la mer avait amené sur cette plage, et qui provenait sans doute des couches du bois bitumineux dont nous venons de parler.

Pholonithe-porphyroïde, passant au basalte. Elle est d'un gris noirâtre; mais la pâte perd de sa couleur au feu, et fond en un verre blanc piqué de points noirs. Les cristaux inclus sont très-nombreux, petits et composés de feldspath d'un gris sale, au milieu desquels on voit figurer quelques grains de pyroxène et de fer titané.

Pholonithe-porphyroïde-massive-ordinaire (Klingstein-porphyre). Sa couleur est le gris verdâtre clair, nuancé de brun. La pâte fond en un verre grisâtre, piqué de quelques points noirs; les cristaux sont nombreux, très-petits et scintillans au milieu de la pâte, dont ils offrent la couleur.

Tephrine-dure, porphyroïde (thon-porphyre-trappéen-dur). Sa couleur est le brun violet. La pâte fond en verre blanc, parsemé de quelques points noirs; les cristaux sont nombreux et petits : les uns sont de feldspath blanc, les autres, plus rares et moins visibles, sont de pyroxène demi-décomposé et d'un vert sombre.

Calcaire-saccaroïde, en filon, près de la petite grotte.

Crommyon. — *Phonolithe-massive-ordinaire.* Elle est d'un gris verdâtre clair, et ne contient pas de cristaux; elle fond en verre blanc, et paraît avoir éprouvé un commencement de décomposition.

Cap de Riva. — *Pumite-violette* (scorie légère fondant en verre blanc); elle ne renferme aucuns cristaux, et fond en verre grisâtre parfait.

Finiade. — *Tephrine-porphyroïde-amygdaloïde, passant à la wacke-basaltique* (thon-porphyre-trappéen, passant à la wacke). Sa couleur est le brun jaunâtre. La pâte fond en un verre grisâtre, piqué de quelques points noirs. Les cristaux inclus sont très-petits, peu nombreux et de feldspath grisâtre. Les cavités bulleuses sont de moyenne grandeur, rares et en partie occupées par des noyaux calcaires.

OBSERVATION.

Toutes les roches dures, une seule exceptée (la calcaire-saccaroïde, près la petite grotte de Kabakos), examinées au microscope, présentent les caractères les plus prononcés de matières volcaniques incontestables; tel est, par exemple, celui de renfermer constamment du fer titané microscopique.

CHAPITRE XI.

Des Courans du Bosphore.

Marsigli (1) est le premier et le seul jusqu'à présent, du moins que je sache, qui ait présenté quelques observations sur les courans du Bosphore; mais on doit regretter qu'elles n'aient pas été assez multipliées, et les conséquences qu'il en tire paraissent erronées, ou ne sont que très-peu concluantes. L'ouvrage qu'il a fait sur ce sujet, devenu très-rare, a pour titre : *Osservazioni intorno al Bosforo Tracio overo Canale di Constantinopoli, in Roma* 1681. L'auteur

---

(1) Louis-Ferdinand, comte Marsigli, né à Bologne en 1658, mort dans la même ville en 1730. Il y avait établi un Institut des Sciences qui s'est rendu célèbre.

n'avait que vingt ans lorsqu'il le composa. Il paraît qu'il l'entreprit pour amuser la vaine curiosité d'une reine que l'ennui du trône et le regret d'avoir abandonné le rang suprême poursuivirent également. Le Traité sur le Bosphore fut adressé et non dédié, comme plusieurs bibliographes l'ont dit, à la célèbre Christine de Suède, alors retirée à Rome après son abdication.

Élève du célèbre Montanari, mathématicien d'Italie, qui avait découvert le courant littoral de la Méditerranée, le comte Marsigli, d'une famille distinguée de Bologne, partagea son temps entre l'étude des sciences et le métier des armes ; il y obtint des succès égaux.

Dans le cours de sa vie, un seul revers vint l'affliger sans abattre son âme. Après la reddition de Vieux-Brisach, en 1703, où il commandait sous le comte d'Arco, Marsigli fut dégradé, et le comte d'Arco eut la tête tranchée (1). Fort de sa bonne conduite dans cette circonstance, Marsigli s'éleva au-dessus de l'injustice des hommes, et continua de cultiver les lettres. Néanmoins, par respect pour ces mêmes lettres auxquelles il devait son bonheur et une partie de son illustration, il dressa un mémoire justificatif de sa conduite, et l'envoya à l'Académie des Sciences. Afin de laisser un témoignage parlant du jugement arbitraire qui l'avait condamné, Marsigli, ajoute Fon-

(1) Nous avons un journal manuscrit du siége de Vieux-Brisach par les troupes françaises aux ordres du duc de Bourgogne, Vauban dirigeant les attaques, dans lequel il est dit que lorsque cette place capitula, on ne pouvait espérer de s'y défendre vingt-quatre heures de plus, sans s'exposer à être pris d'assaut.

tenelle dans son éloge, mit au frontispice de son Mémoire une vignette représentant une *M*, lettre initiale de son nom, ayant de part et d'autre, en sautoir, les deux tronçons d'une épée rompue; et pour devise ces mots : *Fractus integro*.

Nous devons à la double carrière que Marsigli avait parcourue, un ouvrage remarquable sur l'état militaire de l'Empire Ottoman (1), et à ses premières études, les observations sur le Bosphore dont nous avons parlé; mais ce dernier ouvrage ne peut être considéré que comme un essai de la jeunesse de l'auteur. Nous devons dire, en outre, qu'à l'époque où il le composa, la science hydraulique avait fait peu de progrès; la théorie des courans composés, surtout, n'était pas connue. Néanmoins ce petit ouvrage est bien conçu : l'intention des recherches qu'il présente, sinon les recherches elles-mêmes, annonçait déjà dans Marsigli cet esprit observateur qui se fit remarquer plus tard dans deux traités beaucoup plus étendus, son Histoire physique de la mer et sa Description du Danube.

Marsigli reconnaît dans le Bosphore, *un courant supérieur allant vers l'Archipel* : il est certain qu'on ne peut le contester; il admet ensuite *un courant inférieur remontant de l'Archipel vers la Mer-Noire* : l'existence de ce courant n'est rien moins que prouvée; il admet en outre dans le port de Constantinople, *un courant particulier qui provient,* suivant lui, *des deux rivières des Eaux-*

(1) Cet ouvrage parut en italien et en français, à La Haye, en 1732; il est orné d'un grand nombre de figures. Il a pour titre : *Stato militare dell' Imperio Ottomano, incremento e decremento del medesimo* ; c'est-à-dire : *Etat militaire de l'Empire Ottoman, ses progrès et sa décadence*. La traduction française est plus que négligée.

CHAPITRE VIII.

Douces : nous ferons voir que ce n'est qu'un remous. Enfin, Marsigli croit que les *eaux du Bosphore sont soumises aux mouvemens du flux et du reflux* ; c'est, d'après même les observations et les raisonnemens de Marsigli, plutôt une conjecture qu'un fait. La carte du Bosphore, jointe à l'ouvrage de cet auteur, est des plus défectueuses.

Il paraît, d'après les Mémoires de M. de Quincy sur Marsigli, qu'il y a dans les archives de l'Institut de Bologne deux cartes du Bosphore, gravées à Rome en 1715, que Marsigli, lors de son voyage de Constantinople avait levées avec beaucoup de soin. Il y avait également recueilli un grand nombre d'observations nouvelles dont il se proposait d'enrichir la seconde édition de son ouvrage de 1681, qu'il n'a jamais donnée : l'Institut de Bologne en est aussi resté en possession (1).

Il existe dans le Bosphore un courant qui vient de la Mer-Noire, et se dirige vers la mer de Marmara; c'est une vérité que semble confirmer cette expression commune, *descendre à Constantinople*, employée par les habitans qui sont placés entre cette capitale et la Mer-Noire, lorsqu'ils se rendent à Constantinople.

(1) *Mémoires sur la vie du comte de Marsigli*, Zurich, 1741, tome I, p. 66. L'auteur de ces Mémoires, M. de Quincy, fait connaître le système de Marsigli sur la cause du double courant qu'il suppose exister dans le Bosphore, ainsi qu'aux Dardanelles, et qu'il attribue au phénomène du flux et reflux de l'Océan. Il regarde les deux courans se dirigeant en sens contraires, comme très-rapides. J'ignore si le courant inférieur existe réellement, et je doute qu'il puisse avoir lieu par l'effet des marées de l'Océan. Quant au courant supérieur, il s'en faut de beaucoup que, dans son état ordinaire, il ait de la rapidité. *Voyez* page 318, note (1).

20

L'atmosphère étant parfaitement tranquille, on s'aperçoit qu'il y a un courant dans le Bosphore, même dans les parties où il est ordinairement le moins sensible.

Lorsque le vent de nord se manifeste, comme il est à peu près dans la direction de l'embouchure du canal, ce courant devient plus rapide; mais j'ai remarqué qu'il s'établissait pour lors un contre-courant dans la partie opposée.

Lorsque le vent de sud souffle, les mêmes choses ont lieu, mais dans un sens opposé : ainsi, par le vent de nord, le courant descendant se rapproche de la côte d'Europe, et le contre-courant qui se dirige vers la Mer-Noire avoisine la côte d'Asie. Au contraire, par le vent de sud, le courant qui descend, longe la côte d'Asie, et le courant qui remonte est vers la côte d'Europe. Il m'est arrivé, le vent de sud n'étant pas encore sensible à Thérapia (1), d'être poussé, dans un bateau léger, par la seule action de ce courant, au même endroit où il aurait fallu forcer de rames, si le vent de nord eût soufflé : la communication du mouvement avait eu lieu dans les eaux du Bosphore avant de s'être manifestée dans l'air. Ces courans réfléchis et les contre-courans que je range dans la classe des remous, dépendent des sinuosités que fait le Bosphore; en sorte que le courant principal est renvoyé alternativement d'une rive à l'autre, et va enfin frapper contre la pointe du Sérail. Là, le courant se divise; une partie entre dans la mer de Marmara, et l'autre dans le port. Ce der-

(1) Village sur le Bosphore, presque en face de l'embouchure de la Mer-Noire. Résidence d'été des Ambassadeurs de France.

CHAPITRE VIII.

nier forme, le long de Constantinople, un remous qui va rejoindre le courant principal, après avoir traversé le port, et balayé en quelque sorte les bords des faubourgs de *Kaçim-Pacha*, *Galata* et *Top-Khana* (1).

Nul doute que les choses ne se passent ainsi tant que le courant du Bosphore conserve son impulsion, ou mieux encore, lorsque son énergie est augmentée par l'action du vent de nord. Mais dès que le vent de sud se manifeste dans la Propontide, le courant qui se forme à l'entrée du Bosphore refoule le courant descendant, ce qui occasione une houle très-forte à l'entrée du port de Constantinople. Le courant descendant n'est pas pour cela détruit, il est seulement détourné de sa direction; car il est toujours sensible;

---

(1) Ces remous sont fréquens sur les rivières rapides, où ils forment des érosions dans le côté faible; on en voit beaucoup sur le Rhône. Le plus considérable et le plus caractérisé que j'aie remarqué dans mes voyages a été le 13 décembre 1814, en revenant de Constantinople, sur l'Alt, aux frontières de la Transylvanie, entre le premier poste Autrichien et le lazareth de *Rothenturn* (la Tour-Rouge), dans un golfe creusé par le remous lui-même. L'Alt, torrent fort rapide, enflé pour lors par la fonte des premières neiges, après avoir frappé sur une pointe avancée de la rive droite, avait une portion de son courant refoulée dans ce golfe, dont elle parcourait les bords en remontant avec une vélocité que j'ai estimée à peu près égale à celle du courant principal descendant. Ce golfe m'a paru avoir deux cent dix à deux cent quarante mètres d'ouverture, et cent cinquante à cent quatre-vingts mètres d'enfoncement.

On lit dans *le Cultivateur-Américain*, tome III, page 433, les observations suivantes : « Cependant, à l'aide des remous, *qui ont toujours « une vélocité égale à celle du courant principal*, nous arrivâmes, etc. » Et plus bas : « Nous mouillâmes dans une grande baie, où je crois que « tout le poisson de cette rivière s'était rassemblé, pour y vivre sans « doute des débris qui étaient entraînés par les chutes et déposés par « les remous. »

particulièrement au-dessous de Balta-Limani, à l'endroit appelé *Cheïtan-Akyndiçi*, ou le courant du Diable. Le courant de sud le remplace en sens contraire; il repousse les eaux du port, et les tient en quelque sorte suspendues. Ceci est prouvé par l'observation suivante : lorsqu'il tombe de grandes pluies dans les montagnes, les rivières des Eaux-Douces amènent, dans le port de Constantinople, des troubles qui en salissent la surface jusqu'à la rencontre du courant du sud, c'est-à-dire, jusqu'à une ligne qu'on tirerait de la pointe du Sérail jusqu'à Dolma-Baghtchè; elle prononce la séparation très-caractérisée des eaux claires et des eaux troubles : ainsi l'on voit l'Arve et le Rhône au-dessous de Genève, et le Tigre et l'Euphrate au-dessous de Korna, conserver des couleurs distinctes jusqu'à ce que leurs eaux se soient entièrement mêlées. Dès que les vents passent au nord, le courant de la partie du sud cesse d'agir contre les eaux qu'il retenait; le niveau du port s'abaisse, les troubles de sa surface s'écoulent, et vont se perdre dans les anses ou dans les profondeurs de la Propontide.

Marsigli prétend que le courant de l'intérieur du port de Constantinople est celui des rivières de Kiaat-Khana, et d'Ali-Beï-Keuïu, qui débouchent au fond du port, et sont confluentes l'une de l'autre. Ces deux rivières ne peuvent être regardées, dans leur état ordinaire, que comme de gros ruisseaux. Depuis Marsigli, la rivière de Kiaat-Khana, qui correspondait à la gauche du port, a même été barrée par une digue établie sous le règne de Sultan-Ahmet III; en sorte que l'action de son courant est absolument détruite.

Quant à la rivière d'Ali-Beï-Keuïu, on sait que la vitesse d'un courant peu rapide qui s'ouvre un passage à travers des eaux dormantes, s'altère insensiblement, et finit par s'éteindre : aussi les bateliers font-ils observer que le courant d'Ali-Beï-Keuïu *cesse à Eioub*, ou un peu au-dessous de son ancien confluent avec la Kiaat-Khana.

Le courant apparent du Bosphore est dû à l'impulsion des eaux qui affluent dans la Mer-Noire ; mais il y a aussi déclivité à la surface de l'eau. Nous avons constamment remarqué que, par le vent de nord, les corps flottans se rendaient de la Mer-Noire à la mer de Marmara ; et que, par le vent de sud, aucun corps flottant ne remontait vers la Mer-Noire (1) : ce dernier vent ne produit qu'un mouvement ondulatoire qui, par sa nature, n'a qu'une faible impulsion. Le Bosphore n'étant, à proprement parler, qu'un canal qui fait la communication de deux grandes lagunes, en admettant qu'il n'y eût point de déclivité, l'action des vents sur l'une et l'autre lagune produirait des effets analogues, c'est-à-dire que les corps flottans seraient ramenés vers la Mer-Noire, comme ils sont portés dans la mer de Marmara.

Si l'on compare l'ouverture du canal de la Mer-Noire à la vaste surface de cette mer, on ne sera pas surpris que, pour peu qu'elle soit agitée par les vents de nord, d'est ou d'ouest, il s'établisse un courant

---

(1) Cette observation n'avait pas échappé à Busbec : *Natura ejus maris*, dit-il, *perpetuo agmine defluentis, neque unquam reciprocantis*. *Epist. prima*, page 76. Le Bosphore a cette propriété, que ses eaux coulent toujours dans le même sens, et ne reviennent jamais sur elles-mêmes.

qui devient sensible dès le resserrement de l'entrée du canal : il augmente ensuite à tous les points d'incidence déterminés par les sinuosités du Bosphore, comme l'on voit l'eau d'une rivière acquérir de l'élévation et accroître de vitesse, en passant entre les piles d'un pont et à tous les coudes que forme le lit de cette rivière.

De nouvelles considérations se joignent à celles que nous venons de présenter :

En examinant avec attention le bassin de la Mer-Noire, on voit qu'il est formé de deux grands golfes, l'un Européen, l'autre Asiatique, déterminés par la pointe de la Crimée et le cap Kèrempè, sur les côtes de l'Asie-mineure. Le terrain depuis le Saint-Gothard et le plateau de la Russie aux sources du Danube et du Don, formant pente générale vers la Mer-Noire, envoie dans cette mer l'immense produit de ses eaux; tandis que, du côté opposé, le terrain s'élevant en contrepente, n'est sillonné que par des torrens (1). Ainsi, quoique les eaux du Don se rendent dans le golfe asiatique de la Mer-Noire, par le détroit de Taman, ce golfe reçoit incomparablement moins d'eau que le golfe Européen. Les eaux de ce dernier golfe se répandraient dans le premier, si elles n'avaient leur tendance naturelle vers l'embouchure du canal de la Mer-Noire, qui devient l'orifice de leur écoulement dans cette partie; car le Bosphore et le

(1) Depuis le plateau de la Russie jusqu'au golfe Persique, il n'y a que deux pentes générales, et une contrepente qui existe entre l'extrémité de la Mer-Noire, du côté de Trébizonde, et le faîte des montagnes dont le versant opposé fournit aux sources de l'Euphrate. Ce faîte est très-rapproché du littoral de cette mer, laquelle occupe l'intervalle entre la première pente générale et la contrepente.

canal des Dardanelles peuvent être considérés comme les parties inférieures d'un fleuve dont l'origine est aux sources du Dnieper et l'embouchure aux Dardanelles. Des eaux du Dnieper, du Dniester et du Danube, il résulte un courant composé qui s'ouvre un lit dans les eaux de ce golfe, entre dans le Bosphore qu'il suit dans toute sa longueur, traverse la mer de Marmara, et se rend dans l'Archipel. Ce courant éprouve des anomalies; il est plus considérable à l'époque de l'intumescence des fleuves au printemps et en automne, et sa vitesse croît ou diminue, selon que les vents soufflent dans sa direction ou dans une direction opposée. Mais quoique les fleuves que nous avons cités entrent en grand volume dans la Mer-Noire, ce volume diminue néanmoins par l'évaporation; il diminue en se mêlant avec les eaux de cette mer, et en se répandant du côté du golfe Asiatique : ce qui doit occasioner dans cette partie des courans particuliers. Sans cette dispersion de la majeure partie des eaux qui tombent dans le golfe Européen de la Mer-Noire, le courant du Bosphore serait beaucoup plus considérable qu'il ne l'est réellement.

Marsigli était persuadé qu'il y avait flux et reflux dans le Bosphore ; mais il le regardait comme insensible. Il n'avait d'ailleurs constaté son existence que par deux seules observations; et l'on conçoit que deux observations, pour un tel phénomène, peuvent être regardées comme nulles.

On prétend que le Détroit de Messine est soumis au flux et au reflux, quoique les marées ne soient presque pas sensibles dans la Méditerranée (1). On croit

(1) *Mém. trad. de l'ital.*, et communiqué par le Dépôt de la Marine.

aussi que ces mouvemens réguliers, combinés avec les mouvemens produits par des vents contraires, et celui du courant littoral de la Méditerranée, font naître cette complication de courans, qui rend la navigation du Détroit de Messine si difficile et si dangereuse. Mais, observé avec plus de soin, ce canal, que les anciens auteurs nous représentaient comme le siége des tempêtes et des naufrages, est loin d'offrir aujourd'hui le même tableau ; on n'y éprouve plus de ces désastres. Cette différence provient de la perfection de la navigation, d'une meilleure construction des bâtimens, et aussi d'une plus grande connaissance des localités (1). On ne remarque aucun mouvement semblable dans le Bosphore de Thrace ou Détroit de Constantinople. La direction et la force des courans par les vents de sud et de nord, et l'intumescence qu'ils produisent, y sont toujours analogues à l'action de ces vents. Mais à peine les vents ont-ils cessé, que les eaux reprennent leur position ordinaire ; et elle est indiquée sur les paremens des quais en maçonnerie par une bordure de lichens, qu'on peut regarder comme leur ligne de flottaison. On voit donc qu'il n'y a point dans le Bosphore cette élévation de sa surface déterminée par le mouvement régulier des marées. On ne s'aperçoit pas non plus qu'elle éprouve une élévation sensible par l'affluence des fleuves qui tombent dans la Mer-Noire.

J'ai cependant été témoin d'un phénomène d'intumescence extraordinaire du Bosphore. Le 15 juillet 1814, par un temps calme, il apparut un courant con-

---

(1) Spallanzani, *Voyage dans les Deux-Siciles*, tome IV, pages 25-27.

sidérable dans le Bosphore qui détermina l'accroissement de ses eaux. Après trois jours, elles avaient acquis une élévation sensible à l'œil, et qui, mesurée dans la gare des bateaux où il n'y a pas d'ondulations, donna dix-huit pouces au-dessus de leur niveau ordinaire. Immédiatement après, on éprouva un coup de vent de nord-ouest des plus violens, inusité dans cette saison; il se maintint pendant plusieurs jours, et les eaux ne baissèrent que lorsqu'il eut cessé de souffler. Ce phénomène arriva dans l'intervalle des grandes crues du printemps et de celles de l'automne; par conséquent il ne put être produit par l'intumescence des fleuves qui se jettent dans la Mer-Noire, comme des personnes parurent le croire alors. Il y a quelques années qu'un phénomène pareil s'annonça dans le golfe de la Spezzia, par une marée de deux à trois pieds sur une grande étendue de côtes. Plus récemment, le 27 juin 1812, le port de Marseille resta presque à sec, par suite d'un abaissement subit; et un abaissement pareil avait eu lieu le 17 de juin 1725 (1). On sait que le lac de Genève s'élève, au contraire, quelquefois, par un temps calme, jusqu'à cinq pieds de hauteur; mais la cause de ce

(1) « Ce phénomène fut annoncé dans toute la France, et l'on s'épuisa
« en conjectures pour en découvrir la cause. M. Gerbier, professeur de
« mathématiques, publia un discours relatif à cet événement, dont il
« avait été le témoin oculaire, et tout le merveilleux s'évanouit. Il parut
« démontré que ces *Ras de marée* (comme les appellent les marins), plus
« plus ou moins fréquens et plus ou moins forts, sont l'effet des cou-
« rans occasionés par des vents contraires qui les portent indifférem-
« ment sur toutes les côtes de la Méditerranée. Le travail de M. Gerbier
« est réimprimé dans la *Continuation des Mémoires de Littérature et
« d'Histoire*, par Desmolets. » *Mémoires de l'Académie de Marseille*, tome X.

phénomène, conçu sous le nom de *seiches*, et qui n'est peut-être pas du même ordre que celui de Marseille, n'est point déterminée. Les uns ont attribué les seiches à des coups de vent, d'autres à des nuées électriques, d'autres enfin à la fonte des neiges. Saussure réfute ces diverses explications, et il pense que « des variations promptes et locales dans « la pesanteur de l'air peuvent contribuer à ce phé- « nomène, et produire des flux et reflux momenta- « nés, en occasionant des pressions inégales sur les « différentes parties du lac (1) : » l'état de l'atmosphère, qui avait dû précéder le coup de vent de nord-ouest dont nous avons parlé plus haut, semblerait confirmer l'opinion de l'illustre naturaliste géneyois.

CHAPITRE IX.

De Constantinople et de son port; dimensions et formes générales du Bosphore.

Nous avons essayé jusqu'ici de faire voir ce qu'était le Bosphore en lui-même, et de le montrer tel à peu près qu'il a dû paraître à la suite des grandes convulsions du globe ; il nous reste à examiner la forme et les dimensions de ses diverses parties. Dans ce tableau figurera nécessairement cette ville, qui dut son établissement à l'existence du Bosphore, les avantages de sa situation à l'excellence de son port, et

(1) Saussure, *Voyage dans les Alpes*, tome I, pages 17-21.

qui, sous le nom de Byzance ou de Constantinople, est célèbre depuis tant de siècles.

Constantinople est au 41° 1' 27" de latitude septentrionale, et au 26° 33' de longitude. Son port la sépare des faubourgs de Top-Khana, Péra, Galata, Kaçim-Pacha, qui occupent le revers d'une colline dont le faîte a plus de cent mètres de hauteur. Située sur un promontoire, baignée au sud-est par la mer de Marmara et au nord par les eaux du port, Constantinople est établie sur deux versans, l'un du côté de la Propontide, l'autre du côté du port. L'arête qui est à leur origine forme la partie supérieure de la ville. Il règne dans toute sa longueur une rue principale, qu'on appelle la grande rue du Divan. Cette crête, dont la hauteur près de la porte d'Andrinople est de soixante et un mètres au-dessus du niveau de la mer, se prolonge en s'abaissant jusqu'à la pointe du Sérail. Plusieurs petits contreforts en partent et se dirigent vers la Propontide et du côté du port. A l'exemple des sept collines sur lesquelles Rome était établie, on appelle du même nom les sept contreforts sur lesquels Constantinople se trouve assise. Le Sérail occupe la dernière colline, ou la première en remontant. Sainte-Sophie est bâtie sur le revers de cette colline, à peu de distance du Sérail. On remarque sur la seconde colline l'Osmaniïé, dont la coupole a une grande hauteur. La Suleïmaniïé, ou mosquée de Soliman-le-Magnifique, repose sur la troisième colline, qui est le point le plus élevé de Constantinople. L'aqueduc de Valens joint la troisième colline à la quatrième ; et, comme fabrique, dans le tableau que présente cette capitale du côté du port, produit un très-bel effet. On voit d'après cela que, sur chacun de ses côtés, Constantinople s'élève en amphithéâtre, et qu'elle doit offrir des points de vue extrêmement variés.

L'enceinte de cette grande cité est formée de trois parties qui ont la figure d'un triangle, dont l'angle saillant est occupé par le Sérail que baignent les eaux de la mer de Marmara, du Bosphore, et celles de l'entrée du port. Les deux parties qui sont établies sur la mer de Marmara et le long du port, suivent à peu près la configuration du promontoire. Elles sont réunies par une troisième qui traverse le promontoire en suivant, sur le versant du port, le ravin dont l'origine est au-dessus d'Eïoub; et, sur le versant de la Propontide, celui qui est au devant de Baloukli. La partie de l'enceinte, du côté de terre, est composée de trois murailles parallèles, crénelées dans le haut, et éloignées de dix-huit à vingt pieds les unes des autres. Ces triples murs, flanqués de tours, sont précédés d'un fossé de douze à quinze pieds de profondeur sur vingt-cinq pieds de largeur.

Le Sérail, qui occupe l'extrémité orientale du promontoire sur lequel se trouve Constantinople, est séparé de cette ville par une haute muraille flanquée de tours, qui lui sert d'enveloppe, et qui se réunit immédiatement à l'enceinte du côté du port, de manière qu'une partie de l'enveloppe du Sérail est en même temps commune à l'enceinte de Constantinople. Le développement des murs du Sérail est d'environ deux mille toises. L'espace compris dans ces murs était l'emplacement de l'ancienne Byzance. Quoique Constantin eût donné beaucoup d'extension à sa nouvelle capitale, elle ne parvint au point où elle est aujourd'hui que sous Théodose-le-Jeune, et durant le règne d'Héraclius, en 625. On peut évaluer le périmètre, ou pourtour de Constantinople, à neuf mille cinq cents toises, qui équivalent à quatre lieues trois quarts, de deux mille toises chacune.

Le port de Constantinople se trouve près de l'embouchure du Bosphore dans la mer de Marmara. Le golfe qui le forme a sa direction de l'est à l'ouest : il a d'ouverture cinq cents toises estimées de la pointe du Sérail à l'échelle de Top-Khana; cette largeur diminue ensuite, et devient très-variable dans l'étendue de plus de quatre mille toises jusqu'aux Eaux-Douces. Sa profondeur est assez considérable pour que les plus gros vaisseaux puissent mouiller des deux côtés près de ses rives; c'est ce qui a fait dire avec beaucoup de justesse à Procope que ce golfe est *Port partout* (1).

Quoiqu'il reçoive une grande partie des égoûts de la ville et de ses faubourgs; qu'on y jette sur ses bords les immondices, et qu'on y porte les décombres provenant des démolitions, on ne s'est point encore aperçu qu'il eût besoin d'être curé. On a cru devoir attribuer la propriété qu'il a de se conserver en bon état aux courans du Bosphore; lesquels, après avoir frappé contre la pointe du Sérail, occasionent un remous (2) qui entraîne les matières des dépôts dans les profondeurs de la Propontide : mon opinion n'est pas tout-à-fait la même.

On doit remarquer d'abord que les matières étran-

(1) Des *Édifices*, livre II, chapitre v.
(2) *Voyez* le chapitre précédent, pag. 307.

gères qui pourraient encombrer le port de Constantinople, sont déposées sur son littoral et ne s'avancent pas jusque dans son milieu ; elles ne produisent conséquemment d'autre effet que celui de donner un peu plus d'extension à ce littoral. Aussi les personnes qui habitent Constantinople depuis un certain nombre d'années, s'aperçoivent-elles que la place de Top-Khana, par exemple, a plus d'étendue qu'elle n'en avait auparavant. Il ne faut pas croire en outre que les courans du Bosphore exercent leur action à une grande profondeur ; ces courans sont en quelque sorte superficiels (1). Nous avons fait remarquer dans le chapitre précédent, que lorsque les vents passaient au sud, le combat des deux courans du sud et du nord produisait une houle très-forte à l'entrée du port de Constantinople ; mais les courans du Bosphore, n'agissant que vers la superficie, leur action ne pourrait point dans cette circonstance faire l'effet d'une écluse de chasse. La propriété dont jouit le port de Constantinople vient, essentiellement, de ce qu'il n'existe dans son voisinage aucune rivière qui puisse amener des sables et du gravier à son entrée, et par conséquent y former des dépôts. Les montagnes qui longent le Bosphore ne fournissent que deux ou trois faibles cours d'eau ; leurs vallons sont plutôt les canaux d'écoulement des eaux pluviales, que ceux de

(1) On n'en peut mieux juger que de l'écueil de Kyz-Koullèci, où j'ai eu l'occasion de le remarquer le temps étant très-calme, et dans une partie, il est vrai, où le Bosphore a une grande largeur ; sa surface paraissait comme une lame fluide qui glisserait sur un plan légèrement incliné. J'ai vu les eaux se diviser, à la rencontre de l'écueil, sans bruit, sans frémissement, et ne paraissant pas éprouver la moindre élévation ; elles se rejoignaient ensuite après avoir tourné l'obstacle.

sources nourries par des affluens. La mer de Marmara ne reçoit également que de petits ruisseaux dans les environs de Constantinople. Les rivières des Eaux-Douces, plus considérables que les cours d'eau dont nous venons de parler, sont à la vérité chargées de troubles quand il pleut dans les montagnes; mais, au moment de leurs crues, ces rivières confluentes traversent le port comme un torrent; et ce n'est que lorsque leur vitesse diminue, qu'elles les déposent dans l'angle de leurs communes alluvions, où ils ont formé des dépôts considérables : le reste salit les eaux du port, et est emporté dans la mer de Marmara dès que les vents viennent à changer.

Le choc des divers courans à l'entrée du port de Constantinople en rend l'accès un peu difficile; mais son intérieur a l'avantage d'être abrité de tous les vents : ceux de nord et de sud sont presque les seuls qu'on ressente alternativement sur le Bosphore. Par un avantage favorable au climat, les vents de la partie du nord y règnent pendant plus des deux tiers de l'année, et contribuent à tempérer les chaleurs de l'été, qui seraient très-importunes sous cette latitude. Le vent de sud, au contraire, modère les froids de l'hiver. Néanmoins ce froid se prolonge assez avant dans le printemps; ce qui fait dire aux Turcs, dans leur style figuré, que *l'hiver et l'été se donnent la main*, et *qu'il faut manger les cerises sur le tandour*. Constantinople est exposée au *Kara-Yèli* (1),

(1) Ce vent ayant régné presque constamment pendant l'hiver de 1812, occasiona une grande quantité de neige qui se maintint pendant près de trois mois sans se fondre. La même circonstance, avec une intensité de froid plus considérable, s'est renouvelée dans l'hiver de 1817 à 1818.

vent de terre ferme ou de nord-ouest ; quand il souffle dans l'hiver, ce qui est aussi commun alors que rare en été, il fait succéder en un clin d'œil, à un temps doux et presque chaud les frimats et la neige. Le vent de nord amène dans le port de Constantinople les bâtimens de la Mer-Noire ; et le vent du midi, ceux de la mer de Marmara, de l'Archipel et de la Méditerranée. Le port de Constantinople, ainsi placé entre ces différentes mers, et recevant alternativement les productions des pays les plus lointains, doit être considéré comme un des premiers ports du monde, soit par sa nature, soit par sa position.

Le Bosphore s'étend de la mer de Marmara, ou Propontide, à la Mer-Noire, depuis la pointe de Chalcédoine et celle du Sérail jusqu'aux Fanaraki d'Europe et d'Asie : cette distance est d'environ quinze mille trois cents toises. Sa largeur est de neuf cents toises entre la pointe du Sérail et Scutari ; de quatre cents entre les deux Hiçar, ou Châteaux les plus rapprochés de Constantinople ; de trois cent soixante entre les deux Kavak ; et de mille neuf cents, à l'embouchure de la Mer-Noire, entre les Fanaraki.

Ce long canal a diverses sinuosités produites par la manière dont les contreforts des montagnes qui l'avoisinent arrivent au littoral. Le coude le plus marqué que l'on observe résulte de l'angle formé par la première direction du Bosphore qui s'étend depuis l'embouchure de la Mer-Noire jusqu'au golfe de Buïuk-Dèrè, et par la partie comprise entre ce golfe et la pointe de Yèni-Keuï. Cette première direction, qui court du nord-est au sud-ouest, est ce qu'on appelle le Canal de la Mer-Noire, lequel doit son existence à

CHAPITRE IX.

l'extrémité longitudinale des deux chaînes centrales de la Thrace et de la Bithynie, qui s'y présentent en regard l'une de l'autre. La partie du Bosphore renfermée entre le golfe de Buïuk-Dèrè et la pointe du Sérail est proprement le Bosphore de Thrace, ou Détroit de Constantinople. On peut réduire son étendue à quatre directions principales : la première, dont nous avons déjà parlé, se prolonge depuis le golfe de Buïuk-Dèrè jusqu'à la pointe de Yèni-Keuï; la seconde, depuis Yèni-Keuï jusqu'aux deux Hiçar; la troisième, présente la partie qui se trouve entre les deux Hiçar et le cap d'Orta-Keuï; enfin, la quatrième a sa direction du cap d'Orta-Keuï à la pointe du Sérail. Les courans du Bosphore, déterminés par les différentes sinuosités de ce canal, sont néanmoins subordonnés, comme nous l'avons déjà dit, aux vents de nord et de sud qui soufflent le plus constamment dans cette partie.

La chaîne centrale de la Thrace, anciennement le Mont-Hémus, appelée *Balkan* (1) par les Turcs, se prolonge le long de la Mer-Noire, en se dirigeant vers son embouchure. Les Turcs se font une idée extraordinaire du Mont-Hémus, et c'est d'après cela qu'ils lui ont donné le nom de Balkan, qui signifie

(1) Nous croyons devoir faire observer que, dans son *Mémoire sur la mer Caspienne*, de 1777, d'Anville, faute peut-être d'avoir connu la véritable signification du mot *Balkan*, a attribué au golfe et à la contrée au midi de l'*Oxus*, aujourd'hui le *Djeïhoum*, le nom des montagnes qui s'y trouvent; il a donc écrit *montagne de Balkan*, ce qui signifierait *montagne de haute montagne*. En changeant ensuite la lettre *l* en *r*, il en a fait *Barkan*, et il a appelé *Barkanii* les habitans de cette contrée, dont il trouve l'existence dans Étienne de Byzance, Quinte-Curce, etc. Nous soumettons cette observation à ceux qui s'occupent plus particulièrement de la géographie critique.

haute montagne. Cette opinion paraît être partagée par les occidentaux. Buffon prétend (*Preuves de la théorie de la terre,* art. XI), que l'Hémus est couvert de neiges toute l'année. En revenant de Constantinople, j'ai passé cette montagne, le 25 de novembre 1814, au col entre Dobral et Ciali-Kavak, dans la direction d'Andrinople à Rouztchouk; quoiqu'il eût déjà neigé, il n'y paraissait pas du tout sur le col, et la température y était très-douce. Ce col est de l'accès le plus facile. Les hauteurs qui le dominent sont couvertes de chênes, de hêtres, etc., et l'on n'y aperçoit point d'arbres résineux.

La chaîne centrale de la Thrace dont nous venons de parler a deux versans, l'un du côté de la Mer-Noire, l'autre en regard de la mer de Marmara : le premier, peu étendu, forme des pentes très-roides; le second, au contraire, plus développé, n'a que des pentes douces. Les contreforts qui partent du faîte du Balkan et vont aboutir au littoral de la Mer-Noire forment plusieurs vallées, dont les principales sont celles de Kila et de Domouz-Dèrè; la distance du faîte au littoral est de trois mille toises.

Du même faîte du Balkan sur le versant opposé, se détachent trois chaînes latérales, dont celle de droite, comme nous l'avons déjà dit (1), prend sa direction entre la Propontide et la vallée occidentale des Eaux-Douces; celle de gauche sépare le Bosphore de la vallée orientale des mêmes Eaux; enfin celle du centre est comprise dans l'angle que ces deux rivières confluentes font entre elles, et

(1) *Voyez* le chapitre IV, *de la Configuration du port de Constantinople, déterminée topographiquement.*

elle laisse en avant une baie profonde, qui n'est autre chose que le port de Constantinople.

Aux sources de la rivière orientale des Eaux-Douces, entre Baghtchè-Keuïu et Buïuk-Dèrè, la chaîne du Balkan se relève, conformément aux principes de topographie : ce point est effectivement l'origine de plusieurs vallées, ayant leurs directions dans des sens opposés, et se terminant, les unes à la Mer-Noire, les autres dans le Bosphore et au fond du port de Constantinople. Les contreforts qui les séparent finissent par des caps plus ou moins avancés, qui prononcent, avec les débouchés des vallées, les sinuosités du littoral.

Les principaux caps qui résultent de cette configuration sont, à partir de l'embouchure de la Mer-Noire, ceux de Fanaraki, de Karibdjè, de la batterie de Telli-Talian, de Yéni-Keuï, de Roumili-Hiçari, de Orta-Keuï, de Péra et de la pointe du Sérail. Tous ces caps se terminent au littoral du Bosphore, les uns par des escarpemens, et les autres par des pentes plus ou moins roides; ils marquent les débouchés des vallées, dont les principales sont celles de Karibdjè, de Roumili-Kavaghi, de Sarièri, de Buïuk-Dèrè, d'Istènia, de Balta-Limani, d'Orta-Keuï et de Bèchik-Tach. On doit aussi compter au nombre des vallées aboutissant à la côte d'Europe du Bosphore, les deux grandes vallées qui débouchent au fond du port de Constantinople. Ces deux dernières ont leur origine à la chaîne du Balkan; elles renferment des cours d'eau assez considérables, mais qui ne sont cependant pas proportionnés au grand nombre de leurs affluens.

21.

La chaîne de la Bithynie, dont la direction est entre la côte méridionale de la Mer-Noire et le golfe de Nicomédie, après avoir suivi, depuis le mont Bourgourlou, la rive asiatique du Bosphore, se termine par une croupe qui domine la fontaine de Kara-Koulak, à une hauteur de deux cent vingt-cinq mètres. Le faîte de cette chaîne est plus rapproché du littoral du Bosphore que de celui de la Mer-Noire. De ce faîte et de la croupe de la montagne partent des contreforts finissant au littoral de cette mer, par les caps de Riva et d'Youm-Bournou; au canal de la Mer-Noire, en formant les caps de Fanaraki, de Poïras, de Fil-Bournou et de Madjiar-Bournou; et dans le Bosphore, ceux de Kanlidjè-Keuïu, de Kandilli et de Scutari.

Entre le cap de Riva et Youm-Bournou, il existe un grand golfe dans lequel aboutissent plusieurs vallées, parmi lesquelles celle de Riva est la plus remarquable. Dans cette vallée, d'environ deux lieues d'étendue, coule une rivière connue dans les Argonautiques sous le nom de *Rhebas*, d'où est dérivé le mot *Riva*. Cette rivière, dans son état ordinaire, peut recevoir les bateaux qui viennent charger du bois de chauffage pour Constantinople : des ensablemens considérables barrent souvent son entrée pendant plusieurs mois consécutifs. Les vallées qui débouchent ensuite au canal de la Mer-Noire ont peu d'étendue, la croupe de la chaîne centrale n'étant pas très-éloignée des bords de ce canal. Les vallées situées sur le revers du Bosphore ont plus de développement que les précédentes. Celles qu'on doit distinguer parmi ces dernières, sont les vallées du

Grand-Seigneur, de Tchiboukli, les deux vallées qui aboutissent immédiatement au-dessous d'Anadolou-Hiçari, et enfin la vallée d'Istavros, dont l'origine est au mont Boulgourlou, éloigné de trois quarts d'heure de marche de la ville de Scutari.

On voit peu de versans plus coupés de vallées que ceux du Bosphore, tant sur la côte d'Europe que sur la rive asiatique. Les sinuosités très-multipliées qu'elles produisent donnent à ce canal l'aspect le plus agréable, et procurent dans toute sa longueur des points de vue aussi variés qu'intéressans. Tous les villages et les palais situés sur les deux rives, et qui forment presque continuité, entremêlés d'accidens de terrain, d'arbres superbes et de fabriques remarquables contribuent aussi beaucoup à l'ornement de ses bords.

CHAPITRE X.

De la Montagne du Géant.

Au coude que forme le Bosphore et le canal de la Mer-Noire, se trouve la montagne du Géant, qui appuie l'extrémité du continent de l'Asie sur le Bosphore, comme Youm-Bournou l'appuie à l'entrée de la Mer-Noire : les Turcs l'appellent *Youcha-Daghi*, nom qui a la même signification. Sa hauteur est de cent quatre-vingt-six mètres au-dessus du niveau de la mer. Elle se termine par deux mamelons, dont l'un a cent douze mètres, et l'autre soixante-quatre mètres de hauteur perpendiculaire. Le fort de Youcha est placé au bas du premier mamelon, et dans une situation rasante; il défend, avec le château d'Europe qu'on voit sur la rive opposée, le passage du canal, qui est assez resserré dans cette partie.

La montagne du Géant est calcaire. La pierre qu'on en retire est convertie en chaux sur le lieu même. Des fours construits au bord de l'eau facilitent l'embarquement de cette matière, ainsi que l'arrivage des bois qui servent pour le chauffage des fours. On n'y emploie que des bois taillis que l'on coupe sans mesure, comme sans prévoyance, sur les montagnes qui avoisinent le Bosphore; en sorte qu'elles sont presque entièrement dépouillées, et se repeupleront difficilement.

Au sommet de la montagne du Géant, connue dans l'antiquité sous le nom de *Dos-d'Hercule*, et au milieu d'un bouquet d'arbres, est une sorte d'ermitage. Dans un enclos fermé de murs et précédé d'un oratoire, se trouve ce qu'on appelle le tombeau du Géant, autrefois le *Lit-d'Hercule*. Deux derviches, l'un vieux et l'autre jeune, sont commis à la garde de ce tombeau. Ils ont avec eux leurs femmes qui sont d'un âge analogue à celui de leurs maris; leur logement est à côté de l'oratoire.

En entrant dans l'enceinte où l'on montre le prétendu tombeau du Géant, on y voit, dans toute la longueur, et à trois pieds des murs, un terrassement soutenu à un pied du sol, par des pierres de taille posées de champ. Ce terrassement a environ vingt pieds de long sur cinq de large; il est planté de fleurs et d'arbustes, aux branches desquels on aperçoit une quantité de morceaux de linge qu'on y a noués. Le peuple musulman est pieux, ignorant et crédule : la superstition le conduit à ce tombeau, qu'il croit capable d'opérer des miracles. Celui qui est tourmenté de la fièvre se persuade qu'après cette sorte de pélerinage, en attachant aux branches des arbustes dont il s'agit des morceaux de linge qu'il a portés, il y fixera le mal qui le mine, et qu'en n'employant aucun remède, il en sera délivré : telle est la funeste erreur des préjugés, que sans être utile à l'homme, elle le flatte un moment, et ne lui laisse que l'amertume et les regrets de l'espérance trompée!

Du côté de l'oratoire, un fragment de colonne posé debout à une des extrémités du tombeau, porte une cassolette à parfums; et un tronc placé près de la porte d'entrée se présente aux offrandes que l'on impose à la superstition et à la curiosité; ces offrandes doivent être bien légères, car les derviches et leurs femmes paraissent dans un état voisin de l'indigence.

Le petit vallon d'Omour-Yèri (1), du côté du Bosphore où l'on exploite une carrière à chaux, conduit au haut de la montagne du Géant par un chemin direct, mais très-roide; on ne peut y monter qu'à pied. En tournant la montagne par la vallée du Grand-Seigneur, on y arrive avec facilité, en suivant un chemin de voitures qui se trouve entre Tokat et la papeterie que Sultan-Selim III a fait construire, et qui est la seule qui existe à Constantinople.

(1) *Omour-Yèri* signifie le *Lieu des affaires*.

CHAPITRE XI.

Des Cyanées.

En entrant dans la Mer-Noire, à gauche, dans le prolongement et à peu de distance du cap de Fanaraki (1), extrémité longitudinale du Balkan dans la Thrace, on aperçoit les Cyanées, qui ne sont, à proprement parler, qu'un écueil de quatre cent cinquante à cinq cents mètres de pourtour, et de vingt mètres d'élévation au-dessus du niveau de la mer. Cette hauteur mesurée en 1813, correspond assez exactement à celle de quatre-vingts dodrans (2), que Gyllius lui avait attribuée il y a deux siècles et demi.

Les Cyanées sont formées de cinq masses de roches d'agglomération, reposant sur des couches argiliformes; elles sont évidemment des produits volcaniques. Ces masses, isolées les unes des autres par des anfractuosités, tiennent à la même base qui domine de quelques pieds la surface de l'eau. On remarque, vis-à-vis de la plus grande de ces anfractuosités, des roches énormes d'agglomération, entassées confusément et comme s'étant écroulées. La plus considérable, sur laquelle se trouve un autel votif, qu'on appelle improprement *la Colonne de*

---

(1) Ainsi désigné par les Grecs et aussi par les Européens; mais on doit dire *Fènèr-Keuïu* (village du Fanal). Le cap de Fanaraki était autrefois le promontoire *Panium*.

(2) Le Dodran est estimé neuf pouces du pied français.

Pompée, a vingt mètres de largeur, perpendiculairement à la côte, et dix mètres dans l'autre direction. Son sommet est le seul qui présente le plus de surface, et c'est le seul qu'on trouve accessible, quoiqu'avec assez de difficultés. Cette portion des Cyanées s'appelle *Eurèkè-Tachi*, qui signifie *la pierre de la quenouille*.

Denys de Byzance avait comparé les Cyanées à un bluet, qu'on sait être une plante blanchâtre et à fleur bleue (1). La véritable raison de cette apparence est que les roches d'agglomération sont composées, pour la plus grande partie, de pierres qui ont une couleur tirant sur le bleu, et que les couches argiliformes qui leur servent de base sont blanchâtres.

Il n'y a point de cavernes dans les Cyanées d'Europe, comme le prétend Gyllius; on n'y trouve que quelques cavités formées par les affouillemens de la mer, qui s'y porte avec violence quand elle est agitée. Un homme d'une taille ordinaire ne peut s'y tenir debout. Il ne croît sur ces écueils que des joncs graminés, à l'exposition de l'est, et aucune de ses parties n'est susceptible de culture. Du temps de Gyllius, on y voyait des câpriers et des pruniers sauvages, mais en petit nombre; il n'en existe plus.

Une suite de rochers sous-marins, qui sont très-près de la surface de l'eau, lie les Cyanées au promontoire de Fanaraki : on ne peut passer à travers ces écueils que dans un ou deux endroits, et avec de

---

(1) *Bluet*, Centaurée-Bluet (*Centaurea-Cyanus*, Linnæus): *Kyanos* signifie en grec la belle couleur bleue du bluet, et la plante elle-même, à qui les poils courts et blancs dont elle est couverte donnent d'ailleurs un aspect argenté.

très-petits bateaux. Elles sont couvertes, à l'ouest, de rochers apparens qui les rendent inabordables de ce côté. On approche facilement de la partie de l'est : et l'on y mouille très-près, à l'abri du vent de nord : la sonde indique à cet endroit neuf brasses et demie, fond de coquillages. La grande navigation est au nord ; on y trouve quinze, seize et dix-huit brasses d'eau, fond de sable fin ou de coquillages.

Le canal compris entre les Cyanées et Fanaraki n'a que cent dix-huit mètres de largeur : Gyllius lui donne un peu plus de soixante-dix pas romains (1), ou environ cent quatre mètres. Il se serait conséquemment élargi, dans l'espace de deux cent cinquante ans, de quatorze mètres par l'action des vagues ; et ce n'est pas hors de vraisemblance, lorsqu'on examine le nombre de récifs qui y règnent, lesquels annoncent la destruction d'une partie de l'écueil des Cyanées, ou plutôt du cap auquel il appartenait (2).

Quant à sa hauteur absolue, elle a été beaucoup moins dans le cas de varier. Nous avons déjà dit que nous l'avions trouvée, en 1813, telle que l'avait estimée de son temps Gyllius, c'est-à-dire, il y a deux siècles et demi. Il est très-probable qu'elle était la même quinze cents ans auparavant, puisque l'autel votif placé à son sommet s'y trouvait à cette époque,

---

(1) Le pas romain est évalué à quatre pieds six pouces cinq lignes dans le *Voyage du jeune Anacharsis*, tome VII.

(2) On remarque, sur la côte d'Asie du canal de la Mer-Noire, plusieurs contreforts démolis par l'action des vents de N. O., qui offrent à leurs extrémités, le long du littoral, des écueils plus ou moins élevés. Les Cyanées se trouvent, en outre, non-seulement dans la direction, mais sur la ligne de pente du profil que présente la côte d'Europe, dans cette partie, vue de la partie opposée du canal, ou de la côte d'Asie.

et que la plate-forme sur laquelle il repose, non-seulement ne paraît pas avoir subi de bouleversemens, mais même de dégradations sensibles.

Presque tous les auteurs modernes se sont trompés, en indiquant un écueil pareil à celui des Cyanées d'Europe placé en regard sur la côte opposée, en avant du cap de Fanaraki. Il n'y existe, du moins en ce moment, aucun rocher apparent ou occulte, qui puisse faire présumer que c'est là que le vaisseau des Argonautes s'échoua, et que Minerve, qui veillait du haut du ciel sur ces craintifs navigateurs, descendit pour aider de sa main puissante à le relever. Dans un plan inédit, levé en 1735 avec le plus grand soin, pour la détermination d'ouvrages défensifs à l'embouchure de la Mer-Moire, on n'indique aucun écueil à l'endroit dont il s'agit.

Gyllius, qui entre dans de grands détails sur les Cyanées d'Europe, qu'il paraît avoir bien étudiées, met un soin à peu près pareil à décrire les autres Cyanées. Il prétend qu'on les voit près du cap *Ancyreum*, ou cap de l'Ancre, aujourd'hui cap de Fanaraki, sur la côte d'Asie. Mais il suit plutôt l'opinion des anciens, à cet égard, que ses propres observations; et la manière dont il termine ce qu'il rapporte prouve qu'il n'était pas bien sûr de ce qu'il avançait. *Quant aux Cyanées d'Asie, dit Gyllius, j'abandonne l'opinion qu'on en peut avoir à tous ceux qui après moi s'attacheront à étudier avec plus de soin l'un et l'autre de ces écueils* (1).

(1) Sed de his (*Cyaneis Asiaticis*) relinquo liberum judicium omnibus his, qui post me, diligentiùs Cyaneas pervestigare conabuntur. *De Bosphoro Thracio*, lib. III.

On ne conçoit pas, au reste, comment les Cyanées, surtout celles d'Asie, supposé qu'elles eussent existé toutes les deux, pouvaient être si redoutables. L'intervalle entre les deux Fanaraki étant de dix-neuf cents toises, les Cyanées se seraient trouvées à cette distance, qui est bien suffisante pour qu'on pût les éviter les unes ou les autres. Il est difficile, en outre, d'expliquer comment le fameux navire *Argo* se serait engagé entre les Cyanées et la terre, si l'on fait attention qu'on ne peut entrer dans la Mer-Noire que par le vent de sud; que lorsque ce vent souffle, les courans abandonnent la côte d'Asie, et se portent à l'ouest; qu'alors la navigation dans le canal et le long de cette côte devient on ne peut pas plus facile. Les Argonautes qui, pour se rendre en Colchide, devaient suivre les côtes de la Bithynie, ne pouvaient éprouver aucun obstacle, ni dans le canal de la Mer-Noire, ni à la sortie de cette mer. On sera, par ce moyen, en état d'apprécier le conseil que le roi *Phinée* donne, dans l'*Argonautique d'Apollonius*, à Jason et à sa troupe, de ne pas risquer le passage des Cyanées avant d'avoir lâché dans les airs une colombe : « Si elle traverse
« heureusement, ajoute-t-il, faites force de rames,
« sans différer un instant; mais si elle périt dans le
« détroit, retournez en arrière (1). » On peut juger par là que les connaissances nautiques n'étaient pas très-avancées à l'époque où le bon roi Phinée reçut à

(1) *Voyez* le poëme de l'*Expédition des Argonautes*, ou *la Conquête de la Toison d'or*, d'*Apollonius* d'Alexandrie, appelé communément *Apollonius* de Rhodes, né environ deux cent soixante-seize ans avant l'ère vulgaire, pages 7 et 120 de la traduction élégante que M. Caussin de Perceval a donnée de ce poëme.

sa cour ces aventureux navigateurs que la fable et l'histoire ont rendus si célèbres. L'auteur de l'explication des fables croit que la colombe dont il vient d'être question n'était autre chose qu'un petit bateau qui servit à aller reconnaître le passage, et qui, par sa légèreté, fut comparé à une colombe.

Voilà ce qui résulte de l'observation et de quelques conjectures. Ne reprochons pourtant point à la poésie le merveilleux qu'elle emploie, il est la source de l'intérêt qu'elle inspire, et du charme qu'elle fait goûter; mais évitons de regarder les poètes comme des autorités irréfragables : il y a du moins beaucoup d'exagération dans leur fait (1). Les Cyanées furent appelées *symplegades*, *synormades* et *planctes*, c'est-à-dire îles errantes et qui s'entrechoquent. Le préjugé sur la mobilité de ces îles venait, sans doute, de ce qu'elles paraissaient et disparaissaient à la vue dans les gros temps, suivant l'abaissement ou l'élévation des vagues ; effet qu'on remarque encore quand la mer est houleuse. Mais, d'après l'ordre du destin, ces écueils ne devaient être fixés que lorsqu'il se présenterait un mortel assez audacieux pour oser les franchir. Vus de plus près, lors de l'expédition de Jason, on reconnut qu'ils étaient stables. On fit honneur de cet événement à Jason, comme s'il eût été le premier qui eût franchi le détroit des Cyanées. Long-temps

---

(1) Duloir, homme d'esprit, voyageant dans le Levant, se trouvait aux Dardanelles, vers 1650. Plein de la lecture d'Homère, ayant voulu visiter l'endroit où, suivant le prince des poëtes, se cacha pendant le siége de Troie la *flotte* des Grecs, derrière Ténédos, Duloir fait observer que ce canal n'est pas capable de contenir une douzaine d'esquifs, et il ajoute dans son style naïf : « Croyez-moi, les anciens ont bien vanté leurs coquilles. » *Voyages du Sieur Duloir*, page 215.

auparavant, Phrixus était parvenu jusqu'en Colchide. Le récit des richesses et de l'avantage qu'on pouvait retirer des productions que renferme le pays qui avoisine le Phase était parvenu aux Grecs, et avait donné l'éveil à leur cupidité. L'expédition des Argonautes paraît effectivement se réduire à une entreprise de marchands de cette nation, faite environ douze cent quatre-vingts ans avant l'ère vulgaire, pour étendre jusqu'au fond du Pont-Euxin leur commerce, borné dans le pays qu'ils habitaient au littoral de la mer Égée, et à la fréquentation des îles de cet archipel. Mais avec quel art Apollonius nous expose la géographie et les mœurs de ces temps reculés et presque fabuleux! avec quelles sombres couleurs il peint le navire Argo luttant contre les vagues élevées en montagnes d'eau, et contre les Cyanées flottantes, qui semblaient se liguer avec elles pour repousser les Argonautes, et leur interdire l'entrée de cette mer, qui portait alors le nom d'*inhospitalière*, à cause des peuples barbares qui habitaient le long de ses côtes (1)! Elle prit depuis le nom de Pont-Euxin (2), ou *hospitalière*, les relations du commerce ayant rapproché ces peuples des Grecs, et adouci leurs mœurs.

(1) *Ab inhospitali feritate axenus apellatus.*
Plin. lib. VI, cap. I.
(2) Pont vient de *pontus*, qui veut dire *mer*.
Ovide a dit, en parlant du déluge :

Omnia pontus erant; deerant quoque littora ponto.
« Tout était mer ; la mer n'avait pas de rivage. »
Traduction de M. de Saint-Ange.

CHAPITRE XII.

De la Colonne de Pompée.

Gyllius, Spon et Wheler ont parlé dans leurs ouvrages d'une colonne de marbre blanc placée au-dessus des Cyanées, qui porte le nom de *Colonne de Pompée;* et l'on ne peut douter, d'après ce qu'ils en ont dit, qu'ils n'eussent vu ce monument. Du temps de Gyllius, et plus de cent ans après, lors du voyage de Spon et de Wheler, cette colonne était composée d'un chapiteau d'ordre corinthien, d'un fût et d'une base de forme circulaire : on évaluait sa hauteur à douze pieds. Gyllius est le premier qui ait fait observer que la base ne paraissait point appartenir à la colonne qu'elle soutenait : cette opinion, suivie depuis par Spon et Wheler, est fondée; car dans l'ordre corinthien les bases des colonnes ne sont jamais rondes, mais sont toujours carrées.

Les trois célèbres voyageurs dont nous avons parlé avaient également remarqué sur cette base les restes d'une inscription latine, déjà presque entièrement effacée à l'époque où ils visitaient le Bosphore. Wheler, après en avoir rassemblé et discuté les fragmens, nous l'a donnée de la manière suivante (1), qui ne présente aucun sens raisonnable :

. . . . . . DIVO CÆSARI AUGUSTO
. . . . . . ECL. ANNIDIUS.
. . . . . . L. F. C. L. ARRONTO.

(1) *Voyage de Georges Wheler*, tome 1, page 200.

Les érosions de l'atmosphère ont vraisembablement détruit ce qui restait, car on n'en voit pas la plus légère trace.

Denys de Byzance, qu'on présume avoir écrit du temps de Domitien (1), n'a point parlé de la colonne de Pompée; mais il a dit qu'il y avait au-dessus des Cyanées *un autel érigé par les Romains à l'honneur d'Apollon* (2) : la base de la colonne de Pompée ne serait donc autre chose que cet autel antique. Les guirlandes en feuilles de lauriers dont ce monument est décoré dans son pourtour, et qui étaient plus visibles du temps de Gyllius qu'elles ne le sont aujourd'hui, sembleraient confirmer le fait avancé par Denys de Byzance. Quoique ces ornemens soient très-altérés, quelques feuilles de laurier y sont néanmoins exprimées d'une manière non équivoque. On y voit, en outre, quatre têtes de victimes (des têtes de bœufs) qui soutiennent les guirlandes, dont le reste pend en festons, et des patères dans l'enfoncement de ces festons. On ne remarque plus sur ces patères ni le quadrupède, ni le soleil, ni cette décussation de rayons, qui seraient autant d'attributs du dieu du jour, et que Gyllius cite dans son ouvrage. Comme père de la lumière, Apollon, suivant la fable, par les vapeurs qu'il attire, fait aussi naître les brouillards si funestes aux navigateurs ; c'est donc la divinité qu'il convenait le mieux de se rendre propice, à l'entrée d'une mer que les anciens avaient regardée comme une des plus re-

---

(1) Tournefort, *Voyage au Levant*, tome IV, page 66, édit. in-4°. Hudson, *Geog. min.* Oxfort, 1698 à 1712.

(2) *Supra Cyaneas, ara existit Apollinis a Romanis statuta.* Denys de Byzance, *apud Gyllium.*

doutables, et qui passe encore pour très-dangereuse.

Il manque évidemment à l'autel des Cyanées le bassin supérieur qui recevait les entrailles des victimes, les offrandes pour les sacrifices, ou dans lequel on faisoit brûler des parfums. Les quatre trous qui existent à sa partie supérieure semblent indiquer qu'il y était retenu par quatre goujons : ces trous n'ayant que quatre pouces en carré et trois pouces de profondeur, ne pouvaient servir qu'à cet objet ; leurs dimensions eussent été insuffisantes pour aider à soutenir le fût d'une colonne. L'autel des Cyanées ressemble beaucoup à celui de Bacchus, que Tournefort avait trouvé en visitant la petite Délos, et dont il a donné un dessin dans la relation de son Voyage du Levant ; celui-ci a de plus le bassin qui manque à l'autre. Il est, en outre, absolument semblable à d'autres ouvrages de ce genre, dont plusieurs, d'un bon style et qui paraissent appartenir au même temps, se voient dans divers endroits de Constantinople, notamment au palais de France, à Péra (1). Celui qui existe sur l'écueil, en avant de Fènèr-Baghtchèçi, s'appelle *Eurèkè-Tachi*, ou la pierre de la quenouille. Les sujets des bas-reliefs qui décorent ces autels sont très-bien composés et parfaitement exécutés.

L'on n'arrive pas facilement aux Cyanées, quand la mer est agitée ; mais on y aborde sans peine par un petit vent de sud, qui est celui qui permet aux bâtimens partis de Constantinople d'entrer dans la Mer-Noire.

(1) Il y en a deux dans le jardin ; un troisième que j'ai fait dessiner, beaucoup plus considérable que les deux autres, forme la margelle de la citerne qui est dans la cour d'entrée, près du péristyle.

Pour parvenir au sommet des Cyanées, où se trouve l'autel votif, on marche d'abord sur un terrain volcanique bouleversé, parsemé de débris de basaltes, dont quelques uns ont deux à trois pieds de longueur. On monte ensuite une rampe assez large, unie et très-inclinée, terminée par une partie droite comme un mur, et assez haute pour qu'il faille s'aider des pieds et des mains, lorsqu'on veut la franchir. Mais les pierres qu'on saisit, retenues sans adhérence, se détachent avec une extrême facilité, et rendent long-temps inutiles les efforts qu'on peut faire.

Dans les divers cultes, presque tous les lieux, tous les objets de dévotion particulière se trouvent placés dans des positions d'un accès difficile. Il semble qu'on ait calculé que l'isolement convenait au séjour des divinités qu'on cherche à se rendre propices, et que leurs faveurs, comme celles des grands de la terre, pour avoir plus de prix, devaient s'obtenir avec quelques peines.

L'autel votif des Cyanées n'a que quatre pieds trois pouces de hauteur, et deux pieds sept pouces de diamètre; il est d'un beau marbre blanc qui paraît avoir été tiré de l'île de Marmara. Suivant l'observation de Gyllius, c'était le marbre le plus blanc qu'on choisissait pour les autels consacrés aux divinités. Gyllius observe encore que les barbares auront employé l'autel des Cyanées, comme un piédestal, pour y ériger une colonne en l'honneur d'un des Césars, et qu'ils y auront gravé l'inscription qu'on n'y lit plus. Les Européens qui fréquentaient également, et les côtes de la Méditerranée et celles de la Mer-Noire, à l'exemple de la colonne située sur la plage d'Alexandrie, auront donné à celle des Cyanées, le nom de colonne de Pompée (1) : c'est ainsi qu'ils ont appelé *Tour de la Fille* (Kyz-Koulléçi), *Tour de Léandre* (2); et *Tour-d'Ovide*, une tour d'observation, construite par les Génois, sur une crête de montagne, entre la Mer-Noire et le Bosphore, au-dessus de *Scombre-Keuïu* (3). Aujourd'hui, cette masure ne sert, même accidentellement, que de bergerie pour un petit nombre de bestiaux.

CHAPITRE XIII.

Flore Byzantine. — Animaux. — Poissons du Bosphore.

Les environs de Constantinople et du Bosphore sont en général peu cultivés. Les fonds des vallées le sont seulement en jardins potagers et en gros légumes qu'on élève en pleins champs. On rencontre dans quelques unes de ces vallées des prairies et des enclos ornés de très-beaux arbres, parmi lesquels

---

(1) Quelques auteurs, entre autres Corneille Le Bruyn, voyageur hollandais, qui se trouvait à Constantinople, en 1678, se sont imaginés que Pompée avait fait ériger cette colonne, à l'entrée du Bosphore, en mémoire de la victoire qu'il avait remportée sur Mithridate, roi de Pont. Suivant le même auteur, ce fut en 1680 que le fût de cette colonne fut renversé dans la mer par un orage violent. (*Voyage au Levant*, tome I, pag. 176-177.)

(2) Les amours de Héro et de Léandre se sont passés au-delà de la Propontide, dans le détroit des Dardanelles, entre Sestos et Abydos.

(3) Scombre-Keuïu signifie *Village-des-maquereaux*, dénomination qui lui vient de la pêche de cette espèce de poissons à laquelle se livrent ses habitans.

on remarque principalement le Mûrier, le Platane, le Tilleul et le Saule-pleureur ou Saule-de-Babylone, qui y vient d'une grande beauté. Dans les vallées de la côte d'Asie, les tiges de quelques platanes s'élevant sur un cône énorme, et leurs racines laissées à découvert par le laps du temps, attirent et fixent l'attention. La douce verdure des arbres dont nous venons de parler forme une opposition très-marquée avec l'aspect rembruni des Pins et des Cyprès, qui figurent presque partout comme arbres isolés, groupés ou en massifs, dans les divers sites dont les bords du Bosphore sont embellis. On y voit aussi quelques arbres peu connus en Europe, et qui méritent d'être cités, tels que le *Mimosa-arborea*, l'arbre de soie, originaire de Perse, de l'espèce des Acacias; ses fleurs en houppes, formées de pistils et d'étamines déliés et brillans comme de la soie, ont leurs extrémités colorées en rose; le *Mimosa-Nilotica*, espèce d'Acacia qui vient d'Égypte, comme son nom l'indique; le Plaqueminier d'Orient, *Diospyros-lotus*, grand arbre appelé aux environs de Constantinople Dattier-de-Trébizonde : Forskal ne l'a connu que sous ce nom; l'*Anagyris-fœtida*, arbuste à fleurs jaunes papilionacées ; il est en fleur pendant tout l'hiver, et je l'ai vu dans cet état en 1812, alors même que ses branches étaient couvertes de neige.

Les Cyprès offrent, dans quelques endroits, une sorte de jeu de la nature : ce sont d'autres arbres, tels que le Figuier et le Térébinthe, ayant pris croissance dans leur tige. Comme les gens obséquieux, qui finissent par se trouver à l'étroit chez les autres, ces arbres parasites ont fait renfler la tige où était tombée la semence congénère dont ils se sont formés. J'ai plusieurs dessins de ces arbres qu'on dirait entés les uns sur les autres, et que j'avais remarqués plus particulièrement sur la côte d'Asie ; les uns à la pointe de Chalcédoine ; un autre, qui est plus considérable, dans la vallée de Sultaniïè, en arrière du beau *Kièf* (1) qui en décore l'entrée. Sestini en avait vu un pareil dans la prairie de Bèchik-Tach. Le Térébinthe, *Pistacia - Terebinthus*, en hébreu *Elah*, joli arbre à feuilles composées, ailées, avec une foliole terminale impaire, était très-commun en Judée : c'est sous un Térébinthe que, suivant l'Écriture, Abraham reçut les trois anges.

On cultive, dans les jardins le long du Bosphore, l'Iris-de-Suses, ou *Soustris*, en Perse, *Iris Susiana*. Cette Iris, qui a été transplantée dès 1573, de Constantinople en France, a une fleur superbe, d'un violet sombre, tacheté de blanc, ce qui lui a fait donner le nom d'*Iris-deuil*, ou *triste*. On y cultive aussi la Mauve-Arbrisseau, *Malva-arborea*, dont la tige devient assez haute ; et l'Arbousier y forme des haies considérables. Ce dernier arbrisseau croît spontanément ; on le rencontre presqu'à chaque pas, sur le revers du Balkan, du côté de la Mer-Noire, entre Belgrade et Domouz-Dèrè. La forêt de Belgrade, que l'autorité surveille avec le plus grand soin, à cause des sources qu'elle renferme, et qui, amenées à Constantinople, fournissent, comme on le verra plus tard,

(1) *Kièf*, régulièrement *kèif*, plate-forme ou espèce de terrasse, élevée de quatre à cinq pieds au-dessus du sol, couverte d'arbres, ayant quelquefois une fontaine au milieu, où les Turcs, hommes et femmes, aiment à se reposer au frais et prendre leurs repas.

aux besoins de sa population, cette forêt est principalement composée de Chênes et de Châtaigniers. On y trouve le Cyclame-de-Perse, *Cyclamen-Persicum*, ou *Indicum* (Lin.), vulgairement appelé *Pain-de-pourceau*, plante basse à fleur solitaire; il a été apporté de Constantinople à Paris; le Fraisier, dont le fruit, d'un beau rouge, est très-parfumé; et l'Asperge sauvage, qui a une tige assez longue, mais grêle et d'un goût amer.

Gyllius avait reconnu aux Cyanées le Figuier sauvage et le Câprier; ces deux arbustes n'y croissent plus, et je n'ai aperçu sur cet écueil aucune production du règne végétal. Le Figuier sauvage existe en beaucoup d'endroits; il s'établit principalement dans les interstices ou dans les fentes des vieux murs : l'enceinte de Constantinople, du côté de terre, entre la porte d'Andrinople et les Sept-Tours, en est remplie.

D'après une Flore Byzantine que j'ai pu me procurer à Constantinople, les campagnes aux environs de la capitale de l'Empire Ottoman, et celles qui avoisinent le Bosphore, possèdent huit cent cinquante espèces de plantes. Ce nombre est double de celui auquel Forskal porte les plantes qu'il avait eu l'occasion d'observer, à la hâte, à la vérité, et dans une seule saison, à Constantinople, et en visitant les îles de Ténédos, Imbros et Rhodes.

La Flore Byzantine que je possède (1) indique,

(1) Cette *Flore Byzantine*, restée manuscrite, pourrait bien être d'un certain Demetrio-Agbirami, né à Smyrne, qui exerçait à Péra la profession de médecin, lorsque l'abbé Sestini s'y trouvait et le vit au mois d'avril 1778. Sestini faisait beaucoup de cas de ce médecin, comme très-habile dans la botanique. Il l'avait apprise au Kaire, d'après le système

dans la famille nombreuse des Graminées, trente plantes à ajouter à celles que Forskal a notées ; ce sont des plantes connues, savoir, plusieurs espèces des genres *Agrostis*, *Briza*, *Bromus*, *Festuca*, *Cynosurus* :

Le *Melica ciliata;*
Le *Saccharum Ravennæ;*
L'*Elymus arenarius.*

Les plantes Labiées, Borraginées et Légumineuses forment des groupes naturels considérables. On remarque les Labiées suivantes :

Lavandula stœchas et *Lavandula spica;*
Leonurus marrubiastrum;
Marrubium pseudo-dictamus;
Melissa calamintha et *Melissa nepeta.*

Plusieurs espèces de *Mentha*, *Origanum*, *Thymus*, *Satureia* :

Phlomis fruticosa;
Thymbra spicata.

Voici les Borraginées que la Flore Byzantine ajoute à celles que Forskal a observées :

Asperugo procumbens;
Anchusa undulata;
Cynoglossum officinale;
Lithospermum officinale et *Lithospermum arvense;*
Myosotis scorpioïdes;
Onosma echioïdes;

de Linnæus, et par les soins de Forskal, l'un des sept voyageurs que Frédéric V, roi de Danemarck, avait envoyés en Arabie, où ils moururent tous, à l'exception de Niebuhr. (*Lettres de Sestini*, tome III, page 106.)

Pulmonaria officinalis;
Symphytum orientale.

La classe des Légumineuses présente les espèces suivantes :

Anthyllis tetraphylla;
Astragalus hamosus;
Coronilla securidaca, Coronilla varia;
Cytisus supinus, Cytisus Austriacus;
Galega cinerea;
Hedysarum coronarium, Hedysarum crista-galli;
Hippocrepis unisiliquosa;
Ornithopus compressus, Ornithopus scorpioïdes;
Orobus angustifolius, Orobus hirsutus;
Scorpiurus sulcata, Scorpiurus subvillosa.

Les plantes Ombellifères qui suivent ne sont pas sans intérêt :

Conium maculatum;
Ferula communis, Ferula meoïdes;
Heracleum spondylium;
Ligusticum levisticum;
Seseli montanum;
Tordylium apulum.

On trouve dans les vallons de la côte d'Asie du canal de la Mer-Noire le *Ruscus-hypophyllum*, ou Laurier-Alexandrin des anciens ; je l'ai cueilli en 1812, au milieu des neiges. Sur les rochers volcaniques des bords de la Mer-Noire, côte d'Asie, on remarque le Pourpier-sauvage ; la Marguerite-petite, *Bellis-minor;* la Mauve-sauvage, ou Alcée, *Alcœa-vulgaris;* le Séséli, autrement la Perce-Pierre-ombellifère, *Crithmum-maritimum*, qui croît dans les fentes horizontales, et semble se cacher dans le joint que deux rochers superposés forment entre eux ; et une espèce de Statice-de-Tartarie, *Statice-Tartarica,* qui s'élève dans les fentes verticales des mêmes rochers : sa hauteur est de plus d'un pied. Cette plante ressemble à la Statice-de-Tartarie ; mais celle-ci a les rameaux anguleux, et l'autre ne les a pas ainsi. La Statice que j'ai trouvée était en fleur le 20 août 1813, lors de ma première excursion à Riva, village situé sur cette côte. Elle était encore en fleur le 27 de septembre. L'ayant revue l'année d'après, elle avait cessé le 8 d'octobre d'être en fleur ; tandis que la Marguerite-petite et l'Alcée étaient en pleine floraison. Tournefort, qui, avant de mettre à la voile et de se diriger vers Synope et Trébizonde, s'était arrêté assez long-temps, pour attendre le vent favorable, près de la rivière de Riva, avait découvert dans le voisinage deux belles plantes : la *Thymelæa-Pontica citreis foliis,* et la *Blattaria-orientalis Bugulæ folio* (1) ; mais il n'a pas cité le Séséli, ni la variété de Statice-de-Tartarie dont nous avons parlé.

Le Lis-arénaire, *Pancratium-maritimum,* plante à fleur odorante, blanche comme un lis, croît dans les sables au bord de la Mer-Noire, du côté de Domouz-Dèrè ; ainsi que la Cynanque-aiguë, *Cynanchum-acutum,* qui pousse une longue racine traçante, et dont les fruits sont des follicules remplis de graines aigrettées de soies brillantes : les habitans des villages voisins les suspendent comme ornemens dans leurs demeures (2). On y trouve aussi le Bacile,

(1) *Voyage du Levant,* tome III, pages 19 et 20, édition in-8.
(2) La plage sablonneuse de Domouz-Dèrè est remarquable à raison des

ou Fenouil-marin, et le *Tithymalus-maritimus*, le Tithymale de mer.

Nous ne devons pas oublier le *Rhododendron-Ponticum*, dont le nom décèle le lieu de son origine. La fleur de ce joli arbrisseau qui, des bords de la Mer-Noire, est venu faire l'ornement de nos jardins, est appelée par les Turcs *Haghi-tchitchèghi*, ou fleur venimeuse, parce qu'on est dans l'idée que les bestiaux qui en mangent sont empoisonnés, et meurent en peu de temps.

Busbec, Ambassadeur de Ferdinand d'Autriche, roi des Romains, auprès de Soliman I, et qui était arrivé à Constantinople le 20 janvier 1554, avait vu dans cette capitale des Lynx, des Chats sauvages, des Panthères, des Léopards, des Lions apprivoisés, des Eléphans, des Hyènes; et, peu de jours avant son arrivée, il était mort un *Camelopardalis*, Chameau-Léopard, ou Giraffe, d'après son nom antique *Zurpha*; il eut la curiosité de le faire déterrer pour examiner sa structure et son pelage (1). Vingt-

---

bains, analogues aux bains de terre que les Turcs sont dans l'usage d'y aller prendre pendant l'été, en s'enfonçant dans le sable tout nus jusques au col. On ne sait à quel genre de maladie ils appliquent l'usage de cette sorte de bains, qu'on emploie avec succès, suivant le médecin Fouquet, à certaines espèces de phthisies, dans le scorbut, et quelques autres maladies chroniques. *Voyez*, sur ce sujet, l'*Extrait d'un Mémoire de H. Fouquet*, par R. Desgenettes.

(1) *Augerii Gislenii Busbequii Legationis Turcicæ, epistola prima*, pages 79-80, édition de Sadeler.

Busbec, né à Commines, sur la Lys, en Flandre, l'an 1522, mort en 1592, avait fait un séjour de huit années dans le Levant. C'est à lui que l'on doit, outre l'ouvrage remarquable que nous venons de citer, la découverte d'un grand nombre de manuscrits grecs, et celle à Constantinople d'un manuscrit de Dioscoride, très-ancien, avec des figures de plantes enluminées et un livre des oiseaux.

huit ans après, sous le règne d'Amurat III, et à l'occasion des fêtes et des réjouissances qui eurent lieu, en 1582, pour la circoncision de son fils Mahomet III, on avait amené sur la place de l'Hippodrome, aujourd'hui l'At-meïdani, une Giraffe de dix-huit pieds de hauteur, afin d'accroître par la nouveauté de ce spectacle les plaisirs du Sultan. *Michel Baudier*, qui rapporte ce fait, nous a conservé la figure très-exacte d'une Giraffe qui était nourrie dans les ménageries du Grand-Seigneur (1). Tout Paris a vu et admiré, en juillet 1827, et depuis au Jardin des Plantes, un quadrupède de cette espèce venu de Sennaar, et envoyé par le Pacha d'Egypte; mais plus jeune et d'une moindre hauteur (douze à treize pieds).

La forêt de Belgrade recèle des Loups qui se répandent dans les campagnes et fondent sur les bestiaux; elle possède en outre toutes les espèces de gibier. La chasse est, à Constantinople comme ailleurs, un objet d'amusement ou de spéculation pour en vendre les produits (2). On fait la chasse aux Cailles principalement à San-Stephano et à Kila, où elles sont très-abondantes; et celle de la grosse bête, comme le Cerf, le Sanglier, le Daim, le Chevreuil, les Vaches et Chèvres sauvages, les Renards, etc., dans la forêt de Belgrade et dans les forêts qui avoisinent Domouz-Dèrè et Pyrgos. Il n'y a point d'Ours dans les parties de l'Empire Ottoman au-delà du

---

(1) *Voyez* l'ouvrage intitulé *Histoire du Sérail et de la Cour du Grand-Seigneur*, etc., etc., Paris, 1623 et 1633.

(2) On n'est soumis à aucun droit, et l'on ne donne aucun présent pour les permissions de chasse ; on paie seulement une légère redevance dans les bureaux du Bostandji-Bachi.

Danube; on n'en trouve qu'aux confins de la Valachie, sur les revers des montagnes de la Transylvanie, entre Kinèni et Rothenturn.

On entend sur le littoral du Bosphore nombre de Chacals, et l'on trouve sur les montagnes voisines des Tortues dont on ne fait aucun cas, que les Turcs repoussent même, les regardant comme des animaux immondes, ainsi que les Limaçons, les Grenouilles et les Huîtres.

Les oiseaux de la grande espèce qu'on voit aux environs de Constantinople sont l'Aigle, le Milan, l'Oie-sauvage, etc., etc.

Le Bosphore abonde en diverses espèces de poissons. Parmi ceux de passage, on distingue le Scombre, du genre des Maquereaux : lorsqu'il va de la mer Blanche dans la Mer-Noire, il est maigre; on lui donne alors le nom de *Tchiros*, qui veut dire *sec*, parce qu'on le fait sécher, et que les gens du peuple s'en nourrissent sans qu'on l'ait salé. La Palamide, espèce de Thon; la Liche, autre espèce de Thon; l'Espadon, Poisson-Epée, *Xiphias-ensis* (1); son passage de la Mer-Noire à la mer Blanche a lieu dans le mois d'août. Il est à remarquer qu'en 1813, le passage des Poissons-Epée s'est effectué quinze jours plus tôt que de coutume; la rigueur du froid les ayant chassés de l'Archipel et poussés vers le sud, ils s'y étaient acclimatés. Depuis cette époque, ils remontaient fort peu vers le nord; mais ils sont revenus dans le Bosphore, et on les y voit en aussi grand

---

(1) Spallanzani a donné une description très-détaillée de la pêche du Poisson-Epée, telle qu'elle se pratique au Détroit de Messine.
(*Voyage dans les Deux-Siciles*, tome IV, chapitre XXX.

nombre qu'auparavant. La pêche du Poisson-Epée se faisait principalement dans le golfe de Beïkos. Les Stavridia (*Scomber-Trachurus*, Lin.); les Sardines et les *Lufer* (1), dont le passage a lieu en automne de la Mer-Noire dans la mer Blanche. La pêche du Lufer est un amusement très-goûté des dames grecques et européennes; elles passent une partie de la nuit dans des bateaux, au plat-bord desquels est placée une lumière dont l'éclat attire ce poisson vers l'appât qu'on y a disposé. Les Turbots, appelés par les Turcs *Kalkan* (boucliers), à cause de leur forme; leur passage s'effectue dans les saisons inverses de celui des autres poissons dont nous venons de parler. On pêche aussi dans le Bosphore, principalement dans le golfe de Kabakos, le Turbot bouclé, ainsi nommé à cause des osselets dont son dos est couvert.

Les poissons qu'on trouve habituellement dans le Bosphore sont le Scombre de la Roche, la Vive, la Raie, le Lapinès, espèce de poissons de diverses couleurs, qui paraissent par milliers lorsque la mer est calme. Dans le genre des Testacés, on remarque les Huîtres ordinaires, en ce qu'elles ont un goût très-fade, les eaux du Bosphore étant beaucoup moins salées que celles de la Méditerranée et de l'Océan. On y trouve encore les Huîtres rouges, dont on ne fait aucun cas, et les Moules; ce dernier testacé est sujet à une maladie qui se manifeste par la propriété qu'il a pour lors de former des perles (2). On pêche au fond du Bosphore des Polypes qui donnèrent lieu à la découverte

(1) Ce poisson n'est pas connu dans d'autres contrées, et il n'a pas même été décrit par les Ichthyologistes.
(2) Les parages de la Guadeloupe fournissent un coquillage contenant

que fit Spallanzani, en 1786, étant à Constantinople chez le Baile de Venise, Juliani, de la circulation des fluides dans ces animalcules (1). Il découvrit aussi qu'il y a de petits vers phosphoriques dans le Bosphore, ainsi que dans la Mer-Noire et la mer de Marmara (2).

On voit, en tout temps, des Dauphins bondir et se jouer en troupes plus ou moins nombreuses sur les eaux du Bosphore. Il est on ne peut pas plus rare qu'on cherche à les atteindre, la police turque s'opposant à ce qu'on les tire; on se prive par là d'une grande quantité d'huile qu'on pourrait extraire de ces poissons.

Les pêcheries sont établies dans des anses qui présentent des bas-fonds; on doit les regarder comme des espèces de *Madragues*. Le pêcheur passe une grande partie de la journée au haut d'un mât élevé au centre de sa pêcherie, tantôt sous une cahute couverte en nattes, d'autres fois simplement dans un panier en forme de coufle : il est là comme à l'affût; et tenant dans ses mains l'extrémité des cordons qui répondent à divers filets, il dirige la manœuvre de sa Madrague. Il existe de nombreuses pêcheries le long des rives du Bosphore, et sur les bords de la Mer-Noire près de son embouchure; celle qui se trouve dans l'anse de *Kila* (3), à une lieue vers l'ouest, est très-considérable, et donne un grand produit.

aussi quelquefois de belles perles qui offrent une variété remarquable, puisqu'elles sont de couleur rose.

(1) *Voyage dans les Deux-Siciles*, tome IV, pages 87-88.
(2) *Ibidem*, page 68.
(3) C'est vis-à-vis de cette pêcherie, et à trente-neuf mètres au-dessus

Il y a peu d'oiseaux d'eau sur le Bosphore : on n'y voit que des Cormorans, des Goëlans qui s'y montrent par milliers, et l'Alcyon voyageur, dont le vol rapide et infatigable le porte alternativement d'une mer à l'autre en rasant la surface des eaux.

CHAPITRE XIV.

Vue générale de la Propontide et du Bosphore.

Constantinople et le Bosphore, placés entre la mer Blanche et la Mer-Noire, tiennent de trop près à la mer de Marmara, pour que nous ne comprenions point cette grande lagune dans le tableau que nous nous sommes proposés de tracer de la situation qu'offre la capitale de l'Empire Ottoman.

La mer de Marmara, connue des anciens sous le nom de *Propontide*, est une mer intérieure de cinquante lieues de long sur vingt-cinq de large ; elle est enfermée entre l'Europe et l'Asie, recevant d'une part le Bosphore de Thrace, et de l'autre communi-

---

du niveau de la mer, qu'est situé le fort de Kila, qui est en quelque sorte la vedette de Constantinople sur la côte de l'Europe, comme le fort de Riva l'est dans la partie opposée de l'embouchure du Bosphore sur la côte d'Asie. Le fort de Kila est abreuvé au moyen d'une conduite à souterazi (*voyez* planche X). Ces ouvrages, dans une position apparente, près du littoral, sont très-mal placés, car une volée de coups de canon peut les détruire, et empêcher conséquemment les eaux, au mouvement desquelles ils servent, d'arriver dans l'intérieur du fort. C'est ainsi qu'en 1799, au siége de Saint-Jean-d'Acre, en établissant un fourneau de mine dans un soutèrazi, nous avons coupé la communication des eaux qui étaient amenés dans la place. *Voyez* note I, § 2.

quant avec la mer Blanche ou Archipel, par le détroit des Dardanelles.

La Propontide et les pays qui l'avoisinent, tels que la Chersonèse, la Thrace, d'un côté, la Troade, l'Asie mineure et la Bithynie de l'autre, sont fertiles en grands souvenirs que la fable, la poésie et l'histoire ont consacrés. Les événemens se pressent sur cette terre classique, qui devint tant de fois le rendez-vous de l'Orient et de l'Occident pour y vider leurs querelles; où l'on vit des empires succéder à des empires, des religions nouvelles à des religions anciennes, la civilisation à la barbarie, la barbarie aux lumières; et à travers le conflit de tant d'événemens, les Croisades qui offrent ce long épisode durant lequel le trône des Latins s'établit momentanément à Constantinople. En entrant dans le détroit des Dardanelles, rendu célèbre par le naufrage d'Hellé, d'où lui vient le nom d'Hellespont, on aperçoit à droite la plaine où Troie exista, et que les chants d'Homère ont rendue immortelle. En remontant le canal, au point où il est le plus resserré entre Sestos et Abydos, on voit l'endroit où le fougueux Xerxès, traitant la mer de rebelle, prétendit l'enchaîner. Ce lieu offre un souvenir bien plus attachant, celui des amours de Héro et de Léandre, si bien célébrés par Musée (1). Plus loin, après avoir doublé le cap Karaboa sur la côte d'Asie, on passe devant l'embouchure du Granique, fleuve qui fut témoin des

---

(1) Musée, grammairien, vivait dans le quatrième siècle. Le poëme de *Héro et Léandre* qu'il a composé, est écrit en grec; il est généralement regardé comme un morceau précieux pour la littérature; nous en avons plusieurs traductions.

CHAPITRE XIV.

premiers succès d'Alexandre, lorsqu'il marchait à la conquête du monde. La presqu'île de Cyzique se montre au-delà, formant une grande saillie dans la mer; elle est couverte par cet Archipel des îles de Marmara, appelé autrefois la *Proconèse* (1), et qui a donné à la Propontide le nom de Marmara qu'elle porte aujourd'hui. Au temps des Argonautes, et plusieurs siècles après eux, la presqu'île de Cyzique était encore une île. Le mont Didyme, au pied duquel la ville était bâtie, rappelle le temple que les Argonautes y élevèrent en l'honneur de Cybèle (2). On y voyait dehors, près de ses murs, cette fontaine d'amour, *Fons cupidinis* (3), dont l'eau désenchantait les amans qui avaient le malheur d'en boire. Mithridate, ce redoutable ennemi des Romains, fut retenu long-temps devant Cyzique (4), et faillit y devenir leur prisonnier, dans une galerie de mine qu'il dirigeait contre la place. En face de la Proconèse, on débarque sur la côte d'Europe à Rodosto, la Byzanthe des Samiens, devenu l'asyle des réfugiés Hongrois, tels que les Ragozzi, les Kessec, les Takaro, etc. Plus loin, le long du littoral de la mer de Marmara, on trouve *Erèkli*, Héraclée, autrefois *Périnthe*, la ville la plus considérable de la Thrace sous les premiers Empereurs romains, et la rivale de

(1) Ile des Marbres; Marmara a la même signification.
(2) Strabon, livre XII, en parlant de ce temple, dit qu'il fut dédié par les Argonautes à *Dindymène*, *mère de tous les Dieux*.
(3) Pline, livre XXXI, chap. 11.
(4) Strabon. C'est aussi devant Cyzique, en 673, que, pour la première fois, on fit usage du feu grégeois contre les Sarrasins, pour brûler leur flotte qui s'était réfugiée dans le port de cette ville, après qu'ils eurent été forcés de lever le siège de Constantinople.

Byzance; elle n'est plus qu'une bourgade où l'on compte à peine trois cents maisons : son port offre un bon mouillage, quoiqu'il ne soit plus aussi vaste que l'ancien. Un peu au-delà Silyvrie, ville murée, la *Selymbria* de Ptolémée, avec un château dont l'enceinte existe encore, et qui était dans une position remarquable. Silyvrie appuyait la gauche de ce mur en forme de retranchement, que l'on avait conduit de la Propontide à la Mer-Noire, et qui, depuis Anastase, était la limite de l'Empire Grec, borné pour lors à la Péninsule, pendant que le reste était en proie aux Barbares.

On aperçoit de Silyvrie le mont Olympe, s'élevant à une grande hauteur (1); il domine la ville de Brousse, autrefois *Pruse* (2), capitale de la Bithynie, dont les Turcs firent la seconde capitale de leur empire naissant, dès qu'ils se furent établis au centre de l'Asie-Mineure, position avantageuse d'où leurs souverains, alors avides de conquêtes, se dirigèrent vers le détroit des Dardanelles pour passer en Europe, et ensuite vers le Bosphore, afin de consommer la ruine de l'Empire Grec par la prise de Constantinople.

On ne peut porter ses regards sur la Bithynie sans plaindre le sort funeste d'un des plus grands hommes

(1) L'abbé Sestini, qui monta jusqu'au sommet de l'Olympe, le 29 mai 1779, assure qu'il y a toujours de la neige. La glace même s'y conserve dans les creux, dans les anfractuosités à l'exposition du nord, et c'est de là que le Pacha de Bosnie la tire pour l'envoyer au Sérail, où il est obligé d'en fournir annuellement un nombre déterminé de bateaux. *Voyez* la note V sur l'Olympe, d'après Sestini.

(2) On l'appelle Pruse de l'*Olympe de Mysie*, pour distinguer cet Olympe de celui de *Thessalie*. M. Bernoulli a déterminé la hauteur de cette dernière montagne à 1,017 toises.

le guerre qui ait jamais existé : Annibal, après avoir cherché, *aux Romains, des ennemis partout l'univers* (1), poursuivi à son tour par leur haine constante, ou plutôt par la crainte qu'il leur inspirait encore, fut réduit à se donner la mort pour ne pas laisser violer l'asile sacré de l'hospitalité qu'il avait trouvé dans ce pays. César, qui eut depuis une fin non moins déplorable, avait paru brillant de jeunesse et de gloire à la cour de Nicomède : l'histoire ne lui a point pardonné de s'être montré habillé en femme à un bal chez ce roi.

Nicée, qu'on peut considérer comme au pied du mont Olympe sur le bord de la mer, fut long-temps la ville principale de la Bithynie, et jouit de plusieurs siècles de splendeur : elle fut célèbre par ses écoles ; elle l'a été encore par ce fameux concile que Constantin présida. Nicée avait donné naissance au célèbre Hipparque, le principal restaurateur de l'astronomie chez les Grecs. Cette ville, jadis si florissante, ne subsiste plus que dans ses ruines qui offrent quelques belles masses ; ce n'est plus qu'un village presque abandonné, d'où le mauvais air éloigne successivement le peu d'habitans qui lui reste.

Assez près de là, au fond d'un golfe (2) enfoncé de treize milles dans les terres, et qui a près de cinq milles de largeur, Nicomédie, appelée *Is-Nikmid* par les Turcs, ne fournit pas moins de souvenirs que Nicée à qui elle a survécu. Cette ville dut son nom à Nicomède, roi de Bithynie, qui la fonda. Dioclétien

(1) Florus, historien romain.
(2) Il était connu des anciens sous le nom de *Sinus Astacenus*, de la ville d'Astace, qui, suivant Strabon, existait dans ce golfe.

eut l'idée d'en faire la rivale de Rome, la reine du monde commençant à être délaissée par ses souverains. Nicomédie déchut à son tour de sa splendeur, lorsque Constantinople fut devenue le siége de l'Empire. C'est de cette ville que furent datés les arrêts que Dioclétien lança contre les Chrétiens, et qui firent tant d'illustres victimes (1). Arrien, un des historiens des expéditions d'Alexandre, était né à Nicomédie.

La route de Silyvrie à Constantinople suit la côte nord-est de la mer de Marmara. A Ponte-Grande, la mer s'enfonce dans les terres, et forme un grand golfe. A Ponte-Piccolo, elle forme également un golfe, mais moins étendu. Les bords de la Propontide presque en plaine, offrent l'aspect d'un terrain légèrement mamelonné. Cette partie de la Thrace a très-peu d'eaux courantes; on n'y trouve que quelques faibles ruisseaux. La culture y est négligée, et la population se ressent du peu de soins qu'on y donne. En approchant ensuite d'une capitale qui jouit d'un si grand renom, le voyageur est frappé de surprise, lorsqu'il aperçoit des campagnes présentant l'aspect d'un pays qu'on dirait abandonné; l'on se croirait au milieu des déserts, et l'on touche à une ville immense que sa situation rend l'entrepôt du commerce de l'Europe et de l'Asie.

Mais quand on arrive par mer, quand on a doublé

---

(1) Ceci est confirmé par la légende des médailles que cet Empereur fit frapper en mémoire de ses cruautés :

Deleto Christianorum nomine,

Suppressâ Christianorum superstitione.

« Pour avoir détruit jusqu'au nom et à la croyance superstitieuse des « Chrétiens. »

la pointe de San-Stephano, et qu'on découvre la tour de Marmara, placée à l'un des angles du château des Sept-Tours; que l'enceinte de Constantinople commence à se développer; qu'une nouvelle architecture, de nouveaux édifices, de nouveaux costumes se montrent aux regards; que l'on approche du Sérail, de cet endroit mystérieux qu'on croirait un palais de délices, et qui paraît être le séjour de l'envie, des intrigues et de l'ennui; que l'on aperçoit sur la droite, près de la côte d'Asie, le petit Archipel, que les anciens appelaient *Démonèse*, île des Génies, aujourd'hui connu sous le nom d'île des Princes; qu'on se trouve enfin à l'entrée du Bosphore, là où l'Europe et l'Asie semblent se rapprocher pour se confondre, et que sépare seulement ce canal de peu de largeur qui reçoit, par l'intermédiaire des mers opposées, les productions des pays les plus lointains; on s'arrête pour contempler le magnifique tableau que l'on a devant les yeux. On en jouit, et l'on ne saurait s'en rendre compte. Revenu de ce premier étonnement, on remarque sur la côte d'Europe la reine des mers, s'élevant en amphithéâtre sur le littoral d'un port couvert d'un nombre considérable de vaisseaux. En face sur la côte d'Asie, Scutari, l'ancienne *Chrysopolis*, aujourd'hui le marché de Bagdad, de la Syrie, de la Perse, de l'Asie-Mineure; et dans l'intervalle, mais plus rapproché de la côte d'Asie, un rocher isolé sur lequel est bâti le phare qu'on appelle *Kyz-Koullèçi* (la Tour de la Fille), et qu'il a plu aux Européens d'appeler la Tour de Léandre.

En portant les regards dans la direction du Bosphore, ce beau canal paraît à une certaine distance comme un golfe fermé ; il s'ouvre ensuite, se développe, se referme, se r'ouvre encore, et présente successivement, à raison des sites et des diverses sinuosités qu'on rencontre, des tableaux aussi nombreux qu'enchanteurs. Ces tableaux sont ornés d'une foule d'objets dont la plupart s'offrent aux yeux pour la première fois; c'est de tous côtés un mélange de dômes, de minarets, de cyprès, de platanes, de tours défensives, de colonnes et de palais, de maisons et de kiosks ayant un genre d'architecture particulier. On voit sur tous les points une population nombreuse et active ; une multitude de bateaux dans un mouvement continuel, les uns à la rame, les autres à la voile, descendant, remontant ou traversant le Bosphore ; des vaisseaux arrivant de plages étrangères ou partant pour des destinations lointaines : ces objets animés par un ciel brillant, par une température agréable, par la présence de belles eaux qui ajoutent un si grand intérêt à la richesse d'un paysage, et où ils se multiplient en s'y réflétant, viennent à la fois parler aux yeux, saisir les sens, et s'emparer de l'imagination : mais ces objets muets plaisent encore par les souvenirs et par les contrastes qu'ils présentent.

Au sud-est de Scutari, sur les revers du cap de Monda-Bournou, le Chalcédon, qui donna son nom à la ville de Chalcédoine, coule en quelque sorte ignoré dans un vallon fangeux, dont l'embouchure est presque obstruée. Sur l'emplacement de cette cité florissante qui fut témoin des efforts de Mithridate contre les Romains, de la défaite de Licinius qui laissa Constantin seul maître de l'Empire, de la magnificence des successeurs de ce prince et des palais somptueux de Théodora, femme de Justinien, on ne trouve plus maintenant qu'un modeste village, dont le nom plus modeste encore, *Kadi-Keuïu,* le village du Kadi, annonce combien tout peut changer par la succession des empires et par l'action des mauvais gouvernemens. C'est à Chalcédoine que se tinrent, contre les hérésies des novateurs, trois fameux conciles qui ne purent éteindre, non plus que les autres conciles de la chrétienté, les schismes qui troublèrent sans cesse l'Église d'Orient (1).

Si l'on jette les yeux sur l'intervalle compris entre Chalcédoine et Scutari, ou qu'on dirige sa vue presque en face, sur le penchant de la côte d'Europe, on aperçoit d'immenses coupoles d'un vert sombre qui tranchent fortement sur les objets qui les environnent; ce sont les cimes d'une prodigieuse quantité de cyprès. Le sol sur lequel ils s'élèvent forme les deux grands cimetières des Turcs près de Constantinople, à l'extrémité du détroit : il en existe encore un très-considérable en avant de la porte d'Andrinople.

Le cyprès pyramidal (2), grand arbre toujours vert, est l'arbre des tombeaux; il a été choisi de tout temps, et ce n'est pas sans quelques raisons, pour orner le dernier asile de l'homme, appelé, à Constantinople le *Champ des Morts,* ou *Champ du Repos.* Les émanations du cyprès contribuent à la salubrité des lieux destinés aux sépultures (3). Son feuillage sombre et

---

(1) Photius, patriarche de Constantinople, en 858, homme d'un esprit supérieur et d'un savoir profond, peut être regardé comme le premier auteur du schisme de l'Église grecque.

(2) *Cupressus sempervirens.*

(3) Les émanations des cyprès sont très-balsamiques; ce qui faisait

triste convient bien à ces endroits de deuil ; et dans l'opinion des anciens, lorsque le cyprès est coupé, il ne repousse plus; image naturelle de la vie terrestre de l'homme, que la mort éteint sans retour. Cet arbre forme un contraste remarquable avec le platane qu'on plante d'ordinaire à chaque nouvelle naissance, et qui se fait distinguer par son riant feuillage, sa tête superbe et le vaste ombrage qu'elle donne.

La plantation d'un cyprès sur la tombe récente d'un enfant qu'on chérissait est une sorte de cérémonie religieuse qui a toute la simplicité antique : pendant qu'un jeune homme, un adolescent, ayant à côté de lui une aiguière qui rappelle le vase d'eau lustrale des anciens, confie à la terre un jeune cyprès, un Iman récite les prières analogues à la circonstance ; et les femmes, assises au bord de la tombe, contemplent, dans l'attitude de la douleur, cette cérémonie qu'on ne peut voir sans en être touché soi-même. D'après cet usage partout consacré, les cimetières des Turcs deviennent des forêts de cyprès; et l'on pourrait dire qu'elles finiront par envahir la terre des vivans, car chaque tombe est séparée et distinguée des autres par des sarcophages ornés de cippes. Là, rien de hideux ou de repoussant ne s'offre à la vue. Là, point de fouille parcimonieuse qui ramène à la surface de la terre les restes de notre destruction ; les cendres des morts y reposent en paix : fidèles observateurs des coutumes traditionnelles, les peuples de l'Orient professent un grand respect pour les morts. On remarque dans les cimetières des Turcs les tombes modestes

regarder le climat de l'île de Crète comme extrêmement sain, à raison du grand nombre de cyprès qui y croissait.

de familles entières moissonnées dans les temps de contagion : ces familles semblent reposer réunies, comme si elles se trouvaient encore auprès de leurs humbles foyers; la mère à côté du père, et les enfans suivant leur âge, à la suite de la mère. Ces tombes, élevées sur une espèce de terrasse, sont entourées de fleurs et d'arbustes toujours verts. Des sarcophages, monumens en marbre ou en pierre d'un ordre plus relevé, embellissent l'élysée du Champ du Repos (1). Une pierre plate s'élève sur ce sarcophage à la tête et aux pieds; celle de la tête se termine par la forme d'un turban, qui indique l'état qu'avait le mort : les turbans marquent, chez les Musulmans, les diverses conditions de la vie. Les inscriptions qu'on lit sur cette pierre sont simples et d'un style religieux. Les Champs des Morts offrant, à la sortie de Constantinople et de ses faubourgs, presque le seul abri qu'on ait contre l'ardeur du soleil, celui des Arméniens, près de Péra est devenu un lieu de réunion, un rendez-vous de promenade. On s'y repose au pied des mûriers (2), ou l'on s'y assied sur la pierre des tombeaux : les jeux, les amusemens, la joie bruyante des oisifs forment un contraste frappant avec le calme, le silence qui règnent dans le Champ du Repos des Turcs, où l'on aperçoit çà et là, au loin, à travers les cyprès, des Musulmans auprès de divers sarcophages, occupés à

(1) *Voyez*, note VI, une description des tombeaux des anciens Grecs, qui étaient à la vérité moins remarquables à l'extérieur que ceux des Turcs, mais qui renfermaient des objets précieux.

(2) Ce cimetière est entièrement planté en mûriers, comme les cimetières des Turcs le sont en cyprès.

prier ; on y voit des femmes, des mères sans doute, brûler des parfums dans des cassolettes au pied de la tombe de leurs filles ; d'autres arroser de leurs mains les fleurs plantées sur ces tombes ; d'autres enfin montrer à leurs enfans l'endroit où reposent les cendres d'un père qui fut leur soutien : on les remarque tous dans le recueillement de la tristesse et des regrets ; tristesse profonde qui ne se pare point d'une vaine ostentation, et que rien ne saurait troubler. Il n'en est pas de même des Arméniens ; on voit dans leurs cimetières une foule d'hommes, de femmes et d'enfans, pleurant et priant sur les tombeaux de leurs parens, se livrer un moment après à la gaité, en prenant leurs repas sur les mêmes tombes, objets de leurs douleurs.

Autant les environs de Constantinople sont incultes, arides et privés d'arbres et d'habitations, autant les coteaux des deux rives du Bosphore sont rians et peuplés de jardins, de villages, de palais, de kiosks, de fontaines, de bouquets de bois, n'offrant pas d'interruption d'une extrémité à l'autre du canal. Disposés sans art, ces objets si diversifiés imitent dans leur ensemble la prodigieuse variété de la nature.

En descendant du grand Champ des Morts de Péra, on arrive au joli vallon de Dolma-Baghtchè, où le Grand-Seigneur a une maison de plaisance à mi-côte, dominant le Bosphore et le rivage d'Asie. A peu de distance, au bord de l'eau, Bèchik-Tach, le palais d'été du Prince, se présente avec tout le svelte de l'architecture moresque et le brillant de ses ornemens. On rencontre plus loin les palais des Sultanes, offrant le même genre d'architecture : demeures inaccessibles, que des jalousies importunes rendent même impénétrables aux regards; et au-delà, dans un renfoncement du Bosphore, au débouché d'une jolie vallée, Bèbèk, ou le Kiosk des conférences, lieu où les Sultans et leurs Vizirs sont allés quelquefois traiter d'affaires avec les Ministres européens.

Entre Bèbèk et le cap avancé sur lequel est bâti le château d'Europe, un bois religieux de cyprès entremêlés de tombes, de sarcophages et de roches éparses çà et là, produit un effet très-pittoresque. Le cap élevé de Kandilli, sur la côte d'Asie, et celui qui lui est opposé sur la côte d'Europe, offrent, dans leur intervalle, un des endroits les plus resserrés du Bosphore : ils y séparent les vents, les températures et les courans lorsque les vents viennent à changer. Ce point est marqué pour le passage du détroit. C'est entre *Gheuk-sou* (l'eau bleu-de-ciel) et *Kutchuk-sou* (la petite rivière), affluens du Bosphore, dans l'intervalle de Kandilli et d'*Anadolou-Hiçari*, le château d'Asie, que Darius, voulant aller punir les Scythes qui se permettaient des incursions continuelles en Perse, fit jeter ce pont, qui a rendu le nom de Mandroclès immortel. Il en reporta l'honneur à Samos, sa patrie, en faisant suspendre dans le temple de Junon un tableau représentant le passage d'Asie en Europe que Darius venait d'effectuer. Plusieurs siècles après, Mahomet II ayant médité de porter le dernier coup à l'Empire grec croulant de toutes parts, pour s'assurer des deux rives du Bosphore, y construisit sur celle d'Europe, et dans le même endroit, la forteresse de Lemescopie. Le fort sur la côte d'Asie, qu'on voit en face, existait depuis son aïeul. Il fit plus, il accéléra par une manœuvre hardie, dont nous allons parler, la reddition de la ville de Constantin.

Lorsqu'on a quitté le château d'Europe, on rencontre, en remontant, *Balta-Limani* (le port de la Hache), anse spacieuse, à l'issue d'une vallée dont l'origine est à *Lévend-Tchiflighi* (1). Balta-Oglou, Capitan-Pacha de Mahomet II (2), s'étant convaincu qu'il ne pouvait pénétrer directement dans le port de Constantinople, dont l'entrée était fermée par une chaîne, réunit, à Balta-Limani, ces bâtimens qui se montrèrent dans le port, après qu'ils eurent franchi, à force de bras, la crête qui sépare le Bosphore de la rivière orientale des Eaux-Douces. Cet endroit du canal présentait le chemin le plus court qu'on pût suivre pour exécuter une opération qui dut paraître un prodige (3) ; elle frappa de terreur les assiégés, et amena leur reddition. Rien de grand ne fut oublié

(1) Qui signifie la métairie du soldat volontaire, nom d'un lieu où étaient des casernes des troupes du *nizam-djèdid*.

(2) Il n'y avait point à cette époque de Capitan-Pacha ; mais les fonctions que Balta-Oglou remplissait, pendant le siége de Constantinople, correspondaient à celles de cette grande place, qui fut créée par la suite, et qui est devenue une des premières charges de l'État.

(3) Quelques historiens ont révoqué en doute le fait dont il s'agit ; cependant une entreprise pareille n'était pas même alors sans exemple. Il est certain, en effet, que, quinze ans auparavant, Nicolas Sorbolo, Candiote, avait fait passer de l'Adige dans le lac de Garda, à Torbole, par la vallée de Mori, des galères et autres bâtimens venus de Venise, afin de pouvoir porter des secours à Brescia qui était bloquée par Gonzague, Duc de Milan. Nous-mêmes, à l'armée d'Italie, nous avons eu l'ordre du Général en chef Bonaparte d'exécuter une opération analogue : nous avons conduit de l'Adige dans le lac de Garda, au port de Lazize, deux chaloupes vénitiennes pour du canon de vingt-quatre, en leur faisant franchir la hauteur très-élevée et très-roide de Piovezano, qui sépare l'Adige du lac.

dans cette attaque de Constantinople : tout devait être proportionné à l'importance de l'entreprise et aux résultats immenses qu'elle devait donner. Le village de Balta-Limani est habité par des Musulmans et par quelques Chrétiens.

Après avoir dépassé Balta-Limani, et un promontoire assez élevé couvert de cyprès et de pins, on voit l'anse profonde d'*Isténia*, autrefois *Lasthénès*, qui offre aux vaisseaux un excellent mouillage. Une colline ayant un aspect moins sévère se présente ensuite, peuplée d'arbres et d'arbustes, dont l'ensemble charme les yeux. Le cap et le village de *Yèni-Keuï* sont placés entre le port d'Isténia et celui de Thérapia. Avant d'arriver au dernier port, on s'arrête dans un petit vallon orné d'une belle pelouse ; c'est *Kalender*, dans l'ancien port de *Pithécus*. On y distingue un kiosk du Grand-Seigneur, qui n'est pas souvent visité par le prince ; et derrière le kiosk, un bel arbre assez rare, le Plaqueminier d'Orient, dont nous avons déjà parlé.

Sur la rive asiatique du Bosphore, à l'opposite de Yèni-Keuï, l'entrée de la vallée de Sultaniïé se fait remarquer par une grande terrasse élevée au-dessus du sol, ayant, dans son milieu, une fontaine, dont la forme est celle d'un obélisque égyptien. Cette terrasse est couverte de tilleuls, de platanes et de saules pleureurs ; les Musulmans et les femmes turques vont passer la journée au frais sous leur ombrage, et s'y font apporter leurs repas. Au-delà de ce superbe massif, on voit entièrement isolé, comme pour mieux attirer les regards, un cyprès dont la tige, creuse et entr'ouverte d'un côté, donne passage à trois figuiers qui marient leurs branches avec celles du cyprès, et rendent assez piquante cette espèce de jeu de la nature.

Après la vallée de Sultaniïë vient celle du Grand-Seigneur, appelée *Khunkiar-Iskèlèki;* elle a vis-à-vis son débouché un golfe qui portait le nom d'Amycus. C'est là que ce roi des Bébryces, nom des anciens Bithyniens, ayant défié au combat du ceste le plus brave des Argonautes, Pollux se présenta et lui cassa la tête : à cette noble escrime, on peut juger ce que devaient être les mœurs de ces temps reculés. La vallée du Grand-Seigneur est parsemée de beaux platanes, dont les tiges s'élèvent, pour la plupart, sur un énorme cône de racines laissées à découvert par le laps du temps. Cette vallée, ornée de belles fontaines, de kiosks et d'autres fabriques, fréquentée de préférence par les Turcs, les Grecs et les Arméniens, est honorée quelquefois de la présence du chef de l'Etat qui vient y faire binich, ou se livrer, avec sa cour, à plusieurs exercices et à divers amusemens. Des tentes sont dressées pour recevoir le Sultan et sa suite. Cet appareil et celui du nombreux et brillant cortége qui accompagne le Grand-Seigneur, ont toute la pompe asiatique, et présentent un spectacle des plus intéressans. C'est aussi là que les Européens de la rive opposée du Bosphore se rendent pour y jouir de la promenade et de la multitude de tableaux variés qu'offrent, par leurs costumes, par leurs usages et leurs habitudes, les groupes d'hommes et de femmes des diverses nations dont nous avons parlé.

A la vallée du Grand-Seigneur touche la montagne du Géant, qui appuie et soutient en quelque sorte une des extrémités du continent de l'Asie : cette position pourrait lui avoir fait donner le nom de Dos-d'Hercule qu'elle avait dans l'antiquité.

Le golfe de Buïuk-Dèrè correspond à la montagne du Géant : c'était autrefois le Golfe-Profond. Ce vaste bassin, qui est dans la direction du canal de la Mer-Noire, a sur ses bords :

Thérapia, résidence d'été des Ambassadeurs de France, et demeure habituelle de quelques familles grecques du Fanal, joli village en amphithéâtre, au débouché de deux petites vallées, avec un bon port appelé anciennement *Pharmaceia*;

Kirètch-Bournou, rendez-vous de promenade de divers endroits du Bosphore, lieu frais et agréable, ayant une belle source, et tout auprès un Aïazma, ou fontaine sainte des Grecs;

Kèfèli-Keuïu, qui signifie village de l'habitant de Kaffa, occupé par des Turcs et par quelques Chrétiens;

Buïuk-Dèrè, lieu considérable, orné d'un quai servant de promenade; la plupart des Ministres européens y passent tout le temps de la belle saison. Ce village, situé au pied d'une masse de montagnes appelée anciennement *Kalos-Agros*, est remarquable par un mélange de maisons et de palais, dont l'architecture, appropriée au pays et au climat, plaît par sa singularité;

Entre Kèfèli-Keuïu et Buïuk-Dèrè, se présente le débouché d'une grande vallée qui a donné son nom au second de ces villages. On y voit, isolé au milieu d'une belle pelouse, et à peu de distance du bord de l'eau, ce groupe de huit platanes d'une hauteur et d'une grosseur prodigieuses, rangés en cercle, qui tiennent à la même souche. L'un d'eux, et un pareil accident est très-rare sur le Bosphore, a été frappé par la foudre en 1802.

Au-delà de Buïuk-Dèrè, on aperçoit l'entrée de la vallée de Sarièri, son village et son golfe, où les bâtimens, retenus par le vent de nord, attendent que le vent de sud les remette sous voile.

Le Bosphore se présente en face de Buïuk-Dèrè; mais, à ce point, il se détourne presque à angle droit, pour former le Canal de la Mer-Noire. C'est cette dernière direction qui nous reste à parcourir. Elle était réputée sacrée par les anciens. Le Mont-Hémus s'y termine par des escarpemens considérables; la chaîne de la Bithynie par des coteaux d'une grande hauteur. Le resserrement du canal, dans cette partie, rendait maître de l'entrée du Bosphore. Deux châteaux défensifs en regard l'un de l'autre, protégeaient cette position; ils sont attribués aux Génois: le château de la côte d'Europe est entièrement ruiné. Celui de la côte d'Asie existe presque dans son entier; sur chacune des tours qui flanquent la porte d'entrée de ce château à la partie supérieure du contrefort, on remarque un écusson orné d'une croix sculptée sur une des pierres du revêtement, portant le millésime 1190, époque qui est celle de la domination des Génois dans le Bosphore (1).

Après avoir passé Buïuk-Liman, l'ancien port des Ephésiens, les deux bords du canal jusqu'à son embouchure offrent l'aspect de terrains volcaniques

---

(1) Leurs premiers établissemens à Constanstinople datent de l'année 1149.

bouleversés; résultats des grandes convulsions du globe, on les regarde non-seulement comme antérieurs à aucune époque dont l'Histoire ait gardé le souvenir, mais comme antédiluviennes. La rivière *Myrleion*, aujourd'hui Karibdjè-Dèrèçi, roule ses eaux sur ces terrains volcanisés ; elle débouche dans un golfe qui était le port des Lyciens. La partie du canal, qui s'appelait la Bouche du Pont, se montre un peu au-delà. Sur la partie de la côte d'Europe qui lui correspond, et presque à l'entrée de la Mer-Noire, le roi Phinée tenait sa cour : il était vieux et aveugle, et, suivant la fable, il avait l'art de lire dans l'avenir. Irrité par les philtres que les femmes lui avait donnés, il exposa ses deux fils aux bêtes féroces, après leur avoir crevé les yeux. Jupiter, en punition de son crime, le livra aux Harpies, qui enlevaient ou infectaient sa nourriture à mesure qu'on la lui servait. Les Bréades, Zéthès et Calaïs, deux des Argonautes, chassèrent les Harpies, et obtinrent par reconnaissance, de Phinée, la prédiction du succès de leur voyage en Colchide et de leur retour.

On voit en face de l'ancienne résidence de Phinée le cap de Fanaraki, autrefois le cap de l'Ancre, *Ancyreum*, ainsi appelé de l'ancre de pierre (1) que les Argonautes y prirent, en abandonnant celle dont ils s'étaient servi depuis Cyzique. Ici l'on se trouve à l'entrée de la Mer-Noire : on aperçoit à droite Youm-Bournou, cap décoré d'une belle colonade de basaltes

(1) Cette ancre de pierre était surement un prisme basaltique. C'est aussi de l'embouchure de la Mer-Noire que Mahomet II, assiégeant Constantinople, tirait les pierres (les basaltes) qui, arrondies en boulets, servaient à battre en brèche les murs de cette capitale.

24

prismatiques; et à gauche, les Cyanées, ces antiques gardiennes de l'Euxin, dont l'imagination des poëtes s'est emparée pour en faire un des principaux ressorts de leurs brillantes fictions. La vue se prolonge ensuite sur cette mer, qui n'a *de noir que le nom,* comme le dit Tournefort (1), et dont la surface des eaux, tantôt caressée par le zéphyr, tantôt agitée par les tempêtes, n'est que l'image trop vraie de la vie de l'homme (2).

(1) *Voyage du Levant,* tome III, page 1, première édition, in-8
(2) Une chose assez remarquable, c'est que la Mer-Noire n'a point d'îles.

FIN DU LIVRE SECOND.

NOTES
DU LIVRE SECOND.

NOTE PREMIÈRE.

De l'apparition des îles Kamène dans le golfe de Santorin, et particulièrement de la nouvelle qui s'est formée en 1707.

Le P. Bourgnon, jésuite missionnaire, adressa au marquis de Ferriol, Ambassadeur de France à Constantinople, une relation de l'apparition de la nouvelle Kamène. Cette relation fut envoyée en France; elle se trouve dans l'*Histoire de l'Académie royale des Sciences,* pour l'année 1707; mais elle ne va que jusqu'au 20 novembre.

Les *Lettres édifiantes,* t. I, p. 78, édition in-12 de 1780, renferment aussi, sur l'apparition de cette Kamène, une relation dressée en forme de journal, par deux jésuites qui étaient pour lors à Santorin. Les faits principaux sont les mêmes que dans la relation que nous allons donner; mais celle-ci nous a paru plus méthodique, elle est plus étendue, et contient d'ailleurs des détails qui ne se trouvent pas dans les deux autres. Nous en sommes redevables à M. Alby, Agent de France à Santorin, qui nous l'a envoyée pendant notre séjour à Constantinople.

Kamène est aujourd'hui le nom de trois îles dans le golfe de Santorin; on les distingue par les noms de grande, petite et nouvelle Kamène. La nouvelle est surtout celle dont il est question dans cette relation. Quand donc il est parlé des îles Kamène, il s'agit des deux seules qui existaient alors. Le mot *kamène* (brûlée) vient du grec *kameni*, et indique que ces îles ont une origine volcanique, ou que du moins elles sont volcanisées.

RELATION.

Le 8 mai 1707, vers midi, on ressentit à Santorin une secousse de tremblement de terre.

Le 12 au matin, entre les deux îles Kamène, mais plus près de la petite, dans un lieu où la mer n'avait que huit brasses de profondeur, et où des pêcheurs de Santorin venaient jeter leurs filets, parut un écueil ressemblant assez à un navire naufragé. Des habitans de Fira, village de Santorin, s'en étant aperçus, eurent d'abord à ce sujet diverses opinions, et, pour se convaincre de ce que cela pouvait être, ils se déterminèrent à se rendre sur les lieux; mais à peine en furent-ils approchés que, frappés d'un spectacle si effrayant, ils retournèrent à l'île à demi-morts. D'autres cependant, plus résolus et poussés par la curiosité, s'y étant ensuite transportés, y restèrent l'espace d'une heure, quoique tout s'ébranlât autour d'eux. Ils reconnurent que c'était un écueil; et observant même avec plus d'attention, ils remarquèrent des huîtres, des oursins, et d'autres produits de la mer attachés à des roches énormes qui avaient été lancées du fond de l'eau à sa surface. Les pêcheurs profitèrent de cette découverte pour en aller détacher ces coquillages, jusqu'à ce que la mer, troublée quelque temps après par les vapeurs sulfureuses qui s'exhalaient de son sein, étant devenue jaune et infecte, tout ce qui vivait dans ses eaux périt. Les effets de cet état de la mer se prolongèrent jusqu'au-delà de Santorin.

Quant à l'écueil dont nous avons parlé, sa surface s'étendant peu à peu, il finit par occuper l'espace d'un demi-mille. Une matière terreuse et blanchâtre et des pierres ponces faisant corps avec l'écueil, formaient une composition si peu solide que l'agitation des flots l'aurait facilement dissoute, si le rocher brûlé ne lui eût servi lui-même de rempart contre la violence des ondes.

Le 30 juin de la même année, les eaux de la mer qui baignaient cet écueil, où il y avait une profondeur de plus de deux cents brasses, perdirent leur couleur naturelle; elles devinrent blanches comme du lait, et celles de la majeure partie du golfe prirent absolument la même teinte. Ce phénomène était produit par des vapeurs épaisses qui du fond de la mer se portaient à sa surface. Ces vapeurs firent périr les poissons, et les vagues les jetèrent morts sur le rivage de l'île.

Le 2 juillet, on remarqua dans le même endroit d'énormes pierres noires qui, réunies et entassées, formèrent un nouvel écueil.

Le 5, on vit sortir des fentes de ces pierres une épaisse fumée dont le volume allait sans cesse en augmentant; l'écueil s'étendait aussi, et occupait un plus grand espace. On voyait sortir des matières embrasées, mais on n'apercevait point de flammes.

Peu de jours après, la mer étant calme et le temps brumeux, ces vapeurs mêlées aux brouillards se prolongèrent jusqu'à Santorin, et couvrirent toute l'île. Elles firent le plus grand mal aux vignes, aux arbres et même aux habitans, qui croyaient toucher à leur dernière heure, tant ils étaient incommodés de ces exhalaisons sulfureuses et méphytiques. Elles noircirent l'or, l'argent et les autres métaux qu'on n'avait pas eu la précaution de renfermer, et de mettre à l'abri du contact de ces vapeurs. Le vent de sud-ouest qui les portait vers Anamfi et Astopalia, exposa ces îles aux mêmes ravages. Ce phénomène n'eut de résultats avantageux que pour les champs ensemencés; la terre s'engraissa de la cendre qui fut portée par le vent dans la campagne; aussi la récolte en orge et en froment fut-elle plus abondante cette année à l'île de Santorin que dans les années communes.

Depuis que ces vapeurs s'étaient épaissies, qu'elles couvraient un plus grand espace, et arrivaient jusqu'à Astopalia, on ne cessait d'entendre jour et nuit, du même point, tantôt des bruits sourds et effrayans, tantôt des détonations pareilles à celles du canon. La terre était ébranlée par de fortes secousses; les portes, les fenêtres s'ouvraient tout à coup par l'effet de la commotion de l'air, et l'on voyait s'élever avec force, du sein des eaux, des pierres dont quelques-unes étaient de la grosseur d'un tonneau.

Ces phénomènes continuèrent jusqu'en 1710, sans être cependant aussi fréquens et aussi terribles. Les pierres n'étaient plus projetées au loin, mais retombaient sur l'île nouvelle. On eut occasion de remarquer que le vent du sud semblait donner à ces éruptions une activité qu'elles n'avaient point par le vent du nord. Peu à peu la fumée et le feu allèrent en diminuant jusqu'à l'an 1711.

Le 8 septembre de cette année, ce volcan parut entièrement éteint.

Cependant jusqu'en 1714, quand il pleuvait, on voyait sortir de quelques pierres qui formaient la cime de la montagne, et qui étaient comme le foyer du volcan, une vapeur produite par la chaleur qu'elles avaient conservée, mais elle disparaissait bientôt après.

Cette nouvelle Kamène, entièrement composée de pierres noires et parfois rougeâtres, calcinées et brûlées dans leur pourtour, a cinq milles environ de circonférence, et la montagne d'où sortaient les feux peut avoir deux cents pas jusqu'à son sommet.

A la partie méridionale de cette île Kamène, il y a un port qui peut recevoir de petits bâtimens, et dans lequel se trouve l'écueil qui parut le 12 mai 1707. Il a onze brasses à l'entrée, et six brasses au milieu. Son fond est de sable mêlé de quelques pierres.

A l'opposé, on observait que, dans sa partie nord-ouest, le même écueil prenait un accroissement continuel; il sortait toujours de la fumée sans feu apparent; la mer bouillonnait sans cesse, l'eau en était chaude, aucune barque ne pouvait s'en approcher; et à cet endroit, dont il n'était pas possible autrefois de déterminer la profondeur, on trouve aujourd'hui un fonds de roches par quatre-vingt-dix brasses.

A l'est de l'écueil est la petite Kamène, mais si rapprochée que deux bâtimens un peu gros ne sauraient y passer en même temps sans courir quelque danger. Cet espace sert aujourd'hui de port, qui est bien abrité; mais on n'y peut jeter l'ancre, parce que c'est un fonds de rochers.

Ce qui empêcha les habitans de Santorin de fuir à l'époque de cette crise effrayante, c'est qu'ils savaient par tradition, et qu'ils lisaient dans l'histoire, que les deux autres îles Kamène étaient sorties du sein des eaux, accompagnées des mêmes phénomènes, et sans qu'il en fût résulté aucun accident funeste à personne.

Les historiens rapportent, au sujet de la grande Kamène, qu'elle s'est formée en deux fois; la première, dans la première année de la cent quarante-cinquième olympiade, c'est-à-dire cent quatre-vingt-seize ans avant l'ère chrétienne. Justin raconte ainsi le fait : « Dans la même
« année, entre les îles Théra et Thérasia, à égale distance
« des deux rives, on ressentit un tremblement de terre,
« pendant lequel, au grand étonnement des marins, les
« eaux acquirent un fort degré de chaleur, et une île ap-
« parut subitement au milieu des flots (1). » Elle fut nommée *Hiera*, c'est-à-dire sacrée, et fut dédiée à Pluton. La seconde fois eut lieu en l'année 725 de l'ère chrétienne, sous le règne de Léon Isaurius Iconomaque, ainsi qu'en fait mention le cardinal Baronius, historien ecclésiastique, qui rapporte à ce sujet les propres termes de Pline et de Théophanes : « Entre les îles Cyclades, Théra et Thérasia,
« l'on vit d'abord, pendant quelques jours, sortir à gros
« bouillons du fond de la mer une colonne de vapeurs qui,

(1) Livre XX, chapitre IV.

« s'épaississant et s'étendant, parut bientôt comme une
« masse de feu, d'où furent lancées ensuite une grande
« quantité de pierres-ponces de toute grosseur dans toute
« l'Asie-Mineure, à Lesbos, à Abydos et sur les côtes de la
« Macédoine, au point que la mer en était couverte. Par
« l'action de tout ce feu, des terres s'amassèrent et for-
« mèrent subitement une nouvelle île qui s'est réunie à
« celle qu'on nomme Sacrée. Ces phénomènes effrayans
« méritaient d'être les précurseurs de l'hérésie que l'enfer
« vomit comme une nouvelle furie, accompagnée de ces
« tourbillons de feu (1). » Le résultat de cette seconde
éruption est l'écueil qui, par sa jonction avec la grande
Kamène, forme l'excellent port de Saint-Nicolas, qui offre
un très-bon mouillage. Au milieu de cet écueil est un lac
d'eau de mer que les Grecs nomment *Vulcanos*, parce
qu'elle est trouble.

Les détails qui sont parvenus de génération en génération sur la petite Kamène, confirment que son origine fut
de même accompagnée de fumée et de bruits extraordinaires, et même que le feu continua d'y brûler pendant
trois ans consécutifs. Cette île parut le 13 décembre 1457,
ainsi que l'atteste l'inscription latine gravée sur un bloc de
marbre qui existe sur la place du château de Scœuro, dans
l'île de Santorin, et adressée au duc de Naxie; en voici la
traduction :

« Magnanime François Crispi, digne rejeton de héros,
« tu vois les étonnantes révolutions qui s'opèrent sous tes
« yeux : le 23 décembre 1457, après d'effrayans bruits
« souterrains, la mer de Théra arrache en mugissant des
« entrailles de la terre ces roches qui forment l'effroyable
« Kamène; un nouvel écueil sort du fond des eaux; pro-
« dige inouï, dont la mémoire est digne de passer aux
« siècles les plus reculés. »

(1) Il s'agit probablement ici de la secte des Iconoclastes, qui parut
en 726.

Il existe encore à présent (1707) des hommes dignes de foi, qui, en 1649, avaient déjà l'âge de raison, lesquels se souviennent et assurent, comme en ayant été témoins, qu'en 1649 on éprouvait, entre Nio, Andro et Santorin, des tremblemens de terre si fréquens, que les habitans de Santorin, livrés aux plus vives inquiétudes, étaient près d'abandonner leurs habitations, et d'aller chercher ailleurs un refuge. En 1650, ils virent entre ces îles, mais plus près de Santorin, sortir du fond de la mer, avec un fracas épouvantable, un feu impétueux et une fumée si épaisse que le ciel en fut obscurci. Les formes diverses sous lesquelles se montrait cette masse de feu, inspirait la terreur et l'effroi aux spectateurs les plus intrépides. Les métaux qui, dans les maisons, n'avaient pas été mis avec soin à l'abri de la fumée, étaient devenus tout noirs. Ce feu, brisant les obstacles qui le comprimaient sous la terre et sous l'eau, se faisait jour avec un bruit semblable aux éclats de la foudre et au roulement du tonnerre, tellement qu'aujourd'hui on désigne ce temps-là par ces mots : *Is ton kairon tou kakou*, lors du temps du malheur.

La mer, remuée en divers sens par un mouvement si impétueux, gonflée et accrue par un bouillonnement si extraordinaire, franchit ses limites naturelles, et roula ses flots troubles et agités si avant dans l'île de Santorin, qu'elle couvrit la moitié des plaines qui sont au nord-est; elle y déposa une infinité de poissons morts et de pierres volcaniques, qui étaient en si grande quantité sur les bords de la mer que les barques pouvaient à peine y passer. Beaucoup d'animaux et d'oiseaux de toute espèce périrent dans cette occasion, et même plus d'une trentaine d'hommes furent victimes de ce fléau; les uns qui, venant des îles voisines avec leurs barques, périrent suffoquées par la fumée sulfureuse à leur entrée dans le canal, et les autres qui se trouvèrent dans la partie nord-est de l'île que la mer couvrit de ses eaux. Des habitans, en assez grand nombre, en furent même presque aveuglés, et ne se guérirent qu'en baignant souvent leurs yeux avec du vin : ces calamités durèrent un an. (*Traduit de l'italien sur la Relation authentique de M. Dalenda di Gasparo, qui avait été témoin de l'apparition de la Kamène de 1707.*)

NOTE II.

Sur le nivellement de la Mer-Noire à la mer Caspienne (communiqué par M. de Humboldt).

Le détail du nivellement, exécuté à l'aide du baromètre, de la Mer-Noire à la mer Caspienne, en 1812, par MM. Parrot et Engelhardt, se trouve dans le second volume de leur *Voyage en Crimée et au Caucase*, publié en allemand, en 1815, pages 6-82.

De trois opérations, la première a donné 54 toises;
La deuxième.......................... 47;
La troisième.......................... 55,7.

Il y a eu cinquante et une stations entre Taman et Sletka-Terek, ou entre les bouches du Terek et du Kouban.

La moyenne proportionnelle des mesures ci-dessus fait connaître que l'abaissement de la mer Caspienne à l'égard de la Mer-Noire est d'environ trois cents pieds.

NOTE III.

Sur l'ancienne communication de la Mer-Noire avec la mer Caspienne.

« Nous avons déjà fait mention, en parlant de Sarepta,
« des fortes présomptions qui existent en faveur de la plus
« grande extension des côtes de la mer Caspienne, dans
« des temps fort reculés. M. de Buffon croit pareillement

« que la Mer-Noire communiquait autrefois avec la mer
« Caspienne, et il place le canal de communication de ces
« deux mers près de Tria, ou, pour mieux dire, près de
« Zarysin, c'est-à-dire à l'endroit où le Don et le Volga se
« rapprochent le plus l'un de l'autre (1). Mais M. le pro-
« fesseur Müller réfute sur ce point l'illustre naturaliste,
« par la raison que, dans les environs de Zarysin, le ter-
« rain est élevé et montagneux; et M. Pallas place, au con-
« traire, le détroit qui joignait anciennement ces deux
« mers, dans la contrée où le Manytsch, qui dirige son
« cours vers le Bas-Don, prend sa source à l'endroit où le
« terrain élevé qui règne le long de la Sarpa vient se ter-
« miner par un angle coupé vers la pointe. Cette contrée
« où, comme nous venons de le dire, le Manytsch prend
« son origine à cent quatre-vingts werstes environ des
« sources de la Sarpa, présente une plaine fort basse de
« plus de vingt werstes de large, dont le sol est singu-
« lièrement salé et marécageux, et qui est de plus entre-
« coupé de petits lacs qui abondent en sel de cuisine. Au
« sortir de cette plaine, le Manytsch dirige son cours vers
« l'ouest au travers d'un bas-fond très-étendu, dans un
« espace d'environ cent werstes, et entre de là dans une
« vaste plaine aride, qui s'étend, dit-on, jusque vers le
« Don et vers la steppe de la Crimée, à l'entrée de la-
« quelle on trouve deux grands lacs salés. Cette même
« plaine, qu'on retrouve en-deçà du Manytsch, y est pa-
« reillement couronnée par une haute terre qui règne
« entre cette rivière et la Kuma, et enfin vers la source de
« cette dernière, par les montagnes avancées du Caucase.
« C'est donc ici que la steppe orientale a, dans des bas-
« fonds, une communication ouverte, tant avec la steppe
« de la Crimée qu'avec d'autres steppes situées vers la Mer-
« Noire : or cette steppe orientale conserve toutes les traces

(1) Le niveau des eaux du Don est, à ce point, de soixante pieds et
au-delà plus élevé que celui des eaux du Volga.

« d'un terrain abandonné par la mer Caspienne; et autant
« que les informations que M. Pallas a eu soin de prendre à
« cet égard lui en ont appris, les steppes de la Crimée,
« ainsi que celles qui avoisinent la Mer-Noire, sont absolu-
« ment de même nature, et pareillement salées pour la
« majeure partie.

« Si donc le niveau de la Mer-Noire, avant qu'elle se fût
« procuré un écoulement par le canal de Constantinople,
« était élevé de plusieurs toises au-dessus de son niveau
« actuel, élévation à laquelle quantité de fleuves et de ri-
« vières, qui traversaient dans ces temps reculés des con-
« trées plus couvertes de bois et plus humides, ne pou-
« vaient manquer de contribuer par l'abondance des eaux
« qu'ils y apportaient, il faut, suivant les apparences les
« plus vraisemblables, que toutes les steppes de la Crimée,
« du Kuman, du Volga et du Jaïk, et les plaines de la
« Grande-Tartarie jusqu'au-delà du lac Aral, n'aient
« formé qu'une seule mer, qui embrassait, par un canal
« étroit et de peu de profondeur, dont le Manytsch dé-
« couvre encore les vestiges, l'angle septentrional du Cau-
« case, et qui décrivait deux golfes également vastes et
« profonds que nous retrouvons encore aujourd'hui dans la
« Mer-Noire et dans la mer Caspienne.

« Il nous serait très-aisé d'alléguer encore d'autres
« preuves de l'ancienne extension de la mer Caspienne;
« mais nous n'en ajouterons qu'une, qui nous a paru mé-
« riter le plus d'être rapportée. Dans l'escarpement du pre-
« mier angle que forment les montagnes avancées du Moo-
« Chamur, près de la colonie de Sarepta, lesquelles mon-
« tagnes ne sont qu'un sable pur, on trouve une concrétion
« sablonneuse, dont le gluten est une matière calcaire qui
« paraît avoir été produite sur les bords de la mer par
« l'effet de l'eau salée et des substances calcaires qu'elle
« contient, dans un temps où cette eau venait baigner
« successivement ce terrain, et lui laissait ensuite le temps

« de se dessécher. Or, cette concrétion pourrait par consé-
« quent déterminer même le point d'élévation qu'avait dans
« ce temps-là le niveau de la mer. » (*Histoire des Découvertes faites par divers savans Voyageurs*, tome III, pages
88-89. Berne, 1781.)

NOTE IV.

Kyz-Koullèçi, ou la *Tour de la Fille*.

Kyz-Koullèçi est un phare entouré d'un retranchement avec une caserne, placé sur un rocher isolé à l'extrémité du Bosphore, entre Scutari et la pointe du Sérail, mais plus près de Scutari que de Constantinople. Le voyageur George Wheler prétend qu'il y existe une fontaine d'eau douce qui sort du rocher, et il regarde ce fait comme très-remarquable, en ce que le rocher est, des deux côtés, très-éloigné de la Terre-Ferme (1). Wheler a sans doute mal vu, ou a été mal informé; car on n'a d'autre eau à Kyz-Koullèçi que celle d'une citerne que l'on voit dans l'intérieur du bâtiment qui sert de caserne. Au reste, il n'y aurait rien d'extraordinaire quand l'eau arriverait de la côte d'Asie comme la plus voisine, en siphonant par dessous le canal qui la sépare du rocher isolé. M. Addington, aujourd'hui lord Simouth, pour lors ministre du roi de la Grande-Bretagne, fit creuser en 1802 un puits à Richemont près de Londres, dans une propriété que le roi venait de lui concéder; on ne trouva l'eau qu'à quatre cent quatre-vingts pieds, et elle s'éleva en peu de temps de trois cent cinquante pieds, hauteur où elle se maintint. La source et le niveau du puits appartenaient donc à une colonne fluide formée en siphon renversé, dont la flèche avait soixante-dix pieds, ou environ quinze brasses, profondeur commune du Bosphore.

(1) *Voyage de Dalmatie, de Grèce et du Levant*, t. I, p. 202.

NOTE V.

Sur l'Olympe de Bithynie, d'après l'abbé Sestini (1).

L'auteur attribue, on ne sait sur quelles données, à l'Olympe de Bithynie un mille et demi d'Italie, ou mille quatre cent vingt-cinq toises au-dessus du niveau de la mer.

Le thermomètre de Réaumur s'y soutenait, le 29 mai 1779, à 9°.$\frac{1}{2}$ par un temps couvert. Nous avons déjà dit que Sestini ajoutait que la neige ne fond pas entièrement au sommet de l'Olympe, et qu'il en avait traversé de longues bandes, dont une entièrement glacée.

L'abbé Sestini évalue la distance de Brousse au haut de cette montagne à dix-huit milles; on y parvient, dit-il, assez aisément, avec un bon cheval, dans l'espace de cinq heures.

L'auteur divise la hauteur de l'Olympe en trois régions montagneuses :

La première exige deux heures de marche; on y trouve des Châtaigners, des Noyers hauts et robustes, des Tilleuls, des Hêtres, des Chênes, Pins, Charmes, Cornouillers, Poivriers, ces derniers bas et menus.

On s'élève à la seconde région en une heure et demie, et l'on arrive à un grand plateau couvert de bois de Sapins peu élevés et très-faibles. Les principales plantes que l'on rencontre de la première à la seconde région sont les Cistes, la *Viola-tricolor*, la *Trigonella*, l'*Alchimilla* : on y trouve aussi diverses espèces de Renoncules et de Primevères.

Il faut encore une heure et demie pour parcourir la troisième région, que Sestini appelle *Genévrière*, parce qu'elle

(1) *Voyage*, en forme de lettres, *dans la Grèce asiatique, à la Péninsule de Cyzique, à Brousse et à Nicée*, traduit de l'italien, de M. l'abbé Dominique Sestini, Paris, 1789. Lettre XVIII, p. 143-154.

abonde en petits Genévriers à grains rouges qui se continuent jusqu'au haut de l'Olympe; les plantes sont basses et faibles dans cette froide région : on y en trouve cependant de curieuses, telles que le *Muscari*, l'*Ornithogalum*, la *Viola montana*, plusieurs espèces de *Thlaspi*, de *Gentiana*, une seule espèce d'*Auricula-ursi*, la *Fumaria-bulbosa*, la *Pedicularis*, ainsi que beaucoup d'autres. Parvenu au sommet, l'auteur y vit le *Nardus-stricta*, qui commençait à être en fleur, et la vraie fleur de Safran.

On pêche dans les torrens qui descendent de cette montagne d'excellentes truites; les Turcs les appelent *Alabalik*.

Les montagnes de l'Olympe sont composées de talc, de quartz et de mica blanc et jaune, parmi lesquels se trouvent de petites pyrites comme dans le granit. Les montagnes de Tavrinine, celles de la Sicile et de la Calabre inférieure sont de la même nature; les Siciliens en appellent les pierres *Alastre* (1).

NOTE VI.

Sur les Tombeaux des anciens Grecs.

Ces tombeaux étaient peut-être moins remarquables à l'intérieur que ceux des Turcs; mais ils renfermaient des objets, tels que des médailles, des vases, des idoles que l'a-

(1) Dans un voyage que M. Jouannin, ancien premier drogman de l'ambassade de France à Constantinople, aujourd'hui premier secrétaire interprète du roi, a fait au Mont-Olympe le 26 juin 1805, il en a rapporté de la sommité la plus élevée, qu'on peut évaluer à treize ou quatorze cents toises, un échantillon de marbre qui a été reconnu par un de nos habiles minéralogistes pour être de beau marbre grec; ainsi l'Olympe de Bithynie se terminerait par des roches de calcaire primitif.

Je ne saurais parler de M. Jouannin sans lui témoigner ici toute ma gratitude, non-seulement pour les renseignemens intéressans qu'il a bien voulu me fournir, mais encore pour tous les soins obligeans qu'il s'est donnés en secondant la publication de mon ouvrage.

vidité ou la curiosité y recherchent encore. Voici les détails que l'on m'a donnés, pendant mon séjour à Constantinople, sur l'ouverture d'un des tombeaux d'*Ilium-Recens,* dans la Troade, faite en 1812 :

« Au-dessus d'*Ilium-Recens*, on trouve les tombeaux.
« C'est ordinairement un sarcophage en pierre calcaire,
« sans sculpture. Le couvercle est de la même simplicité.
« Au moment qu'on soulève le couvercle, et lorsque l'air
« pénètre dans le sarcophage, le squelette qui se voyait
« intact et complet se résout en une poussière blanche. Sur
« la longueur du corps sont rangés, debout et des deux
« côtés, des idoles et des vases lacrymatoires. A la tête, il
« y a une cruche commune, qui contenait sans doute la
« provision d'eau du mort, et une petite phiole de verre.
« Au pied est une espèce de tuile, avec des caractères grecs
« gravés sans soin. On a trouvé, dans ce tombeau un bas-
« relief funéraire en marbre blanc, une idole, trois vases
« lacrymatoires, et cinq médailles, dont deux en or. »

FIN DES NOTES DU LIVRE SECOND.

CONSTANTINOPLE

ET

LE BOSPHORE DE THRACE.

LIVRE TROISIÈME.

DU SYSTÈME DES EAUX COMPRIS DANS LE DELTA DE THRACE, ET QUI SERT A ABREUVER CONSTANTINOPLE ET SES FAUBOURGS.

CHAPITRE PREMIER.

Des règles de tradition employées dans la conduite des eaux à Constantinople.

De tous les monumens d'utilité publique, ceux qui concernent la manière dont on fournit les eaux à une grande ville pour le besoin de ses habitans, excitent d'autant plus d'intérêt qu'ils offrent un plus bel ensemble, et qu'ils se font remarquer par des ouvrages d'art d'une application peu connue. Le système des eaux qui abreuvent la capitale de l'Empire Ottoman est recommandable sous ces deux rapports : il avait été à peine entrevu jusqu'à ce jour. Nous essaierons de le faire connaître dans toutes ses parties ; et l'on aura lieu de se convaincre que c'est un des plus grands travaux que les Empereurs grecs nous aient laissé. On y verra, dans les moyens dont on se sert pour faire circuler les eaux depuis leur source jusqu'au réservoir de distribution, un ouvrage d'art, le *soutèrazi* (1), ou pyramide hydraulique, dont l'époque de l'invention ne saurait être assignée, mais qui peut passer pour nouveau, puisqu'il n'est guère connu que dans les Etats du Grand-Seigneur, et que personne n'en a encore indiqué les propriétés. Les règles de pratique auxquelles sont assujétis les mouvemens des eaux dans ces sortes d'ouvrages et dans les tuyaux de conduite qui leur sont adoptés, ont été conservées par une tradition non interrompue, et l'on en fait journellement l'application.

Il ne paraissait pas que les anciens eussent fait l'application, pour la conduite des eaux, de la propriété qu'ont les liquides de s'élever à la même hauteur dans divers tuyaux qui communiquent entre eux. En France, le pont du Gard, non loin de Nîmes, l'aqueduc de Jouy, près de Metz, et dans un grand nombre d'endroits d'autres ouvrages de ce genre, faits par les Romains, semblaient indiquer que, de leur temps, on employait seulement les ponts aqueducs pour faire passer des cours d'eau d'un bord à l'autre des vallons. Mais en visitant, au mois de juin 1818, les restes des aqueducs des Romains au-dessus de Lyon, j'y ai reconnu que pour faire franchir aux eaux destinées à abreuver cette grande ville des ravins très profonds, on avait employé des conduites à siphon renversés, et qu'on les avait établies sur des arcades

---

(1) *Soutèrazi*, régulièrement *Sou-tèraziçi*, signifie équilibre d'eau; ce mot est composé de *sou*, eau, et de *tèrazi*, équilibre.

ces siphons sont par conséquent apparens, ce qui permet de reconnaître d'une manière positive leur tracé primitif. J'ai vu depuis la description détaillée de ces travaux dans un mémoire de M. Delorme, lu à l'Académie de Lyon, en 1750 (1).

Ainsi cette loi des fluides qui les ramène constamment au même niveau, a été également, à des époques éloignées de nous, appliquée en grand à Constantinople et dans l'Empire Ottoman, par l'emploi des soutèrazi, qui suppléent d'une manière avantageuse aux aqueducs sur arcades, et qui forment avec les tuyaux qui les lient des siphons renversés.

Il existe à la vérité, en Espagne, diverses conduites à soutèrazi : telles sont celles de Puerto-Real, près de Cadix, et de Talaveyra de la Reyna, sur le Tage (2); mais ces ouvrages paraissent d'une constrution moderne : rien ne prouve qu'ils remontent au temps des Maures, époque brillante des grands travaux hydrauliques en Espagne. Les aqueducs de Grenade établis par les Maures sont loin d'avoir cette forme. Depuis cent ans, les Espagnols ont fait d'assez fréquens voyages à Constantinople; est-ce là qu'ils en auraient pris l'idée? Quoi qu'il en soit, on ne sait pas encore quel est le lieu où ces sortes d'ouvrages ont été employés pour la première fois.

Les soutèrazi sont des massifs de maçonnerie ayant ordinairement la forme d'une pyramide tronquée, ou

---

(1) Ce Mémoire avait été imprimé textuellement, en 1810, dans un ouvrage ayant pour titre : *Mes Promenades à Lyon*. M. Rondelet, membre de l'Institut, à la suite de sa traduction des *Commentaires de Frontin sur les aqueducs de Rome*, publiée en 1820, a analysé le Mémoire de M. Delorme, et a relevé de graves erreurs dans cet écrit.

(2) *Voyez* la note II, § 1 et 2, sur ces soutèrazi.

d'un obélisque égyptien. Pour former une conduite à soutèrazi, on a soin de choisir des sources dont le niveau soit supérieur de plusieurs pieds au réservoir de distribution que l'on veut établir. On amène les eaux de ces sources dans des canaux souterrains légèrement inclinés, jusqu'à ce qu'on arrive au bord d'une vallée, d'un bas-fond ou d'un pli de terrain. On y élève de ce côté et du côté opposé un soutèrazi, auquel on adapte des tuyaux en plomb, verticaux, de diamètres déterminés, placés parallèlement sur les deux faces opposées. Ces tuyaux cessent d'être joints dans la partie supérieure, ce qui forme ainsi un bassin. L'un permet à l'eau de monter au niveau d'où elle était descendue ; par l'autre, l'eau descend de ce niveau jusqu'au pied du soutèrazi, où elle trouve un autre canal souterrain qui la conduit à un second soutèrazi, où elle s'élève et descend dans un troisième, et ainsi de suite jusqu'à la dernière station. Là, un réservoir la reçoit et la distribue dans diverses directions, par des orifices dont le débit est connu.

Il est résulté de l'emploi des soutèrazi quelques règles de pratiques conservées par tradition, et que l'on suit encore aujourd'hui, sans savoir comment elles ont pu être fixées ; voici en quoi ces règles consistent.

Pour qu'une quantité d'eau déterminée puisse se mouvoir librement dans les soutèrazi sans perdre de sa vitesse, l'on donne aux tuyaux d'ascension et de descente un diamètre double de celui du dernier orifice, qui doit être constamment et complètement alimenté.

La distance ordinaire entre deux soutèrazi qui se

correspondent est de deux cent cinquante picks (1), qu'on peut évaluer à quatre-vingt-seize toises.

Nous avons dit que les soutèrazi avaient un tuyau montant et un tuyau descendant; le premier s'élève à la hauteur de la prise d'eau, qui est à sept pouces de l'ancien pied français au-dessous de la source; le second doit être plus bas que l'autre également de sept pouces, et ainsi de suite jusqu'au dernier soutèrazi.

Le réservoir de distribution qu'on appelle *Takçim* (2), doit être lui-même moins élevé de sept pouces que le dernier soutèrazi.

Pour peu qu'on y fasse attention, on verra que ce système de tuyaux de conduite n'est autre chose qu'une suite de siphons renversés, ouverts à leur partie supérieure, et qui se communiquent : le prix d'une conduite à soutèrazi est estimé le cinquième de celui d'un aqueduc sur arcades. Depuis les aqueducs d'Arcueil, de Maintenon et de Montpellier, on n'a plus eu recours en France à ces moyens dispendieux, et on les a remplacés par des conduits de métal en siphons renversés; les villes de Metz et de Phalsbourg sont abreuvées de cette manière. On a substitué également, depuis peu, aux aqueducs en maçonnerie, des chaînes tendues d'un bord à l'autre d'un ravin, et qui portent les tuyaux de conduite. Mais on ne doit point perdre de vue que les soutèrazi s'appliquent à des conduites d'eau de plusieurs lieues de longueur, à travers des terrains accidentés; qu'ils forment eux-mêmes partie des siphons; enfin, qu'ils servent tout à

---

(1) Le *pick*, ou archine des architectes, est de deux pieds quatre pouces de l'ancien pied français.

(1) *Takçim*, mot arabe; racine *kacèmè*, il a partagé.

la fois de ventouses et, comme on le verra plus bas, de châteaux d'eau pour des fournitures latérales, régulières ou accidentelles, ce que ne peuvent faire les siphons renversés qui se trouvent au-dessous de la ligne de pente (1).

L'économie de la dépense n'est pas le seul avantage dont jouissent les conduites à soutèrazi ; elles réunissent encore l'économie de l'eau, par la manière simple et positive dont la fourniture y est réglée.

Un orifice circulaire de quatre lignes de diamètre, par où passe un filet d'eau qui coule douze heures de suite, sous une charge constante de trois pouces, et qui fournit pendant ce temps deux mille quatre cents ocques, ou quatre mille huit cents en vingt-quatre heures, est appelé *maçour* (2). Huit maçour forment un *lulè* (3) : l'orifice de celui-ci a onze lignes de diamètre. Le maçour et le lulè sont les deux seules unités de mesure employées dans la distribution des eaux. Pour régler cette distribution, on reçoit l'eau d'une source dans une caisse, à laquelle sont adaptés horizontalement des maçour et des lulè. Pour que le débit soit ce qu'il convient, il faut que la caisse reste constamment pleine, à trois pouces au-dessus de la tangente menée à la partie supérieure des tuyaux. S'il y a un excédent de la recette sur la dépense, il se reconnaît à un trop plein, lequel s'échappe par une échancrure qui existe à la paroi de la caisse à cette hauteur.

(1) *Voyez*, outre ce qui est dit dans cet ouvrage, dans la note III, § 3, sur la *Conduite d'eau de la Caroline*, près de la porte de Madrid.

(2) *Maçour*, vulgairement *maçourè*, mot persan et turc ; c'est le huitième d'un lulè.

(3) *Lulè*, régulièrement *loulè*, mot persan et turc qui signifie un tuyau pour l'eau, et généralement tout tuyau. On appelle aussi *lulè* la petite cheminée en terre ou la noix de la pipe.

On appelle *mousslouk*, ou caisse à lulè, l'étalon dont nous venons de parler; il est d'une capacité indéterminée. On le place à la source des eaux et au takçim, ainsi qu'à la partie supérieure des soutèrazi, lorsqu'il s'agit de fournir à plusieurs distributions : tel est, au haut du grand soutèrazi de Sainte-Sophie, le mousslouk qui répartit ses eaux entre Bag[...]tchè-Kapouçi, le logement de Bostandji-Bachi et [...]érail.

Les fonteniers ont en outre un mousslouk portatif, qui leur sert à reconnaître si, dans une conduite, il y a des perdans. Comme on sait, à chaque poi[nt] d'une conduite, quel est le nombre de maçour o[u] de lulè qui doivent y passer, si, dans la caisse é[tal]on, disposée avec le même nombre de maçour [e]t de lulè, l'eau ne s'élève pas jusqu'au bord [d]e l'échancrure, c'est une preuve certaine qu'il y a dépe[rdi]tion.

On emploie aussi, d'après le mê[me] procédé, le mousslouk à déterminer la quantité d'eau d'une source, d'un réservoir, d'un ruisseau et d'une p[eti]te rivière. Il faut, pour ces deux derniers objet[s, pos]er le mousslouk en travers du lit de la rivière; et, pour une source ou un réservoir, dans un canal artificiel, de manière que son bord supérieur soit au niveau du fond du canal, et que toute l'eau puisse y entrer par dessus ce bord. Il faut en outre, pour les réservoirs, éloigner assez le mousslouk du [point] de chute, pour que l'eau puisse prendre un mouv[em]ent uniforme avant d'entrer dans le mousslou[k]. Ce procédé est plus simple et aussi plus sûr que celui du jeaugeage ordinaire des sources, en ce qu'il dispense de l'observation du temps, qui donne des résultats incertains.

Il suit de ce que nous venons de dire, que les con-

duites à soutèrazi appartiennent à une époque où les connaissances hydrauliques avaient fait quelques progrès. On devait savoir en effet que le resserrement de l'eau dans les tuyaux de conduite nuisait à sa vitesse, puisqu'on avait cherché le rapport que le diamètre des tuyaux de conduite et le volume d'eau doivent avoir entre eux, pour que la fourniture ne soit pas altéré. Ce rapport est celui de deux à un : c'est la seule détermination fixe que l'on remarque, et elle est bien ancienne. On devait savoir également que le débit par des orifices circulaires donnait les plus grands produits, et que ce débit était seul régulier, quand les vases étaient entretenus constamment pleins à une hauteur déterminée : ce n'est que depuis la découverte de l'accélération des graves que l'on a eu égard, en Occident, à la charge d'eau au-dessus d'un orifice pour en évaluer la dépense. Cette découverte est due à Galilée. On sait qu'il l'exposa dans ses *Dialoghi delle scienze nuove*, qui furent publiés pour la première fois à Leyde, en 1637. Enfin, l'ouverture des soutèrazi à leur partie supérieure prouve qu'on avait senti dès long-temps la nécessité des ventouses. On n'était pas encore bien avancé, à cet égard, en 1732, long-temps après la découverte de la pesanteur de l'air. « M. Couplet a vu, dit l'historien de l'A-
« cadémie des Sciences, qu'en lâchant l'eau à l'em-
« bouchure d'une conduite, il se passait près de dix
« jours avant qu'il en parût une goutte à son bout de
« sortie. Dans la conduite des eaux qui vont à Ver-
« sailles, on remédia à cet inconvénient en mettant,
« aux angles les plus élevés, des ventouses. Après
« cela, l'eau venait au bout de douze heures, précé-

« dée de bouffées de vent, de flocons d'air et d'eau,
« de filets d'eau interrompus; et tout cela prenait
« presque la moitié des douze heures d'attente (1). »

Il y a des soutèrazi simples et des soutèrazi composés. Les soutèrazi simples sont ceux qui n'ont que deux tuyaux et qui ne fournissent de l'eau qu'à une direction. Ces tuyaux, placés dans des rainures, sont masqués par une maçonnerie légère, afin de les pouvoir mettre facilement à découvert quand ils ont besoin d'être réparés. Les autres soutèrazi ont plusieurs tuyaux, et fournissent à plusieurs directions; ce qui fait qu'on pratique à la partie supérieure de ces derniers un mousslouk, ou bassin de répartition. On établit dans l'intérieur des soutèrazi des escaliers en limaçon qui y règnent du bas en haut; mais plus ordinairement on monte à la partie supérieure des soutèrazi, au moyen de pierres de taille en saillie, placées en échelons sur une de leurs faces. Les larges vêtemens des Orientaux leur permettent d'y grimper sans danger; ce que les Européens seraient hors d'état de faire avec leurs vêtemens serrés. Les soutèrazi sont susceptibles de décor; tel est celui qu'on remarque près de la porte d'Andrinople : il est cylindrique, avec un soubassement, aux angles duquel correspondent quatre colonnes.

Le *takçim* est une chambre fermée et voûtée le plus ordinairement, où se fait la répartition d'une quantité d'eau déterminée. Cette répartition a lieu au moyen d'une cuve rectangulaire, de marbre ou de pierre, ayant une de ses grandes faces appuyée contre le mur par où arrivent les eaux, et sur les autres faces

(1) *Histoire de l'Académie des Sciences*, année 1732, page 157.

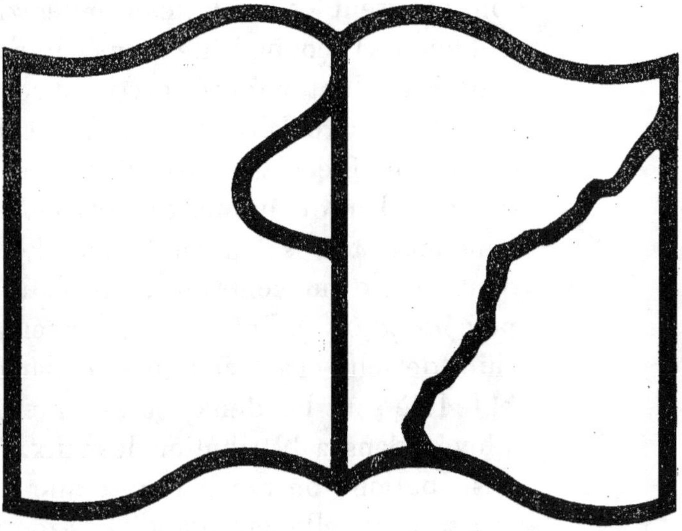

la fois de ventouses et, comme on le verra plus bas, de châteaux d'eau pour des fournitures latérales, régulières ou accidentelles, ce que ne peuvent faire les siphons renversés qui se trouvent au-dessous de la ligne de pente (1).

L'économie de la dépense n'est pas le seul avantage dont jouissent les conduites à soutèrazi; elles réunissent encore l'économie de l'eau, par la manière simple et positive dont la fourniture y est réglée.

Un orifice circulaire de quatre lignes de diamètre, par où passe un filet d'eau qui coule douze heures de suite, sous une charge constante de trois pouces, et qui fournit pendant ce temps deux mille quatre cents ocques, ou quatre mille huit cents en vingt-quatre heures, est appelé *maçour* (2). Huit maçour forment un *lulè* (3) : l'orifice de celui-ci a onze lignes de diamètre. Le maçour et le lulè sont les deux seules unités de mesure employées dans la distribution des eaux. Pour régler cette distribution, on reçoit l'eau d'une source dans une caisse, à laquelle sont adaptés horizontalement des maçour et des lulè. Pour que le débit soit ce qu'il convient, il faut que la caisse reste constamment pleine, à trois pouces au-dessus de la tangente menée à la partie supérieure des tuyaux. S'il y a un excédent de la recette sur la dépense, il se reconnaît à un trop plein, lequel s'échappe par une échancrure qui existe à la paroi de la caisse à cette hauteur.

(1) *Voyez*, outre ce qui est dit dans cet ouvrage, dans la note III, sur la *Conduite d'eau de la Caroline*, près de la porte de Madrid.

(2) *Maçour*, vulgairement *maçourè*, mot persan et turc; c'est le huitième d'un lulè.

(3) *Lulè*, régulièrement *loulè*, mot persan et turc qui signifie tuyau pour l'eau, et généralement tout tuyau. On appelle aussi *lulè* petite cheminée en terre ou la noix de la pipe.

On appelle *mousslouk*, ou caisse à lulè, l'étalon dont nous venons de parler; il est d'une capacité indéterminée. On le place à la source des eaux et au lakçim, ainsi qu'à la partie supérieure des soutèrazi, lorsqu'il s'agit de fournir à plusieurs distributions : tel est, au haut du grand soutèrazi de Sainte-Sophie, le mousslouk qui répartit ses eaux entre Bag-tchè-Kapouçi, le logement de Bostandji-Bachi et le sérail.

Les fonteniers ont en outre un mousslouk portatif, qui leur sert à reconnaître si, dans une conduite, il y a des perdans. Comme on sait, à chaque point d'une conduite, quel est le nombre de maçour ou de lulè qui doivent y passer, si, dans la caisse étalon, disposée avec le même nombre de maçour et de lulè, l'eau ne s'élève pas jusqu'au bord de l'échancrure, c'est une preuve certaine qu'il y a déperdition.

On emploie aussi, d'après le même procédé, le mousslouk à déterminer la quantité d'eau d'une source, d'un réservoir, d'un ruisseau et d'une petite rivière. Il faut, pour ces deux derniers objets, placer le mousslouk en travers du lit de la rivière; et, pour une source ou un réservoir, dans un canal artificiel, de manière que son bord supérieur soit au niveau du fond du canal, et que toute l'eau puisse y entrer par dessus ce bord. Il faut en outre, pour les réservoirs, éloigner assez le mousslouk du point de chute, pour que l'eau puisse prendre un mouvement uniforme avant d'entrer dans le mousslouk. Ce procédé est plus simple et aussi plus sûr que celui du jeaugeage ordinaire des sources, en ce qu'il dispense de l'observation du temps, qui donne des résultats incertains.

Il suit de ce que nous venons de dire, que les conduites à soutèrazi appartiennent à une époque où les connaissances hydrauliques avaient fait quelques progrès. On devait savoir en effet que le resserrement de l'eau dans les tuyaux de conduite nuisait à sa vitesse, puisqu'on avait cherché le rapport que le diamètre des tuyaux de conduite et le volume d'eau doivent avoir entre eux, pour que la fourniture ne soit pas altérée. Ce rapport est celui de deux à un : c'est la seule détermination fixe que l'on remarque, et elle est bien ancienne. On devait savoir également que le débit par des orifices circulaires donnait les plus grands produits, et que ce débit était seul régulier, quand les vases étaient entretenus constamment pleins à une hauteur déterminée : ce n'est que depuis la découverte de l'accélération des graves que l'on a eu égard, en Occident, à la charge d'eau au-dessus d'un orifice pour en évaluer la dépense. Cette découverte est due à Galilée. On sait qu'il l'exposa dans ses *Dialoghi delle scienze nuove*, qui furent publiés pour la première fois à Leyde, en 1637. Enfin, l'ouverture des soutèrazi à leur partie supérieure prouve qu'on avait senti dès long-temps la nécessité des ventouses. On n'était pas encore bien avancé, à cet égard en 1732, long-temps après la découverte de la pesanteur de l'air. « M. Couplet a vu, dit l'historien de l'Académie des Sciences, en lâchant l'eau à l'embouchure d'une conduite, il se passait près de dix jours avant qu'il en parût une goutte à son bout de sortie. Dans la conduite des eaux qui vont à Versailles, on remédia à cet inconvénient en mettant aux angles les plus élevés, des ventouses. Après cela, l'eau venait au bout de douze heures, précidée de bouffées de vent, de flocons d'air et d'eau, de filets d'eau interrompus, et tout cela prenait presque la moitié des douze heures d'attente (1). »

Il y a des soutèrazi simples et des soutèrazi compo-[s]. Les soutèrazi simples sont ceux qui n'ont que [de]ux tuyaux et qui ne fournissent de l'eau qu'à une [di]rection. Ces tuyaux, placés dans des rainures, sont [m]asqués par une maçonnerie légère, afin de les pou[vo]ir mettre facilement à découvert quand ils ont be[so]in d'être réparés. Les autres soutèrazi ont plusieurs [tu]yaux, et fournissent à plusieurs directions ; ce qui [fa]it qu'on pratique à la partie supérieure de ces der[ni]ers un mousslouk, ou bassin de répartition. On éta[b]lit dans l'intérieur des soutèrazi des escaliers en maçon qui y règnent du bas en haut; mais plus or[d]inairement on monte à la partie supérieure des sou[tè]razi, au moyen de pierres de taille en saillie, placées [e]n échelons sur une de leurs faces. Les larges vête[m]ens des Orientaux leur permettent d'y grimper sans [d]anger; ce que les Européens seraient hors d'état de [f]aire avec leurs vêtemens serrés. Les soutèrazi sont [s]usceptibles de décor; tel est celui qu'on remarque [p]rès de la porte d'Andrinople : il est cylindrique, avec [u]n soubassement, aux angles duquel correspondent quatre colonnes.

Le *takçim* est une chambre fermée et voûtée le plus ordinairement, où se fait la répartition d'une quantité d'eau déterminée. Cette répartition a lieu au moyen d'une cuve rectangulaire, de marbre ou de pierre, ayant une de ses grandes faces appuyée contre le mur par où arrivent les eaux, et sur les autres faces

(1) *Histoire de l'Académie des Sciences*, année 1732, page 157.

garnies de maçour et de lulè, des cuves semblables percées d'un orifice dans leur fond ou à leur face extérieure, pour la distribution de ces eaux. Dans les temps de sécheresse, on diminue la fourniture des takçim d'une quantité relative aux eaux qui restent dans les réservoirs alimentaires, et à ce qui revient aux parties prenantes. Cette réduction est régularisée au moyen d'un mousslouk qui est placé à la sortie de ces réservoirs. Malgré cela, quand les pluies d'automne sont tardives, la disette d'eau se fait sentir, principalement à Péra, et les murmures qu'elle excite sont capables de causer des séditions.

D'après ce que nous venons de dire, on jugera que la manière de fournir les eaux en Europe, surtout aux points de partage des canaux de navigation, par des tours de vis qui donnent plus ou moins d'ouverture de vannes, et où la contraction de la veine fluide rend le débit très-incertain, est bien inférieure à celle qui se pratique dans les conduites d'eau à Constantinople.

La forme de la chambre des takçim est arbitraire ainsi que son architecture, qui dépend du caprice ou du goût. Mais, en général, les fabriques de ce genre faites de nos jours, ont une sorte d'élégance et plaisent à l'œil. Les anciennes, d'un style plus sévère sont construites avec plus d'art, et avec une solidité réelle et apparente beaucoup plus considérable.

Les takçim ont extérieurement, pour l'usage du public, une fontaine qui en est dérivée. L'eau étant la seule boisson des Turcs, employée d'ailleurs aux divers usages de la vie et dans les pratiques religieuses, le soin des fontaines est en quelque sorte un culte dans le Levant. On les multiplie à la ville, dans s campagnes et sur le bord des chemins. Les eaux sont souvent amenées de très-loin et avec de grandes dépenses. Partout le service y est facile, et on les dispose de manière à les rendre aussi commodes pour les hommes qu'abordables pour les animaux.

CHAPITRE II.

Conduite des eaux amenées à Constantinople pour les besoins de cette capitale.

Les principales sources qui fournissent aux diverses consommations d'eau de Constantinople et de ses faubourgs au-delà du port se trouvent à l'extrémité du Balkan (Mont-Hémus), qui se termine, sur le canal de la Mer-Noire, aux Kavak d'Europe. Cette chaîne, dans la partie qui correspond aux sources, a de hauteur, au point le plus élevé, environ deux cent quarante-cinq mètres. La distance où elle se trouve de Constantinople est de six lieues de deux mille toises chacune, et elle n'est éloignée que de trois mille toises du littoral de la Mer-Noire.

Le revers de ces montagnes qui regarde le port de Constantinople est couvert, dans les environs du village de Belgrade (1), de belles forêts où le chêne et le châtaignier dominent; elles ont des sources assez abondantes. Le revers opposé du côté de la Mer-Noire a dû être boisé autrefois; mais il est au-

(1) *Belgrade* est un mot illyrique (les Bulgares parlent cette langue), et veut dire château blanc (*Album-Castrum*).

jourd'hui entièrement dépouillé; l'arboisier seulement y croît en abondance. Ce revers, en descendant à Domouz-Dèrè ne fournit presque point d'eaux courantes. On use dans les environs de Belgrade de précautions conservatrices des eaux, qu'on n'emploie pas toujours en Europe. Dans la vue de ménager les sources, il est défendu sous des peines rigoureuses, de couper des arbres, de creuser des puits et d'arroser des jardins. Les irrigations pour la culture du jardinage ne peuvent avoir lieu que dans les parties des vallées inférieures aux réservoirs et aux conduites d'eau. Les Empereurs grecs avaient aussi rendu, en divers temps, des lois très-sévères pour tout ce qui regardait l'entretien et la conservation des eaux : voyez aux notes la traduction de quelques unes de ces lois (1).

La chaîne latérale sur laquelle Constantinople est située à son extrémité, sépare la vallée occidentale des Eaux-Douces de la Propontide, et se termine à la pointe du Sérail. Cette chaîne a un plateau et deux versans, et sur ces derniers, des vallées profondes et assez étendues. Il s'en est suivi de la position de ces trois plans entre eux, et de la manière dont Constantinople y est assise, trois systèmes de conduites d'eau ; l'un, qui a son origine à Belgrade dans ses environs, suit le revers de la chaîne latérale du côté des Eaux-Douces et le long du port ; le second, qu'on a établi sur le plateau, recueille les sources des affluens qui y prennent leur origine et fournit à diverses directions ; enfin le troisième réunit les sources du versant du côté de la Propon-

(1) *Voyez* la note IV, à la fin de cet ouvrage.

le, et les amène à plusieurs points de distribution
ce même versant dans l'intérieur de la ville.

Ce n'est point des vallées de Pyrgos et d'Ali-Beï-
euïu qu'on a tiré les eaux nécessaires aux besoins de
onstantinople, on les a prises dans les vallées d'Aïvat-
endi et de Belgrade qui tombent dans le vallon de
rgos, l'une au-dessus, l'autre au-dessous du vil-
ge grec qui a donné son nom à cette vallée (1). On
a pris aussi dans la vallée de Djèbèdji-Keuï, qui se
int à la vallée d'Ali-Beï-Keuïu, à une demi-lieue
-dessous de l'aqueduc de Justinien. Ce sont trois
allées latérales de deux récipiens principaux dont
les dépendent.

D'après l'assiette de Constantinople, il fallait que
s prises d'eau fussent faites à des affluens, afin
u'elles eussent, avec le moins de développement
'ouvrages possible, une hauteur suffisante pour être
ortées aux divers points de distribution. Ce qui
nécessité ces trois systèmes de conduites d'eau,
'est que les sources sont peu abondantes dans la
artie qui correspond au faîte du contrefort. Il a
llu les créer en quelque sorte, et les tirer des
elouses humides en y creusant une multitude de
ontaines. La conduite d'eau de Belgrade et de ses
nvirons est au contraire alimentée par des eaux
ourantes que l'on a dérivées, et dont on a même
ormé des réserves pour en faire une distribution
égulière lorsqu'une sécheresse prolongée fait diminuer les sources.

On ne trouve dans aucun auteur le nom de l'affluent de la rivière de Pyrgos que nous avons appelée

(1) Les Turcs l'appellent *Bourgas*. *Pyrgos*, en grec, veut dire *tour*.

Aïvat-Bendi, d'après les gens du pays. L'autre affluent était connu sous le nom d'*Hydrale* par les écrivains qui avaient précédé Gyllius. De son temps, les uns l'appelaient *Belgrade*, du nom d'un village situé sur ses bords, et qui existe encore; les autres, *rivière Camérée*, à cause des aqueducs sur arcades, au moyen desquels ces eaux étaient conduites à Constantinople. D'après la direction latérale des vallées d'Aïvat-Bendi et de Belgrade, les vallées de Pyrgos et d'Ali-Beï-Keuïu devenaient un obstacle au cheminement des eaux qu'elles fournissent. Ces vallées étant dans le voisinage l'une de l'autre ont un faîte qui les sépare.

Une des conditions du problème hydraulique pour les dérivations vers Constantinople, était de déterminer sur ce faîte, dans la direction du grand Bend (réservoir de Belgrade au takçim d'Egri-Kapou, au-delà d'Eïoub un point qui se trouvât sur la ligne de pente nécessaire pour l'écoulement des eaux, point où l'on pût en même temps, amener les eaux des vallées de Belgrade et d'Aïvat-Bendi, et d'où on pût les conduire au takçim d'Egri-Kapou. Cet objet a été rempli par la construction d'un *Bach-Havouz*, réservoir de forme circulaire placé au col d'un petit vallon qui descend dans la vallée d'Ali-Beï-Keuïu. En se portant sur son revers de droite, on s'est maintenu à la hauteur de la ligne de pente dont nous avons parlé. Ce repère une fois établi, il n'était pas difficile de lui subordonner l'emplacement et la hauteur des divers aqueducs qu'on avait à construire.

On fit franchir aux eaux d'Aïvat-Bendi la vallée de Pyrgos, sur un aqueduc de trois cents toises ppelé le Long-Aqueduc, situé à l'ouest du village.

Les eaux de Belgrade sont fournies à la tête de la vallée par trois sources qui coulent dans des vallons très-resserrés. Elles se réunissent en un seul courant un peu au-dessous du village, et entrent presque tout de suite dans un grand réservoir formé par un bend d'une très-belle construction. Au-dessous de ce bend, la vallée de Belgrade a sur sa gauche un affluent, et plus loin sur sa droite un autre affluent appelé *Pacha-Dèrèçi*, dont les eaux ont été dérivées pour être amenées dans le conduit qui a son origine au grand bend. Le vallon de Pacha-Dèrèçi a un bend et un grand aqueduc. A peu de distance du dernier ouvrage, les eaux du bend de Pacha-Dèrèçi et celles du grand bend de Belgrade, augmentées des eaux du nouveau bend établi, en 1817, sur le premier affluent (1), entrent dans un seul conduit en pierre, et se rendent, ainsi réunies, à l'aqueduc coudé de Pyrgos. Deux autres conduits, ayant de nombreux regards, prennent les eaux d'Aïvat-Bendi et de Belgrade à leur sortie du Long-Aqueduc et de l'aqueduc coudé, et les portent au bach-havouz de Pyrgos, où elles arrivent chacune de son côté. Un troisième conduit, qui part du même bach-havouz, amène ces eaux réunies jusqu'au haut de la vallée d'Ali-Beï-Keuïu, qu'elles

(1) Depuis mon départ de Constantinople, et l'an de l'hégire 1233 (1817), Sultan-Mahmoud a fait construire en marbre blanc le bend dont la position en était depuis long-temps indiquée entre le grand bend de Belgrade et *Beïlik-Mandra*. Ce nouveau bend est moins considérable que les autres. Les eaux qu'il tient en réserve sont dirigées vers un bach-havouz qui est situé à deux cents pas nord-est, et porte le nom de *Karanlik-havouzy*, ou bassin de l'obscurité. Elles se réunissent ensuite à celles du grand bend de l'aqueduc coudé de Pyrgos, et servent par conséquent à augmenter la provision d'eau que recevait Constantinople.

franchissent en passant sur l'aqueduc de Justinien : cet aqueduc est un ouvrage capital, et sans contredit le plus beau monument qui nous reste du moyen âge.

Les eaux en sortant de cet aqueduc pénètrent dans un conduit voûté, qui suit la croupe des collines de la droite de la vallée, et traverse, à une demi-lieue au-dessous de l'aqueduc de Justinien, la vallée de Djèbèdji-Keuïu, au moyen d'un aqueduc à double rang d'arcades d'une assez belle construction. Le même conduit reçoit, par l'intermédiaire du bach-havouz placé à la sortie de cet aqueduc, les eaux d'un autre conduit provenant de diverses dérivations faites dans la vallée. Les eaux réunies de l'aqueduc et de la vallée de Djèbèdji-Keuïu, sont reportées sur le revers de la vallée d'Ali-Beï-Keuïu qu'elles suivent jusqu'au takçim d'Egri-Kapou, d'où elles sont dirigées dans divers quartiers de Constantinople.

Le takçim d'Egri-Kapou, placé en dehors et près des murs de cette capitale, dans le voisinage d'Eïoub date de l'époque de la construction des aqueducs dont nous avons parlé. Il se lie à leur système, ainsi que les conduits voûtés qui partent de ce takçim, dont l'un va au takçim de Sainte-Sophie, et l'autre passant par la porte d'Andrinople, se rend à Nar-Kapou, au bord de la Propontide, dans le voisinage des Sept-Tours.

Le conduit qui porte les eaux du takçim d'Egri-Kapou au takçim de Sainte-Sophie, fournit au versant du côté du port, et aussi à une partie du versant de la Propontide, par l'entremise du takçim d'At-B ari (1), intermédiaire au takçim d'Egri-Kapou, et à celui de Sainte-Sophie.

Le takçim d'At-Bazari correspond à l'Aqueduc-de-Valens, dont il est peu éloigné. Il se trouve placé à huit toises au-dessous de la partie supérieure de cet aqueduc; ainsi ces deux ouvrages appartiennent à deux conduites d'eau très-distinctes. La première suit à mi-côte le revers des collines qui forment la droite de la vallée d'Ali-Beï-Keuïu, et l'Aqueduc-de-Valens donne passage à celles qu'on a recueillies à la partie supérieure de ces collines. La plupart des auteurs, parmi lesquels on doit compter Gyllius que l'on a copié, prétendent que l'Aqueduc-de-Valens reçoit les eaux qui viennent de Belgrade; mais c'est une erreur, comme nous venons de le prouver.

Le takçim de Sainte-Sophie fournit au Sérail du Grand-Seigneur. Les eaux qui s'y rendent, après avoir passé sous l'Hôtel de la Monnaie, vont aboutir à une citerne d'une des cours du Harèm, d'où elles sont élevées au moyen d'un Noria. Elles débouchent ensuite près de Top-Kapouçi, dans un bassin qui passe pour avoir vingt-cinq toises de long sur vingt-deux de large, et où l'on a établi un bateau pour les amusemens du Sérail.

Le conduit du takçim d'Egri-Kapou à Narli-Kapou se dirige vers la Propontide; et dans la partie correspondante au faîte du contrefort, près du cimetière des Arméniens, il passe au bas d'un regard qui a vingt-six mètres de profondeur. De la porte d'Andrinople, il se rend à Yèni-Baghtchè et à Kaldirim, qui ont un takçim chacun. Plus bas, à Daoud-Pacha, il

(1) *At-Bazari*, marché aux chevaux.

y a un autre takçim, dont les eaux se partagent entre Daoud-Pacha-Kapouçi et Saint-Jean-Studius. Ce dernier endroit a encore un takçim qui distribue l'eau dans ses environs.

Ouvrages d'art des conduites précédentes.

L'Aqueduc-coudé, le Long-Aqueduc et l'Aqueduc de-Justinien, sont dans le voisinage du village de Pyrgos. Leurs distances forment un triangle isoscèle, dont celle du Long-Aqueduc à l'Aqueduc de-Justinien est la base, qui a deux mille toises de longueur, et dont les deux autres côtés qui se réunissent à l'aqueduc coudé ont quinze cents toises chacun. Le village de Pyrgos est sur la direction de l'Aqueduc-coudé au Long-Aqueduc, et à peu près égale distance de l'un et de l'autre. Le Bach-havoz de Pyrgos se trouve dans l'intérieur de ce triangle sur la direction de Pyrgos et de l'Aqueduc-de-Justinien, à huit cents toises de cet aqueduc, et à six cents du village. On évalue à huit mille cinq cents toises la distance de Pyrgos à Egri-Kapou.

Aqueduc-coudé de Pyrgos (1). — Cet aqueduc donne passage aux eaux de la vallée de Belgrade. Il est composé de deux branches, dont l'une ayant soixante-trois toises de longueur, est placée sur le contrefort où vient aboutir le conduit des eaux de Belgrade. L'autre branche, qui forme un angle presque droit avec la première, a cent huit toises de longueur; elle est établie sur la vallée de Pyrgos qu'elle traverse d'une berge à l'autre. Cette seconde

(1) On l'appelle ainsi, parce qu'il est formé de deux parties en équerre entre elles.

anche est composée de trois rangs d'arcades, dont
s ouvertures vont en augmentant d'un rang à l'autre,
 partant de celui d'en-bas. Il est évident que cette
isposition donne à l'aqueduc une solidité plus
rande, que si les pieds droits des arcades des diffé-
ens étages se correspondaient; et la perspective
it disparaître à l'œil l'inégalité de largeur qu'elles
résentent dans leur élévation. Les arcades des deux
ings supérieurs sont à plein-cintre; celles du rang
férieur sont à tiers-point, ou cintres-gothiques. Le
ing du milieu est composé de dix arcades, et le
ing supérieur de vingt et une. Leurs pieds droits sont
ercés d'ouvertures voûtées qui élégissent l'aque-
uc, et offrent une galerie pour passer d'un côté à
autre de la vallée. Cet aqueduc, dont l'épaisseur est
e trois toises trois pieds à la partie inférieure, n'a que
ne toise cinq pieds à la partie supérieure, de manière
ue chacune de ces faces forme un talus assez marqué.
e massif de la maçonnerie ainsi diminué fait reposer
ur une plus grande base les assises à mesure
u'elles s'élèvent, ce qui contribue à donner tout à
a fois de la légèreté et de la solidité à la construction
ntière. Cette solidité est encore augmentée par huit
etits contreforts adaptés aux piles du rang inférieur,
t qui s'élèvent jusqu'à la naissance des arcades du
econd rang. La hauteur de l'aqueduc, depuis le niveau des eaux de la vallée jusqu'à sa partie supérieure,
st de dix-sept toises quatre pieds; le troisième rang
'arcades porte le conduit où coulent les eaux : il est
ouvert en dalles jointives formant talus, pour empêcher les eaux de pluie d'y pénétrer et leur procurer
in prompt écoulement. La branche de l'aqueduc

coudé établie sur le faîte du contrefort, est composée de douze arcades à plein-cintre ne formant qu'un rang d'arcades.

L'Aqueduc-coudé de Pyrgos ne peut pas être d'une époque très-reculée, puisque les arcades de son étage inférieur sont à cintres-gothiques ; ces sortes d'arcades n'ont été introduites dans l'architecture que depuis le dixième siècle. Quoique cet ouvrage n'ait pas ses revêtemens en pierre de taille, il plaît par la belle proportion de toutes ses parties, et par la disposition régulière des matériaux dont il est composé. La forme pyramydale de bas en haut qu'on reçue les massifs de la maçonnerie, et celle de haut en bas qu'on a donnée aux vides, ont concouru à établir dans toutes les parties de l'Aqueduc-coudé avec le moins de pression verticale possible, cet équilibre de résistance qui se suffit à lui-même, rejette l'emploi parasite des tirans et des agrafes toujours insuffisant et souvent dangereux lorsque la masse totale a réellement besoin de leur secours.

Le Long-Aqueduc. — Cet Aqueduc, plus imposant peut-être par son étendue que l'Aqueduc-coudé ne réunit pas à beaucoup près comme celui-ci la régularité du dessin au choix et à la disposition des matériaux ; aussi présente-t-il des dégradations considérables. Le Long-Aqueduc, tel qu'il existe, est évidemment un ouvrage des Turcs, c'est-à-dire qu'il a été reconstruit par eux. Cet Aqueduc est composé de deux rangs d'arcades à cintres-gothiques. Le rang inférieur renferme quarante-huit arcades, et le rang supérieur cinquante. La longueur du Long-Aqueduc est de trois cent cinquante-huit toises, et sa hauteur de treize toises

Bach-havouz de Pyrgos. — Les Bach-havouz sont des bassins ordinairement de forme circulaire ; placés dans des ravins, ils sont destinés à recueillir des eaux détournées de leur direction naturelle, pour recevoir une autre direction. Les eaux y arrivent et en sortent par des conduits voûtés. Il y a en outre un troisième conduit également voûté, qui sert à reporter le trop plein du bassin dans le lit naturel du cours d'eau.

Les Bach-havouz établis dans le voisinage des Bend, et ceux dont nous venons de parler, ont une destination analogue. Les derniers peuvent être appelés Bach-havouz de dérivation, les autres, Bach-havouz de distribution, en ce qu'ils reçoivent les eaux qui sortent d'un Bend, et leur donnent ensuite des directions déterminées.

Les eaux qui passent sur l'Aqueduc-coudé et sur le Long-Aqueduc arrivent au Bach-havouz de Pyrgos par deux conduits voûtés différens, et en sortent réunies dans un seul, qui les porte à l'Aqueduc-de-Justinien.

Le Bach-havouz de Pyrgos est circulaire ; il a trente pieds de diamètre dans œuvre, et la maçonnerie qui en forme le pourtour, trois pieds six pouces d'épaisseur. Une plate-forme de quatre pieds de largeur règne en dedans autour de ce mur d'enceinte. Une porte et deux escaliers, dont l'un arrive sur la plate-forme, et l'autre descend jusqu'au fond du bassin, donnent la facilité de visiter les conduits, et d'y faire les réparations nécessaires. Le Bach-havouz de Pyrgos ne présente rien de particulier sous le rapport de l'art ; mais la détermination de son emplacement, soumise à des considérations topographiques assez délicates, mérite de fixer l'attention par la manière dont elle a été effectuée.

Aqueduc-de-Justinien. — Cet Aqueduc est placé sur une vallée dans laquelle coule le Cydaris des anciens, appelé aujourd'hui *Ali-Beï-Keuïu-Souïou.* Il est composé de deux rangs de grandes arcades à cintres-gothiques, qui ont chacun quatre de ces arcades. Celles de l'étage inférieur, de huit toises quatre pieds d'ouverture, sont plus grandes que celles de l'étage supérieur; celles-ci n'ont que six toises quatre pieds six pouces. Ces arcades sont séparées par des piles contre lesquelles s'arcboutent en dehors, et sur chaque face, des contreforts prismatiques à bases triangulaires, tranchés diagonalement, de manière à se terminer par le haut en ligne droite; ils se coupent sur leurs surfaces en différens sens, et présentent des raccordemens habilement exécutés. On a pratiqué au milieu de ces piles, à trois hauteurs différentes de petites arcades, qui sans nuire à la solidité de l'aqueduc, ont eu pour but de diminuer la dépense de construction, et d'élégir ce monument. Les piles du second rang sont régulièrement percées dans le sens de la longueur de l'aqueduc, par des passages voûtés de quatre pieds de largeur, pareils à ceux de l'Aqueduc-coudé et ayant le même objet, celui d'élégir l'aqueduc et de fournir une communication d'une rive à l'autre. La longueur de l'Aqueduc-de-Justinien est de cent vingt toises, et sa hauteur de dix-huit toises. Les piles ont au niveau du terrain huit toises trois pieds d'épaisseur, pris dans leur milieu. Le conduit des eaux a deux pieds environ

largeur sur quatre de hauteur; il est couvert par
es dalles formant un toit à deux égoûts.

L'Aqueduc-de-Justinien est établi d'une manière
:trêmement solide; et malgré le peu de soin qu'on
porte à son entretien, il semble devoir braver les
ècles. Cet Aqueduc et l'Aqueduc-coudé sont deux
ıvrages extrêmement remarquables parmi ceux qui
ous restent des Empereurs Grecs, l'un par la gran-
eur de sa construction, l'autre par l'élégance du
essin et la proportion des diverses parties entre elles.
près avoir vérifié les principales dimensions de l'A-
ueduc-de-Justinien, je me suis assuré qu'on peut
ompter sur l'exactitude du plan que M. le baron de
'ott en avait levé, et que M. Guys a publié dans
: tome second de son *Voyage littéraire de la
Grèce* (1).

L'aqueduc que nous venons de décrire n'a pas été
onstruit par Justinien, quoiqu'il porte le nom de
et empereur. Procope, dans son *Livre des Edi-
'ces* (2) qu'il a consacré à faire connaître les monu-
nens élevés par Justinien, ne parle pas de celui-là.
,e Livre des Edifices est, à la vérité, une des moin-
lres productions de Procope; mais il est curieux en
:e qu'il renferme l'énumération de la prodigieuse
quantité d'ouvrages de magnificence et d'utilité pu-
lique, d'ouvrages défensifs et de monumens religieux que Justinien fit construire, pendant la longue
lurée de son règne, sur tous les points et jusqu'aux
extrémités de son Empire.

(1) *Voyage littéraire de la Grèce*, ou *Lettres sur les Grecs anciens
et modernes*, Paris, 1783.
(2) *Voyez l'Histoire de Constantinople*, tome II, pag. 221-234, de
la traduction du président Cousin.

D'autres auteurs ont attribué cet aqueduc à Andronic Comnène, qui fut élu empereur en l'année 1183, et ne régna pas tout-à-fait deux ans. Gyllius paraît avoir adopté cette opinion. Il prétend qu'Andronic entreprit de conduire les eaux de Belgrade à Constantinople par des aqueducs très-élevés, situé[s] dans le voisinage de Pyrgos, et par des canaux sou[s-]terrains (1). Mais *Nicetas-Choniatas*, continuateu[r] des Annales de *Zonare*, dit (2) qu'Andronic Com[-]nène fit *renouveler* ces ouvrages ; ce qui suppos[e] qu'ils existaient avant lui. On ne peut effectivemen[t] douter que la conduite d'eau de Belgrade ne fût co[n-]temporaine de la plupart des grandes citernes qu[e] l'on voit encore dans la capitale de l'Empire Ottoma[n,] et dont les plus considérables remontent à Co[n-]stantin. Tout y porte effectivement l'empreinte de grandeur romaine ; car on sait que cet empereur e[ut] l'ambition de faire de sa nouvelle ville une second[e] Rome, en y élevant des monumens pareils à ceux q[ue] l'on admirait dans son ancienne capitale. La condui[te] des eaux pour abreuver cette dernière n'était pas [ce] qu'il y avait de moins remarquable, et ce qui,aujo[ur-]d'hui même est moins fait pour exciter l'admi[ra-]tion (3). Si ces monumens étonnent par leur gra[n-]deur, on remarque des incorrections dans leur tra[cé] et des inégalités dans les parties qui les compose[nt.]

---

(1) Gyllius, *de Bosphoro Thracio*, lib. II, pag. 108.
(2) *Annales de Nicetas Choniatas*, liv. II, pag. 164.
(3) *Voyez* à ce sujet le *Commentaire de Frontin sur les Aquee[ducs] de Rome*, traduit par M. Rondelet, ainsi que le Supplément et l'[...] qui accompagnent cette traduction.

Voyez également, sur les *Eaux courantes des Romains*, un Mé[moire] de M. de Prony dans les Mémoires de l'Acad. des Sciences pour 18[..]

On ne parle point de l'assemblage de colonnes et de chapiteaux de diverses matières et proportions, et de divers ordres soutenant une même voûte, comme on le voit dans la citerne de Yèrè-Batan-Sèraï, ainsi que dans d'autres citernes dont nous aurons bientôt occasion de parler; cette incohérence ne peut se justifier que par la prétention qu'eut Constantin de montrer qu'il avait le pouvoir de créer en peu d'années une ville qui ne le céderoit à Rome ni en grandeur ni en magnificence. La précipitation que l'on mit dans l'exécution de ces ouvrages obligea de se servir de matériaux tirés des monumens de Byzance, détruits par ordre de cet empereur comme appartenant à une autre religion, et que l'on assembla sans choix comme sans goût : tel fut le prélude de cette époque désastreuse du moyen âge, ou Bas-Empire, qui amena la dégradation totale des arts sur ce même sol où ils avaient fleuri avec tant d'éclat.

Aqueduc de Djèbèdji-Keuïu. — Cet aqueduc, placé presque au débouché de la vallée qui tire son nom du village de Djèbèdji-Keuïu, situé à une lieue plus haut, est composé de deux rangs d'arcades; le rang supérieur en a onze, et le rang inférieur huit seulement. Les pieds droits sont soutenus par des contreforts. Les trois piles placées dans le lit de la rivière ont des éperons du côté de la venue des eaux, pour résister sans doute à leur effort pendant les crues, ce qui semblerait annoncer que ces dernières sont considérables. On a établi près de la sortie de l'aqueduc un Bach-havouz où se réunissent les eaux de diverses vallées, lesquelles se rendent ensuite par un seul conduit au takçim d'Égri-Kapou; aussi ce point est-il à remarquer.

Le conduit qui portait les eaux de la vallée à ce Bach-havouz ayant été abandonné pour relever de quelques pieds celui qui existe, m'a laissé apercevoir, lorsque je suis allé visiter cette vallée, le 23 mai 1814, l'intérieur de l'ancien que les habitans ont détruit dans quelques parties, et dont la construction m'a paru mériter d'être connue. Ce conduit, qui a deux tiers de mètre de largeur et un mètre de hauteur, est établi sur un massif de pierres plus petites que des moellons, et liées par un mortier composé de chaux réduite en poudre, et de khoraçan ou de briques pilées. Ses parois sont formées de la même manière. Il est terminé par une voûte en briques et en mortier de khoraçan, sur l'extrados de laquelle se prolonge le même massif qui forme sa base et ses parois. Le fond et les parois intérieures de ce conduit jusqu'à la naissance du cintre, ont une cuvette en ciment de quinze centimètres d'épaisseur, recouvert d'un enduit appelé *lukiun*. Le ciment n'est autre chose que le mortier de khoraçan, où l'on a mêlé une certaine quantité d'étoupes. Le lukiun est un enduit huileux dont la chaux éteinte est la base, et dans lequel il entre de l'huile de lin et du coton en laine suivant certaines proportions (1).

L'aqueduc de Djèbèdji-Keuïu est de construction moderne; mais son emplacement a toujours été dans la direction primitive de la conduite d'eau de Belgrade et de ses environs à Constantinople.

(1) *Voyez*, à la suite du Livre, la note VIII, sur la Composition divers mortiers et cimens en usage à Constantinople.

Il existe une opinion parmi les Grecs, que la dérivation de Djèbèdji-Keuïu date du règne de Constantin, et que c'est la première qui ait été établie dans cette direction. On attribue à Soliman-le-Magnifique les conduites d'eau de Belgrade et d'Aïvat-Bendi, et les aqueducs de Pyrgos qui en dépendent. Cette dernière opinion est détruite par le témoignage de Nicetas-Choniatas, que nous avons rapporté plus haut.

Les conduits voûtés recevant des eaux courantes qui y forment nécessairement des dépôts, on a établi sur leur longueur de nombreux regards, par lesquels on peut pénétrer dans ces conduits et les récurer.

Takçim d'Egri-Kapou, d'At-Bazari et de Sainte-Sophie, sur la direction du Sérail; et takçim de Yèni-Baghtchè, sur celle de Narli-Kapou.

Ces ouvrages sont de construction ancienne; leur forme est carrée : ils sont surmontés d'une coupole à plein cintre, ou en voûtes d'arêtes, et reçoivent le jour par une ouverture pratiquée dans le milieu de la coupole. Les conduits qui arrivent à ces takçim et qui en partent sont des conduits voûtés. Les mousslouk qu'on y remarque, au moyen desquels on règle la distribution des eaux, n'existaient pas dans l'origine; il est aisé de s'apercevoir qu'ils y ont été ajoutés plus tard.

Les takçim dont il s'agit sont construits avec une grande solidé. Le plus remarquable pour la beauté de l'exécution est celui de Yèni-Baghtchè. On s'étonne d'abord que ces ouvrages, dont plusieurs sont presque entièrement sous terre, où ils forment un vide vers lequel les eaux de filtrations tendent nécessairement à se porter, n'aient pas éprouvé la plus légère altération depuis plusieurs siècles qu'ils sont construits. Il faut convenir aussi que leurs paremens sont si unis, les assises si bien jointes, les arcs des voûtes si bien raccordés, qu'on les dirait faits d'une seule pièce, et qu'on ne sait pas comment il eût été possible d'y appliquer aucun moyen d'entretien.

Durant le jour, les eaux des takçim se rendent à leurs destinations respectives; mais, le soir, on bouche les lulè qui fournissent à certains conduits pour faire passer l'eau dans un seul. Ainsi, par exemple toutes les eaux que reçoit le takçim de Sainte-Sophie sont dirigées pendant la nuit vers le Sérail du Grand Seigneur.

Le moyen dont on se sert pour boucher les lulè dans les takçim est assez singulier, du moins en apparence. On jette dans le mousslouk une poignée d'herbages (du céleri sauvage) déjà imprégnés d'eau. Ces herbages sont entraînés dans l'entonnoir qui se forme au-dessus de l'orifice d'un lulè, et sont arrêtés à cet orifice, qu'ils bouchent aussi exactement que s'il y avait un robinet; la simple pression d'un linge contre un orifice d'écoulement produit le même effet. En adaptant un robinet aux lulè, la fourniture de l'eau eût été moins régulière; et en fermant les lulè de toute autre façon, leur calibre à la longue en eût été altéré, ce qui aurait nui à la régularité de la distribution des eaux. Cette manière de boucher le lulè, qui paraît un moyen grossier au premier abord, est néanmoins fondée en principe; elle est encore une preuve, en l'examinant avec attention, de

plicité et de l'exactitude avec lesquelles on avait
bli, dans l'origine, tout ce qui regardait la fourni-
e des eaux dans Constantinople.

duites des eaux prises à la partie supérieure du contrefort
et sur le versant de la Propontide.

La plupart des conduites d'eau dont nous avons à
ler dans ce paragraphe sont des fondations pieuses
tes à des mosquées. Les eaux courantes qu'elles
ènent ont leurs réservoirs dans ces mosquées où
es alimentent, soit en dehors, soit dans les cours
ntrée, les fontaines pour les ablutions qui doivent
écéder la prière. Une partie de ces eaux circule
ns des tuyaux de grès ou de plomb, et passent sur
queduc-de-Valens. Nous parlerons de cet ouvrage,
i fut dans l'origine un beau monument, mais qu'on
mutilé depuis pour un objet puérile.

La première conduite que l'on trouve en s'élevant
e la vallée occidentale des Eaux-Douces sur le pla-
au qui regarde Constantinople, est celle qui fournit
la mosquée de Sultan-Bajazet.

A une lieue d'Eïoub, passant par Kutchuk-Keuï,
illage grec, on trouve une grande prairie aqueuse,
pelée *Pacha-Tchaïri.* En creusant la terre de
uelques pieds, on a formé dans beaucoup d'endroits
es fontaines, auxquelles on a adapté des tuyaux de
rès, lesquels vont aboutir à une espèce de regard,
'où les eaux passent sur un aqueduc construit il y
 peu d'années; elles pénètrent ensuite dans la mon-
agne, au moyen d'un conduit souterrain.

Le vaste espace où se trouvent les sources qu'on a
ecueillies est dépouillé d'arbres et d'arbustes ; ce

n'est qu'une pelouse aqueuse parsemée de bruyère
très-courtes, sur laquelle on n'aperçoit pas même u
buisson.

Les montagnes de Karamatli, à six heures de l
porte d'Andrinople, fournissent des eaux abondante
que l'on a dérivées par plusieurs directions. Les hau
teurs de Kalkali, à l'est de San-Stephano, donnen
aussi beaucoup de sources. Les eaux de ces deux er
droits passent sur l'aqueduc de Khavass-Keuïu, dar
deux tuyaux de grès placés près l'un de l'autre,
maçonnés tout autour. Cet aqueduc est d'ancien
construction; il a onze arcades. Des contreforts ap
puient ses murs de face, dont le revêtement est e
pierres de taille posées sans ciment, liées les unes au
autres dans l'intérieur par des agrafes de fer scellé
en plomb. L'aqueduc de Khavass-Keuïu est en ruine
le figuier sauvage, établi dans le massif de la maço
nerie, travaille avec énergie à sa destruction.

Dans le voisinage de la porte d'Andrinople, sur
chemin de Ponte-Piccolo, se trouve un pli du te
rain qui a quelques sources; on les a réunies da
un endroit appelé *Baïram-Pacha*, au milieu de ja
dins potagers.

On a tiré aussi plusieurs lulè d'eau des hautel
près de Toptchilar, village d'une cinquantaine
feux, et distant de huit cents toises de la même por
L'endroit où il est situé est une espèce de platea
d'où partent deux ravins qui tombent sur Eïoul
l'extrémité du port, et où prend son origine la val
qui passe à Daoud-Pacha, ainsi que celle qui trav
sant en écharpe Constantinople va déboucher à
mer de Marmara.

On a recueilli, toujours pour le service de la capi-
le, les eaux de sources qui se trouvent entre Nifèz
 Aïpa, sur les collines où ces deux villages sont
ués, à deux heures de la porte d'Andrinople, du
)té de cette mer.

On a également recherché dans les collines de Ba-
ukli plusieurs sources dont on a profité. Ces col-
nes longent le ravin, sur le bord opposé duquel se
ouve placée la partie de l'enceinte de Constantino-
le qui est sur le versant de la Propontide. Les sources
u'elles fournissent sont un peu au-delà de l'Aïazma,
u fontaine sacrée, qui contient des poissons que les
recs, un peu enclins à la superstition, regardent
omme miraculeux.

CHAPITRE III.

Conduite des eaux qui abreuvent Péra et les faubourgs adjacens.

La vallée de Baghtchè-Keuïu, la plus orientale de celles qui ont leur direction vers les Eaux-Douces et en même temps la plus proche du Bosphore, fournit, au moyen de réservoirs et de conduits de dérivation, les eaux qui abreuvent Péra et les autres faubourgs qui l'avoisinent; elle fournit aussi à quelques villages du Bosphore.

Cette vallée est formée à son origine de deux vallons et d'un grand ravin disposés en pate d'oie. Les eaux du vallon oriental, retenues au-dessus du village de Baghtchè-Keuïu par une digue, procuren[t] un grand réservoir appelé *Mahmoud-Bendi* (ben[d] veut dire digue); la partie est ici prise pour le tout (1) Un autre réservoir formé de la même manière, situ[é] dans le vallon adjacent, et appelé *Validè-Bendi* ou réservoir de la Validè, contient à peu près la mêm[e] quantité d'eau. Réunies dans un conduit commun les eaux de ces deux Bend sont amenées à l'aqueduc sur les arcades de Baghtchè-Keuïu. Depuis cet aqueduc jusqu'au takçim de Péra, elles circulent dans de[s] conduits à soutèrazi, qui sont établis sur le faîte q[ui] sépare la vallée orientale des Eaux-Douces du Bo[s]phore; ils ont un grand nombre de regards. Da[ns] quelques parties, ce faîte est tellement resserré qu[il] n'a pas deux toises de largeur.

Ouvrages d'art.

Ces ouvrages consistent en deux Bend, un Aqu[e]duc, deux Takçim, et un grand nombre de Soutèra[zi] avec leurs conduits.

Le *Bend de Baghtchè-Keuïu* est formé par u[ne] digue en maçonnerie de quarante toises de longueu[r] placée en travers du vallon où elle est située, et q[ui] s'appuie aux deux berges. Elle a dans son milieu [un] éperon brisé tourné vers amont, et elle est so[u]tenue en aval par deux grands contreforts carrés q[ui] s'élèvent jusqu'à sa partie supérieure : les revêteme[nts] de la digue et des contreforts sont en talus et co[n]struits en pierre de taille. On n'a pas besoin de fa[ire] remarquer que le plan de cette digue, mieux entend[u], quoiqu'il ait été conçu dans l'idée d'opposer u[ne]

(1) *Bènd*, mot persan, turc et allemand, qui signifie *lien*, *nœud*,

ande résistance à une grande pression, aurait en-
aîné moins de dépense. Mais les souverains otto-
ans ne sont point dirigés dans l'érection des monu-
ens publics par des vues d'économie; ils veulent
tacher un long souvenir à leur nom; en imprimant
ces monumens un caractère de grandeur et de ma-
ıificence qui frappe la multitude, et détermine son
dmiration pour celui qui les a fait élever.

Le Bend de Baghtchè-Keuïu, fut construit en 1731
ar Sultan-Mahmoud I, et restauré en 1784 par
ultan-Abdul-Hamid. Ce Bend, ainsi que celui de la
alidè et d'Aïvat-Bendi, sont revêtus en marbre blanc.
lacés dans des gorges de montagnes agréablement
t complétement boisées, ils s'harmonisent bien avec
e reste du paysage, et leur effet est très-pittoresque.
.es Bend établis dans la vallée de Belgrade sont plus
nciens; leur direction est en ligne droite, sans épe-
ons ni contreforts.

Aqueduc de Baghtchè-Keuïu. — Cet aqueduc,
lacé à cinq cents toises au-dessous du village de ce
10m, se trouve à l'origine d'un des affluens de la val-
ée de Buïuk-Dèrè, sur un col qui fait la communi-
ation de cette vallée et de celle de Baghtchè-Keuïu.
l est composé de vingt arcades à tiers-point, aux
ıieds droits desquelles sont adossés des contreforts.
Chacune des arcades a trois toises de largeur; leur plus
grande hauteur est de sept toises un pied. Une arcade
d'une plus grande ouverture que celle dont on vient
de parler, et située au-dessous dans l'endroit le plus
bas du col, sert au passage du grand chemin de Buïuk-
Dèrè à Baghtchè-Keuïu, Belgrade et autres endroits.
La longueur de cet aqueduc est de deux cent dix

27

toises, et sa hauteur correspondante au col, de trei[s]
toises deux pieds.

L'aqueduc de Baghtchè-Keuïu, élevé par les Turc[s]
est d'une construction solide, et se maintient en b[on]
état. Cet aqueduc est encore un de ces monumens [de]
magnificence publique, que les souverains ottoma[ns]
ou des personnages en crédit, se plaisent à érig[er]
pour signaler leur règne ou leur administration ;
on aurait pu lui substituer un soutèrazi, ouvra[ge]
beaucoup moins dispendieux, mais qui eût été b[ien]
moins remarquable. L'aqueduc de Baghtchè-Keuï[u a]
coûté cinq cent mille piastres ; et un soutèrazi, d[e]
la même position, n'en coûterait que vingt-cinq mi[lle].

Takçim de Péra.—Ce takçim contient quatre cu[ves]
qui fournissent l'eau à Péra, Galata, Kaçim-Pach[a,]
Top-khana. La forme de la chambre est octogon[e.]
Des colonnes placées dans les angles soutiennent [des]
arcades pleines ; une corniche règne au-dessus [des]
arcades ; l'édifice est terminé par une voûte hé[mis]-
phérique. Le mousslouk se présente en face d[e la]
porte d'entrée. Un divan, estrade en planches él[evée]
de quelques marches, placé à gauche, est des[tiné]
aux personnes de distinction qui vont visiter le [tak]-
çim. Il sert aussi aux femmes turques qui s'y a[rrê]-
tent, au retour de la promenade, pour y faire [,]
ou s'y reposer à l'aise et boire de l'eau fraîche [dont]
les Turcs font grand cas. La porte reste fermée [pen]-
dant tout le temps qu'elles y sont, et il n'est pe[rmis]
à aucun homme d'en approcher.

Sultan-Mahmoud I fit construire, en 1734, le [tak]-
çim de Péra ; et Sultan-Sélim III celui que l'o[n voit]
près du cimetière des Arméniens, avant d'arri[ver]

utre takçim, et qui distribue une partie de ses eaux
tre le village de Saint-Dimitri et Bèchik-Tach, pa-
s d'été du Grand-Seigneur sur le Bosphore.

Nous présenterons, dans le chapitre suivant, le
bleau de la répartition des eaux qui arrivent à Con-
antinople et dans ses faubourgs, en quantité suffi-
nte pour l'usage de leurs habitans pendant vingt-
atre heures, lorsque l'état des sources est tel,
'il devient nécessaire de régler la consommation de
au. Pendant l'hiver, les sources sont si abondantes
e les eaux ne demandent aucun soin pour leur ré-
artition; elles en exigeraient beaucoup moins dans
s autres saisons si l'administration était plus active,
us surveillante et moins cupide. En visitant les
ivers ouvrages d'hydraulique, notamment le Long-
queduc et l'Aqueduc-de-Justinien, nous nous
ommes aperçus que, faute d'entretien, il s'y fait
ne grande déperdition d'eau, laquelle entraîne en
utre la dégradation de ces beaux ouvrages. Les
urcs ne songent pas au temps qui détruit, leur pro-
re existence est si incertaine, si précaire! ils con-
truisent, mais ils sont peu soigneux de conserver.
es sous-ordres, pressés de jouir, détournent les
onds d'entretien; ils trompent ainsi le gouverne-
ient, et lorsque des besoins nécessitent enfin des
éparations, ces mêmes sous-ordres sont trompés à
eur tour par les *Khalfa* (architectes grecs, armé-
iens ou juifs), qui introduisent à dessein de la mal-
açon dans les ouvrages, afin d'être à même de les
estaurer plus souvent. Un homme des plus respec-
ables, M. Ruffin, dont le souvenir ne s'effacera ja-
ais dans le Levant, détenu aux Sept-Tours pendant

notre expédition d'Egypte, disait au Khalfa de
château qu'il était singulier que la maison du D
dar, ou commandant, fût construite en bois, tan
que les ruines de quatre tours, tombées de vétus
offraient tant de matériaux en pierre qui aurai
pu servir pour une construction meilleure et p
convenable : ce Khalfa le supplia de n'en point p
ler, par commisération pour lui père de famille,
vivait des réparations annuelles qu'il faisait à ce
maison.

CHAPITRE IV.

De la quantité d'eau nécessaire pour la consommatio
Constantinople. — Détermination de sa population

Le système des eaux qui abreuvent Constantino
et ses faubourgs, un des plus considérables que
connaisse, est aussi remarquable dans son ensem
que par ses détails. Il est composé de conduite
aqueducs sur arcades, et de conduites à souter
Les premières, avec la plupart des citernes de l'i
rieur de Constantinople, remontent au règne de C
stantin; les autres sont du Bas-Empire : les condu
d'eau faites sous le gouvernement des Turcs réu
sent les deux genres.

La conduite des aqueducs sur arcades établie s
Constantin, imitation de celles qui existent enco
Rome, pouvait être suffisante avant que la nouv
Rome eût pris l'accroissement qu'elle eut depuis
surtout avant qu'elle fût tombée au pouvoir de c

tion Musulmane, qui, pour ses ablutions, ses bains les usages ordinaires de la vie, regarde l'emploi de au comme si indispensable. On dut par conséquent, s le temps des Empereurs Grecs et sous les Sultans tomans, chercher d'autres sources, et trouver un oyen facile et moins dispendieux de les amener à nstantinople. C'est de là qu'est résultée la con- ruction des conduites à soutèrazi. Dans ces travaux n remarque moins de grandeur que dans ceux des mains; mais ils décèlent plus de simplicité, plus finesse, et ils établissent, en un mot, la différence cette nation spirituelle, naturellement portée vers qui tenait à l'imagination, et de ce peuple si grand r lui-même et si jaloux de voir tout sur son module. C'est dans l'habileté avec laquelle on a plié les di- ctions de ces deux espèces de conduites à la topo- aphie très-variée du terrain des environs de Con- antinople, que consiste la beauté du système des ux établi pour abreuver cette capitale et ses fau- urgs. On en verra le développement dans le tableau ivant; tableau entièrement neuf, sur lequel il n'exis- it aucun document écrit, même dans l'administra- on turque. On concevra tout ce qu'il m'a fallu de mps, de patience et de soins pour le former, d'après seule inspection du terrain, le détail minutieux des vrages, et les renseignemens que j'ai dû prendre près de quelques fonteniers grecs. Le gouvernement rc ne se doutait certainement pas d'avoir, pour un jet de cette importance, un système aussi bien co- donné, marchant avec la régularité résultant de la ture des ouvrages, de leur conception première et e leur disposition,

Reliure serrée

Tableau de la quantité d'eau qui arrive dans les vingt-quatre heures à Constantinople, pour les besoins de sa population.

SOURCES.	DIRECTIONS DES EAUX.	RÉSERVOIRS d'arrivée.	Produit des sources en lulè.
Validé-Bendi, Validé-Havouzi dans la vallée de Baghtché-Keuïu, vallée de Belgrade, Pacha-Déré, Aïvat-Bendi et Djèbèdji-Keuïu......	Les Aqueducs de Pyrgos, l'aqueduc-de-Justinien et l'aqueduc de Djèbèdji-Keuïu. Ces eaux fournissent cinq lulè à la mosquée d'Eïoub; le reste se divise au takçim d'Egri-Kapou, entre Narli-Kapou et le takçim de Sainte-Sophie.	Takçim d'Egri-Kapou.	134
Pacha-Tchaïri.....	Ces eaux passent sur un petit aqueduc neuf construit près des sources. Elles arrivent dans Constantinople entre Egri-Kapou et la porte d'Andrinople.	Mosquée de Sultan-Bajazet.	8
Karamatli....	Les eaux prises aux sources de Karamatli ont deux directions et deux conduits. Les eaux du conduit occidental passent à Khalfa-Keuïu, à Khavass-Keuïu, puis sur l'aqueduc de ce nom, et arrivent ensuite au bach-havouz de Tchitcho-Tchiftlik, qui reçoit aussi les eaux du conduit oriental, lesquelles, après s'être dirigées du côté de Pacha-Tchaïri, tombent dans ce bach-havouz. Les eaux de ces deux directions étant réunies, se rendent au bach-havouz de Toptchilar et passent au-dessous de la porte d'Andrinople, d'où elles arrivent à leur destination.	la Suleïmaniïè.	15
Kalkali, Karamatli et Toptchilar......	Les eaux des deux premières sources, qui forment douze lulè, se réunissent à l'aqueduc de Khavass-Keuïu, qu'elles traversent pour se rendre au bach-havouz de Tchitcho-Tchiftlik, et puis à Toptchilar, où elles s'augmentent de trois lulè tirés des hauteurs voisines de ce village. Ces eaux forment en tout quinze lulè, qui, après avoir passé à la porte d'Andrinople, sur l'aqueduc de Valens et au soutèrazi de Sainte-Sophie, arrivent au Sérail du Grand-Seigneur.	Sérail du Grand-Seigneur.	15
	TOTAL......		172 lulè.

CHAPITRE IV.

SOURCES.	DIRECTIONS DES EAUX.	RÉSERVOIRS d'arrivée.	Produit des sources en lulè.
	De l'autre part....	....	172
aramatli...	Ces eaux passent par Khalfa-Keuïu, Khavas-Keuïu, Toptchilar, au-dessous de la porte d'Andrinople, et par l'aqueduc de Valens.	Ecoles de Keuprili-Vakfi.	5
Kutchuk-eüi........	Ces eaux passent par Toptchilar, la porte d'Andrinople et Zindjirli-Keui.	Mosquée de Sultan-Mehèmmed.	4
aïram-Pacha	Cette source est entre Toptchilar et la route de Ponte-Piccolo. Le canal de conduite suit la gauche de cette route, en se rendant à la porte d'Andrinople, au-dessous de laquelle il passe.	L'Osmaniïè.	3
Hauteur des environs de Toptchilar...	Ces eaux sont dirigées à la porte d'Andrinople, et de là au réservoir de la mosquée de Sultan-Selim.	Mosquée de Sultan-Selim.	3
aïram-Pacha	Ces eaux suivent la gauche de la route de Ponte-Piccolo, en se rendant à la porte d'Andrinople.	Mosquée de Eski-Ali-Pacha.	2
aïram-Pacha	Ces eaux passent à la porte d'Andrinople.	Mosquée de Yènitchèri-Eski-Odalari.	1
Dans les collines, entre Ni-et Aïpa...	Ces eaux viennent passer à Litros, dans un conduit voûté, et suivent la gauche de la route de Ponte-Piccolo, qu'elles traversent à une demi-heure de la porte d'Andrinople, en se dirigeant à Yèni-Kapou.	Mosquée de Hèkim-Oglou-Ali-Pacha.	2
aloukli.....	Ces eaux pénètrent dans Constantinople par Yèni-Kapou.	Mosquée de Madjid-Kodja-Mustapha et de Ismaïl-Pacha.	5
altèpè.....	Ces eaux se rendent à la mosquée de Top-Kapou, en passant par la porte de ce nom.	Mosquée de Top-Kapou.	1
aloukli.....	Ces eaux pénètrent dans Constantinople entre la porte de Silyvrie et les Sept-Tours.	Château des Sept-Tours.	3
	TOTAL.............		201
Eaux surabondantes de l'hiver, venant des vallées de Belgrade, d'Aïat-Bèndi et de Djèbèdji-euïu......	Fournissent en supplément : Au Sérail du Grand-Seigneur .... Au Bostandji-Bachi .... Au Palais du Grand-Vizir		8 4 4
	TOTAL..............		217 lulè.

Tableau de la quantité d'eau qui passe dans les vingt-qu[atre] heures à l'aqueduc de Baghtché-Keuïu, et qui sert à ab[reu]ver les faubourgs de Constantinople au-delà du port.

SOURCES	RÉSERVOIRS D'ARRIVÉE.		Produi[t] des sourc[es] en lulè
Validè-Bendi et Mahmoud-Bendi, à la tête de la vallée de Baghtchè-Keuïu. Les eaux de ces bend se rendent à leurs destinations, en suivant le faîte du contrefort qui sépare du Bosphore la vallée orientale des Eaux-Douces.	Yéni-Keuï, sur le Bosphore................		2 lulè.
	Kiosk de la Validè, à Emirgun-Khan-Oglou...		2
	Arnaoud-Keuïu, Beïgum-Sultane...........		2
	Lèvend-Tchiftlighi.........................		» 2
	Kourou-Tchèchmè, palais d'Esma-Sultane...		2
	Orta-Keuï................................		2
	Yildiz-Kioski.............................		2
	Chirania, palais de la Validè..............		2
	Rodosli, quartier de Pacha-Mahallèci.......		2
	Bèchik-Tach, (village de) et palais du Grand-Seigneur................................		6
	Saint-Dimitri.............................		» 2
	Takcim de Péra.	Kacim-Pacha...................	2
		Galata et Péra..................	4
		Top-Khana....................	1
		Diverses maisons...............	2 4
	TOTAL...............		32 lulè.

RÉCAPITULATION.

Quantité d'eau nécessaire aux besoins de Constantinople..................................... 217
Quantité d'eau nécessaire pour les faubourgs.. 32

TOTAL GÉNÉRAL........ 249 lulè.

CHAPITRE IV.

Le résultat des deux tableaux précédens indique, pour la quantité d'eau nécessaire à la population de Constantinople et d'une partie de ses faubourgs, deux cent quarante-neuf lulè, chacun de huit maçour, coulant pendant vingt-quatre heures (1). Ce nombre de lulè donne neuf millions cinq cent soixante-un mille six cents ocques, ou vingt-trois millions neuf cent quatre mille livres; ce qui, d'après la consommation de vingt pintes, ou de quarante livres d'eau, que l'on calcule pour un homme en y comprenant tout ce que demandent les besoins publics, porterait à cinq cent quatre-vingt-dix-sept mille six cents, ou à près de six cent mille ames, la population de Constantinople. Il n'est point question dans cette évalution de la ville de Scutari et des villages de la rive gauche du Bosphore, ni de ceux de la rive droite depuis Yèni-Keuï jusqu'à la Mer-Noire, qui sont pourvus d'eau par les sources qu'ils renferment.

Le calcul de la population de Constantinople, résultant de la consommation d'eau dans un jour, se trouve confirmé par celui de la consommation du blé dans le même temps.

Il faut douze mille kilots de blé par jour pour les besoins de Constantinople, de ses faubourgs (au nombre desquels on compte la ville de Scutari) et des villages environnans. Douze mille kilots de blé rendent deux cent soixante-quatre mille ocques de farine, et trois cent seize mille huit cents, en ajoutant au premier nombre cinquante-deux mille ocques pour le surcroît de poids que donne la panification. En déduisant de

---

(1) Le maçour de vingt-quatre heures donne une fourniture de quarante-huit mètres cubes, ou de deux mètres cubes par heure.

cette quantité soixante-trois mille trois cent soixante ocques de farine employées aux diverses sortes de pâtisseries dont les Turcs des deux sexes, de tous les âges, de toutes les classes sont extrêmement friands, on aura pour dernier résultat deux cent cinquante-trois mille quatre cent quarante ocques de farine panifiée.

Des épreuves faites à Constantinople donnent cent soixante drachmes pour le terme moyen de la consommation de pain d'une personne dans un jour; ainsi, deux cent cinquante-trois mille quatre cent quarante ocques de farine (l'ocque vaut quatre cents drachmes et la drachme 3,2 grammes) produit de la distribution journalière de blé, supposent une population de six cent trente-trois mille six cents ames. Ce nombre excède de trente-trois mille six cents le premier que nous avons obtenu; mais n'ayant compris dans la première évaluation ni la ville de Scutari, ni une partie des villages du Bosphore, cette différence sera compensée, à très-peu près, par la population de ces endroits. On peut donc estimer que la population de Constantinople, de ses faubourgs et des villages placés sur les deux rives du Bosphore, depuis la Propontide jusqu'à la Mer-Noire, est d'un peu plus de six cent trente mille ames. C'est le résultat le plus approximatif qu'on puisse obtenir dans un pays où l'on ne tient registre, ni des naissances, ni des décès, ni des mariages, ce qui met dans l'impossibilité de fixer l'état de la population; dans un pays aussi où l'usage du dénombrement est tombé en désuétude. D'après les anciens réglemens, confirmés par le *Kanoun* de Suleïman I, dit *Kanouni*, et appelé improprement Soliman II par les historiens chrétiens, on doit

faire *takrir* (description, dénombrement, recensement) tous les trente ans. Mais cela ne se pratique plus; et cette institution, si utile pour la fixation des approvisionnemens et l'assiette de l'impôt appelé Karadj (1), est négligée comme bien d'autres. Cette opération exigeait la plus grande attention de la part du gouvernement; aussi, lorsque le Grand-Seigneur l'ordonnait, Sa Hautesse faisait émaner un khatti-chérif (écrit autographe de sa main) conçu en ces termes :
« Toi qui es mon Vizir-Azèm (Grand-Vizir), à l'arri-
« vée de ce noble écrit, qu'il te soit manifeste que
« ma sublime volonté est qu'il soit fait takrir dans
« tous mes Etats; à ces fins, tu choisiras des hommes
« de probité, de capacité et d'expérience, afin que le
« takrir soit fait avec équité. »

Nous ignorons quelle était la méthode que l'on employait pour faire ce dénombrement. Nous ne savons point si l'on distinguait la population sédentaire ou fixe de la population mobile, qui consiste dans les militaires, les étrangers et les voyageurs : cette dernière est très-variable. On peut se contenter, à son égard, du recensement collectif, en distinguant chaque classe avec soin. Mais on s'exposerait à des erreurs graves et inévitables, si, pour le dénombrement de la population sédentaire, on ne faisait point des listes nominatives des personnes de tout âge et de toute profession, en se les procurant à domicile et inscrivant chaque personne dans un seul lieu, celui de son habitation pendant la nuit. L'exécution d'une pareille opération doit être rapide, afin d'éviter les mutations. Le dernier dénombrement de Paris, en 1817,

---

(1) *Voyez*, sur cette espèce d'impôt, la note VIII du livre Ier.

a été fait en quarante jours; d'après cette méthode, il a donné, pour le recensement nominatif, six cent cinquante-sept mille cent soixante-douze ames, et pour le recensement collectif de tout âge et de tout sexe, dans les hospices, prisons, maisons de santé, d'éducation, religieuses, etc., cinquante-six mille sept cent quatre-vingt-quatorze; ce qui a porté le total de la population de Paris, pour cette année, à sept cent treize mille neuf cent soixante-six habitans (1).

Le recensement général est certainement ce qu'il y a de plus positif pour avoir l'état de la population; mais, pour tenir lieu de cette opération dispendieuse et d'une difficile exécution, on est dans l'usage, en Occident, de déterminer la population totale d'après son rapport au nombre moyen des naissances annuelles : il est reconnu que ce rapport est très-sensiblement constant. Celui des décès et des mariages n'a pas une valeur aussi fixe; le nombre des décès surtout est très-variable. On ne se sert de ces derniers que pour connaître la distribution de la population relativement à l'âge, au sexe et à l'état de mariage. Les élémens des uns et des autres sont extraits des registres civils. En Turquie, où l'on ne tient point de ces registres, on ignore absolument quels sont les élémens qui composent sa population.

La valeur du rapport de la population totale au nombre moyen des naissances était très-imparfaitement connue, et ne pouvait résulter que d'un recensement fait avec le plus grand soin. L'opération de 1817 a donné pour Paris ce rapport, comme un est à vingt-neuf mille huit cent vingt-cinq, si l'on ne tient

(1) *Recherches statistiques sur Paris*; par M. le comte de Chabrol.

pas compte des militaires et des passans ; et comme un est à trente-deux mille quatre cent vingt-quatre, si l'on considère la population totale. Les recherches de MM. Dupré de Saint-Maur, Buffon, Moheau, La Michodière, Necker, Lavoisier, etc., donnaient au rapport dont il s'agit des valeurs très-différentes, depuis vingt-huit un tiers jusqu'à trente-six et au-delà. Il était résulté de cette diversité d'opinions que la population de la capitale avait été jusqu'ici très-imparfaitement connue, et qu'on l'estimait trop faible d'un quart, ou de cent quatre-vingt mille (1). La population de Constantinople, au contraire, était estimée en plus, et variait de six cent mille à un million d'habitans. Il est certain que le rapport exact entre la population totale de Paris et le nombre moyen des naissances annuelles était, en 1817, de trente-deux mille quatre cent vingt-quatre, ou en différait très-peu. La connaissance de ce rapport suffit pour déterminer par la suite les variations progressives de la population. Néanmoins il est toujours nécessaire de vérifier le rapport de ce nombre à la population totale, par un nouveau recensement fait à des époques plus ou moins rapprochées. Celle de trente ans, telle qu'elle était prescrite en Turquie par les lois de l'Empire, et qui était vraisemblablement estimée sur la durée moyenne des générations, comme dans l'ancienne Grèce (2),

(1) *Recherches statistiques sur la ville de Paris*, par M. le comte de Chabrol.

(2) « Dans plusieurs États de l'ancienne Grèce, où des lois, dont les « motifs sont en partie ignorés, retardaient beaucoup l'âge commun des « mariages, la durée moyenne des générations était comptée de trente-« trois ans ; c'est le fondement de toute la généalogie grecque. » *Recherches statistiques sur la ville de Paris*, par M. le comte de Chabrol.

paraîtrait un peu trop éloignée ; à moins que, dans cet intervalle, on n'eût éprouvé des guerres de longue durée ou de grands événemens politiques, par suite desquels une partie de la population aurait été forcée d'abandonner le sol natal. En examinant la surface qu'occupent Constantinople, ses faubourgs et les villages du Bosphore, on s'étonnera sans doute du résultat que nous avons indiqué pour la population de la capitale de l'Empire Ottoman, et l'on sera d'abord porté à croire que le nombre de six cent trente mille est beaucoup trop faible. Mais si l'on considère que le Sérail, qui est dans l'emplacement de l'ancienne Byzance, et qui a l'étendue en surface de la ville de Vienne dans ses remparts, ne renferme tout au plus que dix mille personnes, tandis que la population de Vienne, dans la même étendue, est plus que sextuple (1); que les places, les mosquées, les bains d'hommes et de femmes, les citernes à ciel ouvert, les bèzèstins ou marchés publics, les établissemens militaires et de marine, etc., font perdre une très-grande quantité de terrain. Si l'on considère qu'à raison de la sévérité du harèm, deux ou plusieurs ménages n'habitent pas sous le même toit; que le logement du mari et celui de la femme, réunis ordinairement par une galerie couverte, sont néanmoins distincts, de manière que chacun a son entrée, sa cour, son service particulier (2), cet étonnement cessera. Il ne serait donc pas exact de déduire de la compa-

(1) On compte dans Vienne treize cent soixante-seize maisons, et quarante-cinq habitans par maison, ou soixante-un mille neuf cent vingt en totalité.

(2) On conçoit qu'il n'est ici question que des gens qui ont quelque aisance.

raison des contours ou périmètres des villes, la population de celles d'Orient et d'Occident. Dans les premières, les logemens sont en surface, tandis que dans les autres ils sont en hauteur. On voit qu'à Londres, où il y a je crois un peu de gêne de harèm, la population s'étend plus en surface qu'en hauteur; ainsi le grand accroissement que cette capitale a pris depuis une vingtaine d'années ne prouve pas que sa population se soit excessivement augmentée : la connaissance des mœurs et usages d'un pays est donc utile, même pour des déterminations abstraites, comme on en peut juger par ce que nous venons de dire.

CHAPITRE V.

Aqueduc de Valens.

Placé dans Constantinople, au col que forment la troisième et la quatrième collines, l'aqueduc de Valens, *Aquæductus-Valentianus,* en turc *Bozdoghan-Kèmèri,* est un bel édifice construit en pierre de taille et qui se montre de la manière la plus imposante. Il était formé dans l'origine de deux rangs d'arcades; une partie de celles de l'étage supérieur a été détruite, pour laisser apercevoir la mosquée royale de Chèh-Zadè, qu'on avait bâtie depuis. Néanmoins, dans l'état où il se trouve, il continue à donner passage aux eaux qu'on a recueillies à la partie supérieure du contrefort qui sépare la vallée occidentale des Eaux-Douces, de la Protontide. Mais, à une conduite directe et régulière, on a substitué des conduites à soutèrazi, et l'on a établi un takçim, à l'extrémité occidentale de l'aqueduc; il est destiné à faire la répartition des eaux de la source de Kalkali, dont la plus grande partie se rend au Sérail du Grand-Seigneur : ces eaux, toujours claires, toujours pures, sont plus particulièrement destinées au service du Harèm.

La longueur de ce qui existe de l'aqueduc de Valens est de trois cent quatorze toises, et sa hauteur de onze toises quatre pieds. On peut estimer que cet édifice avait au moins six cents toises d'étendue.

La partie supérieure de l'aqueduc de Valens, dominant les deux vallées qui vont aboutir, l'une à la Propontide dont on aperçoit les eaux, et l'autre au port, vallées couvertes d'une immensité de maisons entremêlées de grands arbres, dont les jardins de l'intérieur de la ville sont plantés, offre un des plus beaux points de vue de Constantinople. Il est encore enrichi, dans toutes les directions, par la perspective des monumens publics de cette grande capitale, et par celle de ses faubourgs qui s'élèvent en amphithéâtre au-delà du port. Pour juger de la position et de l'étendue de l'aqueduc de Valens, il faut s'arrêter à mi-côte, en descendant à l'Echelle-des-Morts (1), près du mur d'enceinte de Galata, à l'ouest de ce faubourg. L'Echelle dont on vient de parler est celle où les Turcs font embarquer les corps morts pour les porter au grand cimetière de Scutari sur la côte d'Asie.

L'aqueduc de Valens, établi d'abord par Adrien

(1) Échelle (*iskèlè*); on désigne par ce nom les différens points destinés à l'abord des bâtimens et des bateaux.

avant la fondation de Constantinople, reconstruit par Valens, détruit par les Avariens sous le règne d'Héraclius, rétabli par Constantin Iconomaque, fut, suivant M. le Chevalier, rebâti de fond en comble par Soliman-le-Magnifique.

Cette dernière assertion ne nous paraît point fondée; car on remarque dans l'aqueduc de Valens une partie ancienne qui est d'une meilleure construction que la nouvelle. Cette dernière a été si peu soignée qu'elle tombe en ruine ; elle n'a pas d'ailleurs été faite sur le même plan que la partie ancienne, dont les arcades sont à cintres gothiques, tandis que celles de la nouvelle sont à plein cintre.

L'époque de la construction de l'aqueduc de Valens peut être indiquée d'une manière assez précise.

Valens avait été élevé à l'Empire en 364. Les historiens prétendent que cet Empereur, ayant ordonné de démolir Chalcédoine, pour punir cette ville d'avoir pris part à la révolte de Procope, il avait décidé que les pierres qu'on en retirerait seraient employées à un aqueduc qui amènerait des eaux nécessaires au besoin de Constantinople. Les historiens ajoutent qu'un oracle disait, qu'après cette démolition, les Barbares seraient défaits. Cet événement eut lieu en 368, et la mort de Procope était arrivée deux années auparavant. On est donc fondé à fixer l'époque de la construction première de l'aqueduc de Valens, de l'année 366 à l'année 368. L'oracle dont nous avons parlé était compris dans l'inscription suivante rapportée par Zonare (1), et qui fut trouvée, suivant cet auteur, en démolissant les murs de Chalcédoine :

(1) Jean Zonare, moine de Saint-Bazile, historien grec, mort avant

« Quand les nymphes formeront des danses dans
« l'élément liquide au milieu de la ville, quand elles
« folâtreront dans les places publiques, quand les
« murs sonores fermeront l'enceinte des bains, alors
« paraîtront des essaims de diverses nations barbares.
« Ces peuples cruels et fiers de leur force sauvage,
« après avoir passé l'Ister (le Danube), ravageront
« la Mœsie et la Scythie; mais dès que, sans autre ap-
« pui que leurs espérances féroces, et entraînés par
« leur irrésistible destinée, ils auront mis le pied sur
« le sol de la Thrace, la mort les attend. »

Constantinople ayant été pourvue d'eau pour les bains et d'autres usages, on fit en reconnaissance de ce bienfait de grandes réjouissances; le bassin qui la reçut, construit sur la place Théodose, par Cléarque, alors Préfet de la ville, prit le nom de *Dapsilehydor*, c'est-à-dire *Eau-abondante*. Valens fit aussi construire pour le public des thermes, ou bains chauds, qui furent terminés en 375, et auxquels il donna le nom de sa fille Carosa.

CHAPITRE VI.

Du Terazi ou Niveau.

Les détails dans lesquels nous sommes entrés sur la conduite des eaux qui abreuvent Constantinople et ses faubourgs, font voir que leur ensemble embrasse

le milieu du douzième siècle. *Voyez* ses *Annales*, livre XII, chap. 16, page 25.

une étendue de terrain assez considérable. Les sources les plus éloignées que l'on a dérivées sont à plus de six lieues des portes de Constantinople. Le terrain où sont placés les réservoirs et les conduites d'eau est fortement accidenté. Le pays que les cours d'eau naturels parcourent est très-boisé; il devait l'être bien plus encore à l'époque des grands travaux que nous avons essayé de décrire. Ces travaux ont été dirigés avec d'autant plus d'habilité, que des opérations de nivellement étaient fort difficiles à conduire à travers un pareil pays. On est parvenu à les exécuter, en employant, sans nul doute, un instrument appelé *tèrazi* (1), dont la simplicité antique augmente l'intérêt des ouvrages auxquels il a présidé; instrument qui est encore en usage à Constantinople, tandis que le niveau d'eau n'y est point connu. Nous allons décrire le tèrazi (2), ainsi que la manière de s'en servir. On jugera que s'il est d'une application moins étendue que le niveau d'eau, il peut être utile dans plusieurs circonstances où il serait impossible d'opérer avec ce dernier.

Le tèrazi n'est autre chose que le niveau de maçon renversé; c'est-à-dire, ayant son sommet en bas, et en haut sa base, à laquelle sont fixés symétriquement deux crochets, qui servent pour le suspendre à un cordeau que l'on tend avec soin. La pratique de cet instrument consiste à faire correspondre au milieu du cordeau le milieu de la base du tèrazi, à laquelle est attaché un fil à plomb; et l'une des extrémités du cordeau étant fixe, faire baisser ou lever

(1) *Tèrazi*, mot persan et turc, signifie *balance, équilibre*.
(2) *Voyez* un dessin de cet instrument, planche IV de l'Atlas.

l'autre extrémité jusqu'à ce que le fil à plomb, sa directrice, et le milieu du cordeau soient dans le même plan vertical perpendiculaire à celui du cordeau. Dans cette situation, les points de suspension sont de niveau; et il n'y a plus qu'à mesurer les différences en hauteur qu'ils indiquent. Quant à ces différences, au lieu de les écrire, les fonteniers grecs les portent successivement sur une petite ficelle qu'ils roulent autour des quatre derniers doigts de la main gauche, serrant fortement avec le pouce et l'index l'endroit de cette ficelle qui marque la dernière différence de niveau; on développe ensuite la ficelle, on mesure, et l'on a la différence de niveau totale.

Les cordeaux avec lesquels on exécute à Constantinople les opérations de nivellement sont en soie tressée. Leur longueur est ordinairement de quinze à vingt toises. Il sont terminés par des boucles, qui servent à les soutenir sur la partie supérieure de deux voyans taillés en mantonnets. Ces voyans, divisés en pieds et pouces, aident en outre à reconnaître et mesurer les différences de niveau.

On conviendra qu'il serait difficile de trouver un instrument moins casuel, plus simple et plus portatif que le tèrazi. Les procédés qu'il exige n'entraînent non plus aucun embarras. Si à raison du peu de longueur du cordeau, ils obligent de faire un plus grand nombre de stations, d'un autre côté ils donnent les distances à mesurer qu'on procède aux détails des opérations, ce qui certainement n'est pas sans quelque avantage.

Deux nivellemens du même terrain exécutés à Constantinople, le 4 juin 1814, l'un avec le tèrazi, l'autre

CHAPITRE VI. 437

avec un niveau d'eau que j'avais fait construire, ont donné à peu de chose près le même résultat.

Sous les Romains, du temps de Vitruve, qui fut l'architecte d'Auguste, les méthodes et instrumens pour niveler étaient très-imparfaits, comme on en peut juger par ce que Vitruve lui-même en a dit (1). On ne sait point si un siècle après, lorsque Frontin était intendant des eaux et des aqueducs de Rome, l'art de niveler avait fait plus de progrès. Tout porte cependant à croire que la pratique n'en était pas très-sûre (2) : « Les anciens, dit l'historien de l'Académie
« des Sciences, n'ont pu se dispenser de se servir du
« niveau pour les grandes conduites d'eau qu'ils ont
« faites; mais comme leur niveau était très-imparfait,
« ils étaient obligés de prendre pour ces sortes de
« conduites beaucoup plus de pente qu'il ne fallait.
« Présentement, grâce aux niveaux inventés par
« MM. Picard, Huygens, Roëmer, de La Hire, on a
« vu des miracles de ces instrumens (3). »

L'on juge par là que nos instrumens pour niveler n'inspiraient pas non plus beaucoup de confiance jusqu'au moment où les grandes entreprises d'hydraulique, comme celles du canal de Languedoc et la conduite des eaux de Versailles, déterminèrent en France le perfectionnement de ces instrumens. C'est entre ces deux époques qu'on a commencé à se servir du tèrazi, qui est dû vraisemblablement aux Grecs du Bas-Empire. Nous ne saurions indiquer l'époque pré-

(1) *Voyez* le chapitre de l'architecture de Vitruve, intitulé *De perductionibus et librationibus aquarum et instrumentis ad hunc usum.*

(2) *Voir* Raphaël Fabretti, dans ses dissertations *De aquis et aquæductibus.*

(3) *Mémoires de l'Académie des Sciences*, pour l'année 1699.

cise de son invention, dont il n'existe aucune trace, ni dans les livres turcs, du moins dans ceux qui sont venus à notre connaissance, ni chez les historiens du moyen âge.

CHAPITRE VII.

Du corps des Sou-Yoldji, ou Fonteniers.

Rien de plus ordinaire que de penser qu'il n'y a, en Turquie, ni lois positives, ni règles d'administration publique, aussi l'on doit être étonné d'entendre parler d'un corps de Sou-Yoldji, ou fonteniers, ce qui suppose une masse d'hommes régulièrement organisée, et exerçant un art fondé, sinon sur une théorie connue du moins sur des pratiques de tradition dont les résultats sont constans. Ce corps existe néanmoins à Constantinople, et c'est à lui que sont confiés tous les travaux pour recueillir, conduire et distribuer les eaux nécessaires aux besoins et aux commodités de la vie.

Le corps des Sou-Yoldji est aujourd'hui composé de trois cents Turcs pris parmi les habitans de la capitale, et d'environ cent Grecs albanais, choisis exclusivement dans quelques familles du canton de Drinopolis, dans l'Épire, dont Argiro-Castron est la capitale, et distingués par la dénomination de Loundjidès, ou habitans du Coli (canton) de Loundjiara, lequel se divise en Loundjiara proprement dite, Riza et Zagora. Les habitans de cinq à six villages de la subdivision de Riza s'expatrient pour aller exercer à Constantinople, et dans les principales villes de l'Empire Ottoman, le métier de Sou-Yoldji. Cette peuplade industrieuse paraît être d'origine grecque, quoique parlant spontanément le *schype,* et ses ouvrages sont très-anciennement connus dans l'Epire; car elle revendique, quoique sans preuves, l'honneur d'avoir construit les aqueducs et le canal qui portaient autrefois les eaux de Saint-Georges à Nicopolis. Mais ce qu'on ne peut lui contester, c'est l'érection de l'aqueduc de trois cent soixante-six arches, qui amenait des eaux de sources à travers un bras de mer à la citadelle de Sainte-Maure, dans le temps que les Turcs étaient maîtres de Leucade (1). Sous les Empereurs grecs, les Loundjidès se trouvaient seuls en possession du droit d'être les fonteniers de la capitale; et les Ottomans qui les ont employés après eux leur ont conservé certains priviléges dont ils jouissaient.

Nul Grec albanais ne peut être préféré aux Loundjidès dans l'emploi de fontenier, qui passe toujours du père aux enfans mâles. Si le fils qui doit posséder cet emploi est d'un âge à ne pouvoir le remplir, le corps lui nomme un tuteur, jusqu'à ce qu'il soit en état de l'exercer. Lorsqu'un fontenier, en mourant, ne laisse point d'enfant mâle, le corps est autorisé, dans ce seul cas, à vendre son emploi; et le montant, qui presque toujours s'élève à la somme de vingt ou trente bourses (10 ou 15,000 fr.), est mis à la disposition de sa veuve pour elle et ses autres enfans.

Les fonteniers, d'après un khatti-chérif, ne sont

(1) Renseignemens communiqués par M. Pouqueville, alors Consul-général de France à Yanina.

point tenus de payer le kharadj. Le *Sou-Nazari* (inspecteur des eaux), dont ils dépendent uniquement, les munit d'un *Tezkèrè* (carte) de protection, qui les exempte des corvées ; avantage dont les autres raïas ne jouissent pas. Ce khatti-chèrif remonte à Sultan-Murad IV (1), le conquérant de Bagdad ; il l'avait rendu en faveur de plusieurs fonteniers de la Haute-Albanie, qui s'étaient trouvés à la suite de ses armées pendant cette expédition, et dont les services lui avaient été agréables.

Le Sou-Nazari est nommé par le Grand-Seigneur ; il est ordinairement choisi parmi les officiers subalternes de son palais. Son traitement annuel est de trois mille piastres. Il a de plus les revenus et le commandement de douze villages où se trouvent les ouvrages relatifs à la conduite des eaux ; ces villages sont : Baghtchè-Keuïu, Belgrade, Pyrgos, Pirindj-Keuïu ou Petino-Khori, Djèbèdji-Keuïu, Bogaz-Keuïu plus loin que Karamatli, Kutchuk-Keuï, Khavas-Keuïu, Tchifout-Bourgaz, Khalfa-Keuïu, Ponte-Piccolo, Litros. Le Sou-Nazari n'a aucune connaissance dans la partie qu'il est chargé d'administrer. Les fonteniers grecs ne reçoivent point eux-mêmes d'instruction théorique ; ils n'ont que des principes et des procédés de tradition, par transmission orale dans les familles. Ce qu'ils savent, ils le savent bien ; ils rendent compte de leurs idées avec beaucoup de netteté, et ils opèrent sur le terrain avec autant de dextérité que d'exactitude.

(1) *Voyez*, note VI, la traduction d'un firman de l'an 1191 de l'hégire, remplaçant celui qu'avait rendu Murat IV, et qui était tombé en désuétude.

Les Grecs d'Argiro-Castron, dont nous avons parlé, nous ont conservé de père en fils, depuis des temps très-reculés, la tradition des conduites à soutèrazi. Les Turcs les ont ensuite imitées, et se sont établis fonteniers-mineurs, plutôt pour profiter du revenu de ces places, que pour exécuter de grandes constructions. Des travaux faits sous les Empereurs Turcs réunissent les deux genres, celui des aqueducs sur arcades et des soutèrazi : la conduite d'eau de Baghtchè-Keuïu à Péra en est un exemple. Mais les familles grecques d'Argiro-Castron n'en restent pas moins en possession d'établir concurremment de ces sortes d'ouvrages dans la capitale; et ce sont les individus de ces familles qui exécutent à cet égard les conduites d'eau qui présentent le plus de difficultés. Sous les Empereurs Grecs, le système général des conduites d'eau était complété par l'emploi, dans Constantinople, de citernes, dont une seule, comme nous le dirons dans le chapitre suivant, reste aujourd'hui liée à la conduite primitive de Belgrade et d'Aïvat-Bendi, tandis que les autres sont ou abandonnées ou livrées à des usages étrangers au service des eaux. L'on jugera par les détails dans lesquels nous allons entrer, que les citernes sont des constructions d'un ordre supérieur, non moins intéressantes que les bend, les aqueducs, les takçim, et les autres ouvrages qui distinguent le système des eaux, si remarquable, établi pour abreuver la capitale de l'Empire Ottoman et ses faubourgs au-delà du port.

CHAPITRE VIII.

Des Citernes anciennes de Constantinople.

Les anciens mettaient le plus grand soin dans la construction de leurs citernes; ils y adaptaient des piscines pour l'épuration des eaux qu'elles devaient recevoir. Les citernes de Constantinople, quoique d'une belle construction, ne jouissaient pas de cet avantage. Ces citernes étaient de simples réservoirs, les uns voûtés, les autres à ciel ouvert; ces derniers s'appellent aujourd'hui du nom générique *Tchokour-Bostan* (1), qui signifie jardin dans un enfoncement, parce qu'en effet leur fond est converti en jardin. En examinant la masse de terre qui couvre le sol de ces citernes, on ne peut s'empêcher de reconnaître qu'elle est formée de sédimens déposés par les eaux qui leur arrivaient du dehors, et dont on a profité, dans les Tchokour-Bostan, pour les mettre en culture.

On ne pense pas que les eaux que les citernes tenaient en réserve fussent simplement des eaux de pluie; la quantité qui en tombe annuellement à Constantinople, est trop peu considérable pour qu'elle eût été en état de les remplir. Nous verrons tout à l'heure que la citerne Yèrè-Batan-Sèraï, qui existe encore avec sa destination première, reçoit des eaux courantes venant de très-loin; ainsi l'analogie nous

(1) *Tchokour* veut dire *fond*, *trou*, *fossé*; et *bostan*, jardin potager.

porte à croire que les autres citernes s'alimentaient de même.

La citerne *Yèrè-Batan-Sèraï,* ou le palais souterrain, une des plus grandes et des plus belles citernes de Constantinople, s'appelait autrefois *Cisterna-Basilikè,* citerne impériale. C'est un vaste souterrain, dont les voûtes en briques et en mortier de khoraçan sont soutenues par des colonnes de marbre qui ont, pour la plus grande partie, des chapiteaux de divers ordres et de diverses grandeurs. Les chapiteaux des autres colonnes sont lisses. Les briques portent un monogramme qui n'a aucune signification connue, et dont la grandeur est de deux pouces en carré. Les caractères y sont en relief; la croix qui les précède ne ferait remonter tout au plus qu'au moyen âge l'époque de la fabrication de ces briques, et par conséquent celle de la citerne dont il est ici question.

Les briques dont nous venons de parler ont treize pouces en carré et dix-huit lignes d'épaisseur. La matière dont elles sont faites est rougeâtre. Le grain en est très-fin, très-serré, très-compacte. Ces briques paraissent avoir essuyé une forte cuisson, et leur pesanteur est plus considérable que celle des briques modernes de même dimension. Destinées à servir dans des arceaux comme voussoirs, leurs qualités pour résister à une grande compression n'étaient point nécessaires, à raison de l'emploi qu'on y faisait, dans les intervalles des unes aux autres, du mortier de khoraçan par égale épaisseur : toutes les voûtes des citernes et des conduits souterrains sont construites en briques et en mortier de khoraçan.

La citerne Yèrè-Batan, située dans la rue de Soouk-Tchèchmè, reçoit les eaux de l'aqueduc de Djèbèdji-Keuïu, par le takçim de Sainte-Sophie. Nous avons déjà dit ailleurs qu'elle servait de réserve d'eau pour le temps de sécheresse. C'est la seule des anciennes citernes qui ait conservé sa destination première; elle a dû cet avantage à la proximité où elle se trouve du Sérail, auquel elle fournit un supplément pendant six mois, à compter du mois de mai.

Nous ne saurions entrer dans des détails particuliers sur cette citerne, parce que contenant plus ou moins d'eau pendant toute l'année, et ayant beaucoup de vase, il est impossible de la parcourir dans toute son étendue, qui est très-considérable, puisqu'on prétend qu'elle se prolonge jusqu'à Sainte-Sophie, jusqu'à la mosquée de Sultan-Ahmed, et jusqu'aux bureaux de Dèftèrdar, place de l'Hippodrome.

La citerne *Bin-Bir-Dirèk*, ou mille et une colonnes, était appelée *Philoxènè*, en antithèse de la *Basilikè*, qui était exclusivement réservée pour l'usage de l'Empereur, tandis que celle-ci était publique.

La citerne dont il s'agit est située derrière la place de l'Hippodrome, du côté du couchant. Elle consiste en un vaste souterrain carré dont les côtés sont inégaux. Un des côtés a cent quatre-vingt-dix pieds de longueur, et l'autre cent soixante-six pieds. L'épaisseur des murs qui l'entourent est de neuf pieds. Sa voûte en brique (1) est soutenue par trois étages

(1) Les briques ont quatorze pouces en carré, et deux pouces d'épaisseur; elles portent une inscription de six pouces de long sur dix-huit lignes de haut, à laquelle on n'a reconnu aucune signification.

de colonnes de marbre blanc qui se correspondent. Un tambour sert de base à la colonne supérieure, en même temps que de chapiteau à la colonne inférieure. Le dessous de ce tambour a un embrèvement d'un pouce pour recevoir la tête de cette colonne. Chaque étage a deux cent vingt-quatre colonnes, espacées en tous sens de neuf pieds neuf pouces, ce qui fait en tout six cent soixante-douze colonnes. Celles de l'étage supérieur qui soutiennent la voûte sont les seules qui se montrent dans toute leur hauteur, qui est de quatorze pieds quatre pouces. Il ne paraît que sept pieds sept pouces d'une partie des colonnes de l'étage inférieur; le reste est enseveli dans des terres de sédimens, ainsi que tout l'étage d'en bas. Un puits de quinze pieds de profondeur creusé dans ce terrain, et que l'on suppose, avec beaucoup de vraisemblance, descendre jusqu'à l'ancien sol de la citerne, nous paraît confirmer l'opinion que la citerne Bin-Bir-Dirèk avait trois étages de colonnes; d'après cela elle aurait contenu un million deux cent trente-sept mille neuf cent trente-neuf pieds cubes d'eau. La quantité nécessaire aux besoins de Constantinople pendant vingt-quatre heures étant de deux cent soixante-sept mille six cent soixante-dix-huit pieds cubes, il aurait fallu, pour la remplir, toutes les eaux arrivant dans l'intérieur de la ville, et coulant pendant près de cinq jours consécutifs; d'après cela, elle pouvait avoir une réserve de plus de soixante jours pour abreuver la région à laquelle cette citerne correspondait.

Tous les chapiteaux des colonnes de la citerne Bin-Bir-Dirèk sont lisses; ils ont la même forme et la même grosseur. Les colonnes ont aussi à peu près les mêmes proportions ; en sorte qu'il paraît que ce monument a été construit sur un plan arrêté et fait avec soin. Les ouvriers en soie, Arméniens catholiques, qui travaillent dans cette citerne, m'avaient fait remarquer en 1813, comme ils le font à tous les voyageurs, des croix gravées sur quelques chapiteaux ; mais le 16 avril 1814, lorsque je suis allé visiter pour la seconde fois cette citerne, j'ai découvert, sur les tambours de deux colonnes, deux inscriptions en forme de monogrammes qu'on n'avait pas encore aperçues, et qui se trouvent gravées sur ces tambours (1).

Constantin avait établi la capitale de son nouvel Empire aux frontières d'un pays barbare qu'il avait négligé d'assujétir (2). Les Turcs, avant même de se rendre maîtres de Constantinople, s'étaient attachés à subjuguer les peuples qui l'avoisinaient, et ils n'ont jamais vu d'ennemis s'approcher de leur capitale. N'ayant pas eu les mêmes inconvéniens à craindre pour la sûreté de leurs eaux, ils ont négligé le soin des citernes ; néanmoins en faisant perdre à presque tous ces édifices leur ancienne destination, ils ont souffert qu'on les employât à d'autres usages. C'est ainsi que les citernes à ciel ouvert sont devenues des jardins potagers, et que dans la citerne Bin-Bir-Direk, ainsi que dans la plupart des autres citernes

(1) *Voyez* la planche VI de l'Atlas.

(2) Zozime impute à Constantin d'avoir souffert, depuis la fondation de Constantinople, que les Barbares l'insultassent dans sa nouvelle capitale.

Voyez l'*Histoire de l'empereur Jovien*, par l'abbé de La Bléterie, page 241 (note *a*).

voûtées, on mouline et tord de la soie pour le service des fabriques de la capitale.

Près de la citerne Bin-Bir-Dirèk il en est une moins grande, mais d'une belle architecture, et dont aucun voyageur n'avait parlé. Ses voûtes à plein cintre, terminées par des calottes sphériques, sont supportées par trente-deux colonnes de marbre blanc d'ordre corinthien, disposées sur quatre rangs. L'entre-colonnement est de douze pieds deux pouces ; le diamètre des colonnes, pris au milieu, est de deux pieds six pouces, ce qui suppose vingt-cinq à vingt-six pieds de fût ; car l'extrémité des fûts et les bases des colonnes sont ensevelies dans les terres de dépôt que les eaux y ont laissées. Chaque colonne a un double chapiteau, dont le supérieur est lisse. On avait pratiqué dans le cintre des voûtes des ouvertures pour éclairer et donner de l'air ; mais elles sont aujourd'hui murées, et il en est de même de presque toutes celles qui existaient dans ces sortes d'édifices. Un escalier en pierre, aussi ancien que la citerne, conduit encore dans son intérieur, et a facilité les moyens d'en prendre les dimensions. La longueur s'en est trouvée de cent vingt-neuf pieds, et la largeur est de soixante-dix pieds six pouces. Placée sur le versant méridional de Constantinople, dans le quartier *Koullèli-Bostan-Boudroum* (1), la citerne de trente-deux colonnes devait fournir au quartier voisin de la mosquée de Sultan-Ahmed, et à celui appelé *Kondos-Kalè*.

Près de *Kèliçè* ou *Cheïkh-Djamiçi*, sur le versant septentrional de la quatrième colline, il existe

(1) *Boudroum* veut dire *boyau*.

deux citernes, dont l'une avait autrefois, au rapport de M. Le Chevalier, quatre rangs de colonnes corinthiennes, lesquels, à l'époque de son séjour à Constantinople, étaient réduits à deux rangs. Cette citerne est actuellement fermée, et l'on ne se rappelle pas qu'elle ait jamais été ouverte. L'autre citerne, petite et supportée par des colonnes de mauvais goût, ne mérite aucune attention sous les rapports de l'art.

On trouve, entre la mosquée et la rue de Sultan-Selim, par conséquent sur le versant nord de la cinquième colline correspondant au quartier du Fanal, un Tchokour-Bostan, que je suis allé visiter le 9 avril 1814; il a soixante-dix-huit toises en carré. Ses murs ont seize pieds d'épaisseur, et vingt-cinq pieds d'élévation au-dessus du terrain, qui a huit pieds de profondeur. L'épaisseur de la base de cette citerne est de six pieds. En supposant que l'eau qu'elle contenait n'eût que trente pieds de hauteur, on verra que son volume devait être de six millions cinq cent soixante et onze mille sept cent vingts pieds cubes au moins. Les murs d'enceinte étaient formés d'un massif et d'un revêtement intérieur. C'est le premier Tchokour-Bostan où j'ai pu reconnaître complétement une disposition pareille, qui est commune d'ailleurs à toutes les citernes du même genre. Le massif a, comme les murs d'enceinte de Constantinople, des zones alternatives de briques et de moellons, suivant l'usage grec. Les briques, de quatorze pouces en carré et de deux pouces d'épaisseur, posées horizontalement, sont séparées par une couche de mortier de deux pouces d'épaisseur, fait de chaux, de sable, de gros gravier et de khoraçan; ce mortier qui est d'une dureté extrême. La largeur de la zone de briques est d'un pied dix pouces, et celle des moellons de trois pieds six pouces. Le revêtement est formé de zones alternatives de briques et de pierres de taille. Les premières sont un peu moins larges que celles du massif. Les pierres des assises ont dix-sept pouces de long et sept pouces de haut; elles sont séparées par des couches de mortier de khoraçan d'un pouce d'épaisseur. (*Voyez* la planche V.)

Quelques personnes pensent que ce qu'on regarde comme des citernes à ciel ouvert pouvait être des naumachies (1), ou des bassins sur lesquels on représentait des combats nautiques. Jules-César fut le premier qui en donna le spectacle aux Romains. La naumachie de l'empereur Claude eut lieu, vers l'an 50, sur le lac Fucin; l'on y vit combattre deux flottes, l'une de Sicile, l'autre de Rhodes, chacune de cinquante galères. La naumachie de Domitien, suivant Suétone, fut creusée dans un lac si considérable, qu'on y pouvait aisément ranger des flottes entières : une médaille en a conservé la forme et le souvenir (2). On sait que sous les Empereurs, lorsque ces souverains du monde cherchaient à faire oublier leurs cruautés en donnant des jeux magnifiques, le peuple était fort avide de ces sortes de spectacles; mais l'histoire ne fait pas mention qu'on en ait eu de ce genre à Constantinople (3). On doit en effet remarquer que la quan-

---

(1) Ce mot est dérivé du grec, et signifie proprement un combat naval. Il désigne aussi le simulacre de ces combats nautiques, et plus fréquemment le bassin sur lequel on représentait ces jeux.

(2) *Voyez* l'*Architecture* de Fischer.

(3) Voici ce que dit à ce sujet Nieuport : « Sous l'empereur Constantin, « qui avait de l'aversion pour les usages des païens, les jeux du cirque

tité d'eau tirée du dehors, et appliquée aux besoins de cette capitale, n'a jamais été assez considérable pour qu'on en pût consacrer une grande partie à des usages beaucoup moins essentiels. Un passage de Procope, dans son Livre des Edifices, va confirmer notre opinion ; l'auteur s'exprime ainsi : « Il faut maintenant
« que je dise ce que Justinien fit pour fournir aux ha-
« bitans de l'eau qui fût bonne à boire. On en man-
« quait pour l'ordinaire en été, bien qu'on en eût suf-
« fisamment aux autres saisons. L'excès de la chaleur
« desséchait alors les fontaines, et les empêchait de
« couler en abondance. Voici ce que Justinien fit pour
« suppléer à ce défaut. A l'entrée du palais où les
« praticiens travaillent et où les avocats se préparent
« à leurs causes, il y a une place fort longue et fort
« large, ornée de colonnes et entourée de quatre ga-
« leries, sous une desquelles, savoir, sous celle qui
« est du côté du midi, Justinien fit creuser fort pro-
« fondément pour y faire un grand réservoir. On y
« ajouta des citernes pour conserver l'eau qui se per-
« dait ; et par ce moyen on en donne à ceux qui en
« ont besoin (1). » Quoique ce passage laisse beaucoup à désirer sous le rapport de l'art, il renferme pourtant la preuve de ce que nous avons avancé. Ce qu'on remarquait du temps de Justinien à Constantinople existe encore aujourd'hui : les eaux, qui sont surabondantes en hiver, deviennent d'une pénurie extrême dans l'arrière-saison, lorsque les pluies d'au-

« paraissent avoir cessé ; et la naumachie aussi vers le même temps. » (*Coutumes et cérémonies observées chez les Romains*, traduction, page 220.)

(1) *Histoire de Constantinople*, traduction du président Cousin, tome II, page 248.

tomne ne sont pas précoces. A Rome, du temps d'Auguste, on n'employait aux naumachies que des eaux dont on ne pouvait faire aucun usage, afin de ne pas diminuer la quantité de celles qui étaient nécessaires pour les besoins journaliers; et c'est ce que fait observer Frontin en parlant de la naumachie construite par cet empereur, dans la quatrième région (1). Constantinople d'ailleurs ne pouvait pas avoir de plus belle naumachie que son port, dont les côtés, disposés en amphithéâtre, auraient fourni le local le plus convenable pour y placer la plus grande partie de sa population.

En revenant du côté de la Propontide, et en se dirigeant de l'est à l'ouest, on trouve près de *Boudroum-Djamiçi* une citerne qui est située un peu sur le versant, dans la vallée qui traverse Constantinople. Quelques auteurs prétendent que c'est la citerne *Asparis*, à laquelle ils donnent quatre-vingts colonnes. Celle dont nous parlons n'en a que soixante-quatre. Ces colonnes de marbre blanc sont de différens ordres, plusieurs même n'appartiennent à aucun ordre d'architecture; toutes ont des proportions vicieuses, et sont séparées les unes des autres par des entre-colonnemens inégaux. Leur diamètre, pour le plus grand nombre, n'est que d'un pied six pouces. On remarque des croix sur quelques chapiteaux. Les voûtes sont les unes en calottes sphériques, d'autres en voûtes d'arêtes.

Au rapport de Codinus, la citerne Asparis était si-

---

(1) *Immò etiam parùm salubrem et nusquam in usum populi fluentem..... ne quid salubrioribus aquis detraheret.* (Sextus Julius Frontinus, *de Aquæductibus*, etc., page 47, édition de Poleni.)

tuée près des anciennes murailles de Constantinople, c'est-à-dire, près de la direction de Daoud-Pacha-Kapouçi à Sultan-Djamiçi, qu'on croit avoir été celle des murs de Constantin.

Quoi qu'il en soit, il est aisé de juger que la citerne Boudroum-Djamiçi est d'un âge bien postérieur à celle de Bin-Bir-Dirèk, et appartient à une époque où la dégradation de l'art s'était fait sentir d'une manière marquée; cette époque peut très-bien convenir au règne de l'empereur Léon, sous lequel Asparïs fit construire sa citerne. En examinant la position de la citerne Boudroum-Djamiçi, on voit qu'elle correspond à la fontaine de Lalèli, et qu'elle devait fournir à Koum-Kapou, Yèni-Kapou et Daoud-Pacha-Kapouçi.

Près d'*Imbros-Djamiçi*, mosquée de l'Ecuyer, sur la croupe du contrefort, et dans l'emplacement de l'ancien monastère de Saint-Jean Studius (1), on voit une citerne destinée autrefois à abreuver le quartier des Sept-Tours. Sa longueur est de soixante-dix pieds, et sa largeur de cinquante-sept. Sa voûte, formée de calottes sphériques, est supportée par vingt-trois colonnes de granit gris d'ordre corinthien, disposées sur quatre rangs. Le diamètre des colonnes est d'un pied neuf pouces, et l'entre-colonnement de dix pieds. A l'un des angles qui se présente à fausse équerre, et dans lequel un massif de maçonnerie tient la place de la vingt-quatrième colonne, est un escalier en pierre par où l'on a pu descendre au fond de la citerne. Cette circonstance a permis de reconnaître, à trois pieds au-

---

(1) Monastère de Saint-Jean-Baptiste, surnommé *de Studius*, du nom d'un Patricien-consulaire qui le fit construire, et qu'on croit être venu de Rome avec Constantin.

dessus du sol, l'ouverture de l'ancien conduit qui servait à la fourniture de l'eau que contenait cette citerne. On a trouvé également à la hauteur de la naissance des voûtes l'ouverture par laquelle les eaux y arrivaient. En dehors de la citerne, sur la face où est l'ouverture d'écoulement, se présente un vestibule, dont la voûte formée de six petites coupoles est soutenue dans le milieu par deux colonnes de granit d'ordre ionique. Une ouverture pratiquée dans le sol de ce vestibule donne le moyen de descendre, avec le secours d'une échelle, dans l'ancien canal d'écoulement, qui est devenu un Aïazma, où l'on trouve de l'eau, regardée par les Grecs comme sainte ou sacrée. Le conduit d'Egri-Kapou à Narli-Kapou, qui fait partie de la conduite d'eau de Belgrade, passe près de la citerne d'Imbros-Djamiçi, et devait en recevoir les eaux.

Dans le quartier *Alti-Mèrmèr* ou *Hexi-Marmara* (1), occupant le faîte du contrefort, on voit une petite citerne composée de deux cours de voûtes à plein cintre, dont la retombée est reçue dans le milieu par six colonnes de granit. Sa longueur est de soixante-six pieds, et sa largeur de vingt pieds. Les colonnes ont un pied neuf pouces de diamètre sans ordre distinct.

La citerne *Moçisia*, à peu de distance de la précédente, et placée sur le même faîte, était située de manière à fournir l'eau à trois directions; c'est un Tchokour-Bostan dont la longueur est de cinq cent dix pieds, et la largeur de quatre cent huit.

Après avoir traversé le vallon de Yèni-Baghtchè, en

(1) Le premier de ces deux mots est turc; le second est grec : tous deux veulent dire les *Six-Marbres*.

se dirigeant vers la porte d'Andrinople, on trouve près de la mosquée *Kara-Gumrugu* (1), sur le versant méridional, une petite citerne formée de deux cours de voûtes portant dans le milieu sur des piliers; sa longueur est de quatre-vingt-dix pieds, et sa largeur de douze pieds.

Près de la porte d'Andrinople est encore une citerne à ciel ouvert, qui n'a que le nom générique de Tchokour-Bostan; elle a sept cent cinquante pieds de longueur, et deux cent soixante et un pieds de largeur.

A peu de distance d'une citerne à ciel ouvert, qui ne porte également que le nom générique de Tchokour-Bostan, sur le versant du port, on voit encore une citerne appelée *Djin-Ali-Kiochki* (2). Trois rangs de colonnes de marbre et de granit gris supportent ses voûtes en dôme. Ces colonnes, au nombre de vingt-huit, sont d'ordre corinthien, dorique et ionique : les chapiteaux sont placés sans régularité, et quelques uns même employés d'une manière barbare. Des colonnes s'étant trouvées trop courtes, on a formé leurs bases de deux chapiteaux mis l'un sur l'autre, et opposés par leurs petites surfaces. Cette citerne ne date pas, comme on voit, des beaux jours du Bas-Empire. Sa longueur est de quatre-vingt-deux pieds, et sa largeur de cinquante et un. L'entre-colonnement s'est trouvé de neuf pieds. La citerne Djin-Ali-Kiochki devait fournir au quartier des Blakernes.

(1) La *Douane-de-terre*, pour la distinguer de celle de la marine.
(2) Le kiosk ou belvédère de l'ancien Grand-Vizir *Djin-Ali-Pacha*, ou Ali-Pacha-le-Diable, ainsi appelé par les Francs, à cause de son extrême sévérité pour les chrétiens, qu'il regardait comme les ennemis naturels de son maître : c'était au surplus un ministre incorruptible.

CHAPITRE VIII. 455

En résumant ce que nous avons dit, nous allons faire voir que les anciennes citernes de Constantinople avaient été placées avec beaucoup d'intelligence, quant aux formes du terrain et aux usages auxquels elles étaient destinées.

Ces citernes occupaient des positions dominantes, et elles étaient distribuées de manière à correspondre aux diverses régions de Constantinople. Ainsi en entrant par la porte d'Andrinople, on voit à gauche, le long de la grande rue du Divan, un très-grand Tchokour-Bostan, et plus bas une citerne voûtée qui fournissaient à Salma-Toumrougou et au quartier des Blakernes; elles recevaient leurs eaux des conduites dont les directions, passant par la porte d'Andrinople, se réunissent à l'aqueduc de Valens.

Plus loin, la citerne qui est près de Kara-Gumrugu-Djamiçi et le Tchokour-Bostan qui touche à la mosquée de Sultan-Selim, abreuvaient l'intervalle compris entre la grande rue du Divan et Yèni-Kapou.

Entre Sultan-Mehèmmed et la Suleïmaniïé, on trouve le *Tchokour-Hamam*, autrefois *Citerna-arcadiaca*, aujourd'hui le plus beau et le plus vaste bain de Constantinople. Il y existe aussi deux autres citernes qui sont voisines du takçim d'At-Bazari.

Vient ensuite la citerne Yèrè-Batan-Sèraï, qui reçoit ses eaux de la conduite de Belgrade par le takçim de Sainte-Sophie; elle fournit à Baghtchè-Kapouçi, au palais du Grand-Vizir et au Sérail.

Voilà pour le versant du côté du port et l'extrémité du contrefort occupé par l'emplacement du Sérail, là mosquée de Sainte-Sophie et les bâtimens qui en dépendent. Voyons comment la partie qui regarde la Propontide était alimentée.

En partant de la citerne Yèrè-Batan-Sèraï, après avoir tourné la croupe du contrefort, on trouve la citerne Bin-Bir-Dirèk, et celle des trente-deux colonnes, qui correspondent aux quartiers de Sultan-Ahmèd et de *Kondos-kalè*.

Plus loin, au-dessous de la fontaine Lalèli, la citerne Asparis de soixante-quatre colonnes, devait alimenter les mêmes quartiers qu'abreuve à présent cette fontaine, c'est-à-dire depuis Koum-Kapou jusqu'à la pointe d'Ak-Sèraï.

En continuant à se diriger parallèlement à la Propontide, on arrive à la grande citerne Moçisia, voisine du conduit du takçim d'Egri-Kapou à Narli-Kapou, et dont la distribution des eaux devait s'étendre jusqu'à Samatia-Kapouçi.

Enfin la citerne de vingt-quatre colonnes de *Saint-Jean Studius*, touchant à ce même endroit, fournissait au quartier des Sept-Tours.

Il est très-probable que toutes les anciennes citernes de Constantinople ne nous sont pas connues, et cela importe très-peu ; mais celles dont nous venons de parler suffisent pour prouver, par leur situation et leur grandeur, qu'elles étaient liées au système des conduites d'eau qui abreuvent la capitale. Elles prouvent encore que leur destination était de servir de réservoirs supplémentaires pour les temps de pénurie : on devait aussi les employer comme réserves dans le cas où les environs de Constantinople, occupés par les Barbares, mettraient en leur pouvoir les sources et les ouvrages d'art qui les amenaient dans la ville.

J'ai présenté dans les livres précédens les résultats des principales observations que j'ai faites pendant mon séjour à Constantinople; j'y ai joint un croquis de la grande carte du Bosphore, levée dans le même temps sous ma direction par trois jeunes officiers, MM. Thomassin (1) et Vincent (2), capitaines du génie, et de Moreton Chabrillant (3), capitaine d'artillerie, qui ont mis à ce travail un zèle et un dévouement particulier. C'est pendant l'horrible peste des années 1813 et 1814 que j'ai parcouru, alternativement avec l'un de ces officiers, les deux autres étant occupés sur divers points, les environs du Bosphore et de Constantinople, terrain fortement accidenté, que l'on n'avait point exploré jusque là, et qui était une véritable conquête pour la géographie, la topographie et les arts. Je ne saurais dire combien, malgré le malheur des temps, ces occupations paisibles dirigées vers un but utile, et mes relations de travail avec des officiers pleins d'instruction et tout-à-fait estimables, m'ont procuré de jouissances, et me laissent encore d'agréables souvenirs. Nous avions, surtout la seconde année, où la peste s'était répandue dans les campagnes, le champ libre pour nos excursions; les villages grecs étaient presque déserts : frappés de terreur, la plupart des habitans avaient abandonné leurs maisons, et s'étaient réfugiés dans les bois. Tout résignés qu'ils sont au destin, les Turcs se tenaient renfermés dans leurs demeures. Un vaste silence couvrait

(1) Aujourd'hui chef de bataillon, sous-directeur des fortifications.
(2) Chef de bataillon du génie.
(3) Capitaine d'artillerie de la garde royale; aujourd'hui lieutenant-colonel dans la même arme.

cette terre de désolation; il n'était interrompu, à l'approche des villages, que par l'aboiement lugubre et plaintif des chiens privés des secours et de la vue de leurs maîtres, que d'autres remplaçaient dans les faibles soins nécessaires à leur existence, jusqu'à ce que ces nouveaux bienfaiteurs fussent eux-mêmes victimes de la contagion, ou que la peur les obligeât à s'éloigner.

FIN DU LIVRE TROISIÈME ET DERNIER.

NOTES
DU LIVRE TROISIÈME ET DERNIER.

NOTE PREMIÈRE.

Sur les conduites d'eau d'Alep en Syrie.

Extrait d'une lettre qui me fut écrite de Constantinople le 25 juin 1822.

Après que la sédition qui avait éclaté dans Alep a été apaisée, je suis allé à *Eïlan* (du nom d'Hélène, mère de Constantin), distant de quatre lieues au nord de cette ville; j'y ai remarqué six grands réservoirs circulaires et d'autres ouvrages en maçonnerie que cette princesse ordonna de construire, lors de son passage à Alep pour se rendre à Jérusalem (1). Un canal, couvert par des pierres plates, conduit les eaux de ces réservoirs à la grande mosquée, autrefois église grecque, d'où elles sont réparties dans les divers quartiers de la ville. Ce canal, ouvert en quelques endroits, est absolument de la même construction que ceux que j'avais vus en vous accompagnant aux environs de Constantinople. J'ai aussi remarqué dans les murs d'Alep des soutèrazi pareils à ceux que vous avez décrits dans votre *Voyage à l'embouchure de la Mer-Noire*.

NOTE II.

Sur la conduite à soutèrazi de Saint-Jean-d'Acre.

Pendant l'expédition de Syrie, sous les ordres du général Bonaparte, en 1799, nous trouvâmes devant Saint-Jean-

(1) Vers l'an 326, dans l'intention de visiter les Saints-Lieux.

d'Acre et à proximité du camp, une pyramide hydraulique, ou soutèrazi, faisant partie de la conduite qui amenait les eaux dans la place. En y établissant un fourneau de mine, on en détruisit le jeu. Je puis faire remarquer en passant que, comme la poudre avait agi uniformément tout autour du fourneau, la partie supérieure du soutèrazi ne fut point renversée, et qu'elle vint s'adapter à celle qui restait dans le bas après l'effet de la mine. J'ai su depuis que cette pyramide n'avait pas été rétablie, et qu'on ne boit à Saint-Jean-d'Acre que de l'eau d'assez mauvaise qualité.

NOTE III.

§ Ier.

Sur les conduites d'eau à soutèrazi et à siphons renversés, en Espagne.

Extrait d'une *Lettre de M. Legentil*, *major du génie et membre de la commission d'Égypte*, datée de Paris, le 10 janvier 1816.

J'ai vu en Espagne un grand nombre d'aqueducs à soutèrazi. Ceux que j'ai examinés plus particulièrement, parce qu'ils ont été plus long-temps sous mes yeux, sont les aqueducs de Puerto-Real, près de Cadix, et de Talavera-de-la-Reyna, sur le Tage. Ce dernier traverse le champ de bataille du 27 juillet 1809, sans que peut-être les armées anglaises, espagnoles et françaises qui s'y sont battues pendant deux jours s'en soient aperçues. Tous ces aqueducs m'ont paru d'une construction moderne. Les deux que je viens de citer n'ont pas plus de trente ans d'existence. Celui de Puerto-Real prend ses eaux dans le même bassin, et à peu près au même endroit où les Phéniciens avaient commencé celui qui menait les eaux à Cadix.

Je suis porté à croire que les Romains et les Grecs ont

ignoré ce genre de construction ; s'ils l'avaient connu ils ne l'auraient pas adopté tel que les Espagnols l'exécutent de nos jours, parce qu'il répond mal à l'idée de beauté dont ils ne s'écartaient jamais dans leur architecture. Rien ne m'a prouvé que les Maures aient été en Espagne les inventeurs de ces monumens hydrauliques. Leurs aqueducs de Grenade que j'ai examinés ont une autre forme. Mais les Espagnols, depuis cent ans, ont fait d'assez fréquens voyages à Constantinople, et c'est peut-être là ou en Afrique qu'ils en ont puisé la première idée. Enfin les constructions hydrauliques des Phéniciens, des Egyptiens, des Carthaginois, des Grecs, des Romains, des Gaulois, des Celtes et des Arabes que j'ai eu occasion de visiter dans mes voyages, offrent toutes des formes différentes de celles-là, quoique quelques unes paraissent construites d'après le même principe.

§ II.

Sur l'aqueduc de Puerto-Real (1).

Par M. le capitaine du génie Creulx.

Les seuls renseignemens qu'on ait pu se procurer sur les conduites d'eau de Puerto-Real consistent dans le dessin ci-joint (2), représentant une des pyramides hydrauliques qui s'emploient dans les terrains accidentés, à la place des aqueducs sur arcades. Les tuyaux enchâssés dans ces pyra-

---

(1) M. le lieutenant-général vicomte Dode de La Brunerie, auquel je m'étais adressé pendant l'expédition d'Espagne, où il commandait en chef l'armée du génie, a bien voulu faire prendre, sur les deux conduites d'eau de Puerto-Real et de la Caroline, les renseignemens suivans (§ II et III) qu'il m'a transmis par sa lettre en date du 3 novembre 1823.

(2) Ce dessin est absolument le même que celui des soutèrazi employés dans l'Empire Ottoman.
Voyez la planche II de l'Atlas.

mides sont en terre cuite, et de quatorze millimètres de diamètre intérieur. La chute d'eau dans les branches descendantes, ou la différence de niveau entre deux siphons consécutifs, est de vingt-huit millimètres. L'écartement des pyramides varie de cent soixante-dix à trois cents mètres.

Cet aqueduc a été construit en 1776 par un ingénieur de Cadix, qui n'existe plus. Aucun des habitans, pas même celui qui est chargé de son entretien, ne connaît les propriétés de cette espèce de conduite, ni les règles qui servent à en diriger la construction.

§ III.

Sur la conduite d'eau de la Caroline, près la porte de Madrid.

Par M. le capitaine du génie Moreau.

Les conduits qui amènent l'eau à la fontaine de la Caroline, située près la porte de Madrid, depuis le réservoir établi sous une source, à moitié hauteur d'un mamelon peu élevé, au nord de la ville, ont environ mille mètres de développement. On a suivi, pour le chemin qu'ils parcourent, les directions qui semblent les plus convenables pour diminuer et faciliter les excavations. Il y a trente-quatre conduits partiels. Le plus long n'a que soixante-douze mètres; les autres sont plus courts, et il y en a un qui n'a que vingt-quatre mètres. Toutes les piles ou branches courtes des siphons, à leur élévation près, qui est déterminée par la hauteur du sol sous le niveau commun de l'eau dans le réservoir de la source, sont faites de la même manière; la plus haute n'a que trois mètres quatre-vingts millimètres au-dessus du sol : ainsi le croquis de l'une fait voir la forme de toutes. La perte de niveau pour l'eau, en passant d'un siphon dans le suivant, est à peine d'un demi-centimètre ; c'est-à-dire, ce qui est nécessaire pour l'écoulement de l'eau. Il faut en excepter, du côté de la fontaine, le passage de l'eau du troisième siphon dans le quatrième, où il y a une perte de niveau de huit centimètres, sans qu'on sache pourquoi. L'eau, en tombant du siphon montant dans le bassin de la pile, produit un bruit que l'on entend sans découvrir ce bassin.

Les piles, ou pyramides hydrauliques, qui renferment les branches de deux siphons adjacens, sont en pierre de taille.

Ces piles ont à leur partie supérieure une ouverture pour laisser échapper l'air que peut entraîner l'eau, et qui se dégage dans le passage d'un siphon à l'autre.

Les branches des siphons, ou autrement les conduits, sont faits en tubes coniques de terre cuite emmanchés les uns dans les autres, et joints au moyen de filasse imprégnée de suif, ciment ou terre argileuse. Ils sont, pour la branche horizontale, renfermés dans un conduit prismatique, fait en maçonnerie et recouvert en dalles.

Quand on veut ne pas amener l'eau jusqu'à la fontaine, et qu'il s'agit de s'en servir momentanément pour l'irrigation des terres que parcourent les conduits, on lève la pierre qui couvre le bassin d'une des piles ; on bouche la branche descendante du siphon, et l'eau, remplissant le bassin, se rend, au moyen d'une rigole, sur le terrain à arroser.

Pour nettoyer les conduits, on soulève les tubes et on les désunit : on en fait autant un peu plus loin ; et au moyen d'un ringard, on parvient à introduire une corde dans la partie du conduit à nettoyer : on y attache un bouchon de paille, et en le promenant dans le conduit, on enlève les dépôts qui s'y trouvent (1).

(1) Dans le midi de la France on se sert d'un moyen analogue pour ramoner les cheminées.

§ IV.

Aqueduc à siphon renversé de Castellon de la Plana.

On attribue aux Maures l'aqueduc à siphon renversé qui fait passer sous la *Rambla de la Viuda* (torrent de la Veuve) les eaux dérivées du *Mijarès* pour le canal d'irrigation d'Almanzora et de Castellon. Cet aqueduc a cent mètres d'ouverture, et sa courbe cent cinquante-six mètres trente-sept millimètres de développement. L'eau à l'entrée du siphon est de trois cent soixante-quinze millimètres (quatorze pouces) plus élevée qu'à sa sortie. M. Jaubert de Passa, de qui nous empruntons cette note, ajoute : « Il était curieux d'apprendre « que la théorie du siphon était connue, dans un canton de « l'Espagne, huit siècles avant qu'on l'offrît comme une dé- « couverte dans le midi de la France (1). » Les aqueducs à siphons renversés n'étaient pas inconnus chez les Romains; les ouvrages de ce genre qu'ils ont construits aux environs de Lyon et ailleurs, et qui sont conséquemment antérieurs à ceux qu'on voit en Espagne, prouvent que ce peuple n'ignorait pas la propriété qu'ont les liquides de s'élever à la même hauteur dans plusieurs tubes qui communiquent entre eux. Je ne sache pas d'ailleurs que la théorie du siphon ait été présentée comme une découverte dans le midi de la France, et l'on entend vraisemblablement par là le canal de Languedoc. Il n'existe sur ce grand ouvrage qu'un seul aqueduc à siphon renversé, celui de Saint-Ague, du côté de Toulouse, et on ne l'a jamais regardé comme une construction d'un genre nouveau. Il est vrai que, pour suppléer les déversoirs de superficie dont l'effet n'est pas très-considérable et les épanchoirs de fond, lesquels exigent une manœuvre qui, étant

(1) *Voyage en Espagne*, ou *Recherches sur les arrosages*, etc., etc., tome I, page 135; ouvrage d'ailleurs aussi remarquable par les vues et les nombreuses recherches qu'il renferme, que par la manière dont elles sont présentées.

négligée, peut entraîner de graves inconvéniens, on a eu l'idée de construire, dans le côté faible du canal, des épanchoirs à siphon, imités de ceux qui servent à faire passer un liquide d'un vase dans un autre; et il en est résulté une heureuse application du jeu des siphons. Mais ces sortes de siphons agissent par la pression de l'atmosphère ; ils ont une force de *traction* qui en augmente considérablement le débit, tandis que dans les siphons renversés l'eau ne fait que descendre, d'un côté, par son propre poids, et remonte au même niveau du côté opposé, suivant la loi des fluides dont nous avons parlé plus haut. On a depuis appliqué en grand dans les arts le jeu du siphon à des usages non moins utiles que ceux dont nous venons de faire mention, et l'on explique, par son moyen, le phénomène des fontaines intermittentes.

NOTE IV.

Lois ou Constitutions impériales, relatives aux aqueducs de Rome ancienne et de Rome nouvelle (Constantinople), tirées du Livre de Frontin sur les eaux de Rome.

I.

L'Empereur Constantin, Auguste, à Maximilien, Consul.

Nous voulons que les possesseurs des eaux sur les propriétés desquels passent les canaux soient exempts de toutes charges extraordinaires, attendu que les aqueducs obstrués par les immondices doivent être nettoyés à leurs frais : ils ne seront tenus qu'à cette seule obligation, de crainte qu'occupés à d'autres travaux ils ne s'abstiennent de procéder à ce nettoiement ; que s'ils négligent de le faire, ils seront punis par la perte de la possession des eaux (1), car le fisc s'emparera du domaine de celui dont le défaut de soin aura causé la ruine du canal qui traverse ce domaine. Il faut en outre que ces mêmes titulaires sachent qu'ils sont tenus de planter d'arbres, les deux rives du canal, à la distance de quinze pieds de chaque côté du revêtement. Votre devoir sera de faire attention que ces arbres ne poussent pas des rejets plus près avec le temps, et dans ce cas de prescrire de les arracher, afin que leurs racines ne nuisent point à la maçonnerie de ces canaux.

Donné le 15e jour avant les kalendes de juin (18 mai), sous le consulat de Gallicanus et de Symmachus.

(L'an de l'ère chrétienne 330.)

II.

Les Empereurs Valentinien, Valens et Gratien à Fortunatianus, Consul.

L'aqueduc qui fournit les eaux au palais de Daphné est diminué par l'usurpation de quelques particuliers qui y ont adapté des tuyaux d'une dimension plus grande que celle qui leur a été accordée par la munificence impériale. Que des réservoirs soient donc élevés en trois endroits, d'un commun accord, et que les noms de tous les particuliers ayant droit aux eaux soient inscrits sur une table, ainsi que la quantité qui leur est accordée. Ensuite, s'il est constant que quelqu'un en usurpe au-delà de cette quantité, qu'il soit imposé à payer une livre d'or par chaque obole de cours d'eau. Si, en vertu d'un de nos rescrits, quelqu'un est reconnu avoir mérité une certaine quantité d'eau, qu'il ne soit pas admis à en jouir jusqu'à ce qu'en

---

(1) Les Édiles et les Censeurs étaient les magistrats qui jouissaient de la prérogative de donner et de vendre le droit d'eau ; droit qui ne pouvait d'ailleurs être transmis à l'héritier.

présence de notre directeur il soit procédé à la délivrance de cette même quantité.

Donné le 3e jour avant les kalendes de novembre, à Antioche, Valentinien et Victor, Consuls.

(L'an de l'ère chrétienne 370.)

III.

Les Empereurs Gratien, Valentinien et Théodose, Augustes, à Cynegius, Préfet du Prétoire.

Tous doivent à l'envi s'empresser de concourir à l'exécution de l'aqueduc et du port, d'après l'assignation des travaux respectifs, et personne ne peut se dispenser de cette coopération, à raison des priviléges qu'il tient de son rang.

Donné à Constantinople le 15e jour avant les kalendes de février, Richomera et Cléarque, Consuls.

(L'an de J.-C. 384.)

IV.

Les Empereurs Valentinien, Théodose et Arcadius, Augustes, à Pancratius, Préfet de la ville.

Si quelqu'un mû par une coupable audace endommageait les établissemens d'utilité commune de cette cité florissante, en faisant dériver sur son fonds les eaux d'un aqueduc public, qu'il sache que ce même fonds, frappé à l'instant de la proscription fiscale, sera réuni à notre domaine particulier.

Donné à Constantinople le 8e....., Timasius et Promotus, Consuls.

(L'an de J.-C. 391.)

V.

Les mêmes à Albin, Préfet de la ville.

Nous ordonnons que ceux qui autrefois ou de nos jours ont obtenu quelque quantité d'eau par notre ordre, l'extraient des réservoirs ou des canaux mêmes, et qu'ils ne se permettent rien contre le cours et la solidité des tuyaux nommés *matrices*.

Donné le 5ᵉ jour avant les kalendes de septembre à Rome, Timasius et Promotus étant Consuls.

(L'an de J.-C. 391.)

VI.

Les Empereurs Arcadius et Honorius, Augustes, à Messala, Préfet du Prétoire.

Que les particuliers se gardent de toute usurpation sur le canal d'*Auguste* qui a été réparé dans la Campanie aux frais publics, et qu'il ne soit désormais accordé à personne le droit d'y prendre de l'eau. Si quelqu'un osait en détourner à son avantage, qu'il soit obligé de déposer cinq livres d'or à notre trésor; que tout rescrit obtenu, ou tout autre expédient pour faire légitimer cette fraude, soit regardé comme non avenu.

Donné à Milan le 5ᵉ jour avant les kalendes de janvier, Théodore, Consul.

(L'an de J.-C. 399.)

VII.

Les mêmes à Flavianus, Préfet de la ville.

Que personne ne pense pouvoir s'approprier frauduleusement les eaux du canal Claudien, en rompant ou en perçant ses parois latérales. Si quelqu'un agit contrairement au présent, qu'il soit à l'instant puni par la perte des bâtimens élevés sur les bords du canal et des terrains adjacens. En outre, nous condamnons ceux de nos employés à la surveillance desquels cette garde est confiée, à déposer autant de livres d'or qu'on aura usurpé d'onces d'eau du canal Claudien, à raison de cette connivence.

Donné le 6e jour avant les Ides de novembre, Stilicon et Aurelianus, Consuls.

(L'an de J.-C. 402.)

VIII.

Les Empereurs Théodose et Valentinien, Augustes, à Cyrus, Préfet du Prétoire.

Si quelqu'un a mérité de notre libéralité impériale le droit d'eau, il devra intimer à votre siége éminent le titre que nous aurons scellé, et non aux hauts seigneurs les gouverneurs de nos provinces. Vous proposerez une amende de cinquante livres d'or contre tout particulier convaincu d'avoir sollicité nos gouverneurs et contre tout employé qui l'aiderait à surprendre par adresse un rescrit favorable : les appariteurs des hauts seigneurs nos gouverneurs des provinces seront employés à faire exécuter les décisions émanées en force de notre autorité suprême. Votre siége éminent réglera ce qu'il convient de délivrer d'eau aux thermes publics et aux bains des particuliers, ainsi que la quantité à accorder sur les eaux surabondantes aux personnes qui en auront obtenu de notre Sérénité.....

IX.

Les mêmes à Cyrus, préfet du Prétoire.

Que toute servitude de l'aqueduc Adrien envers les maisons et les propriétés dans la ville ou hors de son enceinte, et envers tous bains, accordée par nous, à quelque titre que ce soit, ou surprise par ruse, cesse entièrement. Nous préférons que le susdit aqueduc desserve les thermes publics et les bains particuliers de notre palais. Nous entendons que cette disposition soit observée à l'avenir dans toutes ses parties; qu'il ne soit accordé à personne la permission de nous présenter des suppliques à l'effet d'obtenir de l'eau de cet aqueduc, et que personne n'ose y faire d'ouvertures. Tous ont à savoir que s'ils tentent rien de contraire, sous quelque prétexte que ce soit, et nos employés que s'ils permettaient rien de semblable, et s'ils cédaient, même par ignorance, à des sollicitations étrangères, ils auront à déposer dans les caisses du fisc une amende de cent livres d'or. En outre, nous ordonnons que le cours public des eaux ne soit pas obstrué par des arbres, à la distance de dix pieds; mais que cet espace soit conservé des deux côtés entier et libre. Quant aux tuyaux en plomb qui conduisent l'eau aux thermes d'Achille, et dont nous savons que la ville est redevable à votre munificence, nous leur appliquons la même disposition; car nous entendons qu'ils servent seulement, ainsi que Votre Éminence l'a jugé convenable, au service des thermes et des bains publics. Nous accordons en même temps aux appariteurs de Votre Éminence la faculté d'approcher sans crainte des maisons et des bains situés dans les faubourgs, pour rechercher si quelque fraude, quelque déviation d'eau, ou seulement quelque projet nuisible à l'intérêt public n'a pas eu lieu de la part de quelque particulier. Donné......

X.

Les mêmes à Eutichianus, Préfet du Prétoire.

Nous entendons que tous impôts levés sur notre bonne ville, sous quelque dénomination que ce soit, et sur les ouvriers appelés *Zizaceni*, soient employés à la restauration de l'aqueduc de cette illustre ville; en observant surtout qu'aucune des personnes qui jouissent du droit des eaux ne soit grevée d'aucune charge particulière; car il nous paraît très-mal séant que les maisons de cette ville ne jouissent d'eau qu'à prix d'argent.

XI.

L'Empereur Zénon à Adamantius, Préfet de la ville.

Nous arrêtons par la présente loi, que tout gouverneur d'une de nos grandes préfectures qui aura cru pouvoir employer l'argent destiné pour un aqueduc, à élever ou réparer d'autres ouvrages qui ne se rapporteraient pas aux eaux ou aux canaux publics, sera obligé de verser de ses propres deniers pour l'entretien de cet aqueduc une somme égale à la somme par lui détournée de son emploi. Nous voulons qu'un caissier particulier soit chargé de recevoir l'argent qui sera destiné par la libéralité des très-glorieux Consuls à l'entretien des eaux, ainsi que tous autres deniers qui sont et seront recueillis, à quel titre que ce soit, pour la même fin.....

XII.

Le même à Sporatius.

Nous arrêtons qu'il sera fait des recherches scrupuleuses pour découvrir quelles étaient les sources d'eau, publiques dans leur origine, ou qui, appartenant d'abord aux particuliers, ont été employées ensuite à l'usage public, puis sont retournées en leur possession, soit par des décisions surprises à notre bonne foi, ou, à plus forte raison, sans que ce retour ait été autorisé par un pouvoir compétent ou par un acte revêtu de notre sceau. Notre ville impériale devant rentrer dans ses droits, et ce qui fut jadis public ne pouvant redevenir propriété particulière, mais devant retourner à l'usage de tous, nous cassons de droit tous arrêts impériaux ou pragmatiques-sanctions favorables à quelques uns et contraires aux intérêts de la ville, dont les droits ne peuvent être limités par la prescription établie en faveur d'autrui par une longue possession.

XIII.

L'Empereur Justinien, Auguste, à Servius, Préfet du Prétoire.

Nous confirmons, par la présente loi, dans toute sa force et teneur, la disposition souveraine promulguée par le prince Théodose, de glorieuse mémoire, relativement aux personnes qui désirent obtenir de l'eau, soit des fontaines, soit des aqueducs publics, afin que nul, dans cette cité impériale ou dans nos provinces, ne puisse détourner de l'eau d'une fontaine ou aqueduc public, avant qu'il en ait préalablement obtenu de notre chancellerie l'autorisation rédigée dans les formes ordinaires, et qu'il l'ait intimée au tribunal de Votre Éminence ou de tous autres à qui il appartient. Quiconque enfreindra ou laissera enfreindre nos ordres, sera frappé d'une amende de dix livres d'or, et pourra l'être d'une punition beaucoup plus grave encore.

NOTE V.

Préparation et emploi du mortier de chaux et de sable, de celui de chaux et de khoraçan, du ciment et du lukiun.

Mortier de chaux et de sable.

Il se fait avec de l'eau douce, en mêlant deux parties de chaux en poudre avec une partie de sable de rivière.

Mortier de chaux et de khoraçan (1) pour toute sorte de constructions en briques.

Réduisez le khoraçan à peu près à la grosseur du sable de rivière, et faites le mortier en mêlant une partie de khoraçan avec deux parties de chaux en poudre, et la quantité d'eau douce nécessaire.

On met ce mortier en œuvre en plaçant entre deux rangs de briques une couche de mortier d'une épaisseur égale à celle d'une brique : il est essentiel de tremper les briques dans l'eau avant de les employer.

Ciment pour recouvrir l'intérieur des conduits voûtés, les citernes, les bains, et en général tous ouvrages où l'eau doit passer, ou bien séjourner.

On prend cent ocques de chaux coulée, quatre kilots de khoraçan et deux ocques d'étoupes coupées très-menu, et éparpillées de manière qu'elles soient distribuées à peu près également partout (2). Ces matières ayant été mêlées et bien

---

(1) On dit vulgairement *khorèçan*, mais khoraçan est la véritable orthographe du mot, lorsqu'il signifie *ciment*. Khoraçan n'est pas un mot arabe ; on se sert dans cette langue d'une périphrase, et l'on désigne le ciment par *Dakik-ul-kharf*, poudre de poterie de terre : on l'appelle en persan *Sagh*.

(2) Suivant Codinus, le ciment dont on se servit pour lier les pierres dans la construction de Sainte-Sophie, *et qui donnait à la maçonnerie la même solidité que le fer, était fait d'orge bouilli dans de l'eau, où l'on mêlait de la chaux, des tessons ou des tuiles pilées et des écorces d'orme hachées* (*). On voit que c'est le même ciment que nous avons décrit : ici l'orge est de trop, c'est pour donner du merveilleux ; son emploi eût été trop cher, et n'aurait point ajouté à la bonté du ciment. L'écorce d'orme, ou toute autre écorce filamenteuse, atténuée par la macération ou le battage, aurait acquis les qualités nécessaires pour remplacer les étoupes, et on a pu l'employer.

(*) Codinus apud Lebeau, Histoire du Bas-Empire, tome 9, page 496.

pétries, on laisse le mortier qui en résulte reposer pendant huit jours au moins, afin que l'étoupe ait le temps de se consommer et de s'incorporer avec les deux autres ingrédiens. Avant de se servir de ce mélange, on le pétrit de nouveau, et on l'étend avec une petite truelle. Cette première opération faite, on le frotte légèrement et à plusieurs reprises avec la même truelle, jusqu'à ce que sa surface soit devenue lisse et polie.

Pour le préserver autant que possible de l'action de l'eau, et le faire durer plus long-temps, on y applique une composition huileuse en forme d'enduit, qu'on appelle *lukiun*, et qu'on prépare de la manière suivante :

Composition du Lukiun.

Mêlez à cent ocques de chaux récemment éteinte et réduite en poudre vingt-cinq ocques d'huile de lin de la meilleure qualité et vingt dragmes de coton en laine.

Pétrissez la chaux avec les mains ou les pieds dans une auge de bois, en y mêlant peu à peu l'huile et le coton, jusqu'à ce que ce mélange soit réduit à une pâte semblable à celle dont on fait le pain. On garde ainsi cette pâte en la partageant en morceaux comme de gros pains. Lorsqu'on veut s'en servir, on la délaye avec de l'huile de lin, jusqu'à ce qu'elle soit assez liquide pour former un enduit que l'on applique par couches deux et trois fois.

On se sert du même enduit pour les tuyaux de conduite. Voici de quelle manière il est employé :

Les conduits en plomb se font avec des tuyaux de deux pieds de longueur, mastiqués d'avance dans presque toute leur longueur; on n'en laisse de libres aux extrémités que six pouces pour pouvoir les réunir.

Lorsqu'on veut joindre deux de ces tuyaux l'un avec l'autre, on divise verticalement avec une scie à main un des bouts du tuyau en plusieurs parties, et on les écarte en forme d'entonnoir.

Pour ajuster ces deux tuyaux, prenez du chanvre à longs fils bien cardé; imprégnez-le de lukiun, et enveloppez l'extrémité du tuyau A, qui doit être adapté au tuyau B, par des circonvolutions placées l'une près de l'autre, et de manière qu'il n'y ait que la moitié de la longueur du chanvre d'employée : cette longueur doit se trouver près du collet. Présentez l'extrémité du tuyau A ainsi garnie dans l'écartement du tuyau B ; rapprochez et serrez les parties écartées, et avec la moitié du chanvre restée en dehors, faites des circonvolutions sur l'extrémité du tuyau B.

Enfin, serrez légèrement cette enveloppe avec une corde d'environ trois lignes de diamètre, dont les circonvolutions soient placées près à près.

Cet appareil en séchant prend une dureté qu'on peut comparer à celle de la pierre; il résiste à l'humidité, et dure un temps indéfini.

Il faut deux de ces appareils l'un sur l'autre pour les tuyaux montans, afin d'augmenter leur résistance; il n'en faut qu'un pour les tuyaux qu'on met en terre : on sait que les tuyaux montans sont enchâssés dans les soutèrazi.

Les tuyaux, ainsi adaptés l'un à l'autre, sont placés dans de petites fosses; on les cale de distance en distance pour éviter les porte-à-faux, et on les enveloppe de mortier fait avec du khoraçan.

Lorsque c'est un gros tuyau qui reçoit l'appareil ci-dessus, il n'y faut mettre l'eau que lorsque cet appareil est séché; si c'est un petit tuyau, il n'y a aucun inconvénient à l'y faire entrer tout de suite.

NOTE VI.

Traduction d'un Firman légalisé rendu en l'an 1191 de l'hégire, en faveur de cinq fonteniers du village de Gliçoura, arrondissement d'Argiro-Castron, et adressé aux Kadi et autres autorités d'Argiro-Castron, etc.

A la réception du présent sublime Firman impérial, sachez que,

1.º *Vu* la requête présentée à ma Sublime-Porte par cinq raïa du village de Gliçoura, arrondissement d'Argiro-Castron, nommés Soundi, Vido, Gligori, Braskova et autre, tous cinq obligés, à titre d'Odjaklik, au service de fonteniers de l'armée; dans laquelle requête ils exposent qu'un sublime Firman accordait à cinq raïa, fonteniers et mineurs, employés en temps de guerre au service de l'armée, le droit, tant qu'ils seraient au camp impérial, de porter les mêmes habits que les autres individus de l'armée, et de ne pouvoir être inquiétés ni pour leurs armes, ni pour leurs instrumens; mais que l'original s'en étant perdu, ils demandent en remplacement un autre Firman;

2º. *Vu* l'Ilam du Lagoumdji-Bachi (chef des mineurs), à l'appui de ladite requête,

3º. *Vu* enfin le rapport de mon premier Deftèrdar, Haçan, portant :

1º. Qu'à la suite des requêtes et rapports ci-dessus, les registres du bureau, dit *Mevkoufat-Kalèmi*, déposés dans mes archives impériales, ayant été consultés, il s'y est trouvé consigné que :

« Comme en 1182, dans un rapport motivé, premièrement sur un extrait des registres ainsi conçu : *En temps de guerre, le village de Gliçoura, arrondissement d'Argiro-Castron, Sandjak d'Avlone, doit fournir cinq hommes, fonteniers de profession; et en temps de paix, il doit payer par chaque fontenier la somme de cent vingt piastres et dix-huit paras;* secondement, sur un Ilam du Lagoumdji-Bachi, exposant en outre que *ces raïa tenus à titre d'odjaklik au service de fonteniers et mineurs, ayant reçu l'ordre de se rendre à l'armée, il était nécessaire que, tant qu'ils seraient employés à ce service, ils eussent le droit de changer d'habits, et ne dussent être inquiétés ni pour leurs armes, ni pour leurs instrumens;* le Defterdar d'alors ayant demandé que ces dispositions fussent adoptées, un sublime Firman émané le 20 de chaban, les avait ordonnées.

« Ce Firman de 1182, joint à un nouvel Ilam du Lagoumdji-Bachi en date de l'an 1183, et renfermant la même demande que le précédent, avait donné lieu à l'émanation d'un second Firman ;

« 2°. Que la teneur dudit Firman (qui est celui qui a été perdu) a été extraite des registres et émargée sur la requête desdits fonteniers ;

« 3°. Que d'ailleurs on n'a point trouvé dans les registres de Firman postérieur qui annulât le précédent ;

« 4°. Que le Lagoumdji-Bachi actuel, Huçeïn, a rendu un Ilam scellé de son sceau, dans lequel il a fait connaître que les susdits cinq raïa se trouvant aujourd'hui commandés, et devant se rendre à leur destination, il était nécessaire qu'ils ne fussent dans leur route retardés ni par les autorités locales, ni par les exacteurs du kharadj, qui, pour percevoir le droit, apportent aux intérêts publics le plus grand préjudice, en les arrêtant quarante et cinquante jours avant le temps de la perception du kharadj ; que ces cinq raïa avaient en outre le droit de changer de costume, et de ne pouvoir être inquiétés dans leur route ni pour leurs armes, ni pour leurs instrumens ;

« 5°. Qu'en conséquence de l'extrait des registres émargé sur la requête, et de l'Ilam du Lagoumdji-Bachi, il demandait qu'un nouveau Firman fût délivré en remplacement du Firman perdu ;

« Par suite de toutes ces considérations, mes ordres suprêmes ont été rendus aux fins que l'on eût à se conformer aux conclusions prises par mon Défterdar.

« J'ai donc ordonné que quand le présent sublime Firman serait dans vos mains, vous ayez à en exécuter le contenu, et à vous garder d'y contrevenir; sachez-le bien, et ajoutez foi à mon Chiffre impérial.

« Donné à Constantinople, le 5 de Rèbi'-ul-èwwèl de l'an 1191.

« Vérifié et collationné à l'original,

« *Signé* MEHÈMMED-RACHID,
*Molla du Mèhkèmè de Mahmoud-Pacha,
à Constantinople.* »

FIN.

TABLE RAISONNÉE
DES MATIÈRES.

OBSERVATIONS PRÉLIMINAIRES RELATIVES À LA TRANSCRIPTION
DES MOTS TURCS EN FRANÇAIS.

Du moment où je me suis occupé de recherches sur Constantinople et le Bosphore, j'ai senti la nécessité de représenter aussi exactement que possible, pour le lecteur français, la prononciation des mots turcs, prononciation si étrangement altérée dans tous les ouvrages qui traitent du Levant. J'ai cru en même temps utile de remonter à la racine des mots, afin d'en mieux apprécier la vraie signification par leur étymologie. Voulant atteindre ce double but, j'évitai, pendant mon séjour à Constantinople, de puiser mes renseignemens auprès des interprètes nés dans le pays; ils parlent à la vérité toutes les langues, mais n'en savent aucune : ce sont eux et les Grecs qui ont égaré jusqu'à ce jour tous les auteurs. Je crus au contraire pouvoir m'adresser, avec une entière confiance, à deux personnes également versées dans les langues turque et française; M. du Caurroy, dont j'ai eu déjà l'occasion de parler avec éloge, et feu M. Ruffin (1), le Nestor du Levant. Personne n'avait plus médité que ce respectable vieillard sur la langue des Turcs, sur leurs constitutions, leurs mœurs et leurs usages. Personne ne mettait plus de science, n'apportait plus de fidélité à la traduction des pièces officielles dans des idiômes qui, dérivés de mœurs opposées, ont si peu d'analogie entre

(1) Mort à Péra-lès-Constantinople, le 19 janvier 1824. Il était né à Salonique, le 17 août 1742.

eux. Aussi, dans sa longue carrière, M. Ruffin est peut-être le seul chrétien, depuis l'établissement de l'Empire des Osmanli, dont la probité morale, le désintéressement, les lumières et le caractère conciliant aient conquis l'estime et la confiance des Turcs, et lui aient valu toute l'affection qu'il leur est possible d'accorder à un *ghiaour* (1). Les lettres et notes qu'on va lire prouveront avec quels soins M. Ruffin considérait tous les objets qu'il était chargé d'examiner ; elles montreront en outre combien ce spirituel vieillard savait répandre de charme et d'intérêt dans son utile correspondance.

Lettre de M. Ruffin sur le mot Mousslouk *(caisse à lulè), l'étalon dont on se sert pour le jaugeage des eaux.*

Péra, le 19 mai 1814.

Monsieur le comte, j'ai déjà applaudi à votre adoption des mots turcs techniques dans votre travail sur le système des eaux qui abreuvent Constantinople et ses faubourgs. Ce système, que les Ottomans seuls suivent et pratiquent aujourd'hui, étant devenu pour ainsi dire leur propriété, vous a paru ne pouvoir mieux être expliqué qu'en conservant les termes de leur langue, par lesquels ils se rendent compte à eux-mêmes de chacun des procédés employés avec succès par eux, et vous avez en conséquence cherché avant tout à donner la véritable étymologie de ces termes, pour les introduire en nature dans notre idiôme : une pareille marche me semble être celle de la génération de nos idées, et devoir réussir et mener à but.

La nomenclature de ces enfans adoptifs surprendra d'abord par sa nouveauté les oreilles françaises ; c'est à quoi

(1) *Ghiaour*, terme de mépris employé par les Musulmans envers tout ce qui ne croit pas à Mahomet. Ce mot, devenu une corruption de celui de *guebre*, qui est persan, et signifie *adorateur du feu, idolâtre, barbare* et le plus souvent *infidèle*, est à chaque instant dans la bouche des Turcs.

il faut bien que nous nous attendions; mais le jugement de ce sens, que Cicéron redoutait si fort et qu'il appelait *superbissimum* (et il ne parlait que des oreilles romaines), portera-t-il le rejet absolu de tous ces intrus? V. E. espère que plusieurs, en considération de leur euphonie, seront entendus sans répugnance; mais sa tendresse paternelle appréhende de produire dans le grand monde le mot de *Mousslouk*, dont les sons, très-sourds, ne lui feraient pas faire fortune. C'est cependant le nom que les *Sou-Yoldji* donnent à la caisse à *Lulè*. Je ne lui connaissais point cette signification, mais seulement celle de robinet. J'ai donc eu recours au dictionnaire de Meninski; j'y trouve l'explication latine suivante: *Labrum aquæ lapideum tectum: reservatorium aquæ bibendæ tectum;* explication qui désignerait plutôt ce que les fonteniers entendent par *Mousslouk*, c'est-à-dire la caisse à *Lulè* fermée, que la pièce ou clé qui sert à lâcher ou retenir l'eau des tuyaux, et que le vulgaire appelle *Mousslouk*. Les hommes de l'art y ayant attaché la première acception, ce terme est devenu nom propre, et ne peut être changé; d'ailleurs, comme V. E. l'observe très-judicieusement, il est toujours préférable de n'avoir qu'un mot au lieu de plusieurs. L'autre acception est aussi consacrée par l'usage; et le même mot *Mousslouk* veut dire un robinet.

Je proposerais conséquemment d'ajouter en note cette signification. Peut-être le dissyllabe turc perdrait-il de sa dureté dégoûtante, et trouverait-il grâce auprès des observateurs comme mot imitatif du double effet du robinet lorsqu'il s'ouvre. La réduplication de l's de la première syllabe ne rend pas mal le bruit sourd de l'air qui s'échappe d'abord; et la cascade bruyante de l'eau qui sort aussitôt après n'est pas moins bien exprimée par la seconde syllabe pesante *louk*. C'est bien dommage que ce soit un sourd qui s'avise ainsi de juger des sons; mais, d'après l'apophthegme d'un philosophe arabe, l'on doit plus faire d'attention à la parole en elle-même qu'à la personne qui la profère.

Observations de M. Ruffin sur les mots Khoraçan *et* Lukiun.

Péra, le 3 août 1814.

Monsieur le comte, depuis le 27 juin, je suis débiteur à V. E. d'une réponse à la question qu'elle a eu la bonté de me faire, si les mots *Khoraçan* et *Lukiun* étaient grecs ou turcs.

Le premier, que les maçons du pays prononcent aspiré, s'identifie si bien avec le nom de la province de Perse ainsi appelée, qu'il m'avait d'abord paru absurde de douter de son origine. Cependant, lorsque j'en suis venu à la preuve, je n'ai pas été peu étonné de ne pas trouver le mot de *Khoraçan*, même comme nom de lieu, dans Meninski (1), ni dans nos autres vocabulaires orientaux. J'ai eu recours au *Ferhengui-Chu'ouri*, que les Musulmans regardent comme l'oracle de leurs lexicographes persans. Il donne l'étymologie de ce nom composé de *Khor*, soleil, et d'*Açan*, facile, abondant; l'exposition du Khoraçan, à l'est de la Perse, l'a fait appeler ainsi, suivant Ferhengui-Chu'ouri; mais il ne donne nullement à ce mot la signification que je cherchais.

Quant à celui de *Lukiun*, il m'a été impossible d'en trouver aucune trace dans Meninski, ni dans aucun autre dictionnaire des trois langues orientales; de sorte qu'en désespoir de cause j'avais pris le parti d'envoyer la question traduite en turc au maître fontenier que Sa Hautesse entretient

---

(1) Si M. Ruffin n'a pas trouvé le mot *khoraçan* dans son Meninski, c'est qu'il n'avait à cette époque à sa disposition que l'ancienne édition de ce dictionnaire, où en effet ce mot n'existe pas. Voici l'explication qu'on en trouve dans la dernière édition de Vienne :

Khoraçan, t. n. s., *pulvis ruber ex contritis tegulis paratus, qui calci arenæque mixtus, conficiendo cœmento inservit;* c'est-à-dire, poussière rouge provenant de tessons broyés, laquelle mêlée avec de la chaux et du sable, sert à confectionner du ciment. C'est bien là le khoraçan employé dans les constructions. (*Note de M. Bianchi.*)

à *Galata-Sèraï*, ou au palais de ses élèves-pages à Péra, avec prière de vouloir bien y répondre au bas du même écrit. Ce brave homme, à qui je demandais d'abord si les mots de *Khoraçan* et de *Lukiun* étaient turcs, arabes, persans, ou pris à l'emprunt de quelque autre idiôme, et quelle était leur véritable orthographe, quels étaient les principaux ingrédiens qui entraient dans la composition du Khoraçan et du Lukiun; ce brave homme, dis-je, ne répondit pas à la première question, qui pouvait être au-dessus de ses forces; mais, en homme du métier, il m'a fait la réponse suivante par écrit, et sur un autre papier : « On appelle communé-
« ment cette opération *bouchée* ou *morceau* de *Lukiun*. C'est
« un *Khoraçan* fait avec la chaux, l'huile de lin et le coton.
« Ce qu'on appelle l'*opiat* de *Lukiun* est composé de chaux,
« de marbre et de cire fondue. »

Plus embarrassé que jamais, je me décidai à consulter Salih-Effendi, *Khodja* de mes jeunes confrères, homme aussi complaisant et modeste que profondément savant et versé dans l'enseignement : il me promit de s'occuper de la recherche; et, peu de jours après, il m'en apporta le résultat, dont voici la traduction : « Khoraçan, véritable orthogra-
« phe du mot quand il signifie ciment, n'est proprement
« pas un mot arabe; on se sert dans cette langue d'une pé-
« riphrase, et l'on désigne le ciment par *Dakik-ul-Kharf*,
« poudre de poterie de terre : on l'appelle en persan *Sagh*.

« *Lukiun*, que les Arabes prononcent *Lakoun*, mais qui
« n'est pas originairement arabe. Les Persans, au lieu de
« *Lukiun*, disent *Bendghir*, *Sazditch*, et *Chéharindj-Kho-*
« *raçan*, composé persan, nom d'un pays sis à l'est du Tar-
« sistan et de l'Irak, dans l'Iran, et qui a pris sa dénomi-
« nation de son exposition physique. Khoraçan est aussi
« une des clés de la musique persane (1). »

Il me paraît démontré que les deux mots de *Khora-çan* et de *Lukiun* ne sont ni arabes ni persans, et très-pro-

(1) Extrait des dictionnaires de *Lehdjè* et de *Burhani-Kati*.

bable que s'ils sont employés communément en turc, ils y auront été introduits comme termes techniques, en même temps que l'art auquel ils appartiennent, par les fonteniers Argiro-Castriots, plus connus sous le nom de *Loundjidès*, et qui sont, de père en fils, en possession d'être les Sou-Yoldji, fonteniers privilégiés de Constantinople. Ces Albano-Grecs me semblent être les seuls en état de résoudre la question subsidiaire, qui s'élève naturellement, de savoir si les deux mots précités sont albanais ou grecs. *Khoraçani* aurait assez la physionomie hellénique; mais je ne saurais en produire la preuve. Pour *Lukium*, je le croirais plutôt albanais. Ni l'un ni l'autre ne se trouvent dans *Schrevelius*. Peut-être sont-ils des corruptions grecques du Bas-Empire.

Observations de M. Ruffin sur quelques mots turcs qui étaient écrits peu correctement dans mes cahiers sur le Bosphore.

Cisterna-Basilica, lisez *Cisterna-Basilikè*, suivant nos hellénistes, et *Cisterna-Vassiliki*, suivant nos Grecs modernes. La différence provient de ce que les premiers prononcent le β grec *Béta*, l'η *Éta* et le σ *Sigma* entre deux voyelles comme l'*s* française en pareil cas, qui devient *z*, tandis que les Grecs actuels appellent la première de ces lettres *Vita*, la seconde *Ita*, et conservent à la troisième le son sifflant : *et adhuc sub judice lis est*.

Bign-Bir-Direc, lisez *Bin-Bir-Dirèk*. Je préfère le *k*, quoique le *c* rende en cette occasion le même son; mais l'imprimeur peut se tromper, et prendre le *c* pour un *e*.

Conduits à Soutérazi, lisez *Soutérazi*. C'est ainsi que le vulgaire prononce, quoiqu'en écrivant l'on dise Soutéraziçi. Il convient de supprimer l'*s* du pluriel français, parce que le lecteur croit devoir proférer toutes les lettres des mots étrangers; ce qui induit en erreur.

Takçim, mot arabe; *racine, takçim, partager,* lisez *ra-*

cine, *kacème*, *il a partagé* : toutes les racines arabes sont des prétérits du verbe, parce qu'ils sont conçus en moins de lettres que les autres temps.

Massour, ou Maçour, régulièrement Machourè, lisez *Maçour, régulièrement Maçourè*. Il n'y a point de *ch* dans le mot.

Jéni-Capou, Jéré-Battan-Sérail, lisez *Yèni-Kapou, Yèrè-Batan-Sèraï*; ce sont partout des *y* à substituer à nos *j* consonnes qui font mal prononcer.

Haïvan-Sérail, lisez *Eïvan-Sèraï*. Eïvan, mot persan; il veut dire *Belvédère*, et c'est ce qu'on croit faussement le Belvédère de Bélisaire. Haïvan signifie animal, et n'aurait aucun sens.

Observations de M. du Caurroy sur la Méthode de transcription des mots turcs en caractères français.

M. du Caurroy s'étant trouvé à Paris lors de l'impression de mon *Voyage à l'embouchure de la Mer-Noire*, avait bien voulu prendre la peine d'en revoir les épreuves, et il avait été amené à rédiger les observations qu'on va lire, et qui m'ont paru du plus grand intérêt.

J'ai été témoin, M. le comte, de l'attention scrupuleuse que vous avez mise à Constantinople à vous assurer de la véritable prononciation des mots turcs. A en juger par les ouvrages qui ont été publiés sur le Levant jusque dans ces dernières années, on doit croire que l'exactitude sur ce point est ce qu'il y a de plus difficile à obtenir. Il n'en existe point en effet [1] où les différens mots turcs que l'on est obligé d'y employer ne soient tellement défigurés qu'il est impossible de les reconnoître. Ceux de ces mots qui, de ces ouvrages, ont passé dans notre langue n'y sont entrés qu'avec cette altération. Depuis quelque temps cependant il en est quelques

[1] Excepté Mouradja d'Ohsson, dans son *Tableau de l'Empire Ottoman*.

uns, quoiqu'en petit nombre, que l'on a rectifiés, tel que le mot *Koran* au lieu d'Alkoran, non que le mot substitué soit encore de la dernière exactitude, mais on peut s'en contenter (1).

Malgré les soins particuliers que vous vous êtes donnés, et qui mériteraient que votre ouvrage sur le Levant fît autorité à cet égard, une partie des mots turcs qui se rencontrent dans les différens cahiers que vous avez bien voulu me confier ne pourraient être lus en français comme on les prononce dans la langue à laquelle ils appartiennent. Ce défaut tient à un mauvais système d'orthographe, ou plutôt de transcription, sur lequel je me permettrai les observations suivantes :

Les Turcs ont un grand nombre de lettres correspondant absolument aux nôtres. Cependant l'usage que l'on peut faire de ces dernières pour représenter les mots turcs exige la plus grande attention; par exemple :

1°. Les Turcs ont notre *s*, mais comme chez nous cette lettre entre deux voyelles a le son du *z*, l'on pourrait les prendre l'une pour l'autre dans le cas où la première se trouverait seule, et qu'il s'agirait de rendre le son primitif de l'*s*. Dans ce cas on éprouve aussi le double inconvénient d'être exposé à croire que l'on doit prononcer deux *s* quand on n'en devrait prononcer qu'une, ou de ne pouvoir représenter le double son de l'*s* quand la prononciation exige qu'on double cette lettre. Ainsi, par exemple, l'on pourra prononcer *agassi* en faisant sonner les deux *s* quand il n'y a qu'une, et *khassèki* avec une seule *s* quand il y en a deux. Le remède à cet inconvénient serait d'écrire le son de *s* par *c*, avec ou sans cédille dans le cas où l'*s* se trouverait entre deux voyelles; et dans le cas où l'on aurait une *s* redoublée l'on écrirait *sc*; ainsi l'on aurait *agaci*, *haçan*, et *khasceki*

(1) La vraie manière d'articuler ce mot est *kour-ann* ; la pause entre les deux syllabes est conforme à l'orthographe et à la prononciation arabes (*Cette note et les suivantes sont de M. Bianchi.*)

se prononcerait comme *ascendant.* De cette manière il ne pourrait y avoir d'erreur.

2°. Les Turcs ont le son de notre lettre *q ;* nul inconvénient à la représenter par *c* devant *a, o, u,* mais on ne le pourrait faire devant *e, i* (1); si pourtant on mettait un *k* l'on n'aurait plus de difficulté : le *k* a d'ailleurs pour des Français l'avantage d'indiquer un mot étranger.

3°. Ils ont le son de notre *g* devant les voyelles *a, o, u.* Mais comment faire quand le même son sera suivi d'un *e* ou d'un *i?* Je n'y vois d'autre remède que de faire dans ce cas suivre le *g* d'une *h,* parce qu'en français *gh* a toujours le son du *g* suivi de *a;* ainsi l'on écrira *ghèlmek, ghitmek.* La lettre *u* mise après le *g* ne peut remplir le même office d'une manière sûre, parce qu'on ne saurait si l'on doit ou non prononcer cet *u;* ce qui arrive souvent en français où l'on prononce *anguille* et *aiguille* différemment (2).

(1) Les auteurs de quelques grammaires turques modernes, n'ont pas cru devoir être arrêtés par la répugnance que nous éprouvons à employer cette lettre dépourvue de l'*u* qui la suit toujours en français, et l'ont placée seule devant *e* ou *i,* pour indiquer le son qu'elle représente dans la langue turque. Le *k* a été réservé pour rendre un son analogue, mais qui est exprimé par une lettre différente. Ainsi ils écrivent de la manière suivante les mots *qelidj* et *kefil.* Cette manière est en effet la plus simple pour représenter des sons homogènes de mots dont l'orthographe est différente.

(2) Les Turcs ont en effet le son de notre *g* devant *a, o, u;* mais ce son étant souvent exprimé par deux lettres différentes, on pourrait peut-être les confondre en se servant trop indistinctement du *gh* pour rendre le son que ces deux lettres représentent. Ainsi les mots *agha* et *ghelmek* ont bien des sons analogues, mais les lettres dont ces mots se composent ne sont pas les mêmes. C'est probablement pour éviter une confusion nuisible à l'orthographe, que Viguier et autres grammairiens turcs ont placé un *u* après le *g* dans une partie des mots dont il s'agit. Si l'inconvénient dont parle M. du Caurroy ne les a pas arrêtés, c'est qu'ils ont pensé qu'en écrivant de la manière suivante les mots turcs *guelmek* et *guitmek,* on sera plus généralement porté à les lire conformément à leur vraie prononciation, qu'à les articuler *gu-elmek* et *gu-itmek.* Nous prononçons tous les jours *guide* et non *gu-ide; guerre* et non *gu-erre.* Le

4°. Ils ont notre *j*, que je proposerai d'employer seul pour cet usage, et jamais le *g*, puisque le *j* suffit.

5°. On trouve dans la langue turque la même consonne que nous avons dans le mot *baïonnette*. Je propose de la représenter de même par l'*ï* tréma et non par l'*y*, qui pourrait présenter de l'incertitude, car l'*y* dans *payer* n'a pas le son de l'*ï* dans *baïonnette*, mais représente *ii*.

6°. Enfin la lettre *n* n'a point le son nasal que le lecteur français sera toujours trop disposé à lui donner. Je ne vois pas le moyen d'éviter cet inconvénient, qui après tout n'est pas d'une grande conséquence pour la plupart des mots. Ainsi l'on dira *kouran*, *kurdistan*, etc., sans faire sonner l'*n*; on y est accoutumé : il n'en serait pourtant pas absolument de même dans certains mots qui seraient défigurés à ne pas les reconnaître en leur donnant un son nasal, tels que *ma-beïndji*, *emin*, etc. Mais, je le répète, je n'y vois guère de remède (1).

7°. Les Turcs ont des lettres qui représentent plusieurs de nos consonnes réunies, telles que *tchim* et *djim*, qui répondent, la première, à notre *t* suivi de *ch*, et la seconde, à notre *d* suivi d'un *j*: ces lettres n'offriront aucune difficulté de lecture en les représentant par ces caractères *tch* et *dj*; mais un Français les lira mal, quand, écrits par un Italien, au lieu de *tchaouch*, par exemple, on aura *ciaus*, au lieu de *ïenitçheri* on aura *jeniceri*. Si c'est un Grec qui veuille les représenter, comme il n'a pas dans sa langue le *ch*, il prononcera et écrira *tziaous*, *ïenitzeri*.

8°. Il est enfin des lettres qui n'ont pas chez nous leurs homogènes, mais dont une partie se trouve dans d'autres

mot *aiguille*, et quelques autres que l'on pourrait encore citer, ne sont que des exceptions à la manière générale de prononcer.

(1) Ne pourrait-on pas, pour éviter le son nasal que les Français sont disposés à donner à l'*n*, rendre ce même son par deux *n*, ainsi que l'a fait Mouradja d'Ohsson dans le mot qu'il écrit *Kour-ann* au lieu de *kouran*, *éminn* au lieu de *Emin*?

langues; ainsi le χ des Grecs, suivi de *a, o, u*, représente une des lettres turques, de même que leur γ, qui n'est pas notre simple *g*. Ce sont des espèces de *k* et *g* très-grasseyés. Je proposerai de les représenter soit par la lettre grecque, ce qui avertirait au moins que ce ne sont pas des simples *k* et *g*, soit par *k'*, *g'*, ce qui aurait à la fois l'avantage de mettre sur la voie de la vraie prononciation. Le pis-aller serait qu'on n'y prît pas garde, et qu'on prononçât purement et simplement *k* et *g*. Quoi qu'il en soit, ces deux méthodes valent mieux que celles adoptées d'écrire *kh*, *gh*, qui n'indiquent par l'*h* additionnelle aucune modification que puisse comprendre ou même soupçonner le lecteur français, lequel, dans ce cas, ne prononce que *k* et *g* purs, et rend absolument nulle l'addition de la lettre *h*; à plus forte raison les combinaisons que je propose valent-elles mieux que la simple *h* qu'on rencontre employée à cet usage presque partout, et qui, en français, n'est pas prononcée (1).

Il est en turc un *k* et un *g* à la suite desquels sonne toujours un *i* très-léger et ne formant qu'une diphtongue avec la voyelle suivante. Il faut absolument indiquer cet *i* : si on l'écrit après le *k* et le *g*, on sera exposé à ce que le lecteur le prononce en deux syllabes; ainsi il pourra arriver qu'on lise *ki-a-fir*, *ghi-a-our*, au lieu de *kia-fir*, *ghia-our*; peut-être vaudrait-il mieux qu'un petit *i* supérieur indiquât cette voyelle, de même que les petites notes d'agrément dans la musique indiquent des sons à produire, sans que ces notes fassent partie de la mesure. Au reste, on peut choisir entre les deux moyens; mais il faut absolument en arrêter un, car il serait contraire à la prononciation turque de dire *kafir*, *gaour* (2).

(1) Il y aurait peut-être plus d'inconvénient que d'avantage à se servir des lettres χ et γ pour rendre les sons de la langue turque exprimés par les lettres *h*, *kh* et *gh*. Les personnes qui savent le grec pourraient peut-être s'y reconnaître, tandis que la seule vue de signes étrangers combinés avec les lettres de notre alphabet dérouterait le reste des lecteurs.

(2) Il est vrai que les Turcs prononcent *kiafir*, *ghiaour*; mais les

Il est encore d'autres lettres turques qui s'éloignent un peu des nôtres dans la prononciation, mais que l'usage même confond très-souvent; ainsi le θ des Grecs, qui existe dans leur alphabet, n'est pas distingué communément d'une s, etc.; il suffira enfin, pour les lettres appelées *hemzè* et *aïn*, de mettre une ' (apostrophe) pour indiquer leur présence, que rien chez nous ne peut représenter, et dont la modification, très-adoucie par les Turcs, reste à peine sensible pour nos oreilles françaises.

Il est une dernière observation relative à l'orthographe à adopter; c'est de ne jamais mettre l'*s* au pluriel à la fin des mots turcs, pour ne pas exposer les lecteurs à prononcer cette lettre quand elle ne doit pas l'être. Cette méthode se trouve d'ailleurs conforme aux règles de notre orthographe.

TABLE.

Abdel-Aziz, nom du second prince des Wehhabi, fils et successeur d'Ibn-Sèoud, page 77.

Abdel-Wehhab, nom du fondateur premier de la secte des Wehhabi, 77.

Agathias, écrivain grec du moyen âge, continuateur de Procope, cite un fait d'Anthémius qui prouve que ce célèbre architecte de Sainte-Sophie connaissait les effets de la force expansive de la vapeur de l'eau, 117. (Voy. *Anthémius*.)

Agha, titre distinctif donné à tout agent civil ou militaire qui n'appartient ni au corps des Oulema, ni aux Bureaux, 26, *note*.

Agha-Kapouçi, l'hôtel du Janissaire-Agha, 161.

Ahmed, nom propre chez les Musulmans; on l'écrit quelquefois *Achmet*, 5. — *Ahmed-Pacha*. Voyez *Bonneval*.

Aïazma, nom grec, Fontaine sainte; l'eau en est bénite par un papas, 367.

Arabes et les Persans, qui emploient également ces noms et un grand nombre d'autres où cette lettre *k* ou *g* existe, prononcent *gaour* et *kafir*, sans faire sentir le son *i* comme les Turcs. (*Note de M. Jouannin.*)

DES MATIÈRES. 491

Aia-Sofia, Sainte-Sophie, ancienne église grecque convertie en mosquée depuis Mahomet II, a été bâtie par Anthémius de Tralles et Isidore de Milet; elle a dans son intérieur deux cent cinquante-deux pieds de long sur deux cent vingt-huit de large, 114 et suiv.

Ali-Pacha de Yanina, tyran de l'Epire pendant trente ans, périt en 1822, 58-60. — Son *Yafta*, 212.

Ambassadeurs français près la Porte Ottomane, ont été au nombre de trente-sept depuis François Ier jusqu'à ce jour, savoir: Jean de la Forest, en 1534; d'Aramon, en 1547; Codignac, en 1554; Lavigne, en 1557; Dubourg, en 1569; François de Noailles, évêque d'Acqs, en 1572; Gilles de Noailles, son frère, en 1574; le Baron de Germoles, en 1579; Jacques Savari, seigneur de l'Ancôme, en 1585; François Savari, de Brèves, en 1589; Gontaut-Biron, en 1606; Achille de Harlay-Sancy, en 1611; le comte de Cézy, en 1620; Henri de Gournay, comte de Marcheville, en 1631; Jean de la Haye, en 1639; Denys de la Haye, fils du précédent, en 1665; Olier de Nointel, en 1670, de Guilleragues, en 1679; de Girardin, en 1685; de Châteauneuf, en 1689; de Ferriol, en 1699; Desalleurs, en 1709; de Bonnac, en 1716; d'Andrezel, en 1724; de Villeneuve, en 1728; de Castellane, en 1741; Desalleurs, en 1747; de Vergennes, en 1755; de Saint-Priest, en 1768; Choiseul-Gouffier, en 1784; le général Aubert-Dubayet, en 1796; le maréchal Brune, en 1802; le général Sebastiani, en 1806; le général Andreossy, en 1812; de Rivière, en 1814; La Tour-Maubourg, en 1821; le général Guilleminot, en 1824. Il y a eu en outre plusieurs Envoyés, et un assez grand nombre de Chargés d'affaires qui ont rempli l'intérim des Ambassadeurs. Leur série, 190-211.

Anadolou-Hiçari, château d'Asie. Anadolou est proprement l'Anatolie; on écrit *Anadoli*, mais on prononce *Anadolou* pour l'euphonie; 363.

Ancyreum, cap de l'Ancre, sur la côte d'Asie, ainsi appelé de l'ancre de pierre que les Argonautes y prirent en entrant dans la Mer-Noire, 369.

Anses, enfoncemens sur le littoral de la mer, correspondant au débouché d'une ou plusieurs vallées ayant des cours d'eau solitaires, 275. (Voy. *Golfes*.)

Anthémius, connoissait, au sixième siècle, les effets de la force expansive de la vapeur de l'eau, dont il n'a été question en Europe qu'en 1663. Il est l'inventeur des églises à coupoles, dont il a fait l'application à Sainte-Sophie, genre d'architecture adopté depuis dans la construction des édifices religieux, soit du mahométisme, soit de la chrétienté, 117 et 186.

Anthoine, baron de Saint-Joseph, de Marseille, donne une très-grande extension au commerce du midi de la France, en le mettant en rapport avec celui de la Mer-Noire, 202.

Aqueducs sur arcades pour la conduite des eaux qui abreuvent Constantinople. Ce sont ceux de Justinien, de Pyrgos, de Baghtché-Keuïu, de Djèbèdji-Keuïu, et le Long-Aqueduc. Aucun de ces aqueducs ne remonte au-delà du dixième siècle, 402-410 et 417.

Aqueducs souterrains, leur voûte hémisphérique est faite en briques et en mortier de khoraçan par égale épaisseur, 410.

Aqueduc de Valens (Bozdogan-Kèmèri), joignait dans Constantinople la troisième à la quatrième colline. Il avait près de six cents toises de longueur. Les Turcs en ayant démoli une grande partie, ils ont été obligés de substituer à une conduite d'eau directe une conduite à soutèrazi, 431.

Argonautes (expédition des), entreprise faite par des Grecs de la mer Egée contre OEta, roi de Colchos, aujourd'hui la Colchide, 334.

Argonautiques, on appelle de ce nom les poëmes (grecs ou latins) qui ont célébré l'expédition des Argonautes, 332.

At-Bazari, marché aux chevaux. Il y a un Takçim de ce nom, voisin de l'aqueduc de Valens, 118.

At-Meïdani, place des chevaux, s'appelait Hippodrome sous les empereurs Grecs, 65.

Bab, porte. — *Babi-Ali*, l'hôtel du Grand-Vizir; mot à mot, la *Sublime-Porte*, nom qui est devenu depuis le titre distinctif du Gouvernement ottoman. Du même mot viennent *babi-humaïoun*, *bab-us-sèlam*, *bab-us sèadèt*, 15, 18, 19.

Bach, tête; *Bachi* (chef de), 22.

Bach-Agha, le chef des noirs chargé du service des Sultanes, 165. — Ce titre se donne aussi à d'autres officiers dans les corps militaires, comme parmi les toptchi, etc.

Bach-Havouz (Chef-bassin), réservoir de répartition de plusieurs cours d'eau qui s'y rendent de divers points, 398 et 405.

Baïraktar, tente de rétablir Sultan-Selim sur le trône ; succombe dans son projet par son impéritie ; il cause la mort du Sultan, et périt lui-même peu de temps après, 7 et suiv.

Baïram, fête ; les Turcs en ont deux, l'une après le jeûne du Ramazan, qui dure trois jours, et l'autre, dite *Kourban-Baïram*, fête des sacrifices. Celle-ci dure quatre jours, et a lieu soixante-dix jours après la première, 13.

Bajazet, nom propre ; régulièrement *Baïèzid*, 127.

Balkan (haute montagne), chaîne de la Thrace, qui portait autrefois le nom de *Mont-Hémus*. Buffon a cru que le Balkan gardait ses neiges toute l'année ; c'est une erreur, 245, 265, 321.

Balta-Limani (port de la Hache), village du Bosphore, sur la côte d'Europe. C'est de ce point que Balta-Oglou fit transporter par terre, et arriver dans le port de Constantinople, dont l'entrée était fermée par une chaîne, les bâtimens qu'il avait fait construire ; ce qui décida la prise de cette ville. Une opération analogue avait eu lieu quinze ans auparavant dans le pays Vénitien. — *Liman*, veut dire port ; lorsque ce nom est suivi des prépositions *de ; du*, ou *des*, il s'écrit *Limani*. Ainsi l'on dit *Buïuk-Liman*, grand port, et *Balta-Limani*, le port de la Hache, 364.

Baltadji (porte-haches), fendeurs de bois, 34.

Barbyzès (Voy. *Cydaris*), 274, 278.

Bazar, marché ; d'où vient *Awret-Bazari*, marché des femmes, voyez aussi *At-Bazari*, 118.

Bèbèk, joli village du Bosphore, sur la côte d'Europe. On y voit le *Kiosk des Conférences*, ainsi appelé parce qu'on y a quelquefois traité d'affaires avec les ministres européens, 363.

Bèchik-Tach, ou *Lèchik-Tachi* (la Pierre-du-Berceau), nom d'un village sur le Bosphore, où se trouve le palais que le Grand-Seigneur habite pendant l'été. La rade de Bèchik-Tach est la grande rade de la flotte ottomane dans le Bosphore, 362.

Bèdèvi, appelés *derviches hurleurs* par les Européens, 107.

Beg, qu'on écrit et qu'on prononce *Beï*, la consonne y étant très-faible ; ce mot signifie *prince* : c'est un titre accordé aux fils des Pachas. On l'ajoute aux noms des *Vaïvodes* de Moldavie et de

Valachie, des Ambassadeurs, des Drogmans, 49. — *Beïler-Beï*, *Beï* ou *Bèghui* (Prince des princes), titre donné aux Pachas à deux queues, 54.

Belgrade, village de la Thrace, où l'on a formé deux *bend* ou réservoirs qui fournissent aux besoins de Constantinople. C'est à Belgrade que lady Montague fit, le 23 mars 1718, sur un de ses jeunes fils, la première épreuve de l'inoculation, 245, 395.

Bend (lien), par dérivation, *digue*; nom donné aux barrages en maçonnerie qui servent à former des réservoirs qu'on appelle aussi *Bend*, et qui fournissent de l'eau à Constantinople, 416.

Bèrat, brevet. — Bérat-impérial relatif à la perception du Kharadj, ou capitation, 42.

Bèrbèr-Bachi, chef des barbiers du Grand-Seigneur. Un des officiers du Khass-Oda remplit cette place, 29.

Bèzèstin, régulièrement *Bèzzazistan*, endroits où se tiennent les marchands de draps, toiles, étoffes, etc., 430.

Bibliothèques de Constantinople, sont au nombre de quinze; les plus fréquentées sont celles de Sultan-Abdul-Hamid et de Raghib-Pacha, 128.

Bin-Bir-Dirèk (mille et une colonnes, c'est-à-dire un très-grand nombre), citerne voûtée dans l'intérieur de Constantinople. Il y a long-temps qu'elle ne reçoit plus d'eau; l'on ne s'en sert aujourd'hui que comme d'un atelier pour mouliner de la soie, 444.

Binich, divertissement que se donne quelquefois le Souverain. Ce mot, qui vient de *binmek*, monter soit à cheval soit en bateau, indique que le Sultan doit sortir pour aller se promener, en pompe, soit par terre, soit par mer, 33.

Bithynie (Kodja-Yli), province de l'Asie mineure qui s'appuie au Bosphore, 352.

Bizèban ou *Bi-zèban*, mot à mot, *sans langue*; on appelle ainsi les Muets du Sérail, 27.

Bonneval (comte de), appelé *Ahmed-Pacha* après son abjuration; son tombeau et son épitaphe, 107.

Bosphore de Thrace, pour le distinguer du *Bosphore Cimmérien*. Le mot *Bosphore* signifierait, suivant quelques auteurs, *trajet fait par un bœuf*. On ne garantit pas cette explication. A Constantinople on nomme le Bosphore *Boghaz*, mot qui signifie gosier ou détroit. Ce mot *Boghaz* s'emploie aussi pour désigner une ouverture dans les barres aux embouchures du Nil (*Voyez* Détroit de Constantinople), 237.

Bostandji, milice fixée à Constantinople et à Andrinople. Parmi ceux de Constantinople, les uns font la garde dans les divers villages du Bosphore; les autres appartiennent à l'intérieur du Sérail, où ils servent dans tous les bas emplois, 25.

Bostandji-Bachi, chef des Bostandji; il y en a un à Andrinople et un autre à Constantinople : il est aussi Grand-Maître des eaux et forêts, 31.

Boulgourlou (mont), à trois quarts d'heure de distance en arrière de Scutari, fait partie de la chaîne de la Bithynie; sa hauteur est de deux cent quarante mètres, 290.

Bourse turque (Kiçè) est composée de cinq cents piastres, qui devraient valoir 1500 francs, sans l'altération toujours croissante des monnaies du Grand-Seigneur. Aujourd'hui (1828) une bourse vaut à peine deux cents francs, 4.

Breïslak, son opinion sur le Bosphore réfutée, 268.

Brousse, autrefois *Pruse*, capitale de la Bithynie, au pied du mont Olympe, seconde capitale des Empereurs Ottomans, maintenant chef-lieu de la province de *Khouda-vendghiar*, 354.

Buïuk-Dèrè (la grande vallée), village du Bosphore, ainsi appelé à cause de la vallée à l'extrémité de laquelle il est situé. Le mouillage de Buïuk-Dèrè (autrefois le *Golfe-profond*), le long de son quai, est la première station de la flotte ottomane avant qu'elle mette à la voile pour aller vers la Mer-Noire, 367.

Buïuk-Liman (grand port) est un excellent mouillage sur la côte européenne du canal de la Mer-Noire, et la seconde station de la flotte ottomane. C'est à ce point que commencent à se montrer les matières volcaniques sous la forme d'agglomérats, 259, 291, 295 et 298.

Byzance, fondée six cent cinquante-sept ans avant J.-C. par Byzas, chef de colonie grecque, passe successivement sous la domination des Perses, des Athéniens, des Spartiates et des Romains. Détruite en 195 par Septime-Sévère, rétablie sept ans après, et terminée par Caracalla, elle prend le titre colonial de *Antoniana-Augusta* des Byzantins. Devenue sous Constantin la capitale de l'Empire Romain en Orient, elle porte depuis le nom de Constantinople, i-iij et 276.

Caïmacam, ou *Kaim-Makam*, le Pacha à trois queues, lieutenant du Grand-Vizir, qui, à Constantinople, remplit ses fonctions quand le Grand-Vizir est à l'armée, 6.

Camp, en turc *ordou*, d'où vient notre mot *horde*. On appelle *ordou-kadici*, ou juge du camp, un des membres du corps des Oulema qui suit l'armée en campagne, 9.

Capitan-Pacha, ou *Kapoudan-Pacha*, est le Grand-Amiral de l'Empire; il est Vizir ou Pacha à trois queues, et prend rang après le Grand-Vizir, 11.

Carte du canal de la Mer-Noire; elle fait partie d'une carte topographique du Bosphore et des environs de Constantinople, levée en 1813 et 1814, sous ma direction, par MM. Thomassin et Vincent, capitaines du génie, et M. de Moreton-Chabrillant, capitaine d'artillerie, tous trois officiers de beaucoup de mérite. C'est la seule carte de ce genre qui existe. Jusque-là, les environs de Constantinople et du Bosphore, à une certaine distance, n'avaient pas été explorés, et son hydrographie n'était pas plus connue que sa topographie. Lithographiée en grand par un artiste très-habile, M. Desmadryl aîné, elle vient d'être publiée (juin 1828) (1).

Chah-Zadè, ou *Chèh-Zadè*, fils de *Chah*. Quoique les Grands-Seigneurs ne prennent pas le titre de *Chah*, ils donnent à leurs enfans le titre de *Chah-Zadè*, 431.

Chalcedon, petite rivière qui se jette dans la mer de Marmara, en arrière de Monda-Bournou; a donné son nom à la ville de Chalcédoine, célèbre par la défaite de Licinius et par les conciles OEcuméniques, 358.

Champs des morts, ou Champs du repos (*Mèzarlik*), cimetières, toujours placés hors des villes; ils sont plantés de cyprès et ornés de sarcophages en marbre ou en pierre, avec des cippes, 359.

Chèhir-Emini (Préfet de la ville), inspecteur du Palais du Grand-Seigneur et des murs de la capitale, 16.

(1) Elle se trouve chez Picquet, géographe du roi, quai Conti, n° 17. Prix 6 francs.

Chèrif (noble), c'est le titre que prennent et reçoivent les descendans de Mahomet. On les appelle encore *Seïd* et *Emir*. Ils se distinguent par le turban vert, qu'eux seuls peuvent porter, 76.

Chiïa, opposés aux *Sunni*; les sectateurs d'Ali, gendre de Mahomet, et qui ne reconnaissent pas les premiers Khalifes : les Turcs sont *Sunni* et les Persans *Chiïa*, 78, note.

Choiseul-Gouffier (M. le comte de), Ambassadeur de France à Constantinople, en 1784, faisait dépendre l'existence du canal de la Mer-Noire de l'éruption d'un volcan, et fixait l'époque de cette catastrophe à l'année 1759 avant l'ère vulgaire ; avait donné une grande impulsion aux recherches sur le Levant. Né en 1752, mort en 1817, 258.

Citernes anciennes de Constantinople; elles étaient de deux sortes : les citernes à ciel-ouvert (voyez *Tchokour-Bostan*) et les citernes voûtées. Celles-ci sont d'immenses réservoirs souterrains dont les voûtes étaient supportées par une grande quantité de colonnes (voyez *Bin-Bir-Dirèk* et *Yèrè-Batan-Sèraï*), 442.

Colonne de Pompée, autel votif dédié à Apollon, au-dessus des Cyanées; on l'appelle improprement *Colonne de Pompée*. Il y avait une inscription latine qu'on ne peut plus lire, 335.

Conak, ou *Konak*, hôtel, maison d'un grand, 14.

Constantin : transfère, l'an 330, le principal siége de l'Empire Romain et de la Chrétienté à Byzance, qui est appelée Constantinople et nouvelle Rome. Il y meurt en 337. Il avait régné un an avec Licinius, et était resté, en 324, seul maître de l'Empire. Constantinople devient dans la suite le siége des Empereurs Grecs ; et, pendant le règne de ces derniers, celui des Latins, ou des Français et des Vénitiens, iv.

Constantinople (voyez *Istambol*).... { Long. or. 26° 35' 0'' / Lat. sept. 41° 2' 29''

Courans du Bosphore ; ils ne sont point produits par le déversement du trop-plein de la Mer-Noire ; ils résultent de la composition des courans du Dniéper, du Dniester et du Danube. Le vent de nord accélère les courans dans le Bosphore ; le vent de sud ne produit sur ses eaux qu'un mouvement ondulatoire, et détermine des remous le long de ses rives, 302.

Courant du Diable, en turc *Cheïtan-Akindiçi* ; c'est un courant descendant dont le premier point d'incidence est entre Balta-Limani et Hiçar-Keuïu, et le second le long d'Arnaoud-Keuïu ; ce dernier est moindre que le premier, 308.

Crommyon, anciennement *Coloné*, nom d'un écueil situé dans l'anse de Riva ; il est composé de phonolithe massive ordinaire. Cet écueil était autrefois isolé ; il est maintenant joint à la côte d'Asie par une digue d'atterrissement de cent mètres de largeur, 295-301.

Crythmum-maritimum, la perce-pierre, ombellifère trouvée dans les rochers volcaniques des bords de la Mer-Noire, 344.

Cyanées, écueil à l'entrée de la Mer-Noire, vis-à-vis de la côte d'Europe, dont il n'est séparé que par un canal de peu de largeur, fameux dans l'antiquité et dans les Argonautiques ; cet écueil est composé d'agglomérats volcaniques reposant sur des couches stratifiées de tuf argiliforme : il a vingt mètres de hauteur, 328.

Cydaris et *Barbyzès*, aujourd'hui la Kiaat-Khana-Souïou et l'Ali-Beï-Keuïu-Souïou, rivières confluentes connues sous le nom des Eaux-Douces ; elles débouchent, réunies dans un seul lit, à l'extrémité du port de Constantinople, et déterminent topographiquement sa configuration. Le Grand-Seigneur a aux Eaux-Douces un palais où il passe les premiers jours du printemps, 274-278.

Cynanchum acutum, cynanque aiguë, plante trouvée dans les sables des bords de la Mer-Noire, près de Domouz-Dèrè, 345.

Cyprès pyramidal ; ce bel arbre est extrêmement multiplié dans Constantinople et sur les rives du Bosphore. Des arbres de cette espèce, dans la tige desquels des figuiers et des térébinthes ont pris racine, existent dans la vallée de Sultaniïè et à la pointe de Chalcédoine, 359.

Cyzique, sur la mer de Marmara, était autrefois une île ; elle est devenue une presqu'île par suite d'un atterrissement qui forme une digue ayant cinq cents toises de largeur. La presqu'île de Cyzique compte une ville, Artaki, et quinze villages, 353.

Daoud-Pacha, nom d'un village près de Constantinople, où se forme le camp, lorsque les troupes sortent de cette capitale pour aller faire la guerre en Europe, 9, *note*.

Dardanelles (Détroit des), fait la communication de la mer de Marmara et de la mer Blanche, ou l'Archipel. Sa plus petite largeur est de huit cents toises ; il a neuf cents toises entre les deux anciens Châteaux d'Europe et d'Asie, 247.

Debbous, masse en fer dont se frappent les derviches persans appelés *Deboussi*, 94.

Défterdar, ministre des finances ; mot à mot, *chargé des registres*. De là le nom de *Défter-khanè-kalèmi*, nom du bureau où sont enregistrées toutes les terres de l'Empire, leurs distributions, leurs revenus, etc., 7.

Déluges : les traditions de divers peuples ont transmis le souvenir d'un déluge survenu chez ces peuples. On a parlé de celui qu'avait éprouvé l'île de Samothrace, dans la mer Égée. Le déluge de Deucalion étoit arrivé dans les environs de Dodone, et celui d'Ogygès dans l'Attique. Ces déluges ne sont que le souvenir de celui des premiers âges du monde, ou bien le résultat d'inondations accidentelles : on sait qu'une partie de l'île de Santorin fut inondée par suite de l'éruption de la Kamène de 1707, 243.

Denys de Byzance : avait donné en grec une description du Bosphore, dont Gyllius a rapporté les principaux passages, auxquels il a joint ses propres observations. On ne sait ce que cet ouvrage est devenu. On doit faire remarquer que ni Denys, ni son commentateur, ne parlent de l'irruption du Pont-Euxin. On pense que Denys écrivait avant l'an 195 de J. C., 252.

Dèrè, vallée ; *Dèrèçi* (vallée de). D'où Buïuk-Dèrè, Domouz-Dèrèçi. *Voyez* ces mots.

Der-iïè, capitale des Wehhabi, en Arabie, 77.

Derviches, 93.

Détroit de Constantinople, ou Bosphore de Thrace, sépare l'Europe de l'Asie, et joint la Mer-Noire à la mer de Marmara. Sa formation ne résulte pas d'une cause accidentelle. Sa configuration dépend topographiquement du rapport de situation des deux grandes chaînes qui, partant, l'une du Saint-Gothard, l'autre du plateau de l'Asie-Mineure, et, s'abaissant insensiblement chacune de son côté, viennent finir à zéro, en regard l'une de l'autre : ainsi, comme ce détroit, tous les détroits maritimes, et les détroits terrestres, ne sont que des dépressions entre des reliefs contigus, 238 et liv. II, ch. IV.

Diodore de Sicile, célèbre critique. Opinion qu'il a émise sur l'irruption du Pont-Euxin, d'après le dire des habitans de l'île de Samothrace, examinée et réfutée, 239.

Divan. C'est ainsi qu'on appelle le Ministère à Constantinople. Ce mot veut dire aussi *Conseil d'État*, 35.

Djami, mosquée; *Djamiçi*, mosquée de : grande mosquée où l'on fait la prière les vendredi : de *djèm'*, assembler ; c'est comme la paroisse. On doit distinguer les Djami des *Mèsdjid*, qui sont des succursales, des oratoires, où l'on ne peut faire les prières du vendredi, 114.

Djèlalèddin, ou *Djelal-uddin*, fondateur des Derviches-Mèvlèvi, ou Derviches tourneurs; poète persan et moraliste, vivait peu de temps après Saadi, 98. *Voyez* ce mot et celui de *Mèsnèvi*.

Dolma-Baghtchè (de *dolma*, terres rapportées, et de *baghtchè*, jardin; *Baghtchèçi*, jardin de...), nom d'un lieu sur le Bosphore, près du Palais d'été du Grand-Seigneur, à Bèchik-Tach, 167, 362.

Domouz-Dèrè, ou *Domouz-Dèrèçi* (vallon des cochons), au bord de la Mer-Noire; village grec. On y trouve, dans les sables, le lis-arénaire, et un peu au-delà, le long du littoral, des couches épaisses de bois bitumineux (*lignite*) de mauvaise qualité. C'est dans les sables de Domouz-Dèrè que les Turcs, pendant l'été, vont prendre des bains de terre, 245.

Drogman. Voyez *Terdjuman*, interprète, 62.

Droit d'eau. Chez les Romains, les édiles et les censeurs avaient la prérogative de vendre ou de donner le droit d'eau; ce droit ne pouvait être transmis à l'héritier, 466.

Duloir, voyageur français au Levant, vers 1650, relève spirituellement, dans son style naïf, l'exagération des poètes dans la peinture des objets qu'ils nous représentent, 333.

Durri-Zadè (*Durri*, de *Durr*, perle), nom propre, et spécialement celui de la famille qui a donné plusieurs Mufti. L'un d'eux a publié un recueil de Fetva, ouvrage très-remarquable, appelé *Durrèr*, du nom de son auteur, 64, 177, 235.

Eaux-Douces. Voyez *Cydaris* et *Barbyzès*.

Eaux du Bosphore. A raison de l'affluence des grands fleuves qui tombent dans la Mer-Noire, et dont une partie s'écoule par le

Bosphore, les eaux de ce canal sont moins salées que celles de la Méditerranée et de l'Archipel; d'où il résulte, par exemple, que les huîtres qu'on y pêche ont un goût assez fade, 349.

Échelles, 165. Voyez *Iskèlè*.

Échelle des Morts. Voyez *Meït-Iskèlèçi*.

Eïalèt, gouvernement, province où commande un pacha à trois queues *(Wali)*, 36.

Eïoub (Job), nom d'un quartier de Constantinople, près des Eaux-Douces, et d'une mosquée où les Grands-Seigneurs, à leur avénement au trône, vont ceindre le sabre d'Osman, ce qui tient lieu de couronnement. On y voit le tombeau d'Ebou-Eïoub, un des compagnons de Mahomet, 2.

Èmanètlèr, intendances générales dont se compose l'administration de l'intérieur du Sérail, 25.

Èrèkli, Héraclée, anciennement Périnthe, sur la mer de Marmara, avec un port; ville considérable sous les premiers Empereurs romains, n'est plus qu'une bourgade, 353.

Eski-Sèraï (le Vieux-Sérail), 14.

Eurèkè-Tachi (pierre de la quenouille). On appelle ainsi la portion des Cyanées sur laquelle se trouve l'autel votif anciennement dédié à Apollon, 329.

Fènèr (Fanal). On désigne par ce nom le quartier de Constantinople sur le port, qu'habitaient les familles grecques qui avaient des prétentions aux principautés de Moldavie et de Valachie, et celles de leurs Boyards et autres cliens, d'où leur venait la dénomination de *Grecs du Fanal* ou *Fanariotes*, 367.

Fènèr-Baghtchèçi (jardin du Fanal). Nom du Phare et d'une presqu'île qui sert de promenade sur la côte d'Asie, vis-à-vis de la pointe de Chalcédoine, appelée *Monda-Bournou*, 358.

Fènèr-Keuü (village du Fanal), vulgairement *Fanaraki*, villages sur les côtes d'Europe et d'Asie, à l'embouchure de la Mer-Noire, où l'on a établi des phares pour en marquer l'entrée, 328.

Fetva, déclaration ou décision juridique du Mufti sur toute espèce d'affaires dont le jugement doit émaner des tribunaux; elle est quelquefois dirigée contre le Souverain, et c'est sur un tel acte que plusieurs Sultans ont été déposés, 35.

Feudataires. On les appelle aussi *Timariots*, de *Timar*, espèce de fief militaire, 6.

Finiade, nom ancien; écueil isolé dans le prolongement du cap de Riva. Il est entièrement composé d'agglomérats volcaniques; sa hauteur est de vingt-deux mètres, 297-301.

Firman, régulièrement *Fèrman.* Ordre, commandement impérial; du mot persan *fèrmoudèn*, ordonner, 61.

Flore Byzantine, manuscrit apporté de Constantinople, renferme près de huit cent cinquante espèces de plantes, nombre qui est presque doublé de celui dont Forskal a publié le Catalogue, 339.

Forskal, naturaliste qui accompagnait Niebuhr dans ses voyages, 343, *note.*

Frontin (Sextus - Julius - Frontinus). L'Empereur Nerva lui donna, l'an 98, l'administration des eaux de Rome, sur laquelle il a laissé un excellent ouvrage qui a été traduit par M. Rondelet, 408.

Galata, ancienne ville des Génois, qui fut, dans le déclin de l'Empire grec, la rivale de Constantinople; c'est aujourd'hui un des faubourgs de Constantinople, et la demeure de presque tous les négocians européens, 31.

Galilée, célèbre mathématicien d'Italie, publia, en 1637, la découverte importante de l'accélération des graves. Ce n'est que depuis, qu'on a eu égard, en Occident, à une *charge d'eau constante* pour la détermination du débit des orifices circulaires, ce qui était plus anciennement connu en Orient, 392.

Gazel, ode. *Voyez* le chapitre des *Derviches*, 103.

Ghiàour. Terme de mépris employé envers tout ce qui n'est pas Musulman. Ce mot, corrompu du mot persan *guebre*, qui signifie *infidèle*, est à chaque instant dans la bouche des Turcs, 88.

Gheuk-sou, mot à mot *eau bleu-de-ciel*; nom d'un double vallon du Bosphore, sur la côte d'Asie, ainsi appelé de deux ruisseaux qui y coulent. On y voit, sur le rivage du Bosphore, un très-beau kiosk du Grand-Seigneur, 363.

Gilles (Pierre), *Gyllius* en latin, d'Albi en Languedoc, né en 1490, a laissé deux ouvrages très-remarquables, l'un sur *Constantinople*, l'autre sur le *Bosphore*, 252.

Golfes ; lorsque deux rivières confluentes coulent sur le même plan de pente vers la mer, elles déterminent, en avant de l'angle qu'elles forment, un grand rentrant qui peut servir de mouillage. Application de ce principe à la configuration des autres ports du Bosphore qui présentent les mêmes circonstances, tels que les ports d'Istènia, de Thérapia et de Kabakos, 275.

Granique, fleuve qui se jette dans la mer de Marmara, célèbre par le premier succès d'Alexandre contre les Perses, 352.

Ghèraï, nom d'usage dans la famille des khans de Crimée, que tous ajoutaient à leur nom individuel; ainsi l'on disait : *Selim-Ghèraï*, *Krim-Ghèraï*, 201.

Gumruk-Èmini, intendant des douanes. La douane (*gumruk*) est une ferme qui se vend chaque année solaire, au *nèvrouz*, équinoxe du printemps, 42.

Halet-Effendi, long-temps favori du souverain ; son exil et sa mort; son Yafta, 189.

Harèm, mot connu pour indiquer l'appartement des femmes, le local qui les concerne ; il n'est ainsi appelé que parce qu'il signifie *endroit sacré*, où l'on ne peut pénétrer, 17.

Harèmeïni, les deux endroits sacrés, savoir : la Mèkke et Médine, 26.

Hèkim (médecin), ce mot est le même que *hakim*, et répond à notre mot *docteur*. — *Hèkim-Bachi*, premier médecin du Sultan ; place importante occupée par un membre du corps des Oulema, 22.

Hellespont (Voyez *Dardanelles*).

Héraclée (Voyez *Èrècli*).

Hiçar, château ; *Hiçari*, château de — *Anadolou* et *Roumèli-Hiçari*, châteaux d'Europe et d'Asie situés dans un des endroits les plus resserrés du Bosphore ; ce qui en a toujours déterminé le passage (*Voyez* la Planche VIII de l'Atlas), 363.

Hôpital des fous, en turc *Timar-Khana*, de *timar*, soins donnés à un malade ; *timar* veut dire aussi fief militaire, 129.

Ibn-Mèzan, cheïkh Wehhabi, est fait prisonnier par Tossoum-Pacha, et décapité à Constantinople, 89.

Ibni-Sèoud (*Abdallah*), troisième chef du wehhabisme, est fait prisonnier et amené à Constantinople, où il est décapité, 89.

Ibrahim, nom propre, le même qu'Abraham, 11.

Ic-Oglan, régulièrement *Itch-Oglani* (garçons de l'intérieur, de *itch*, intérieur); ainsi se désignent plus particulièrement les jeunes gens élevés à Péra, dans une maison impériale appelée *Galata-Sèraï*, et destinés à être pages du Grand-Seigneur; ce sont des élèves pour toutes les fonctions du palais de Sa Hautesse, 30.

Ikbalè, favorite, 22.

Ilam, procès-verbal ou déclaration juridique, 476.

Iles des princes, petit archipel à l'entrée de la mer de Marmara, composé de cinq écueils : *Oxia*, *Plati*, *Pita*, *Niandro* et *Anterovito* ou *Ile des Lapins*; et de quatre îles habitées : *Proti*, *Antigone*, *Chalki* ou *Khalki*, et *Buüuk-Ada* ou *Prinkipo*, l'île des princes. Cette dernière a donné son nom à ce groupes d'îles, 15.

Ilium-Recens (*Alexandria Troas*; en turc *Eski-Istambol*) dans la Troade. Détails sur l'ouverture d'un tombeau de cette antique ville grecque (Note IV du livre II).

Imam, celui qui chaque jour de la semaine, hors le vendredi, fait à haute voix la prière dans les mosquées; les Imam sont des espèces de curés. Le Grand-Seigneur a deux imam qui servent près de lui, par quartier, 123.

Imam-Ali et *Imam-Huçeïn*, noms de deux villes du Pachalik de Bagdad, où les Chiïa vont, en pélerinage, visiter les tombeaux des *Imam* Ali, gendre de Mahomet, et Huçeïn, fils d'Ali, 81.

Incendies, 172-177.

Iradi-djèdid (nouveau revenu) : il était destiné à couvrir les frais de l'établissement du Nizam-djèdid, 6, *note*.

Iris Susiana, Iris de Suses, très-belle fleur, qui fut autrefois importée de Constantinople en Hollande, 341.

Iskèlè, échelle; on désigne par ce nom les différentes villes du Levant, où arrivent les bâtimens de guerre ou de commerce; ce nom est donné aussi aux embarcadères, 165.

Islam, l'islamisme; ce mot ne signifie pas seulement la *religion de Mahomet*, mais toute religion apportée par les vrais prophètes, jusqu'à l'instant où, par la mission d'un autre prophète, cette religion a cessé d'être la bonne, 92.

Ismaël-Beï, de Sérès, donne l'exemple du travail, maintient un ordre parfait dans la Macédoine, et l'administre avec un grand succès, 58.

Ismit ou *Isnikmid*, Nicomédie, au fond du golfe de ce nom ; ville fondée par Nicomède, roi de Bithynie, 355.

Istambol, Constantinople ; on donne pour origine de ce nom les mots grecs *is-tin-polin*, mots qui, répétés par les Grecs dans quantité de phrases telles que *je vais à la ville*, etc., ont dû frapper les Turcs, qui auront pris l'ensemble de ces trois mots pour le nom propre de Constantinople. Ce même mot *Istambol* a été ensuite défiguré en *Islambol*, en quelque sorte la ville de l'Islamisme ; mais Constantinople s'appelle même par les Turcs *Kostantiniïè* ; et ce nom se trouve maintenant sur les monnaies, 2.

Izzèt-Mehèmmed-Pacha s'oppose dans le Divan à la déclaration de guerre aux Français, et est déposé, 177.

Janissaires (Yèni-Tchèri, *nouvelle milice*), nom qui lui fut donné par Hadji-Bèktach, lors de leur institution sous Mourad I, l'an de l'hégire 763. Les Janissaires troublaient sans cesse l'Etat, et avaient amené sa ruine. Par un acte de la plus haute sagesse et de la plus grande vigueur, Sultan-Mahmoud a aboli cette milice le 16 juin 1826, 63.

Justinien relève un moment l'Empire Grec qui penchait vers sa ruine. Fait la guerre avec succès contre les Goths, les Vandales et les Persans. Ordonne la révision de toutes les lois romaines ; et il résulte de ce travail le Code célèbre qui porte son nom. Les églises à coupoles datent de son règne, vj.

Kabakos, golfe près de l'embouchure de la Mer-Noire, côte d'Asie ; possède, dans des agglomérats volcaniques, deux grottes formées par les mouvemens de la mer dans les tourmentes ; ces grottes n'avaient pas encore été remarquées. Bazalte demi-octogone de vingt-deux pouces de base rapporté de ce golfe, et déposé au Cabinet royal des mines (*Voyez* la Planche IX de l'Atlas). Au golfe de Kabakos correspondent deux rivières confluentes, qui déterminent topographiquement sa configuration (Voyez *Golfe*), 293.

Kiabè ou *Kaaba*, temple de la Mèkke. On appelle aussi *Kiabè* le temple de Jérusalem, 72.

Kaçim-Pacha, nom d'un village près de l'amirauté, dans le port de Constantinople, 166.

Kadi ou *Kazi*, juge ; racine, *kaza*, jugement, sentence. Le mot espagnol *Alcade* est pris de *kadi* : en arabe *el-kadi*, le juge, 23.

Kadi ou *Kazi-Askèr*, juge de l'armée : il y a deux Kazi-Askèr, celui de Romélie et celui d'Anatolie ; ils sortent tous les deux du corps des Oulema, et n'ont au-dessus d'eux que le Mufti. Ils ne quittent Constantinople que pour accompagner le Grand-Seigneur, celui de Romélie quand la guerre est en Europe, celui d'Anatolie quand la guerre est en Asie, 43.

Kadi-Keuïu (village du Kadi), village situé sur l'emplacement de l'ancienne Chalcédoine, 359.

Kadine ou *Kadoun* veut dire dame du palais. On appelle de ce nom les femmes du Grand-Seigneur ; elles sont au nombre de sept, mais non reconnues, 14.

Kaïk, bateau très-léger à une, deux ou trois paires de rames, dans lequel on parcourt le Bosphore. Les bateaux montés par les personnes d'un certain rang ont depuis quatre jusqu'à treize paires de rames. Le nombre des paires de rames, plus ou moins considérable, est une marque de distinction plus ou moins grande, 33.

Kalendèr, petit vallon sur le Bosphore entre Yéni-Keuï et Thérapia ; on y voit un très-grand Plaqueminier, 365.

Kamène ; on appelle ainsi trois îles dans le golfe de Santorin, dont une d'elles apparut, en 1707, à la suite d'un tremblement de terre. Le mot *kamène* (brûlée) indique une origine volcanique, 371.

Kapidji, gardes des portes (de *Kapi*, porte, qu'on écrit ordinairement *Kapou* et *Kapouçi* lorsqu'il est suivi de la préposition de), 24.

Kapidji-Bachi, classe d'officiers du Grand-Seigneur, espèce de chambellans, ayant le titre d'Agha, chargés de toutes les missions dans les provinces, 18.

Kapi ou *Kapou-Aghaçi*, le chef des eunuques blancs ; c'est à eux qu'est confiée la garde de la porte du Sérail qui conduit au Harèm du Grand-Seigneur, 87.

Kapi ou *Kapou Kiahya*, le représentant auprès de la Sublime-Porte d'un Pacha ou de tout autre employé de marque, hors de Constantinople, 158.

Kara-Koulak, nom donné à deux officiers, l'un du Grand-Vizir, dont les fonctions sont de porter au Grand-Seigneur les rapports de ce premier ministre; l'autre est en quelque sorte le messager du *Kiahya-Beï* au Grand-Vizir, 173.

Kara-Osman-Oglou, un des grands feudataires de l'Asie mineure, près de Smyrne, 50.

Kara-Yèli, vent de nord-ouest; sa signification est *vent noir*, à cause du changement fâcheux qu'il apporte dans la température, dès qu'il souffle, 319.

Kauffer, ingénieur géographe français. On lui doit un plan détaillé de Constantinople, levé en 1776, le seul qui existe; et une carte du littoral du Bosphore, 202.

Kavak (platanes), forts sur la côte d'Europe et d'Asie, à un endroit très-resserré du canal de la Mer-Noire; ils correspondent aux anciens châteaux des Génois, dont l'un est entièrement détruit; l'autre, celui d'Asie, est assez bien conservé, et renferme un village turc, 320.

Kètchèli-Liman, sur la côte d'Asie, très-bon mouillage; les agglomérats volcaniques commencent à se montrer à ce point, comme on les aperçoit à Buïuk-Liman, vis-à-vis, sur la côte opposée, 297.

Keuï, village; lorsque ce nom est suivi des prépositions *de*, *du* ou *des*, il s'écrit *Keuïu* : ainsi l'on dit *Yèni-Keuï*, le village neuf, et *Fènèr-Keuïu*, le village du fanal, 321.

Khalfa, pris pour architecte, quoiqu'il ne signifie que sous-architecte, parce qu'en général le mot *Khalfa* est donné à tout second dans un emploi, 419.

Khalife, de *Khalèf*, verbe arabe qui signifie suivre, venir après; il désigne le vicaire ou successeur de Mahomet, 1.

Khalig, digue qui soutient les eaux du Nil pendant l'inondation, jusqu'à ce que, par la coupure solennelle qu'on en fait, elles puissent pénétrer dans les canaux de l'intérieur du Kaire, 208.

Khan, titre donné aux princes Tartares, 201.

Khan, édifices renfermant un grand nombre de chambres qui servent de logemens ou de boutiques aux marchands ; hôtelleries pour les voyageurs, connues aussi sous le nom de caravansérail (*Karwan-Sèraï*); on appelle *Khandji* le gardien d'un khan chargé de remplir le vœu du fondateur envers les pauvres et les voyageurs, 74.

Kharadj, sorte de capitation imposée aux sujets du Grand-Seigneur non Musulmans, ou Raïa. Le Kharadj rend Raïa l'étranger qui achète une terre, 167 et 231, note VIII.

Khatti-Chèrif, rescrit impérial; tout ordre tracé de la main du Sultan, ou ne portant qu'une apostille de lui, 6, 9.

Khoumbaradji, bombardier, de *Khoumbara*, bombe, 107.

Khoumbaradji-Bachi, le chef des bombardiers, 168.

Khoraçan, on dit vulgairement *Khorèçan*; ce mot signifie ciment. En arabe le ciment est appelé *Dakik-ul-Kharf*, poudre de poterie de terre, 119.

Kiaat ou *Kiaghid-Khanè* (la papeterie), improprement *Kèt-Khana*, village qui a donné son nom à la vallée orientale des Eaux-Douces (voir *Cydaris* et *Barbyzès*), 280.

Kila (village et fort de), à une lieue ouest de l'embouchure de la Mer-Noire. Le fort de Kila est abreuvé au moyen d'une conduite à Soutèrazi (voyez la planche X de l'Atlas), 289 et 350.

Kièf, régulièrement *Keïf*, indique en général l'état de bien-être: faire Kièf, c'est prendre du repos avec délices; être en Kièf, c'est être en joie, en contentement doux et tranquille, 418.

Kilot ou *Kilè*, mesure de Constantinople qui vaut vingt-deux ocques, ou cinquante-cinq livres poids de marc, 243.

Kiochk ou *Kiosk*, pavillon de plaisance, belvédère, 363.

Kirètch-Bournou, cap ou pointe du four à chaux; lieu frais et agréable sur le Bosphore, près de Thérapia, 367.

Kitabèt, est le second pas que fait l'esclave vers la liberté, 148.

Korna, village au confluent du Tigre et de l'Euphrate, 276.

Kostantiniiè, Constantinople (voyez *Istambol*).

Koullè, tour; *Koullèçi*, tour de— (vulgairement *Koulè*); *Yèdi-Koulè*, les Sept-Tours; *Kyz-Koullèçi*, la Tour de la Fille, 381.

Kour'an, dont nous avons fait Koran, et que nous appelons l'Alcoran; ce mot signifie le recueil, le livre par excellence, comme chez nous la Bible, 67, 488.

Khoutbè, sorte de prière en arabe prononcée par le *Khatib*; elle se termine par celle pour le Sultan et son armée. C'est une prérogative et la marque de la souveraineté de faire lire le Khoutbè en son nom.

Kuprili, nom d'une famille de Grand-Vizir, qui avait acquis la célébrité la plus grande et la mieux méritée. Leur nom leur était venu d'un village de l'Anatolie. Les Kuprili ont fourni à l'Empire Ottoman cinq Grands-Vizirs, tous hommes distingués, 197.

Kutchuk, petit. *Kutchuk-Keuï*, village grec à une demi-lieue de Eïoub, où passent des conduites d'eau, 423.

Kutchuk-Tchèkmedjè, nom d'un village appelé par les Européens *Ponte-Piccolo*, le Petit-Pont (voyez ce mot, pag. 356).

Kyblè, le point vers lequel on doit se diriger dans la prière ; c'est la Mèkke, 123.

Kyzlar-Aghaçi (maître des filles), le Grand-Eunuque noir ; il a l'intendance des femmes du Sultan, et des biens Vakouf de la Mèkke et de Médine, 26.

Kyz-Koullèçi (la Tour de la Fille), improprement la *Tour de Léandre*, phare entouré d'un retranchement sur un rocher isolé, entre Scutari et le Sérail. Erreur de Wheler, qui prétend qu'il y a sur ce rocher une fontaine d'eau douce, 381.

Lacs salés, sont regardés comme le résultat de l'ancien séjour de la mer sur les continens ; erreur à ce sujet. Les lacs Natron en Egypte, les lacs amers sur l'isthme de Suez, le lac Caron dans le Fayoum, prouvent le contraire. Suivant Brcislak, les lacs salés seraient au contraire le « résultat de décompositions et de nouvelles « formations de substances, » 271.

Lala, titre donné aux gouverneurs des princes ottomans, et, par le Sultan, au Grand-Vizir et à ses principaux ministres; sa signification est *père nourricier*, 187.

Lèvènd-Tchiftlighi, qui signifie la *métairie du soldat volontaire*, nom du lieu où étaient les casernes occupées par les troupes du Nizam-djèdid, auxquelles les Janissaires mirent le feu lors de la révolte de 1807, 364.

Lis-arénaire (Pancratium maritimum), plante à fleur blanche, odorante. Se trouve sur les bords de la Mer-Noire, 345.

Lois sur l'Esclavage et l'Affranchissement chez les Turcs, dérivent des lois romaines, mais sont plus favorables à l'humanité, 121.

Lois, ou Constitutions impériales relatives aux aqueducs et conduites d'eau de Rome et de Constantinople ; sont très-remarquables par leur sagesse et leur prévoyance, 465.

Lufer, poisson du Bosphore qu'on pêche à la lumière, n'est connu que dans ces parages ; il n'a été décrit par aucun Ichthyologiste, 349.

Lukiun, en arabe *Lakoun*, enduit huileux qu'on applique sur les revêtemens en maçonnerie des conduits d'eau, 410.

Lulè ou *Loulè* (tuyau), orifice circulaire de onze lignes de diamètre, et une des unités de mesure pour la distribution des eaux. On appelle aussi Lulè la noix de la pipe, 390. Manière de boucher les Lulè, 412.

Mabeïn, la pièce, dans les maisons turques, qui sépare le *Sèlamlik* (le salon) du Harèm ; et chez le Grand-Seigneur, la pièce voisine de celle où Sa Hautesse reste dans le jour, 29.

Mabeïndji, titre donné aux personnes qui, par leurs charges ou leurs fonctions, doivent se trouver constamment au Mabeïn du Prince, 29.

Maçour, partie d'un Lulè ; huit Maçours font un Lulè, 390.

Maghreb (Occident), partie occidentale des conquêtes des Arabes et des possessions turques en Afrique, l'Egypte non comprise, 113.

Mahmoud II, Empereur actuel, né en 1785, élu en 1808, prince du plus grand caractère comme gouvernant. Par l'abolition des Janissaires, le 16 mai 1826, il ressaisit l'autorité dont ses prédécesseurs et lui-même avaient été privés si long-temps, 5, 68.

Mahomet II, s'empare de Constantinople le 20 mai 1433, 14.

Marmite (Kazan) ; les marmites des Janissaires étaient comme leur point de rassemblement dans les mouvemens séditieux. On portait à la Marmite le plus grand respect, 66.

Manifeste de la Porte au peuple musulman, au sujet de l'anéantissement de la milice des Janissaires, 214 et suiv.

Marsigli : est le premier qui ait donné une dissertation sur les courans du Bosphore ; elle est fautive en beaucoup de points, 302.

Mèdrècè, école, collége ; racine *ders*, leçon ; *tedris*, donner des leçons, 13.

Mèhkèmè, tribunal de justice présidé par un Kadi ou par un Molla. Racine *hukm*, ordre, sentence, jugement, 220.

Mèhtèr, la musique guerrière. — *Mèhtèr-Bachi*, le chef de la musique, 172.

DES MATIÈRES.

Meït-Iskèlèçi, ou l'Echelle-des-Morts, est celle du port de Constantinople, près de Galata, où l'on embarque les corps morts pour les porter au grand cimetière de Scutari, 432.

Mer Caspienne; d'après les opérations barométriques exécutées en 1812, le niveau de la mer Caspienne serait plus bas d'environ cinquante-cinq toises que celui de la Mer-Noire, 378.

Mer de Marmara, autrefois la *Propontide*; grande lagune, ou mer intérieure, comprise entre le détroit de Constantinople et celui des Dardanelles, célèbre par des souvenirs historiques du plus grand intérêt, 351.

Mer-Noire, en turc *Kara-Deniz*, anciennement le Pont-Euxin, peut être considérée comme formée de deux golfes, l'un européen, l'autre asiatique. Le premier reçoit incomparablement plus d'eau que le second, dont le Bosphore est l'orifice d'écoulement, ce qui détermine le courant qu'on y remarque. La Mer-Noire n'a point d'îles, excepté l'*île des Serpens* (Ilan-Adaçi), à quinze lieues à l'est des bouches du Danube, et qui paraît être formée par des atterrissemens, 370.

Mesnèvi, poëme persan de Djèlalèddin, 99.

Mèvlèvi, nom d'un ordre de Derviches institués par Djèlalèddin; ils sont encore connus sous la dénomination de *Derviches tourneurs*, 97.

Mihrab, lieu dans la mosquée où se tient l'Imam, et vers lequel se dirige le peuple pendant la prière, 108.

Mimosa arborea (l'arbre de soie); il est originaire de Perse. Ce bel arbre, de l'espèce des accacia, orne les jardins de Constantinople et les rives du Bosphore, 340.

Minbèr ou *Mènbèr*, la chaire où le Khatib lit le Khoutbè; ce nom de lieu vient du mot *nèbr*, élever, 124.

Mirza, fils de prince; ce titre ne se met après le nom propre que pour désigner en Perse les fils du souverain et les princes du sang. Pour les grands et les savans ou lettrés, il se met avant leur nom. Exemples: *Abbas-Mirza* et *Mirza-Cheffi*; ce dernier était premier ministre de Perse en 1813, 209.

Moldavie et *Valachie* (principautés de), long-temps un objet de discussions politiques entre la Russie et la Porte, 62.

Montagnes, proéminences à la surface de la terre; les sources qui en découlent y portent la vie et la fertilité. En Orient, on donne aux montagnes, par similitude avec le sein d'une femme, le nom de mamelles. Cette expression correspond à celle d'*Ubera* des Latins, d'où dérivait *Ubertas*, l'abondance, 363.

Montagne du Géant (Youcha-Daghi), anciennement le Dos-d'Hercule, sur la côte d'Asie, au coude que forme le Bosphore avant de prendre sa direction vers la Mer-Noire; elle est entièrement composée de calcaire de transition. Sur le faîte de cette montagne, qui a quatre-vingt-huit mètres de hauteur, on montre le prétendu tombeau du Géant, qui s'appelait autrefois le *Lit-d'Hercule*, 325.

Mousslouk, ce mot veut dire robinet; mais chez les fonteniers de Constantinople, il désigne la Caisse à Lulè qui sert d'étalon pour le jaugeage des eaux, 391.

Moustapha IV (Sultan), frère aîné de Sultan-Mahmoud II, succède à Sultan-Selim III déposé par les Janissaires; il fait périr plus tard Sultan-Selim, et est détrôné à son tour et étranglé. Sultan-Mahmoud lui succède, 5 et suiv.

Mudèrris, professeur attaché à un *Mèdrècè* (collége), 13.

Mufti, chef de la Loi dans les principales villes de l'Empire. On appelle celui de Constantinople *Cheïkh-ul-islam*, chef de l'islamisme, 64.

Muhammèd, *Mehèmmed*, *Mehèmet* et *Mèhmèd* (Mahomet); la seule prononciation régulière est *Muhammed* : la racine est *hamd*, louer.

Muhammed-Ali-Pacha, vice-roi d'Egypte, 85.

Munèddjim-Bachi, le chef des astrologues; sa racine est *nèdjm*, astre, étoile, 23.

Musulmans (*Muslim*, plur. *Muslimin*, de *Islam*, la vraie foi), sont tenus de se désigner par le nom de leur mère, 96.

Mutèçèllim, vulgairement *Mucèllim*, celui que le gouverneur titulaire d'une ville ou d'une province met à sa place pour administrer, 51.

Muteferika, cavaliers de la garde du Sultan, ayant un office supérieur à celui de Tchaouch, 196.

Naumachies : les citernes à ciel-ouvert de Constantinople, regardées comme des naumachies; étaient des réservoirs d'eau pour s besoins des habitans, et non pour des combats nautiques, 449.

Nèdjèd, nom commun à plusieurs parties de l'Arabie, telles ie *Nèdjdi-Yèmèn*, *Nèdjdi-Hidjaz*, etc. *Nèdjd* signifie plateau, ɔu élevé, 77.

Newton donna, sur la fin de ses jours, un système de chronoıgie fondé sur des observations qu'il faisait remonter jusqu'à l'exédition des Argonautes, et qui a été regardé comme inadmissible, 41.

Nicée, en turc *Iznik*, à l'est et au bord du lac qui porte le nême nom; fut long-temps la ville principale de la Bithynie, célèbre par son Concile; n'est plus qu'un village presque abanlonné, 355.

Nizam-Djèdid (nouvelle organisation). Ce mot est devenu élèbre depuis que Sultan-Sélim avait entrepris de créer des corps le troupes formés à l'européenne, et surtout depuis les malheurs ʃui ont été pour lui la suite de cette tentative, 6.

Nointel (le marquis de), Ambassadeur de France à Constantinople, de 1670 à 1679, envoie à Paris plusieurs marbres tirés de Paros et d'Athènes; on lit, sur un ou deux, des inscriptions qui datent de plus de deux mille ans, et dont l'une contient les noms des officiers et des principaux soldats que les Athéniens perdirent, la même année, dans cinq expéditions différentes, 196.

Nomades, en turc *Yuruk*, de *Yurumèk*, marcher, 79.

Note au sujet d'une convention, de l'an 1209, entre le maréchal de Champagne et le comte de Rethel, par suite de laquelle les enfans qui naîtraient de deux esclaves appartenant à chacun de ces Seigneurs, devraient être partagés par moitié entre les deux maîtres. Le titre original vient d'être imprimé en entier, 147.

Ocque, mesure de poids; un peu plus de deux livres et demie poids de marc. L'ocque est divisée en quatre cents drachmes, et une drachme vaut trois grammes deux dixièmes, 243.

Oda, chambre; d'où *Oda-Bachi*, chef d'une chambrée, officier des Janissaires, 28.

Odalik, ce que nous appelons *Odalisque*. Le mot Odalik signifie *ce qui est pour la chambre*, 17.

Odjak, cheminée; sa signification particulière est tout corps de milice stipendiée par la Sublime-Porte, 66.

Odjaklik, impositions en hommes ou en argent sur les villes et les villages, pour l'entretien des milices stipendiées, 476.

Oiseaux d'eau. Les plus nombreux sur le Bosphore sont les cormorans, les goëlans et les alcyons, 351.

Olivier, habile naturaliste français, est le premier qui ait indiqué avec assez de précision qu'il existait des matières volcaniques près de l'embouchure de la Mer-Noire ; il ne penchait point pour le système de l'irruption du Pont-Euxin, 257.

Olympe (le mont), montagne de la Bithynie, en turc *Kèchich-Daghi*, la montagne du Solitaire. C'est de l'Olympe qu'on tire la glace qui sert aux besoins du Sérail, 382.

Ombre de Dieu sur la terre (Zill-Ullah), titre donné au Grand-Seigneur, 19.

Orta-Keuï, nom d'un village sur la côte européenne du Bosphore, 424.

Othman ou *Osman*, premier Empereur des Turcs, après s'être emparé, en 1289, de tout le royaume des Seldjoucides *(Bèni-Sèldjouk)*, fonde l'Empire des Osmanli, 2.

Pacha, gouverneurs militaires de provinces. Il y a des Pacha à deux et trois queues, dénomination qui leur vient du nombre de *though*, queues de cheval (enseignes), qu'on porte devant eux dans les marches. Les Pacha, ainsi que les autres agens salariés du gouvernement turc, sont renouvelés ou confirmés tous les ans, 20.

Pacha-Tchaïri, grande prairie, à une lieue d'Eïoub ; elle a beaucoup de sources, et l'on en a tiré des eaux pour abreuver Constantinople, 413.

Padichah, titre du Grand-Seigneur répondant à celui d'Empereur, 2.

Pallas, célèbre naturaliste, n'avait point vu le Bosphore. Il attribuait sa formation à un tremblement de terre, par suite duquel la digue qu'il supposait avoir retenu les eaux du Pont-Euxin aurait été rompue, d'où seraient résultés leur irruption et le creusement du détroit, 254.

Pannium (promontoire), ou Cap de Fanaraki, extrémité de la Thrace, en face des Cyanées, 328.

Pavé des Géans, ou Chaussée d'Antrim, en Irlande ; partie supérieure de prismes basaltiques, formant comme un carre-

DES MATIÈRES.   515

lage. Les roches volcaniques du cap de Riva, vues au-dessus de ce cap offrent le même aspect, 296.

Pêcheries, en turc *Talian*, sur le Bosphore, sont des espèces de madragues ; on les établit dans les anses où il y a des bas-fonds, 350.

Peïk, milice de l'intérieur du Sérail, qui accompagne le Grand-Seigneur, 16.

Péra, un des faubourgs de Constantinople, en face du Sérail. *Péra* veut dire, en grec, *au-delà*, ou du côté opposé du port eu égard à Constantinople, 167.

Peste de Constantinople, en 1812; fait périr près de cent soixante mille âmes, 178-184.

Phase, appelé par les Turcs *Fach*, par les gens du pays *Rioni*, fleuve de l'ancienne Colchide qui se jette dans la Mer-Noire à son extrémité orientale. Il est formé de deux rivières confluentes, dont une prend sa source dans le Caucase et l'autre dans les montagnes de l'Arménie, 272.

Phinée, prédit aux Argonautes le succès de leur voyage en Colchide et leur retour, 322, 369.

Pic ou *Pick*, en turc *Archoun*, ou *Archine*, mesure de longueur divisée en vingt-quatre parties ou pouces. Il est de deux pieds quatre pouces de l'ancien pied français ; c'est le pick des architectes. Il y a en outre un pick pour les draps et un pick pour les étoffes de soie ; l'un de vingt-cinq pouces, et l'autre de vingt-quatre, 389.

Plaqueminier d'Orient (Diospyros lotus), grand arbre appelé aux environs de Constantinople *Dattier de Trébizonde*, nom que Forskal lui avait conservé sans autre désignation, 340.

Poïras (golfe de), 300.

Poissons : le Bosphore a des poissons de passage, des poissons qu'on y pêche en tout temps et des testacés. Les poissons les plus remarquables sont le Dauphin, le Poisson-épée, le Turbot-bouclé, le Lufer, etc., 348.

Pont-Euxin (mer hospitalière). *Pont* vient de *pontus*, qui signifie *mer*, 324. Voyez *Mer-Noire*.

Population de Constantinople, compris ses faubourgs, déduite

33.

de la consommation d'eau et de farine dans les vingt-quatre heures, est estimée d'un peu plus de 630,000 âmes, 425.

Port de Constantinople (Istambol-Limani); autrefois le golfe Céras, ou golfe Cornu, déterminé topographiquement par la position des rivières confluentes des Eaux-Douces; a sa direction de l'est à l'ouest, et s'enfonce de près de quatre milles dans les terres; sa largeur est de cinq cents toises à l'entrée; sa profondeur lui permet de recevoir toute sorte de bâtimens; il a la propriété de n'être point sujet aux ensablemens; pourquoi, 274 et suiv.

Porte ottomane, Sublime-Porte, 37.

Proconèse, île des marbres; *Marmara* présente la même signification; groupe d'îles en avant de Cyzique, 353.

Procope, célèbre historien grec du Bas-Empire; a laissé dans ses *Anecdotes secrètes* un affreux libelle contre Justinien et l'impératrice Théodora. Son livre des *Edifices* est remarquable par l'énumération de l'immense quantité de constructions de tout genre que Justinien fit faire dans toutes les parties de son Empire, ix et 407.

Pyrgos, et *Bourgas* en turc, village grec de la Thrace, ayant dans son voisinage les trois principaux aqueducs qui fournissent de l'eau à Constantinople, 397.

Ramazan, neuvième mois de l'année lunaire musulmane, c'est le mois du jeûne chez les Turcs, 13.

Ramiz-Effendi, Défterdar, fait goûter à Moustapha Baïraktar le projet formé par Taïar-Pacha de rétablir Sultan-Selim sur le trône, 7. — Sauve la vie à Sultan-Mahmoud, 9.

Redjèb, septième mois de l'année lunaire des Turcs; 107.

Reïs, chef, capitaine d'un bâtiment, la racine est *rès*, tête. — *Reïs-Effendi*, Grand-Chancelier d'état, ministre des affaires étrangères, 40.

Rèkiab (étrier), est pris souvent pour l'étrier-impérial en particulier. L'on dit, par humilité, présenter une requête à *l'étrier-impérial*, au lieu de dire à la personne même du Grand-Seigneur, 38.

Rèkiab-Aghalari, officiers de l'étrier-impérial, 23.

Rèkiabdar-Agha, l'officier de l'étrier, qui présente l'étrier au Sultan, 29.

Remous, courant partiel ayant une direction contraire à celle d'un courant principal, soit dans le lit d'une rivière, soit le long des côtes. Remous observés dans les eaux du Bosphore des deux côtés du canal. Il existe des remous analogues dans le détroit de Messine, 307.

Ridjal, pluriel de *Rèdjul*, homme; il est employé pour *Officiers de la Sublime-Porte*, 69.

Révolutions de Sérail, attentats à main armée des Janissaires contre la personne et l'autorité des Sultans; peuvent être regardées comme autant de *Journées du 10 août*, 13.

Riva (cap et rivière de). Le cap de Riva très-avancé dans la Mer-Noire, côte d'Asie, est composé de basaltes colonnaires prismatiques et d'agglomérats volcaniques. On y voit sur une masse de ces roches un fort, bâti à l'embouchure de la rivière de Riva; celle-ci est la *Rhébas* des Argonautiques, 296, 301.

Roches d'agglomérations, matières volcaniques regardées par les minéralogistes comme antédiluviennes. Ces roches, ainsi que les substances qui les composent, n'avaient été déterminées jusqu'ici que d'une manière très-imparfaite, 291.

Rodosto, en turc *Tèkir-Daghi*, à vingt-quatre heures de Constantinople sur la mer de Marmara; la population de cette ville est de 35 à 40,000 âmes. C'est à Rodosto que sont établies les familles des réfugiés hongrois, depuis les troubles de Hongrie, 353.

Roum, veut dire aujourd'hui grec moderne, quoique le mot signifie primitivement *Romain*, 49.

Roumèli, ou *Roum-èli*, la Romélie, composé de deux mots, *Roum* et *Èli*; pays des Romains, 61.

Rufaï, sorte de derviches, qui joignent à leurs prières des exercices avec des fers acérés et brûlans, 1 et suiv.

Ruffin (M.), le Nestor du Levant; diverses observations fournies par cet homme si estimable et si habile, 4, 68, etc.

Ruscus-Hypophyllum, le laurier alexandrin des anciens, trouvé dans un des vallons de la côte d'Asie du canal de la Mer-Noire, 344.

Saadi, poète et moraliste persan, né à Chiraz, vivait au treizième siècle; il est principalement connu par son *Gulistan*, xxxvj.

Sainte-Sophie, église grecque, construite sous Justinien et convertie en mosquée par Mahomet II, après la prise de Constantinople ; a offert le premier exemple d'une église à coupole, 114 et suiv. (voyez *Aïa-Sofia*).

Saka, ou *Sakka* (porteur d'eau), grade chez les Janissaires, qui correspondait à peu près à celui de sergent, 173.

Samothrace, en grec *Samandraki*, île de la mer Egée, vis-à-vis du golfe d'Enos ; elle a vingt milles environ de pourtour. Les habitans de Samothrace prétendaient avoir eu un déluge antérieur à celui de tous les autres peuples ; ils l'attribuaient sans fondement à l'irruption des eaux du Pont-Euxin dans l'Archipel (*Voyez* Diodore de Sicile), 243. 250.

Samsoundji-Bachi, l'un des premiers officiers de la milice des Janissaires, chef du soixante-onzième *djèma'at* (légion), ayant pour armes un dogue, en turc *Samsoun*, 218.

Sandjak ou *Liva*, étendard ; division militaire des provinces, 218.

Sandjak-Chèrif, étendard sacré qui est remis par le Grand-Seigneur au Grand-Vizir, au moment où il part pour l'armée, 8.

Santorin, l'une des îles de l'Archipel, avait été appelée *Stronghili*, ronde. Un tremblement de terre en engloutit une partie, et y forma un golfe en fer à cheval. Ce golfe fut abrité du côté de la la mer par deux îles que des volcans vomirent du sein des eaux, et qui en ont fait un très-bon mouillage. Une troisième apparut, en 1707, entre les deux autres (*Voyez* la Note I du Livre II). Santorin a trente-six milles de circuit et quinze mille âmes de population. Sa hauteur au-dessus du niveau de la mer est de deux cent vingt toises, 243.

Sarraf, banquier ; sa racine est *sarf* changer, échanger, 4.

Sarièri, régulièrement *sari-ïar* qui signifie le *ravin jaune* ; vallée, village et mouillage sur le Bosphore, près de Buïuk-Dèrè, 291.

Scutari, appelé *Uskudar* par les Turcs, lieu considérable sur la côte d'Asie ; il ne passe pourtant que pour être un faubourg de Constantinople. C'est là qu'est le premier rassemblement de l'armée quand la guerre doit être portée en Asie, 9.

Seïmèn, ancienne milice, dont l'emploi est de conduire les meutes du Grand-Seigneur. Ce nom avait été donné aux troupes du Nizam-Djèdid qu'on avait opposées aux Janissaires, 11.

Seïmèn-Bachi, littéralement *Sègiban-Bachi*, titre du grand-officier de la milice des Janissaires. Cet officier remplaçait à Constantinople le *Janissaire-Agha*, quand il était au camp, 67.

Seïd ou *Sèïid*, prince, seigneur, synonyme de *èmir* et de *chèrif*, descendant de Mahomet; exemple : Sèïd-Ahmed-Rufaï. C'est le mot que nous avons altéré en écrivant *Cid*, 110.

Sept-Tours (*Yèdi-Koulè*), nom d'un château situé à un des angles de Constantinople sur la mer de Marmara; bastille politique où les Turcs retiennent les ministres européens, devenus ennemis par le fait d'une déclaration de guerre; cet usage est très-modifié, 205, 423.

Septime-Sévère, Empereur romain, ruine de fond en comble Byzance, en 195, après un siége de trois ans, et détruit toutes les places du Bosphore, iij.

Sérail, régulièrement *Sèraï*, ne signifie que palais; on le confond souvent et à tort avec *harèm*, l'appartement des femmes (Gynécée), 14 *et suiv.* —*Sèraï-Bournou*, la pointe du Sérail.

Sèr-Askèr, général en chef; de *sèr* tête et *askèr*, armée, 7.

Servie (la), province Slavo-grecque entre la Bosnie, l'Albanie, la Bulgarie et le Danube, 60.

Servitude en Hongrie, très-adoucie par Marie-Thérèse, 221 à 231.

Sésèli (le) et la *Statice de Tartarie*, plantes qui croissent dans les roches volcaniques des bords de la mer; on les a trouvées sur le Crommyon et le cap de Riva, 345.

Sestos et *Abydos*, endroit le plus resserré du canal des Dardanelles. Sa largeur est de huit cents toises. Le courant y est très-rapide; les bâtimens ne peuvent remonter le canal que par un vent très-frais, 352.

Silihtar ou *Silahadar* (porte-épée), un des officiers attachés à la personne du Grand-Seigneur. Ses fonctions sont l'intendance sur tous les officiers de l'Intérieur, qui ne sont point eunuques, 46.

Silyvrie, la *Selymbria* de Ptolémée, sur la mer de Marmara; jolie ville distante de douze heures de Constantinople. Le château de Silyvrie appuyait la gauche du *Mur-long* qu'Anastase avait fait construire d'une mer à l'autre pour se défendre contre les Barbares, 354.

Siphon, l'eau s'y meut par la pression de l'atmosphère.—*Siphons*, déversoirs du Canal du midi. —*Siphon-renversé*, l'eau s'y élève à la même hauteur dans les deux branches. Siphon de Castellon de la Plana, 464. Conduites d'eau à siphons-renversés. (Voy. *Soutèrazi*).

Softa, régulièrement *Soukhtè*, nom donné aux étudians qui suivent les leçons des Mudèrris, 64.

Solak, espèce de milice attachée au Grand-Seigneur, et qui l'accompagne dans les cérémonies, 16.

Sou-Yoldji, fonteniers (corps des); ils ont la construction de tous les ouvrages d'hydraulique et des conduites d'eau; ils ne suivent que des règles de tradition, conservées par transmission orale dans certaines familles d'Argiro-Castron dans la Haute Albanie, 438.

Sou-Nazari (*Mir-ab*), l'Inspecteur des Eaux, a dans son département le corps des Sou-Yoldji et tous les ouvrages relatifs à la conduite des Eaux, 440.

Soutèrazi, régulièrement *Sou-tèraziçi*, signifie *équilibre d'eau*: ouvrage d'hydraulique assez semblable à un obélisque égyptien; il fait partie des conduites d'eau à siphons-renversés, et remplace les aqueducs sur arcades; n'avait pas encore été décrit. Soutèrazi d'Alep, 459; de Saint-Jean-d'Acre et d'Espagne, 460.

Spallanzani (l'abbé), célèbre physicien passe près d'un an à Constantinople en 1735 et 1736, et y fait diverses observations. Son voyage n'a jamais paru, 267.

Statice de Tartarie. (Voy. *Séséli*.)

Steppes, immenses plaines rases et unies, privées de grands végétaux, mais fournissant des pâturages abondans, 256 et 379.

Straton, philosophe grec cité par Strabon, d'après Eratosthènes; est le premier qui ait pensé que la surabondance des eaux que recevait le Pont-Euxin, considéré pour lors comme un grand lac fermé de toutes parts, avait amené leur irruption vers l'Archipel, et par conséquent l'ouverture des Cyanées, ou Canal de la Mer-Noire, 240.

Suleïman, nom propre, le même que *Salomon* et *Soliman*, 44.

Suleïmaniïé, mosquée de Constantinople bâtie par Soliman, 125.

DES MATIÈRES.

Sultan, nom donné aux princes et princesses du sang impérial. Lorsqu'il est question des Princes, le mot Sultan précède le nom ; ainsi l'on dit : *Sultan-Mahmoud*. Lorsqu'il est question des Princesses, le nom suit, *Validè-Sultan*, la Sultane mère, 3, *note*.

Sunni, 78. (Voy. *Chiïa*.)

Système des eaux qui abreuvent Constantinople et ses faubourgs ; un des plus considérables qui existent ; est aussi remarquable dans son ensemble que dans ses détails ; a été soumis avec beaucoup d'art et d'intelligence à la topographie du terrain, 420.

Tableau des quantités d'eau nécessaires dans les vingt-quatre heures aux besoins de Constantinople et de ses faubourgs, 422.

Takçim ; racine, *Kacèmè*, il a partagé : on appelle ainsi les chambres et aussi les réservoirs de distribution des eaux, 389, 393.

Takrir, description, dénombrement, recensement. D'après les anciens *Kanoun* (ordonnances), on devait faire takrir tous les trente ans, 427.

Tandour ; régulièrement *Tènnour*, table à double fond, couverte d'un grand tapis, au-dessous de laquelle on place un vase de métal ou de terre rempli de charbons ardens, qu'on appelle *Mangal*. On se réunit au tandour pour se tenir chaudement, 176.

Taïar-Pacha, du Djanik, conçoit le projet qu'il propose à Moustapha-Baïraktar, de remettre Sultan-Selim sur le trône, 6.

Tatar (Tartare), l'on appelle de ce nom les courriers, quoique ce ne soient pas réellement des Tartares, 86.

Tchaouch, espèces d'huissier, 18.

Tchaouch-Bachi, chef des *Tchaouch* ; c'est comme le Grand-Maître des requêtes. Ses fonctions correspondent à celles de Grand-Maréchal à la cour d'Autriche, 34.

Tchapan-Oglou, un des grands feudataires de l'Asie mineure, 50.

Tchardak, plate-forme construite en bois sur le haut des toits, et découverte ; on y fait sécher le linge, 183.

Tchokadar, domestiques des grands. Ce nom leur vient de *Tchoka*, drap ; parce qu'ils portent le *bènich* ou habit long de dessus de leur maître, 29, 162.

Tchèlèbi, titre qu'on donne à un homme poli et de bonne éducation. Tchèlèbi-Moustapha-Pacha, 8.

Tchokour-bostan (jardin dans un enfoncement), citernes à ciel ouvert de l'intérieur de Constantinople ; on y a mis en culture les terres provenant des sédimens déposés par les eaux, et c'est de là que vient leur nom, 442.

Tèbdil (changer), officier ou inspecteur de police soit du Grand-Seigneur, soit du Grand-Vizir, 163.

Tèdbir, disposition légale qui refère à un temps futur la liberté d'un esclave, 150.

Tèkïè, couvent de Derviches, 100.

Tèrazi, mot persan et turc ; il signifie *balance, équilibre;* c'est l'instrument pour niveler, le seul en usage à Constantinople. Ce n'est autre chose que le niveau de maçon, renversé, suspendu par des agrafes à un cordon, sur le milieu duquel on le met en équilibre, 434. *Voyez* planche 4.

Tèrdjuman, interprète ; mot arabe que nous avons défiguré en en faisant le mot *Drogman*, xxvij, 62, 183.

Térébinthe (le), *Pistacia terebinthus*, joli arbre à feuilles composées. On en voit un à la pointe de Chalcédoine ayant pris racine dans la tige d'un cyprès qu'il a fait renfler en grossissant, 341.

Tersana, l'amirauté. *Tersana-Èmini*, le ministre de la marine, 34.

Tèzkèrè, carte de protection, 440.

Tèzkèrèdji, coadjuteurs du Tchaouch-Bachi, 40.

Théodora, femme de Justinien, horriblement dénigrée par Procope dans ses *Anecdotes secrètes*, prouve pendant la fameuse sédition du 25 janvier 532, où Justinien était prêt à perdre l'Empire en l'abandonnant, qu'elle avait de l'éloquence et toute la fermeté que donne un grand caractère.

Thèrapia, mot grec ; port et village du Bosphore, sur la côte d'Europe, presqu'en face du Canal de la Mer-Noire ; résidence d'été des Ambassadeurs de France. Longitude 26° 48' 28", latitude 41° 8' 24". La configuration du golfe qui forme son port est déterminée par la direction des deux rivières confluentes qui débouchent à son extrémité. Voir le mot *golfe*, 367.

Thrace (la), province de la Turquie d'Europe qui touche au Bosphore, 352.

Top-Khana, ou *Top-Khanè* (maison de l'artillerie ; de *Top*, canon), faubourg au-delà du port. C'est à l'échelle de Top-Khana que l'on débarque pour monter à Péra, résidence des Ministres étrangers, 86. — *Toptchi*, canonniers, 13.

Topouz, masse d'armes. *Voyez* Debbous.

Tossoum-Pacha, fils de Mehèmmed Ali, gouverneur de l'Égypte, parvient à réduire les Wehhabi, 85.

Tough, les queues données aux Beïler-Beï et Vizir ; ce sont des queues de cheval attachées au haut d'une hampe ; elles sont une marque de distinction, 20.

Touloumbadji, pompiers ; de *Touloumba*, pompe, 174.

Toura, paraphe du Grand-Seigneur mis en tête des diplômes, 67. — *Nichan* (marque), est pris plus particulièrement pour le chiffre du Grand-Seigneur. De là le mot *Nichandji*, pour désigner celui dont l'emploi est d'apposer le chiffre du Grand-Seigneur sur les firmans, et qui est le chef du *Nichandji-Kalèmi* (Bureau du Sceau).

Tournefort, célèbre naturaliste, suppose, dans son *Voyage au Levant*, que la digue, qui, suivant lui, retenait les eaux du Pont-Euxin, étant d'une nature molle, aurait été détrempée par les eaux de cette mer, d'où seraient résultées la rupture de la digue, l'irruption des eaux et la formation du détroit de Constantinople ; ce qui est hors de vraisemblance, 253.

Turbot, appelé par les Turcs *Kalkan* (bouclier), à cause de sa forme, 349.

Turcs, peuple nomade venu des bords de la mer Caspienne, commencent par s'emparer de la province d'*Iconium* (Konia), marchent vers Brousse et vers Andrinople, qui deviennent successivement leurs capitales ; ils finissent, après avoir ruiné l'Empire grec, par se rendre maîtres de Constantinople, xj.

Umm-ul-Vèlid, mot à mot : la *mère de l'enfant*, titre donné à l'esclave qui a eu de son maître un enfant qu'il a reconnu, 144.

Vaïvode, titre donné aux gouverneurs de Samos, d'Athènes, etc. ; aux princes de Moldavie et de Valachie, ainsi qu'au commissaire de police de Galata et de Péra, 56.

Vakouf, régulièrement *Vakf* ; biens ecclésiastiques, fondations et legs pieux en faveur des mosquées, des établissemens d'humanité et de bien public, 26.

Vèla. Droit d'un maître à la succession de son affranchi, 158.

Vents. Le vent de nord-est, ou du canal, règne à Constantinople pendant plus des deux tiers de l'année; il tempère les chaleurs de l'été; et le vent de sud modère le froid de l'hiver; c'est ce qui rend le climat de Constantinople si agréable, 319.

Verts et Bleus (factions des). Leur rivalité amène la fameuse sédition du mois de janvier 532, qui fait périr trente mille hommes. Théodora et Bélisaire sauvent l'Empire, ix.

Voûtes; manière de les faire sans ceintres, en Turquie, 120.

Widdin, place fort importante, sur la rive droite du Danube, long-temps au pouvoir du rebelle Paswan-Oglou et de son successeur Molla-Pacha, 61.

Vizir, régulièrement *Vèzir.* Ce titre ne s'accorde qu'aux Pachas à trois queues. Sa racine est *vèzr*, poids : les Vizirs sont en effet ceux qui sont chargés du poids des affaires, 37.

Vèziri-Azam, ou *Azhèm*, le Vèzir le plus grand : c'est ce que nous appelons *le Grand-Vizir*. On l'appelle aussi *Sadri-Azhèm*, et *Vèkili-Saltanet*, 32, 37.

Yachmak. Voile de mousseline blanche qui enveloppe la tête et le cou des femmes turques, et ne laisse apercevoir que leurs yeux. Une femme qui paraîtrait en public sans son yachmak serait inévitablement insultée, 2.

Yafta. Écriteau placé au-dessus de la tête ou sur la poitrine des victimes qui tombent sous le glaive du Grand-Seigneur; sorte de jugement du condamné, 60. — Yafta d'Halet-Effendi, 189. — D'Ali-Pacha, 212.

Ya'koub, nom propre (Jacob), 56.

Yamak (Aide). Nom donné aux élèves Janisssaires qui étaient en garnison dans les châteaux de la Mer-Noire, 10.

Yèni, nouveau, neuf. — *Yèni-Keuï* (village neuf), nom d'un village sur la côte européenne du Bosphore, entre Istènia et Thèrapia, 323.

Yèni-Tchèri. Voyez *Janissaires.*

Yèrè-Batan-Sèraï, qui signifie palais sous terre; citerne voûtée, la seule de Constantinople qui ait conservé son ancienne destination, celle de tenir en réserve les eaux qui lui viennent du dehors, pour les distribuer ensuite : les eaux de cette citerne se rendent au Sérail, 443.

Youm-Bournou, cap le plus avancé de la côte d'Asie, à l'entrée de la Mer-Noire; il est composé de basaltes colonnaires prismatiques. Dans le milieu qui regarde l'ouest, il existe un cirque volcanique semblable à celui d'Asnacregs en Irlande, et qui n'était pas connu. *Bouroun* régulièrement, *Bourn*, nez, cap, pointe de terre. Lorsque ce mot est suivi des prépositions de, du, des, il s'écrit *Bournou*; ainsi l'on dit : *Kara-Bourn*, le cap Noir, et *Mezar-Bournou*, la pointe du tombeau, 294.

Zadè, fils. Ex. *Durri-Zadè*, *Chah-Zadè*, 64, 125.

Zarab-Khanè, vulgairement *Zarb-Khana*, l'hôtel des monnaies; de *Zarb*, frapper.

Zarab-Khanè-Émini, l'Intendant de la monnaie, 25.

Zonare (Jean), moine de Saint-Bazile, historien du douzième siècle, rapporte l'inscription trouvée, suivant lui, sur une pierre, en démolissant les murs de Chalcédoine, 433.

FIN DE LA TABLE DES MATIÈRES.

ERRATA.

Page 29, *ligne* 8 :
  R èiabdar-Agha, *lisez* Rèkiabdar-Agha.
33, *lignes* 25 et 32 :
  Kaik, Kaïk.
50, *note*, *ligne* 3 :
  ancienne Caire, ancienne Carie.
90, *note*, *ligne* 3 :
  binmak, binmèk.
174, *note*, *ligne* 1 :
  en compagnie, en compagnies.
184, *ligne dernière* :
  FIN DE LA PREMIÈRE PARTIE, FIN DU LIVRE PREMIER.
Page 185, *lignes* 1 et 2 :
  NOTES DE LA PREMIÈRE PARTIE, NOTES DU LIVRE PREMIER.
Page 208, *ligne* 19 :
  du 30 mai 1812, du 28 mai 1812.
327, *ligne* 22 :
  une carrière à chaux, une carrière de pierre à chaux.

www.ingramcontent.com/pod-product-compliance
Lightning Source LLC
Chambersburg PA
CBHW070411230426
43665CB00012B/1323